KB048575

라틴어 중용

興本
002

인토르체타의 **라틴어 중용**

인토르체타 역주　｜　안재원 편역주

필사본 6277의 첫 페이지. 라틴어 「충용」은 이 필사본의 ○○쪽부터 ○○부터째 ○니 ○○. 필사본 6277을 파리국립도서관(BNF)에서 찾아 보내준 소르본대학의 안느 레장(Anne Régent) 교수에게 감사와 우정의 마음을 표한다.

中(ciu) 庸 yum

SECVNDVS LIBER
Semper in medio

Est prima hominibus e cælo data natura siue ratio. deinde agere secundu' naturam, siue ex præscripto rationis est, et est quædam ueluti uia, et progressio ad virtutem. quod aut utrumq; pficit et rationem, et uiam agedi, est doctrina, seu præcepta vitæ. —

Hæc aut uia, et progressio, ne paruo quidem temporis momento intermitti debet, si intermittitur, uia et progressio esse desinit; quam ne vir bonus intermittat, impedimeta illa sibi cavet ea proponit, q ne dum uidet, et illa respondet q no' hic audiut.

Nihil re uera magis exifit, q qd' clam agedo, uel agitando comittit nisq; temperatus est: licet illud minimum sit; propt' vir bonus diligenter sibi cauet in iis q solus cum cogitat et agit.

Gaudiu', ira, trisitia, lætitia, et perturbationes reliquaru' cu' non adest obiectum, nec mouentur, dicuntur esse in medio præciso ubi uero sublato, si in rebus omnibus rationi obtemperant, tunc pacata esse dicunt: prius illud bo' est in medio sitos habere animi perturbationes magna radix, et firmam habet magnu' est humanæ vitæ: at qui pacatas habet perturbationes magnum acceptus patitum sub ei campus ad virtute, et est perfecta rationi, et legum observatio. Proinde qui eo puenit ut in medio sitas habeat perturbationes, et q pacatas illos prorsus habet cælum digitis contingit, ac prope in cælu et terram obtinet imperium: ac propterea ita rebus omnibus uigorem præbet, ut hac concordia omnia crescant.

루지에리가 번역한 라틴어 『중용』의 필사본이다. 미켈레 페레로(Michele Ferrero) 교수가 루지에리의 원문을 편집하고 번역과 주석을 붙여 2019년에 로마에서 비판정본을 출판했다.

| 목차 |

일러두기
· 인용은 큰 따옴표(" "), 강조는 작은 따옴표(' ')로 표시한다.
· 기본적으로 한자는 괄호 없이 한글 바로 다음에 병기한다.
· 편역자가 삽입한 구절은 대괄호([ ])로 표시한다.

작품 해제

들어가는 말

『중국인 철학자 공자Confucius Sinarum Philosophus』는 17~18세기 동서 문헌 교류의 실제를 증언하는 책이다. 이 책은 문명사의 관점에서 서양의 사유 체계와 동양의 사유 체계가 전면적으로 비교된 아마도 최초의 문헌으로, 예수회 신부들이 서양의 그리스도교를 동양 전통에 이식하고 착생시키는 과정에서 생겨난 긴장과 충돌을 고스란히 전하고 있다. 예컨대, 서양의 종교와 동양의 사상이 서로 조심스럽게 탐색하는 과정을 지나 본격적으로 교섭하고 융합하는 단계에서 벌어진 충돌과 갈등이 '전례 논쟁'인데,[1] 그 충돌을 잘 보여주는 문헌이『중국인 철학자 공자』에 포함된 인토르체타(Prospero Intorcetta, 1626~1696)의 라틴어『중용』이다.

그동안『중국인 철학자 공자』에 대해서는 선행 연구가 많이 이루어졌다. 대표적으로 먼젤로(David E. Mungello)의 역작인『진기한 나라 중국』과 2012년에 메이나르(Thierry Meynard)의 편집으로 출판된『중국인 철학자 공자』(이하 메이나르본)를 들 수 있다. 메이나르본을 바탕으로 한 국내

---

[1] 중국인들이 조상에게 바치는 제사를 종교의식으로 볼 것인지, 문화행사로 볼 것인지 예수회와 다른 진영 선교사들 사이에 벌어진 논쟁이다. 이 논쟁은 중국에서 시작되어 파리를 거쳐 로마까지 확장되었고, 100여 년에 걸쳐 지속되었다.

외의 연구로는 2012년에 출판된 김혜경의 『예수회의 적응주의 선교: 역사와 의미』와 2012년에 출판된 스탠다이어트(Nicolas Standaert)의 『중국의 전례 논쟁에서 조명받지 못한 목소리들』을 들 수 있다. 하지만 이 연구들은 쿠플레가 편집하기 이전의 인토르체타 번역원문, 즉 현재 파리국립도서관에 소장된 *Par. Lat. cod. 6277*(이하 필사본 6277)을 참조하지 않았다. 나는 필사본 6277을 입수하여 판독에 착수했다.

필사본 6277은 『서문』, 『대학』, 『중용』, 『논어』 등 네 부분으로 구성되어 있었으며, 인토르체타가 쓰고 번역했다. 쿠플레(Philippe Couplet, 柏應理: 1623~1693)가 라틴어 『중국인 철학자 공자』(이하 쿠플레본 1687)를 루이 14세의 지원을 받아 1687년 파리에서 펴낼 때, 필사본 6277은 쿠플레본의 저본底本이었다. 쿠플레본 1687은 『서문』, 『대학』, 『중용』, 『논어』 그리고 『중국 왕조의 연표*Tabula Chronologica Monarchiae Sinicae*』로 구성되어 있다. 『서문』은 네 부분으로 구성되어 있다. 루이 14세에게 바치는 「헌사」, 중국의 학문과 종교에 대한 개괄적인 소개와 이에 대한 예수회의 입장을 밝히는 「제1부」, 예수회의 선교 전략이 보유론補儒論에서[2] 색은주의索隱主義[3] 노선으로 옮기게 된 과정을 설명하는 「제2부」, 마지막으로 「공자의 생애*Confucii vita*」에 대한 보고이다.

필사본 6277과 쿠플레본 1687의 판독 비교는 다음의 새로운 사실로 이어졌다. 먼저 쿠플레본의 『서문』에서 「헌사」를 쓴 저자는 쿠플레였다. 「제1부」와 「제2부」의 저자는 인토르체타였고, 쿠플레는 편집자였다. 「공자의 생애」는 1662년에 『대학』을 번역한 이그나치오 다 코스타(Ignacio da Costa, 1599~1666)가 썼다. 중요한 점은 쿠플레본 1687과 쿠플레가 저본으로 사용한 필사본 6277 사이에 큰 차이가 있고, 쿠플레가

---

[2] 16세기 말부터 중국에 들어온 예수회 신부들, 예컨대 마테오 리치가 시작한 종교적 융식임으로, 유교에 부족한 부분이나 어긋나는 서양사상과 그리스도 종교를 보충하고자 한 학문적 운동이자 선교 전략이다.

[3] 주역의 64괘에 그리스도의 가르침이 숨겨져 있다고 여기고, 이 숨겨진 교리를 찾아내려는 학문적 움직임을 말한다.

자신의 입장과 필요에 따라 인토르체타의 글을 대부분 삭제하고 편집했다는 것이다. 쿠플레본 1687은 앞서 말한 대로 메이나르가 편집하여 2012년에 로마에서 영어 번역과 함께 출판된다. 하지만 메이나르본은 많은 오식과 탈자를 가진 텍스트이며, 쿠플레본 1687의 판독에 실패했다. 결정적으로 인토르체타의 필사본 6277을 원문 교정에 참조하지 않았기 때문이다. 따라서 쿠플레본을 어떻게 처리해야 할지 문제가 된다. 앞서 지적한바, 『중국인 철학자 공자』와 중국의 전례 논쟁을 다룬 국내외의 연구 대부분이 쿠플레본 1687을 바탕삼아 입론되었기 때문이다. 하지만 이 문제는 논의의 범위와 규모가 너무 크기 때문에, 이 책에서는 그동안 국내외의 학계에 보고되지 않은 필사본 6277을 판독하여 살리는 작업에만 집중했다. 쿠플레가 지워버린 인토르체타의 원문을 다시 살리는 것이 의미 있는 작업이며, 이 작업은 중국의 전례 논쟁과 특히 『중국인 철학자 공자』의 관계에 대한 논의에 새로운 전환점이 될 것이다.

인토르체타 프로스페로(Intorcetta Prosperso, 殷鐸澤)는 누구인가[4]

인토르체타는 1625년 8월 28일 시칠리아(Sicilia)의 피아자 아르메리나(Piazza Armerina)에서 태어났고 1696년 10월 3일 중국 항주에서 사망했다. 가족에 대해서는 알려진 사실이 거의 없다. 1642년 12월 31일에 예수회에 입회했고, 1654년에 시칠리아 메시나(Messina)에서 사제 서품을 받았다. 원래는 카타니아(Catania) 대학에서 법학을 공부했으나, 사제가 되기로 결심하고 로마의 로마노(Romano) 대학에서 신학 공부에 전념했다. 인토르체타는 수륙대니 함께 1657년 중국으로 출발하여 1659년에 도착했다. 주로 중국 강서성 구강九江 지역에서 선교 활동을 했

---

4 참조. *New Catholic Encyclopedia*.

다. 그가 북경에 간 시기는, 더 정확히 말해 '소환'된 때는 1665년 6월 28일이다. 여기에서 '소환'이라고 표현한 이유는, 양광선(楊光先, ㅅㅓ ㅏㅇ ㄱ ㅅ, 1597~1669)이 예수회 신부들을 고소하여 그들을 북경으로 불러들였기 때문이다. 소위 '역법 소송(calendar case)'이라고 불리는 이 사건은 서양 천문학과 동양 천문학이 정면으로 맞붙은 사건이었다. 결과적으로 서양 천문학의 승리로 사건은 종결되었지만, 이로 말미암아 예수회 신부는 대부분 큰 곤욕을 치렀다. 인토르체타는 1666년 10월에 예수회를 관리하는 부감독관으로 선출되어 로마로 돌아가려고 시도했지만, 광동에서 1년 동안 어쩔 수 없이 머물다가 1668년 9월 3일에 마카오로 간다. 1669년 1월에 유럽으로 가는 배에 오르고, 1671년에 로마에 도착한다. 1674년 10월, 인토르체타는 시찰관 자격(1676~1684)으로 다시 중국에 돌아온다. 이후 중국 전체를 관장하는 총대리(1686~1689)로 활약한다.

예수회 신부로서 그가 행한 활동 가운데에 주목해야 할 것은 다음과 같다. 동양 사상과 서양 종교 사이의 긴장은 예수회가 중국에 들어온 초기부터 있었지만, 갈등은 아담 샬(Johann Adam Schall von Bell, 湯若望, 1591~1666)이 청나라의 과학-기술-군사에 관한 권력을 장악하면서부터 본격화된다. 양광선과 마르티니(Martino Martini, 衛匡國: 1614~1661)의 논쟁이 대표적이다.[5] 이 논쟁은 강서성 지역에서 큰 세력을 유지하던 도교 세력과 예수회 사이의 충돌로 확장된다.[6] 인토르체타가 관장하던 지역인 항주에서도 1678년과 1691년에 큰 충돌이 발생한다. 사실상 박해였다. 사정이 긴박하게 돌아가자 인토르체타는 강희제(康熙帝, 재위 1661~1722)에게 그리스도교를 불교나 도교와 동등하게 인정하고, 선교의 자유를 달라고 간청한다. 그 결과 1692년, 선교 100여 년 만에 마침내 그리스도교는 하나의 중요한 가르침으로 승인받게 된다. 이때 강

---

[5] 참조. 넌셀로, 이향만 외 역(2009), 155쪽 이하.

[6] 참조. Intorcetta, Adam Schall(1673), *Historica relatio de ortu et progressu fidei orthodoxae in Regno Chinesi per missionarios Societatis Jesu ab anno 1581. usque ad annum 1669*, Regensburg.

희제가 예수회에게 교서를 내렸는데 여기서 주목해야 할 것은 "天主敎
(천주교)"라는 언표이다. Deus(신) 혹은 Dominus(주)의 번역어를 "上帝(상
제)"로 하느냐 "天主(천주)"로 하느냐를 놓고서 예수회 신부들 사이에서
격론이 벌어지자, 강희제의 명령으로 "천주"로 번역어를 결정하게 되
었고, "천주교"라는 명칭도 이때부터 공적으로 유통되었다. 이런 사정
을 보여준다는 점에서 "天主敎(천주교)"라는 언표가 중요하다고 하겠다.
건축학적으로도, 인토르체타는 중요한 업적을 남겼다. 1659년 10월 2
일에 건립된 항주 성당은 그가 지은 것이다.

인토르체타의 업적 가운데에서 학문적으로 눈길을 끄는 것은 그가
『사서』의 번역을 기획하고 직접 출판했다는 점이다. 그의 기획은 최
종적으로 쿠플레에 의해서 완결되었는데, 1687년에 파리에서 출판된
라틴어『중국인 철학자 공자』가 그 결과이다. 책의 영향과 반향은 매

강희제가 예수회에 내린 교서의 일부

1659년에 인토르체타가 건축한 항주 천주교 성당

우 컸다. 루이 14세(Louis XIV: 1638~1715)가 강희제에게 보낸 서신이 이를 잘 보여준다. 이 서신은 라틴어 『중국인 철학자 공자』를 출판했다는 사실을 증명하는 증인으로 강희제와 친분이 깊은 쉬리 백작을 보냈다는 내용을 담고 있다.

중국의 황제에게 1688년 8월 7일 파리 마를리에서 보냅니다. 가장 고귀하고 가장 뛰어나며 가장 강력하고 가장 고결한 무적의 군주여, 나의 귀하고 선한 친구여, 하느님께서 부디 당신의 권세를 행복한 결실로 높여주시기를. 군주여, 그대 곁에, 그대의 나라에 유럽의 학문에 능통한 학자를 많이 데리고 있기를 염원한다고 들었습니다. 그 답으로 나는 몇 년 전에 수학자이자 예수회 신부인 신하 여섯을 보내 학문에서 매우 흥미로운 것과 파리에 세운 한림원에서 관찰한 천문학적인 발견을 그대에게 알려드릴 수 있도록 했습니다. 그러나 우리나라와 당신의 나라를 갈라놓는 바다를 오래 항해하는 것은 위험합니다. 사고가 나기 쉽습니다. 시간도 오래 걸립니다. 그래서 그대의 바람에 부응하기 위한 나의 계획은 이러합니다. 예수회 신부는 아니지만 마찬가지로 수학자인 다른 이들을 쉬리 백작과 함께 더 짧고 덜 위험한 육로로 보내겠습니다. 이들은 그대에 대한 나의 존경과 우정의 최고의 증거가 될 것입니다. 또한 우리의 동맹이 긴밀해질 수 있도록, 그리고 쉬리 백작이 돌아가는 길에 위대하고 놀랄 만한 당신의 도움으로 출판된 모든 대단한 것의 충실한 증인이 되어 줄 것입니다. 하느님께서 그대의 권세를 복된 결말로 드높여 주시기를 바랍니다.[7]

---

[7] L'Emp.R de la Chine 7e aoust 1688. à Marly.

Tres haut tres Excellent tres Puissans (et) tres magnanime et invincible prince nostre tres cher et bon amy, Dieu veuille augmenter vostre grandeur avec fin heureuse. Ayant appris le desir que Vostre Majesté avait d'avoir pres de sa personne, et dans ses Estats, bon nombre d'hommes doctes et fort versez dans les sciences d'Europe, nous prismes la resolution il y a peu d'années (de vous) d'y envoier six sçavans Mathematiciens jesuites nos Sujets pour porter a Vostre Majesté tout ce qu'il y a de plus curieux dans les sciences, et sur tout les observations astronomiques de la celebre academie que nous avons eotablie dans nostre bonne ville de Paris. Mais comme le long voiage de la mer qui separe nos Louis des vostres est sujet à des accidens, et ne se peut faire qu'(avec) beaucoup de temps et de dangers, nous avons pris le dessein par (le) desir que nous avons de contribuer à la satisfaction de Vostre Majesté de luy envoyer d'autres de ces mesmes peres jesuites qui sont aussy nos(X avec le comte de mathematiciensXpar (le) Siry) chemin de terre plus court, et m(oins) dangereux, afin

인토르체타의 저술은 다음과 같다.

(공저)Ignatio da Costa S.J.(1662), *Sapientia Sinica*, Kien Cham. (한 ─라)(『대학』),
 in: Paolo Beonio ─Brocchieri, ed.(1972~1973), *Confucio e il Cristianesimo*, 2 vols.,
 Torino.

Chum Yum: Sinarum Scientia Politico ─Moralis, 1667: (한 ─라) (『중용』), Adam
 Ferenc Kollar, ed.(1669), *Analecta Monumentorum omnii aevi Vindobonensia*,
 Vienna.(『비엔나에서 출판된 모든 시대에 대한 기록』)

*Compendiosa narratione de statu missionis Chinensis; prodigiis, quae in ultima persecutione
 contigerunt*. (『중국 선교에 대한 요약』), in: Johann Adam Schall von Bell et
 al.(1665), *Historica narratio de initio et progressu missionis Societatis Jesu apud
 Chinenses...*, Regensburg.(『중국 선교에 대한 보고』)

(공저)Johann Adam Schall von Bell(1673), *Historica relatio de ortu et progressu fidei
 orthodoxae in Regno Chinesi per missionarios Societatis Jesu ab anno 1581. usque ad
 annum 1669*, Regensburg.(『중국 선교사』)

*R.P. Prosperi Intorcetta Societatis Jesu Missionarii Sinensis Testimonium de cultu Sinensi.
 Datum anno 1668*, Lugdunum, 1700. (『중국의 전례에 대한 예수회 신부 프로
 스페로 인토르체타의 증언: 1668년』)

Noël Golvers, ed., "Littera, Romae, 2 Junii 1672"(Latin ─English), in: "An
 unobserved letter of Prospero Intorcetta, S.J., to Godefredus Henschens, S.J.,
 and the Printing of the Jesuit translations of the Confucian Classics (Rome ─
 Antwerp, 2 June 1672)", in: Dirk Sacré, Jan Papy, eds.(2009), *Syntagmata: Essays on
 Neo ─Latin literature in honour of Monique Mund ─Dopchie and Gilbert Tournoy*, Leuven,
 pp. 688~692.(『서신』)

qu'ilo m' : a lor premiers auprès de Vostrè Majesté auuano do gag... le nostre estime et
(de) nostre amitié, (mais affin de commencer de lier avec Vous une union plus estroitte) (si par
(le dit C. de Siry) nous puissions avoir au retour dudit Comte de Siry, un temoin fidele de
de toutes les choses extraordinaires qui se publient des (grandes) actions admirables de vostre
vie (de Vostre)(Majesté), sur ce nous prions Dieu qu'il augmente la grandeur de Vostre
Majesté avec fin toute heureuse.

인토르체타가 라틴어로 『중용』을 번역하려고 했던 이유는 무엇인가[8]

역사적으로 라틴어 『중용』의 탄생은 여러 사건과 복잡하게 얽혀 있다. 하나씩 소개하겠다. 쿠플레가 지워버렸지만 필사본에 남아 있는 기록에 따르면, 『중국인 철학자 공자』와 특히 라틴어 『중용』의 번역에 착수할 수 있는 계기를 제공한 사건은 역법 소송이었다.

6. 그때 갑작스럽게 무섭고도 사나운 재앙이 덮쳤고, 우리의 노력과 그리스도를 위한 모든 일을 뒤흔들어 놓았을 뿐만 아니라 거의 송두리째 뒤집어 놓았다. 이때[9] 그리스도의 진리를 적대시하는 자들이 무슨 짓을 꾸몄는지, 그리스도의 교리를 전하는 선교인 우리가 무엇을 겪어야만 했는지, 하느님께서 어떤 방식으로, 어떤 기적으로 저 불경한 자들이 꾸민 사악한 짓을 깨부수거나 제압했는지 이 자리에서 늘어놓아야 할 이야기는 물론 아니다. 7. 그러니까, 만주족 출신의 섭정 대신 네 명이 내린 명령으로 벌어진 사단이었다. 그들은 어린 소년이던 황제를 대신해서 제국을 다스렸다.[10] 실은 그곳으로 우리를 초청한 이들에 의해서 우리 25명의 사제는 북경의 궁전에서 남쪽의 극지로[11] 쫓겨났다. 우리는 예수회가 이전에 머물던 대도시의 처소에서 다소간 느슨한 감시를 받으며 지낼 수 있었다. 이곳에서 머문 지 몇 달이 채 지나지 않아서 방금 언급한 이그나치오 다 코스타 신부님께서 세상을 뜨셨다. 진실로 성스러운 덕성과 사제 직무에 탁월한 분이셨다. 신부님은 중국의 지방 중에서 가장 외진 곳인 섬서성에서 30여 년을 보냈다. 신부님의 노력으로 그 지역에서 그리스도 신앙이 크게 성장했는데, 그 중요하고 오랜 세월을 거의 홀로 견뎌내셨다. 그런데, 한편으로 광동에서 감시를 받고 있던 처지라 시간적인 여유가 많이 주어졌고, 다른 한편으로 그리스도의 사업이 박해를 받아서 바닥에 나뒹

---

8 이하의 내용은 쁠고, 안세원(2015)을 바탕으로 재구성했다.
9 1665년에 터진 역법 사건
10 강희제 재위 4년
11 광동

굴었음에도 그리스도의 사업을 다시 일으켜 세워야 한다는 우리의 일념만은 결코 꺾인 적이 없었다. 많은 사람이 나에게 최근에 착수한 이 작품의 풀이를 계속해서 완성하라고 권유했다. 가장 슬픈 시기였지만 적당한 여유가 주어졌기에 [이런 일에] 가장 좋은 시기였다. 또한 많은 동료 신부와 함께 생활할 수 있었고, 그들의 도움으로 나는 의심스럽고 흔들리던 발걸음을 더욱 굳건하게 내딛을 수 있었다. 또한 이들은 이 작품(『사서』)을 유럽의 활자로 출판하는 것이 가장 손쉬운 일이라는 생각을 굳힐 수 있도록 확신의 힘을 불어넣어 주었다(우리의 책을 중국 활자로 출판하는 것은 일단 시간이 많이 걸리고 무엇보다도 비용이 매우 많이 들었기 때문이다. 이는 실제 경험을 통해서 배운 사실이다). 사실, 중국어의 짧고 애매한 표현이 주는 어려움을 해결해야 함은 굳이 언급할 필요도 없다. 오랜 역사 전통을 가진 주석가들의 주장을 가능한 한 풍부하게 중국어에서 라틴어로 옮길 필요가 있고, 대립적인 주장들을 명백하고 확실하게 밝히는 것도 중요하며, 여기에 이 책의 바탕인 이전의 책에 있는 적지 않은 오류를 바로잡는 것도 이 작품을 풀이해야 하는 이유이다. 마침내는 저 먼 이방의, 그리고 저 오랜 옛날의 잔칫상이 유럽인의 입맛을 실망시키지 않기 위해서 라틴어도 깔끔하게 다듬어서(이 문제는 이전에는 크게 신경을 쓰지 않았다) 모든 것이 눈에 드러나도록 하는 것도 매우 중요했다. 감히 어느 누가 이토록 진심 어린 우정을 실어 전하는 친구들의 조언을 무시할 수 있었을까? 나는 당연히 그 조언을 받아들였다. 가볍지만 담대한 마음으로 이 과업에 착수했다. 이 과업을 수행하는 과정에서 나에게 특히 큰 도움을 주신 신부님 세 분이 계신다. 필립 쿠플레, 프랑수아 드 루즈몽(François de Rougemont, 魯日滿: 1624~1676), 크리스티안 헤르트리히(Christian Wolfgang Herdtrich, 恩理格; 1625~1684) 신부님이 바로 그분들이다. 신부님들은 조언을 아끼지 않았고 심지를 굳건하게 해주었을 뿐만 아니라 [실제 작업에] 수고로움도 마다하지 않았고 한 번도 시들지 않는 언제나 같은 열정으로 이 과업에 빠들 일이 了았다. 이외에도 여기에 밝혀야 할 분들이 많다. 하지만, 그분들은 신앙의 겸손함으로 한사코 이들 비나하셨다. 그래서, 나는 이 자리를 빌려 이것 하나만을 분명하게 밝혀 두고자 한다. 나는 진실로 이 분들에게 진 빚이 많다.[12]

인토르체타가 『사서』 가운데에서 특히 『중용』의 번역에 정성을 기울인 이유는 두 가지이다. 하나는 현실적인 이유다. 『사서』 가운데에서 『대학』과 『논어』의 일부를 이그나치오 다 코스타 신부가 이미 라틴어로 번역하였기 때문이다.

6. 그 어려운 시절에 중국의 지방에서 활동한 우리 예수회를 총감독했던 이는 이그나치오 다 코스타 신부님이셨다. 나의 생각과 계획을 신부님께 상의드렸고, 이에 신부님은 쾌히 동의하셨다. 그뿐만 아니라 권위를 실어 주셨고, 열정과 힘으로 거들겠다고 하시면서, 자진해서 나와 함께 앞에서 말한 『사서』의 주해를 완성하는 일에 동참하셨다. 신부님은 그리스도의 일을 돌보고 자신의 마음을 성스럽게 닦는 중에 잠깐의 여가나 틈이 나면 거의 예외 없이 중국의 글과 학문에 매진하셨고, 이미 높은 경지에 도달하셨다. 어디에 내놓아도 결코 부끄럽지 않을 수준이었다. 도대체 무슨 말을 해야 할까? 비록 크고 막중한 업무에 시달려야 했음에도 신부님은 일 년 만에 작품 전체의 기초를 완성하고, 그렇게 완성된 기초를 때로는 홀로, 때로는 나와 함께, 때로는 다른 신부들의 도움을 입어서 다듬었다. 이렇게 완성된 첫 책이 『대학』이다. 작업을 시작한 지 3년 만에 이룬 일이다.[13] 『논어』라고 하는 세 번째 책의 절반에 해당하는 부분도 중국 활자로 새겨 출판했다. 모든 예수회 소속의 신부들이 손에 쥐고 읽을 수 있도록 하기 위함이었다.[14]

다른 이유는 보다 근본적이다. 인토르체타는 『중용』이 중국의 선교 사업에 가장 도움이 되는 책이었기 때문이라고 밝힌다.

5. 중국에서 매우 중요한 일을 판단하는 단서와 마치 영원불멸의 진리로 여겨지는 말들의 출처가 『사서』라는 점도 알게 되었다. 그래서 신부들은

---

12 참조. *Par. cod. 6277.* p. iii. 이이의 번역은 1687년 쿠플레기 『중국인 철학사 공자』를 출판하면서 인토르체타의 필사본에서 지워버린 것이다.

13 1659~1662년

14 참조. *Par. cod. 6277.* p. iii.

굳은 결심으로 공부를 시작했다. 맨 먼저 『사서』의 이해에 전력을 기울였다. 그런데 이것이 얼마나 고생스럽고 힘겨운 일이었는지 형언키 어려웠다. 하지만 읽어보니, 이 책들에서는 본성(natura)의 원리와 법칙에 어긋나는 대목을 한 구절도 찾을 수가 없었다. 진실로 감탄이 저절로 나오는 구절이 많아서 이런 구절은 외워버렸고, 이를 실천에 옮기려는 마음을 먹기까지 했다. 우리의 이와 같은 노력에 따른 결실도 컸다. (중국인들의 의견에 따르면,) 그들의 원리에 의해서 해명된 그리스도의 진리는 상고 시대 군주와 현자를 그 증인으로 삼아 견고해지고 그들의 권위에 기대어 빛나게 되었으며, 마침내 그들의 의견과 말로 제시되었고 아름답게 꾸며졌다. 그 결과 중국인들이 [그리스도의 진리를] 더 이상 이방의 그리고 야만의 것으로 혐오하지 않고, 경멸하는 시선을 거두었다.[15]

인토르체타는 도대체 누구를 위해서 『중용』을 라틴어로 번역하려 했을까? 쿠플레는 1687년에 라틴어 『중국인 철학자 공자』를 파리에서 출판하면서 루이 14세에게 헌정했다. 하지만 원래 인토르체타가 이그나치오 다 코스타의 『대학』과 『논어』 일부와 자신이 작업한 『중용』을 헌정한 상대는 루이 14세가 아니라 동방 선교에 꿈을 품은 젊은이들이었다.

<7-a> 중국과 극동의 다른 지역으로 선교를 희망하는 지원자들에게 [보내는 편지][16]

중국 선교의 실천을 위해 나는 극동에서 유럽으로 왔다. 동시에 나는 여러분 중에서 가능한 한 많은 사람들과 함께, 가능한 한 빨리 내가 출발한 그곳으로 다시 되돌아가기를 바라는 마음으로 이곳에 왔다. 저 활활 타오르는 **********하여금 이렇게 희망하도록 명했기 때문이다. (중략) [보아라 저 광활한 제국 중국을.] 너무도 당연하지 않겠는가? 동상 건게가 거

---

15 참조. *Ibid*, p. ii~iii.
16 쿠플레본 1687에서 이 편지는 삭제되었다.

의 여러분의 전쟁터이고, 그리스도의 용맹을 휘날릴 무대라는[17] 사실이
말이다. 나는 알고 있다. 여러분이야말로 그리스도의 일꾼이라는 점을. 따
라서 즐거운 마음으로 길 떠날 채비를 하라. 태양 아래에 다른 어떤 지역
도, (내 말을 믿어라) 물산에 있어서 이곳보다 더 풍부한 곳은 없다. 사람
들이 이곳보다 많은 곳도 없다. 물론 물산의 풍요로움은 일찍이 여러분의
관심사가 아니었다. 현명하고도 성스럽게도 말이다. (중략) 이는 지금도 여
전히 그렇다. 따라서 언제나 그래야만 하듯이, 이 해안가에서 어부로 살
아가려는 사람이라면 저 생각의 미끼들을 획득하는 데에 공을 들여야 마
땅하다. 아주 요긴하게 활용할 수 있도록 말이다. 그럼 이제 [그 미끼에
대해서] 여러분에게 분명하게 밝히겠다. 공자의 책 세 권과 공자와 동시
대를 살던 맹자의 책 한 권이 그것이다. 나는 중국에서 가장 학식이 깊고
가장 중요한 학자의 엄밀한 주해와 함께 이 책들을 중국어에서 라틴어로
옮겨 여러분에게 선물하고자 한다. 내가 여러분에게 주어야 할 것이 있다
면, 바로 이 선물일 것이다. 그래서 나는 이 선물을 헌정해야 할 이가 바
로 여러분이라고 생각했다.[18]

인도르체나에 따르면 동방 세계에 선교를 희망하는 유럽의 젊은이
들에게 전하는 『중용』을 포함한 라틴어 『중국인 철학자 공자』의 쓰임
새는 다음과 같다.

서[광계] 바오로가 바로 그였다. 어떤 사람이 유럽 사람들이 가지고 온 새
로운 학문이 도대체 무슨 쓸모가 있냐고 묻자, 그는 중국 방식에 따라 간
략하게 사자성어로 답했는데, 이렇게 읽고 쓴다.

보유척불補儒斥佛

뜻은 이렇다. "이 학문은 우리의 스승 공자와 우리의 학문과 철학에 없는
부분을 보충하고 완성해준다. 또한 진실로 사악한 미신들과 귀신들의 숭
배를 몰아내고 밝보색월해 준다." 이와 같은 이유에서 나는 우리의 밤샘

---

[17] 『마태오 복음』 제13장.
[18] 참조. *Par. cod. 6277*, p. viii~ix.

작업의 결실은 다른 누구보다도 여러분이 그 주인이 되어야만 한다고 생각했다. (중략) 사람이 살아가는 데에는 단지 아는 것만으로는 충분하지 않다고 주장하는 이 학문, 즉 정치-도덕의 학문에 대해서, 여러분은 비록 중국어가 어눌하고 말도 더듬겠지만, 바로 이 정치-도덕에 대한 학문만은 막힘없이 설명할 것이다. 이를 경청한 [중국]인들은 당연히 경이를 표하고 즐거워할 것이다. 그뿐만 아니라 여러분의 권위도 함께 올라갈 것이다. 이때 여러분은 무엇보다도 저 학문 자체를 여러분이 알고 있는 철학의 심판대로 소환해서 엄중하게 검사하고, 마치 자연에서 막 캐어 다듬지 않고 아직 모양을 갖추지 못한 은덩어리를 용광로에 넣듯이, 형이상학이라는 시료를 이용해서 불순물과 쓸모없는 찌꺼기들을 걸러 내어야 한다. 또한 유럽식 표현법의 세련된 장식과 기품 있는 위엄을 덧붙여야 한다. 마치 보석으로 금을 장식하듯이 말이다. 여기에 마지막으로 복음의 태양에서 흘러나오는 빛으로 감싸주게 되면, 여러분은 이 학문을 바로 하늘로 끌어 올리게 될 것이다. 따라서 내가 이 책을 출판한 것은 유럽 사람들에게 중국의 지혜를 제시하기 위함이 결코 아니다. 공자와 맹자의 책을 유럽에 제시하는 것은 마치 몇 잔의 물을 바다에 붓는 것과 같다. 그래서 나는 이를 결코 현명한 일이라고 생각하지 않았다.[19]

인용은 예수회의 선교 전략인 보유론을[20] 실천할 수 있는 도구로 활용하기 위해서 인토르체타가 『중용』을 라틴어로 번역했음을 보여준다. 서양 형이상학의 도움을 받아서 유교의 내용을 정련하고 여기에 그리스도의 교리로 포장하여 『중용』을 그 대상의 하나로 삼겠다는 선언이 인상적이다. 여기에 인토르체타가 『중용』을 라틴어로 번역하게 된 또 다른 이유를 추가해야 한다. 인토르체타는 유럽의 독자에게 라틴어 『중국인 철학자 공자』를 세속의 고전으로 소개하고자 했다.

다른 한편, 이미 소크라테스와 플라톤의 선동은 미락에 빠져있 r. 세네기

---

19 참조. *Ibid.* p. viii.
20 참조. 이연승(2009).

와 플루타르코스의 전통도 거의 시들어버린 유럽에서, 내가 소개하는 중국의 에픽테토스가 [그들에게] 박수 소리를 되찾아 줄 것이라고 나는 기대하는데, 이것이 그저 희망 사항에 불과할까?[21]

라틴어 『중용』은 어떤 역사적인 배경에서 탄생했는가[22]

라틴어 『중용』은 약 100여 년에 걸쳐 중국과 유럽에서 벌어진 전례 논쟁(rites controversy) 과정에서 탄생했다. 『중국인 철학자 공자』와 전례 논쟁의 관계에 대해서 메이나르는 "리치와 중국에서 활동한 예수회 제1세대의 입장과는 달리, 『중국인 철학자 공자』의 편집자들은 『사서』의 이성적인 토대를 해명하려고 노력했고 중국 학문(scientia Sinensis)이 하나의 유기적인 체계를 가지고 있음을 확신하게 되었다"고 밝힌다.[23] 메이나르는 『중국인 철학자 공자』를 주희의 신유학 전통에 가까운 작품으로 이해하는데,[24] 이와 같은 이해 방식은 재고의 여지가 있다. 일난, 쿠플레나 인토르체타가 주희의 신유학 전통에 호의적인 태도를 가졌는지 의심스럽다. 신유학에 대한 인토르체타의 입장은 기본적으로 다음과 같다.[25]

> 그들(신유학자)이 최초의 것을 순수 물질로 파악한다는 점은 다음의 사실에서 확인된다. 그들은 그것(최초의 순수 물질)에 태극이라는 이름을 부여한다. 이를 또한 그들은 리理라고 부른다. 중국인의 이 단어가 라틴인의 이성(ratio)에 해당한다는 것은 의심의 여지가 없다. 어쨌든, 그들은 여기에서 말하는 리를 태극이라고 설명한다. 사물들의 본질적인 차이가 바로 이 하

---

[21] 참조. *Par. cod. 6277*. p. x.
[22] 이하의 내용은 곽기, 안재원(2015)을 바탕으로 재구성했다.
[23] Meynard(2012), p. 42.
[24] Meynard(2012), p. 43.
[25] 참고로, 그동안 이 주장은 쿠플레의 것으로 알려졌으나, 필사본의 판독에 따르면 인토르체타의 것이다.

나의 이성(ratio)으로부터 흘러나왔다고 해명하기 위해서다. 이 이성(ratio)에 대해서 그들은 또한 다음과 같은 정도로 자신들의 철학을 밀고 나간다. 즉, 그들이 사물들의 부분으로부터 보편의 어떤 체계를 세워 놓은 이들로 보일 정도이다. 동일함이 자기 자신을 사물 각각의 종들과 개별자들 사이에 깃들여 놓았기 때문이다.[26]

인용에서 살필 수 있듯이, 인토르체타는 신유학자들이 리를 순수 물질로, 성리학을 유물론으로 보고 있다는 입장을 견지한다. 따라서 인토르체타가 신유학을 호의적으로 보고 있다고 볼 수 없다. 이와 관련해서 신유학의 입장에서 리치의 보유론을 반박한 이가 롱고바르디였음을 지적하고자 한다. 쿠플레나 인토르체타가 롱고바르디의 입장을 지지하지 않았음은 굳이 강조할 필요가 없을 것이다. 그렇다면, 메이나르가 『중국인 철학자 공자』를 주희의 신유학의 입장에서 이해하려는 이유는 무엇일까? 이런 이해 방식은 현대적인 관점에서, 즉 동서 비교철학의 관점에서 동양의 『사서』와 서양의 철학이 양립 가능함을 보여주는 증거로 『중국인 철학자 공자』를 바라보려는 메이나르의 생각이 반영된 것이다. 메이나르는 자신의 주장을 뒷받침해 주는 근거로 『대학』을 제시한다. 문제는 메이나르가 인토르체타의 원문을 참조하지 않았고, 이런 사정으로 말미암아 인토르체타가 롱고바르디의 입장에 반대했다는 점을 간과한 데에 있다. 특히 메이나르가 "리치와 예수회 1세대의 입장은 달라진다"고 하는 주장은 동의하기 어렵다. 나의 독법에 따르면 인토르체타는 기본적으로 리치의 보유론 노선을 따랐기 때문이다. 인토르체타가 리치의 보유론 노선의 계승자라는 점은 다음의 사실에서 분명해진다. 다른 무엇보다도, 리치의 보유론을 방어하는 쇄신신세 에기 롱고바르디 진영의 공식을 빙이힌 기란이 인토르체타였고, 아울러 라틴어 『중용』의 구성 방식이 중국의 전례 논쟁과 식

---

26 쿠플레, 『중국인 철학자 공자』, pp. lvi~lvii.

결되어 있었다.[27] 인토르체타는 전례 논쟁과 관련되어 시비 문제가 걸릴 만한 대목이면 반드시 보론을 달아 놓았다. 필사본 6277에 논문 형식으로 보론 8편을 덧붙여 놓았으며 제목만 옮기면 다음과 같다.[28]

보론 1. 중국인들은 귀신을 알았고 경배했는가? An Sinae cognoverint et adorarint(coluerint *corr. Couplet*) spiritus.

보론 2. 상고인들은 상제라는 이름을 이 세상의 물질로 파악했는가, 아니면 하늘의 최고 통치자로 보았는가? An nomine 上Xám 帝Tí, Prisci intellexerint coelum hoc materiale, an potius supremum coeli imperatorem.

보론 3. 상고 시대의 중국인들이 최고의 신의神意에 대해 전혀 모르는 사람들이 아니었음은 때로는 이성으로, 때로는 옛사람들의 권위와 수많은 증거에 의해서 증명된다. 또한 그들은 이 신의를 표현하기 위해서 '하늘'이라는 단어를 매우 자주 사용했다. Tum ratione, tum veterum authoritate plurimisque testimoniis probatur Priscos Sinas non fuisse penitus(om. Couplet) ignaros Supremi Numinis: creberrime item voce coelum ad Numen hoc significandum fuisse usos.

보론 4. 중국인들의 운수, 점술과 예언술에 대하여 De Sinensium sortibus, auguriis atque prognosticis.

보론 5. 중국의 문자에 대하여 De Sinarum literis.

보론 6. 중국의 음악에 대하여 De Sinensium musica.

보론 7. 상고 시대 중국인들은 영혼의 불멸함에 대해서 무슨 생각을 했는가? Quid senserint Prisci Sinae de Animorum immortalitate.

보론 8. 죽고 난 후에 잘한 것과 못한 것에 주어지는 보상과 처벌에 대한 언급이 중국인들의 책에 있는가? An in Sinarum libris mentio quoque fiat praemii poenaeve quae post hanc vitam proborum vel

---

[27] 이와 관련해서 국외 연구로는 대표적으로 Standaert(2012)와 국내 연구로는 송태현(2012)을 참조할 만하다.

[28] 본서에서도 보론은 제목만 소개된다. 8개의 보론은 내용적으로 독립된 글이며, 본문보다 더 길기 때문에 별도의 문헌으로 독립시켜 후속 작업으로 출판할 예정이다.

improborum meritis respondeant.

위의 보론 8편은 쿠플레본 1687에는 누락되었다. 제목만으로도 눈길을 끄는 내용이다. 쿠플레는 왜 이 보론을 출판에서 누락시켰을까? 쿠플레가 보론 8편을 생략한 이유는 이 보론의 분량이 본문인 라틴어 『중용』보다 많아서, 이것이 『중국인 철학자 공자』의 독서를 방해하거나, 번역자의 지나친 개입으로 중국의 고전 혹은 경전에 대한 오독을 유도할 수도 있었기 때문이다. 이에 대한 인토르체타의 말이다.

> (31편 1장) 위에서 우리는 보충하는 설명을 너무 자주 끼워 놓아서 철학자의 책을 읽는 것을 방해했다. 그래서, 여기에서는 라틴어 원문 아래에 번역을 놓았다. 먼저 중국과 인도의 고아에서 출판한 순서대로 놓았다. 책의 순서를 따랐다. 중국에서 선교에 나서는 신병들이 철학자의 생각을 보다 쉽게 손에 쥐고 텍스트를 직접 참조할 수 있을 것이다.[29]

라틴어 『중용』을 포함한 『중국인 철학자 공자』의 번역 작업 자체가 중국에서 벌어진 전례 논쟁과 직결된 활동이었기 때문에, 인토르체타는 라틴어 『중용』의 주해에 보론 8편을 포함시켰다. 이와 관련해서 두 명의 증인을 요청하겠다. 먼저 도미니코회 소속의 사제로 중국에 시찰관으로 부임해서 8년을 머물면서 전례 논쟁을 관찰한 마리아 사르페트루스(Dominicus Maria Sarpetrus, 17~18세기 활동)를 부르겠다.

> 중국에서 활동하는 예수회 신부들은 중국인 신자들이 철학자 공자와 그들의 죽은 조상들을 모시는 몇몇 의례들을 승인하거나 관용한다고 스스로 고백하는데, 이러한 조치는 안전할 뿐만 아니라 (검사성성檢邪聖省-현재는 신앙교리성-이 승인했듯이) [중국의] 수요 분파들이 내세우는 원리들을 검토해보면, 비록 반대 의견이 제시되었지만, 이 원리들이 그보다 더 큰

---

[29] 참조. *Par. cod. 6277.* p. 264.

설득력을 가지고 있고 중국의 종족에게 복음의 문을 여는 데에 필수적이라고 말할 수는 없어도 매우 유용하다고 나는 판단한다.[30]

사르페트루스의 '증언'을 담은 이 편지는 라틴어 『중용』의 보론 2에 포함되어 있다.[31] 보론 2는 『중용』 14편 2쪽 1장(19장)을[32] 보충하는 논거로 제시되어 있는데, 이에 해당하는 『중용』 원문은 다음과 같다.

> 郊社之禮, 所以事上帝也. 宗廟之禮, 所以祀乎其先也.
> 明乎郊社之禮禘嘗之義, 治國其如示諸掌乎!
> (교사의 예는 상제를 섬기는 것이다. 종묘의 예는 조상을 받드는 것이다.
> 교사의 예와 봄 제사와 가을 제사의 뜻에 밝으면, 나라를 다스리는 일은
> 손바닥 위에 올려놓은 것처럼 쉽다!)

다음은 이 구절을 인토르체타가 번역한 것이다.

> (14편 2쪽 1장) 하늘과 땅에 올리는 희생 제의는 오로지 최고의 통치자에게만 바치는 것이다. 하늘의 통치자는 하늘과 동시에 땅의 통치자이다. 이는 상제上帝라는 두 글자로 표기된다. 이는 매우 적절한 표현이며 문자 그대로의 의미이다. 왕실에서 조상들에게 드리는 제사와 제례는 후손 군주가 희생 제의를 통해서 자신의 죽은 조상을 기리는 것이다. 따라서 어떤 이가 하늘과 땅의 최고의 통치자에게 마땅히 올려야 하는 교사郊社에 담긴 제례의 뜻을 분명하게 파악해서 받들어 모신다면, 마찬가지로 체상禘嘗의 의미를 올바르게 알고 조상에게 제대로 제사를 올린다면, 그 사람이 나라를 번영되게 통치하는 일은 손바닥을 보는 것과 같지 않겠는가? 말하자면, 자신의 의무를 다하고 나라 전체를 통치함에 있어서 쉽고 명확

---

30 Eotrix(1679), pp. 241~242의 사르페트루스의 글은 *Apologia pro Decreto S.D.N. Alexandri VII et pruxi Jesuitarum circa caerenonias, quibus Sinae Confucium et Progentitores mortuos colunt.* 라는 제목으로 Louven에서 1700년에 다시 출판되었다.
31 참조. *Par. cod. 6277.* p. 112.
32 괄호 안에는 중용의 한자 원문을 구분하는 장 번호를 표기한다.

한 방법을 가질 것이다. 『예기禮記』 제9권 10편에 같은 내용이 있다.[33]

인용에 소개된 번역에 이어서 보론 2가 시작한다. 사르페트루스의 '증언'은 보론 2에 대인 논증(argumentatio ad hominem)의 한 사례로 보충되어 있다. 이는 중국의 "상제" 관념이 서양의 "천주" 개념과 일치한다는 마테오 리치의 생각과 중국인들이 공자를 추모하는 제사와 조상에 대한 제사가 미신적인 기복 신앙이 아니라 정치적이고 문화적인 활동임을 보증해 주는 전거로 활용하기 위해서 라틴어『중용』이 번역되었음을 보여준다. 단적으로, 인토르체타가 교사郊社의 예를 "나라를 다스리는治國 원리(ratio administrandi totius imperii)"로, 종묘宗廟의 예를 "조상들에게 응당 공경해야 하는 의무(honoris obsequia)"로 명시적으로 언명한다는 점과, 1669년 인도의 고아에서 출판한 라틴어『중용』을『중국의 정치-도덕학Sinarum Scientia Politico -Moralis』으로[34] 소개한다는 점이 그 근거이다. 『중용』을 정치-도덕의 학문에 대한 책으로 바라보는 인토르체타의 입장이 여기에서 분명하게 드러나는데,『중국의 정치-도덕학』이라는 서명 자체가 전례를 미신적인 기복 행위로 규정한, 가까이는 나바레테(Domingo Fernandez Navarrete, 1610~1689), 멀리는 롱고바르디의 입장을 반박하는 사례일 것이다.

두 번째 증인으로 니콜로 롱고바르디(Nicolò Longobardi, 龍華民: 1565~1655)를 부르겠다. 롱고바르디는 마테오 리치의 적응주의(accomodation) 노선에 반기를 든 것으로 유명하다. 그는 1623년에 저술한 *Responsio brevis*

---

[33] 참조. *Par. cod. 6277.* p. 99: Sacrificiorum-caeli-et-terrae ritus erant id, quo colebant dumtaxat supremum Imperatorem, caeli scilicet Imperatorem, imo caeli simul et terrae Imperatorem qui duabus litteris 上Xam 帝Ti apte admodum ac literaliter significantur. Regiae majorum titulae timu ot officio erant id, quo posteri Reges sacrificando debita persolvebant honoris obsequia suis defunctis majoribus. Qui ergo clare intellexerit, ut explorurit sacrificiorum Kiao Xe ritus supremo caeli terraeque Imperatori debitos: qui item probe noverit Ti Chum rationes, et rite persolverit officia majoribus debita, nonne profecto adminitrabit regnum is facilitate ac si respiceret ad palmam manus, quasi dicat, omnino facilem et exploratam habebit rationem officii sui totiusque Imperii administrandi. eadem habes in Li Ki lib.9 f.10.

[34] *Analecta Monumentorum Omnis Aevi Vindobonensia(=Analecta)*(1669), p. 1211.

super controversias de Xamti, hoc est de altissimo Domino, de Tien—chin, id est de spiritibus coelestibus, de Lim—hoén, id est de anima rationali(『최고의 통치자인 상제, 하늘에 속하는 신령들인 천신, 이성적인 혼인 영혼에 대하여』)에서[35] 전례 논쟁의 발단이 되는 소위 "삼대 쟁점"을 제기한다. 롱고바르디의 말이다.

중국의 상제(이 용어는 높은 곳의 군주를 뜻한다)를 놓고서 씨름한 지 이미 25년이 넘었다. 동료의 권고에 따라서 중국 왕실에 들어오자마자 공자의 『사서』를 읽었다. 상제에 대해 여러 주석가들이 제공하는 개념이 신적인 본성에 반대한다는 것을 나는 지적하고자 한다. 그러나 오랫동안 선교에 나섰던 신부님들은 나에게 말했다. "상제가 우리의 주님"이라고 말이다.[36] 하지만 나는 의심을 거둘 수 없다. 중국의 문헌과 주석 사이에는 차이가 있는데, 이런 차이가 이와 같은 해석의 오류를 만들었다고 나는 생각한다.[37]

롱고바르디는 마테오 리치의 『사서』 해석이 잘못되었다고 비판한다. 롱고바르디에 따르면 리치의 "상제가 우리의 주님"이라는 해석은 견강부회라는 것이다. 이 물음은 지금도 논쟁거리이지만, 당시에는 매우 뜨거운 이슈였다. 이 주장에서 저 유명한 전례 논쟁이 촉발되었기 때문이다. 이해를 돕기 위해서, 전례 논쟁[38]을 연대기 형식으로 소개하면 다음과 같다.[39]

---

[35] 롱고바르디의 라틴어 원문(1623)은 필사본의 형태로 전승된다고 하는데, 아직 이를 입수하지 못했고 여기에서는 라이프니츠가 불어로 번역한 텍스트(Leibniz, 1701, pp. 89~144)를 참조했다. "Traité sur quelques points de la religion des Chinois, par le P. Longobardi, avec des remarques de M. Leibniz(Edit. Paris. a. 1701)," in: *Gothofredi Guillelmi Leibnitii, S. Caesar. Majestatis Consiliari, et S. Reg. Majest. Britanniarum a Consiliis Justitiae intimis, nec non a scribenda Historia, OPERA OMNIA*, Geneva, 1768.

[36] 이 언명은 리치의 "우리 [서양의] 천주는 바로 [중국의] 옛 경전에서 말하는 하느님[上帝]입니다."를 가리키는 것으로 보인다. 참조. 마테오 리치, 『천주실의』, 송영배 역(2010), 99·100쪽.

[37] 참조. "Traité sur quelques points de la religion des Chinois, par le P. Longobardi, avec des remarques de M. Leibniz(Edit. Paris. a. 1701)," p. 89.

[38] 참조. Meynard(2012), pp. 18~24.

[39] 참조. Entenmann(2000); 김혜경(2012).

1643년 도미니코회 소속의 모랄레스 신부(J. B. de Morales)가 중국의 전
례 문제를 17개의 조목(Propaganda Fide)으로 나누어 공식적으로
교황청에 제기함.[40]

1645년 로마 교황청이 중국의 전례를 금지시킴.

1651년 예수회 신부 마르티노 마르티니(Martino Martini) 신부가 로마를 방
문해서 모랄레스 신부의 견해를 반박함.

1656년 교황 알렉산더 7세가 중국의 전례를 용인하는 칙령을 내림.[41]

1664년 프란치스코회 폴란쿠스 신부(Fr. Io. Polanchus)가 로마에서 전례 문
제를 다시 제기함.[42]

1667년(?) 도미니코회 소속의 나바레테 신부가 중국 전례 문제와 관련해서
다시 42개의 조목을[43] 교황청에 보냄.[44]

1668년 인토르체타가 『중국인들의 전례에 관련된 증거*Testimonium De cultu
Sinensium*』(파리, 1700)를 저술함(3월 8일).

1668년 사르페트루스 신부가 중국에서 전례 문제에 대해 증언하는 편지
를 작성함(8월 4일).

1669년 인토르체타 신부가 인도 고아에서 라틴어 『중용』을 출판함.

1670년(?) 바로(Francisco Varo) 신부가 한자 분석을 통해서 중국 전례를 반
대함.[45]

1674년 나바레테 신부가 로마에서 다시 전례 문제를 제기함.[46]

1692년 강희제가 천주교를 인정하는 교서(容教令)를 내림.

1693년 매그로(Charles Maigrot) 신부가 복건福建(푸젠) 지역의 신자들에게
전례금지 명령을 내림.

---

[40] 모랄레스의 17개의 조목은 *De Sinensium Ritibus Politicis Acta seu R.P. Francisci Xaverii Philippucci Missionarii Sinensis e Societate Jesu*로 파리에서 1700년에 출판되었다.

[41] 참조. *Monumenta Sinica cum disquisitionibus criticis pro vera apologia Jesuitarum contra falsam apologiam Dominicarum...(=Monumenta)*(1700).

[42] 참조. *Ibid*.

[43] 나바레테의 42개의 조목은 *Tratados historicos politicos ethicos y religiosos de la Monarchia de China*로 마드리드에서 1676년에 출판되었다.

[44] 인토르체타 신부는 나바레테가 반박문을 작성해서 예수회에 세운한 년싸를 1668년 3월 8일이라고 밝힌다. 이를 바탕으로 나바레테가 42개의 조목을 작성한 시기는 그 이전임이 분명하다.

[45] 참조. Menegon(2012), p. 207.

[46] 참조. *Monumenta*(1700); Meynard(2012), pp. 18~24.

1696년   르콩트(Louis Daniel Le Comte)가 『현대 중국에 대한 새로운 보고
         Nouveux Mémoires sur l'état présent de la Chine』를 파리에서 출판함.

1697년   매그로 신부가 전례금지를 요청하는 서신(Mandatum)을 교황청에
         보냄. 전례 논쟁이 다시 불붙음.

1700년   파리 소르본 대학에서 르콩트의 책에 대한 심의회가 열림. 1700년
         토마스 앙투안(Thomas Antione) 신부가 『중국 전례 보고서*Brevis
         Relatio eorum quae...*』[47]를 편집하고 출판함(북경, 1701).

1703년   노엘(Noel) 신부와 카스파르 신부가 『중국 전례와 관련된 유럽인들
         과 중국인들의 증언 모음집*Summarium Novorum uthenticorum Testimonium*』을
         출판함.[48]

1704년   노엘(Noel) 신부와 카스파르 신부가 『비망록 및 중국 전례와 관
         련된 유럽인들과 중국인들의 증언 모음집*Memoriale et Summarium
         Novorum Authenticorum Testimonium*』을 출판함.[49]

1704년   교황 클레멘스 11세가 전례금지 명령을 내림(*Cum Deus optimus*).

1705년   투르농 신부가 북경을 방문함.

1706년   강희제가 리치의 적응주의 노선을 인정함.[50]

　　　라틴어 『중용』의 탄생과 관련해서 집중적으로 살펴야 할 것은
1668년에 벌어진 사건이다. 1656년 교황 알렉산더 7세의 칙령에도 중
국의 전례 논쟁은 수그러들지 않았고 오히려 격화되었다. 이를 주도
한 이는 나바레테 신부였다. 나바레테는 중국의 전례 논쟁과 관련해
서 모랄레스 신부가 제기한 17개의 조목을 다시 42개의 조목으로 나
누어 제기한다. 흥미로운 사실은 인토르체타 신부가 1668년에 저술한
『중국인들의 전례에 관련된 증거*Testimonium De cultu Sinensium*』의 시작에서

---

47 *Brevis relatio eorum quae spectant ad Declarationem Sinarum Imperatoris Kam Hi circa Caeli, Cunfucii,
    et Avorum cultum, datam anno 1700. Accedunt Primatum, Doctissimumque Virorum, et Antiquissimae
    Traditionis Testimonia, Opera PP. Societatis Jessu Pekini pro Euangelii propugatione laborantium.*

48 참조. Standaert(2012)

49 참조. *Ibid.*

50 이후의 전례 논쟁을 둘러싸고 벌어진 내용은 위에 소개한 스탠다이어트(2012)의 책에
    자세하게 소개되어 있다.

자신의 책이 나바레테 신부에게 답하는 글이라고 명시한다는 것이다.[51] 이와 같은 사실은 인토르체타의 라틴어 『중용』의 번역이 중국 전례 논쟁의 산물임을 보여준다. 그 근거로 두 가지를 이미 제시했다. 앞에서 소개한 8개의 보론이 그 하나이고, 다른 하나는 라틴어 『중용』의 보론에 포함된 사르페트루스 신부가 쓴 편지의 필사본이다. 여기에 라틴어 『중용』이 전례 논쟁에서 리치의 노선을 방어하는 데에 유용한 무기로 사용되기를 바라는 마음에서 번역되었다는 것을 보여주는 결정적인 증거를 추가하겠다. 다름 아닌 라틴어 『중용』을 바라보는 인토르체타의 시선이다.

> 책의 제목은 『중용』이고, 요지는 중용의 법칙 혹은 황금률을 다루는 것이다. 공자의 손자 자사子思가 이 책을 출판했고, 자신의 것을 덧붙였다. 하지만 많은 부분이 부족하다. 책이라기보다는 단편 모음에 가깝다. 이런 이유에서 또한 전해진 가르침의 숭고함이 자연 본성의 한계를 뛰어넘는 것으로 보이기 때문에, 중국의 선생들도 이 책을 은미(subobscurum, 隱微)하고 파악하기에 어려운 책으로 간주한다. 그래서 본래 순서는 두 번째이지만 가르칠 때에는 마지막에 놓는다. 아울러 내가 앞에서 말했듯이 복음을 전하는 선교사에게도 매우 유용한 책이다. 이 책이 도덕의 스승이고 악덕의 어두움에 휩싸인 자연 본성에 빛 혹은 여명을 밝힘에 유익한 진리의 빛을 제공한다. 이 빛은 특히 선교사들의 앞을 밝혀주고 길을 열어 줄 것이다.[52]

인토르체타의 말에서 눈여겨볼 것은 『중용』을 "은미隱微한" 책으로 파악하고 있다는 점이다. "은미함"에 해당하는 라틴어 subobscurum은 천문학, 형이상학, 신학을 규정할 때 사용하는 개념이다. 이 개념은 『중용』 11편 2쪽 1장(16장)의 "夫微之顯(무릇 은미함이 드러남)"이라는 구절을

51 참조. Intorcetta(1668): Pars responsionis ad manuscriptum R. P. F. Dominici Familia ex Sancta D. Dominici Familia Sacerdotis.
52 참조. *Analecta*(1669), pp. 1215~1216.

떠올리게 한다. 여기에서 인토르체타가 『중용』을 어떤 시선으로 바라보고 있는지 분명하게 드러난다. 인토르체타는 유럽의 독자들에게 『중용』을 "참된 최상의 신성(Veri summique numinis)"을 아는 데에 도움 되는 책이라고 소개하는데,[53] 이는 정확히 『중용』 11편 2쪽 1장(16장)을 염두에 두고 한 말이다.

> 詩曰, 神之格思, 不可度思, 矧可射思.
> 『시경』에 이르길 "신이 함께 하심을 헤아릴 수 없다 해서, 없다 할 수는 없다."

인토르체타는 이를 다음과 같이 번역한다.

> (11편 2쪽 2장) 이것이 귀신의 감춰진 엄밀함인데, 그 자신의 작용을 통해서 크게 드러난다. 비록 귀신은 그 안에 숨어 있지만, [명백하게 드러나며] 결코 감추어질 수 없다. 이는 다음의 사실에서 분명하다.[54]

인용의 "감춰진 엄밀함"은 arcana subtilitas인데, 이는 "은미함"으로 번역한 subobscurum을 보다 명시적으로 표현한 것이다. 여기에서 『중용』을 예사롭지 않게 바라보는 인토르체타의 시선이 더욱 구체적으로 드러난다. 이와 관련해서 인토르체타의 "가르침의 숭고함이 자연 본성의 한계를 뛰어넘는 것"이라는 언명은 "상제가 우리의 주님"에 해당한다는 리치의 말을 환기시킨다. 사정이 이와 같다면, 인토르체타가 『중용』을 번역한 이유는 리치의 보유론을 방어하기 위해서였을 것이다. 흥미로운 점은 프랑수아 노엘(François Noël, 衛方濟: 1651~1729)이 『맹

---

53 참조. *Analecta*(1669), p. 1215.

34 참소. *Par. cod. 6277.* p. 84: Haec spirituum tam arcana subtilitas, nec minor per effectus suos manifestio. quamvis spiritus in se adeo occulti sint, [usque adeo clara est](supp. Couplet), ut revera tamen non potest (possint Couplet) occultari, ita plane se res habet.

자』를 포함한 『사서』를 번역한 것도 실은 보유론과 적응주의 선교 전략을 방어하기 위해서였다.[55] 비록 중국 전례 논쟁과 관련해서 로마에서 교황과 교황청의 고위 인사들을 설득하는 데에는 실패했지만, 노엘은 이른바 리치의 노선을 결코 포기하지 않았고, 이를 포기하지 않았다는 점을 보여주는 증거가 번역 작업이라는 것이다. 그러니까 중국의 전례 의식이 미신적인 혹은 유사 종교 행위가 아니라 정치적이고 문화적인 활동이라는 점을 보여주는 증거가 중국의 고전이며, 이를 증명하는 것이 노엘 번역의 특징이다. 인토르체타의 번역 작업도 노엘이 취한 번역 전략과 같은 맥락에서 이해될 수 있다. 하지만 노엘과 인토르체타 사이에는 큰 차이가 있다. 보다 엄밀히 비교해 보아야 하겠지만, 노엘의 번역에서는 인토르체타의 번역에서 보이는 신학적인 해석이 발견되지 않고, 중국의 고전을 세속의 고전으로 보려는 시도가 특징적이다. 여기에는 중국의 고전에 나타나는 전례의 성격을 정치적이고 문화적인 틀로 해석하려는 노엘의 치밀한 계산이 숨어 있다고 추정된다. 반면, 인토르체타의 번역은 공자의 고전과 그리스도교의 경전 사이에 있는 유사성과 일치성을 드러내려는 노력이 특징이다. 이 점을 놓고 볼 때 리치의 보유론 노선은 인토르체타의 번역 주해 작업을 통해서 계승되었고, 이는 다시 노엘의 번역 활동으로 이어졌다고 할 수 있다. 하지만, 이 대목에서 한 가지 언급해야 할 사실은, 인토르체타의 번역 작업이 두 갈래로 나뉘어 계승되었다는 점이다. 그 가운데에 하나는 부베(Joachim Bouvet, 1656~1730)를 중심으로 하는 색은주의 노선이고,[56] 다른 하나는 노엘을 중심으로 하는 적응주의 노선이다. 이 노선 사이의 차이는 리치와 롱고바르디 사이에 있는 것만큼이나 크다. 부베에서 프레마르(Joseph Henri de Premare, 馬若瑟: 1666~1736)로 이어지는 색은주의 노선은 리치와 인토르체

---

55 참조. Standaert(2012), pp. 245~249.
56 참조. 이연승(2009)

타가 취한 보유론의 노선보다 훨씬 강경한 노선을 택했기 때문이다. 중국의 고전에서 원시 그리스도교의 흔적을 찾으려는 것이 색은주의 자들의 목적 가운데 하나였다. 예컨대 프레마르에 따르면 우임금의 치수 이야기는 노아의 홍수 이야기의 중국식 버전이라고 한다. 색은 주의가 취한 강경 노선은 로마 교황청의 강력한 반대와 내부의 반대에 부딪혀 그다지 큰 빛을 보지 못하고 묻혀 버렸다. 하지만 부베의 색은주의 노선이 라이프니츠의 철학으로 이어진다는 점에서 색은주의 노선이 완전히 매장되었다고 볼 수는 없다.[57] 이에 반해서 노엘의 적응주의 노선은 인토르체타의 노선보다 훨씬 더 유연한 입장을 취했다고 볼 수 있다. 이 노선은 원시 중국학의 발전으로 이어졌으며 이에 대해서는 후속 연구가 요청된다. 결과적으로 보면, 노엘의 노선이 대세로 자리잡았다. 하지만 당시 현실은 이러했다. 일단 노엘은 1704년 로마에서 벌어진 전례 재판에서 패소했지만, 인토르체타는 중국에서 벌어진 전례 논쟁에서 승리했다. 이미 상술한바, 그 증거는 강희제가 예수회에게 내린 천주교 승인 교서이다. 인토르체타가 「주교 인정서」를 얻게 된 데에는 여러 이유가 있었지만 전례 논쟁도 한 몫 거들었다는 점을 강조하고자 한다. 사정이 이렇게 돌아가게 되자, 리치의 보유론 노선에 반기를 들었던 세력도 대응을 시도한다. 1693년에 매그로(Charles Maigrot) 신부가 복건 지역의 신자들에게 전례금지 명령을 내리고, 1697년에는 전례금지를 요청하는 서신을 교황청에 보낸다. 다른 한편으로 르콩트는 1696년에 리치의 적응주의 노선을 옹호하고 중국을 예찬하는 책을 출판한다. 이에 대한 심의회가 1700년에 10월 18일에 소르본대학에서 열린다.[58] 유럽의 이런 움직임에 맞대응하기 위해서 중국에서도 일련의 움직임이 있었는데, 그 결과 탄생한 책이 『중국 전례 보고서』이다. 이 책에는 깅희세의 지원 아래

---

[57] 참조. Leibniz(1689~1714)
[58] 참조. 먼젤로, 이향만 외 역(2009), 550~551쪽.

1700년 12월에 토마스 앙투안(Thomas Antoine, 安多: 1644~1709) 신부를 중심으로 하는 북경의 예수회 신부들이 중국의 전례의 성격에 대한 답을 담았다.

1638년부터 중국의 전례 문제를 두고서 큰 논쟁이 있었다. 지금으로부터 이미 50년 전 예수회가 중국인의 전례를 단지 정치적인 행사로 보고 인정해 주었던 것에 반대하며 중국인이 우상을 숭배하고 미신을 경배한다는 주장을 강력하게 내세우는 다른 교파와의 논쟁이었다. 매우 중대한 사안이었기에 여러 차례에 걸쳐 이에 대한 양 진영으로부터의 의견이 로마 교황에게 보고되었다. 양 진영의 묻고 따지는바 그 의견의 차이에 따라 교황들은 다양한 결정을 내렸다. 아마도 법정 심리에 의해서 가려질 수 있으나, 사실은 매우 오랜 기간의 노력이 요청되는 일이었기에 아직 문제는 해결되지 않은 채로 남아 있었다. 예수회의 최고 책임자들은 대부분 중국의 최고의 학자들과 책들의 해명을 지지했다. 이에 대해서는 많은 연구와 다양한 책이 출판되었다. 하지만 로마에서 전례 논쟁에 대한 재심리가 요청되었다. 이는 오랫동안 진행되었고, 큰 수고를 들이지 않으면 끝나지 않을 다툼이었다. 양 진영은 고대 저술가들이 지은 책들과 저 전례들의 의미에 대해서 다투었다. 따라서 이와 같은 큰 논쟁에 대한 간략한 요약 보고서를 만들 필요가 있었다. 이는 무엇보다도 하나됨을 원하는 교황이 가장 반기는 일이었기 때문이다. 동시에 오랫동안의 다툼으로 말미암아 생겨난 모든 의심과 그러는 사이에 몇몇 사람들의 양심에 자리 잡기 시작한 근심을 제거해 줄 필요도 있었기 때문이다. 그리하여 북경에 머물던 예수회의 모든 신부가 한자리에 모여 회합을 가졌고, 황제에게 찾아가기로 결의했다. 그리고 자신의 제국에서 황제의 확고하고 안심할 수 있는 의견을 묻기로 결정했다. 자신의 제국에서 행해지는 전례의 진의와 적법 여부, 그리고 하늘天에 대한 숭배에 대한 의견을 말이다. 그 결과 전례가 단지 정치적인 것인지 아닌지, 또한 천하자 孔子와 조상 등에 내린 제기가 다른 뭔가를 포함하고 있는지 아닌지 명확하게 판가름할 수 있을 것이다.[59]

---

[59] 『중국 전례 보고서』(1701), pp. 1~2.

이상의 논의에서 확인할 수 있듯이, 라틴어 『중용』은 중국의 전례 논쟁의 산물이었다. 다시 말해서 라틴어 『중용』의 번역과 주해에 포함된 보론 8편은 멀리는 모랄레스, 가깝게는 나바레테의 공격을 방어하고 리치의 보유론을 방어하기 위해서 작성된 것이었다.

인토르체타는 『중용』을 어떻게 읽고 해석했는가

라틴어 『중용』에 나타나는 인토르체타의 독해 방식은 세 가지 특징을 띠고 있다. 하나는 『중용』을 서양 고대철학에 기대어 읽고 해석했다는 점이다. 이런 특징은 한편으로 『중용』을 번역하면서 키케로의 용어를 사용한다는 점과 다른 한편으로 『중용』을 해석하는 과정에서 아리스토텔레스의 철학을 이용한다는 점에서 확인된다. 다른 하나는 라틴어 『중용』의 주석을 하면서 명나라 말기에 재상을 지낸 장거정(張居正, 1525~1582)과 마찬가지로 명말 유학자였던 장동초(張侗初, 17세기 활동)의 저술을 참조하였다는 점이다. 마지막은 흥미롭게도 인토르체타가 라틴어 『중용』을 주석하면서, 서기 3세기 말에서 4세기 초엽의 그리스도교 박해 시기에 호교론護敎論을 위한 책을 저술한 락탄티우스(Lucius Firmianus Lactantius, 서기 240?~320?)가 취한 전략과 대비되는 노선을 택했다는 점이다.[60] 이런 특징을 보이는 독법에 기반해서 인토르체타가 서양 독자에게 소개하는 라틴어 『중용』의 내용 구조는 다음과 같다.[61] 결론

---

[60] 참조. 정혜정(2020)
[61] 참고로, 김학주는 『중용』의 체제를 다음과 같이 구성한다. "제1장은 '중용의 도'의 기본 성격을 논한 내용이다. 그리고 제2장은 주희의 제2장으로부터 제11장에 이르는 내용인데, 모두 10절(한 절은 주희의 한 장과 같음)로 나누어지고, 사람으로서 '중용의 도'를 어떻게 지켜야 하는가를 여러 각도에서 옛 성인들의 부기를 들어 설명한 것이나. 세3장은 '군자와 노'와 숙녹의 관계를 다각적으로 논한 것으로, 모두 8절로 나뉘어져 있다. 주희의 제12장으로부터 제19장에 이르는 내용이다. 제4장은 '성성스러움'과 사람의 일 및 자연의 관계를 바탕으로 하여 '정성스러움'이 도를 추구하는 데 있어 얼마나 중요한 덕성인가를 설명한 내용이다. 모두 7개의 절로 나누어 있으며, 주희의 제20장으로부터 제26장에 이르는 내용이다. 끝으로 제5장은 위대한 성인이 지극한 정성스러움을 바탕

부터 말하자면, 인토르체타는 서양 독자에게 "중용" 사상을 이해시키기 위해서 라틴어『중용』텍스트를 일종의 건축물로 구조화해서 조직한다. 건축에 비유하자면, "중용" 개념은 라틴어『중용』텍스트의 기본 토대에 해당한다. "중용"이라는 토대 위로 4개의 기둥, 즉 인간론, 귀신론, 도론, 덕론을 세운다. 4개의 기둥을 덮어주는 지붕과 같은 개념들이 "성誠과 성聖"이다. 이렇게 세운 건축물 안에 세 개의 방을 둔다. 각각의 방에는 군자론, 군주론, 성인론을 배치해 놓는다. 이것이 라틴어『중용』텍스트의 기본 구조이다. 그리고『중용』이라는 건축물을 짓는 기본 연장은 성性과 도道와 교敎라는 개념이다. 이 개념들을 공통으로 이어주는 혈관 역할을 하는 개념이 이성理性이다.『중용』이라는 건축물을 보다 자세하게 살펴보면 다음과 같다.

우선, 라틴어『중용』의 기본 토대에 해당하는 "중용" 개념에 대한 인토르체타의 이해는 이렇다. 인토르체타에 따르면 "중용"은 산술적이거나 물리적 중간 개념이 아니다. 상식 차원에서 많이 회자되는 "가운데"를 가리키는 개념도 결코 아니다. 이를테면 높은 것과 낮은 것 사이에 있는 중간이 아니다. "중용"은 보편 원리와, 이 원리가 구체적인 상황과 맥락에서 실현된 규칙이다. 중용中庸이 보편 원리라면, 중화中和는 이 보편 원리가 구체적인 맥락에서 실현된 상태이다.[62] 이런 개념을 서양 철학의 관점에서 설명하면, 중용은 '본질'에 해당하고 중화는 '현상'에 해당한다고 말할 수 있다. 중용과 중화는 유와 종의 개념에 해당하는 것들도 아니다. 중용은 따라서 형상(forma) 개념보다는 실체(substantia) 개념에 가깝다.

으로 어떻게 진리에 도를 실현하는가를 설명한 내용이다. 모두 7개의 길고 ㅣㅣ 어져 있는데, 특히 맨 끝 절에서는 성인이 실현한 '군자의 도'를 여러 가지로 해설하고 있다. 주희의 제27장으로부터 제33장에 이르는 내용이다. 참조. 김학주 역주(2006), 5~6쪽.
[62] 김학주는 "중용의 '중'이란 덮어놓고 중간을 뜻하는 것이 아니다. 어떤 경우이든 그때 그때 누구에게나 가장 알맞고 모든 일에 가장 적절한 도리, 그것이 '중'이다. '용'은 언제 어디에나 있고 영원 불멸하다는 뜻이다"라고 주장한다. 참조. 김학주 역주(2006), 6쪽.

(2편 1쪽 2장) 마음의 욕구에는 좋음에서 오는 기쁨, 나쁨에서 오는 분노, 버려짐에서 오는 슬픔이나 얻음을 누리는 즐거움이 있는데, 그것이 싹을 틔우고 밖으로 나와 행동이 되기 이전의 것을 어떤 중中이라 부른다. 아직은 어떤 분별도 없고, 어떤 과도함도 없으며, 어떤 부족함도 없기 때문이다. (여기에서는 이 책의 가장 중요한 논의이며, 덕의 완성이 자리 잡고 있는 중中에 대한 논의가 아니다.) 그것이 싹을 틔워 나올 때 그 모든 것이 올바른 이성의 척도에 맞는 것을 일컬어 조화라고 부른다. 혹은 욕구들 사이에 있으며 이성 자체와 어울리는 어떤 화음이다. 우리가 중中이라 부르는 이것은 우주의 큰 원리이고 바탕이다. 조화라고 부르는 것은 우주의 법칙 혹은 인류의 왕도이다.[63]

위의 인용은 "중용"이 실체 개념임을 보여준다. 이는 "중용"이 실천 개념이라는 점에서 잘 드러난다. 중은 라틴어로 메디움(medium)이다. 메디움은 본성(natura)과 이성(ratio)을 매개하는 개념이다. 본성은 자연의 본성을 가리키기도 하고 사람의 본성을 가리키기도 하는데, 자연의 본성이 법칙 혹은 도이며, 사람이 본성인 이성은 그 법칙에 맞게 절제와 절도를 지키는 것을 용(constanter tenuendum)이라 부른다는 점에서 중과 용은 실천 개념이다.[64] 중을 지키는 행위가 용이다. 그런데 언제나 지

---

[63] 참조. *Par. cod. 6277*. p. 67.

[64] 인토르체타는 중용이라는 서명을 설명하면서 '중'을 "medium"(중간, 매개)으로, '용'을 "constanter tenendum"(항상 지켜야 하는 것)으로 번역한다. 이는 주자의 입장을 수용한 것이다. 하지만 인토르체타가 이를 라틴어로 번역하기 위해서 스토아 철학의 용어를 사용한다. 따라서 인토르체타의 '중'과 '용'의 이해는 실제 서양 독자에게는 스토아 철학의 일종으로 이해될 수 있다. 아쉽게도 인토르체타는 '용'의 개념에 대해서는 서명을 설명하는 자리에서만 간단하게 언급한다. 비교를 돕기 위해서 주자의 말을 소개하면 다음과 같다. "정자께서 말씀하셨다. 어느 편으로도 치우지지 않는 것이 '중'이며, 언제나 바뀌지 않고 일정한 것이 '용'이다. '중'이라는 것은 천하의 올바른 도이고, '용'이라는 것은 천하의 일정한 원리인 것이다. 이 『중용』이라는 글은 공자의 문하에서 전해 내려온 사람들의 마음을 다스리는 방법에 대하여 쓰여 있는 책이다. 자사는 이러한 가르침이 오래 가면 본뜻으로부터 어긋나게 될까 두려워 붓을 들고 해올 지이 그끼을 냉자에게 전하셨나. 이 책은 힌 가지 원리토부터 설명을 시작하여, 중간에는 세상의 보는 일에 그것을 적용시키고 끝에 가서는 다시 힌 가지 원리에 합치시킨다. 이것을 풀어 놓으면 온 우주에 가득 차고, 그것을 말아 놓으면 가장 은밀한 어떤 물건 속에도 숨겨지게 되는 것이다. 그 맛은 무궁하나 모두가 실질적인 학문이다. 이것을 잘 읽어 음미하고 연구한다면 큰 소득이 있게 될 것이며 평생토록 그것을 응용한다 하더라도 다함

켜야 한다는 점에 규범성과 당위성이 부여되어 중용은 보편 법칙의 성격을 띠게 된다. 중용은 특히 사물의 작용 원리를 설명하는 개념으로 적용되기도 하고 인간 행위의 준거 개념으로 작동되는 개념이다. 이런 점에서 중용은 실천 개념으로 본성과 이성을 연결시키는 실재의 관계 개념이기도 하다. 사물과 인간을 연결시키고 매개해주는 개념이 이성이며, 그 이성의 담지자이자 매개자가 중이다. 그 중을 잡는 것이 용이다. 인토르체타는 중이 용에서 실현된 상태를 자기완성이라고 부른다. 이에 대한 전거는 아래와 같다.

> (22편 2쪽 3장) 진실로 이상적인 군자는 스스로 자기완성을 이루기 위해서 실천할 뿐만 아니라 다른 일의 완성을 위해서 실천한다. 자기완성을 이루는 것은 가장 먼저 그 자신의 완성을 이루려는 사랑의 마음이다. 다른 것을 완성하려는 마음은 예지에 해당한다. (중국인은 인仁이라는 글자로 가장 완전한 보편의 사랑을 설명한다. 예지 혹은 섭리는 지知라는 글자로 설명된다.) 이것은 실은 본성적으로 타고난 덕이다. 혹은 본성의 자기완성이다. [그러나 진실로] 외부의 사물 혹은 다른 사물에 연결시키고 내부의 것 혹은 자신에게 적용시키는 것, (이는 그러니까 사물과 자신에 적용시켜서 두 덕을, 곧 예지와 사랑의 두 덕을 묶는 것은 한편으로 외부의 사물을 완성시키는 것, 다른 한편으로 내면적으로 자기를 완성하는 것을 의미한다), 이 두 덕을 하나로 만들고 묶는 것이 가장 올바른 법칙[이자 원리]이다. 따라서 때와 상황에 맞게 이 덕을 실천하는 것이 일치이고 적도適度이다. 그리하여 지극히 완전함에 도달한 이상적인 군자는 이 세상에서 사물의 합창을 불러일으키고, 모든 사물은 그 자신의 본성에 일치하는 목적을 완성하게 된다.[65]

이 있을 수가 없을 것이다.(子程子曰, 不偏之謂中 不易之謂庸. 中者, 天下之正道, 庸者 天下之正理. 此篇乃孔門傳授之心法, 子思恐懼其久而此也. 故筆之於書, 以授孟子. 其書始言一理, 中散爲萬事, 末復合爲一理. 散之則彌六合, 卷之則藏於密, 其味無窮, 皆實學也. 善讀者, 玩索而有得焉, 則終身用之 有不能盡者矣.)" 참조. 김학주 역주(2006), 7쪽에서 재인용.
[65] 참조. *Par. cod. 6277.* pp. 175~176.

"자기 완성"이라는 언명이 중요하다. 이는 라틴어 페르펙티오(perfectio)를 한국어로 옮긴 것이다. 라틴어 "페르펙티오"는 한자 "성誠"을 번역한 것이다. 라틴어 "페르펙티오"는 구체적인 현실에서 경험하는 완성을 가리킨다. 이 완성을 설명하는 법칙은 보편 원리에 의해서 작용하는 규칙을 뜻한다. 이는 보편 원리인 중용이 구체적인 맥락에서 실현된 상태인 중화66를 가리키므로, 중용의 실현태가 페르펙티오이다. 따라서, 라틴어 페르펙티오는 매개 개념인 중간자를 상정하지 않는다. 흥미롭게도, 물론 차이는 있겠지만, 우주의 보편 원리인 중용과 그것이 구체적인 상황에서 실현된 상태인 중화로 해석하는 인토르체타의 이해가 서양의 스토아 철학과 유사하게 보인다. 키케로의 말이다.

> [8] 의무를 구분하는 또 다른 방식이 있다. 하나는 메디움(medium)이라 하는 것이고 다른 하나는 페르펙툼(perfectum)이라 하는 것이다. 내 생각에 페르펙툼은 곧은[直] 의무이다. 그리스인들은 카토르마(katorthoma, 곧음)라고 부르고, 통용되는 의무를 메손(meson, 중간)이라고 하기 때문이다. 또한 그들은 이것들을 이렇게 정의한다. 곧아야 하는 것[直]을 페르펙툼 의무, 왜 그것이 일어나는지에 대한 물음에 대해서 합당한 이유를 제시할 수 있는 것을 메디움 의무라 부른다.67

인용은 라틴어 『중용』의 "페르텍티오(perfectio)" 개념이 키케로의 『의무론』에서 차용된 것임을 보여준다. 키케로의 오피키움 페르펙툼(officium perfectum)과 오피키움 메디움(officium medium)은 각기 중용과 중화에 상응하는데, 라틴어 『중용』에서의 중용은 보편 규칙(regula)으로, 중화(ἐντελέχεια)의 상태는 페르펙티오(perfectio)로 이해될 수 있다. 이와 관련해서, 인토르체

---

66 김학주에 따르면, "한대의 정현은 그것을 중체의 기용에 내하여 기술하고 있음을 뜻한다. '용'은 식용의 뇌이다(『經典釋文』 引)"라고 하였다. 곧 『중용』은 "중화의 위대한 작용"에 대해 쓴 책이라는 것이다. 그러나 그는 『중용』의 주에서는 "용이란 상(常)의 뜻이다. 중을 가지고 상도(常道)로 삼는다"라고 풀이했다. 참조. 김학주(2006), 6쪽.

67 참조. 키케로, 『의무론De Officiis』 제1권 8장. 이하 번역은 필자.

타는 "중용" 원리가 우주의 만물에 퍼져 있고, 이를 바탕으로 하는 우주의 원리인 "인仁"의 개념이 작동하는 것이라고 설명하는데, 이는 스토아 철학자들이 말하는 본성(natura) 개념에 비교된다. 다시 키케로의 말이다.

> 세계의 부분들에, 이렇게 말하는 이유는, 온 세계 속에 전체의 부분이 아닌 것은 없다. 감각과 이성이 들어가 있다. 따라서 그 안에 으뜸가는 것이 들어 있는 저 부분 안에 감각과 이성이 들어가 있어야 하며, 그것도 더 예리하고 더 큰 것으로 들어가 있어야 한다. 이런 이유에서 세계는 지혜로운 것이며 모든 사물을 포괄하고 있는 이 본성이 이성의 완전성 덕분에 탁월한 것은 필연적이다. 이런 까닭에 세계가 신이고, 세계의 모든 힘은 신의 본성에 의해서 묶인다.[68]

"세계의 부분들에" 들어가 있는 감각과 이성이 『중용』의 "하늘이 인간에게 불어넣어 준 것(natura rationalis)"이다. 곧, 천명天命이다. 또한 "이 본성이 이성의 완전성 덕분에 탁월한 것"이라는 언명도 『중용』의 "이는 진실로 하늘의 명天命, 혹은 본성도 실은 이것으로부터 나오는 바, 저 최고의 신의神意에 대한 예지를 완전하게 닦도록 함에 있다"는 언명을 환기시킨다. 이도 중요하다. 스토아의 본성 개념에도 예지의 능력이 포함되어 있기 때문이다. 또한 본성을 사물의 원리로 보는 성리학의 설명은 스토아의 그것과도 비교된다. 이와 관련된 스토아의 논의를 소개하겠다.

> 온 세계를 붙잡고 있고, 그것을 지키는 본성이 있으며, 여기에는 감각과 이성도 함께 자리한다. 왜냐하면 홀로 단순하게 있지 않고 다른 것과 결합되고 연결된 모든 본성은 자신 안에 어떤 으뜸가는 것을 가져야만 하기 때문이다. 예컨대 빈신에게는 그 정기이, 두물에게는 시심과 넑은 무엇이, 여기에서 사물에 대한 욕구가 생겨나는 것으로 보인다. 나무와 땅에서 자란

---

68 키케로, 『신들의 본성에 관하여De Natura Deorum』 제2권 30장. 이하 번역은 필자.

저 사물의 경우에도 뿌리에 '이끄는 무엇'이 들어 있다고 생각한다. 그리스인들이 "헤게모니콘(hegemonikon, 주재자)"이라고 하는 것이다. 나는 이를 "프린키파툼(principatum, 지도자)"이라고 한다. 각각의 종 안에서 그 어떤 것도 이 지도자보다 뛰어날 수는 없고, 그런 자가 있어서도 안 되는 그런 것이다. 따라서 그 안에 온 자연이 들어 있고 이끌어 가는 것이 모든 것 중에서 가장 뛰어나고, 모든 것을 다스리고 지배할 자격을 갖춘 것이다.[69]

인용에서 키케로가 말하는 "온 세계를 붙들고 있고 그것을 지키는 본성(natura)"은 성리학의 도道에 가깝다. 또한 스토아의 본성에는 감각과 이성이 내재되어 있는데, 본성에 내재되어 있는 이성은 성리학의 리理에 가깝다. 여기에 스토아의 "헤게모니콘(hegemonikon, 주재자)" 개념은 성리학의 "태극" 개념에 대비된다. 하지만 앞에서도 언급했듯이, 인토르체타는 성리학의 태극 개념에 대해서는 비판적이다. 왜냐하면 유물론이기 때문이다. 이와 관련해서 인토르체타는 태극 대신에 "인仁"을 강조한다. 인을 "아모르 우니베르살리스 페르펙투스(amor universalis perfectus, 우수 보편의 사랑)"로 규정한다. "아모르 우니베르살리스 페르펙투스(amor universalis perfectus)"는 기독교의 전지전능한 하느님의 사랑을 자연스럽게 환기시킨다. 이와 같은 유사한 설명 방식을 놓고 볼 때 인토르체타가 유학儒學을 스토아 철학과 구조적으로 유사한 것으로 파악하려고 했다는 점은 분명하다. 인토르체타의 말이다.

이것을(아마도 중국 경전) 이용하면 아주 짧은 시간에 이 종족을 사로잡고 좋아하게 만든다는 사실을 100여 년의 세월에 걸쳐 우리가 축적한 실제 경험을 통해서 알게 되었기 때문이다. 다른 한편, 이미 소크라테스와 플라톤의 전통은 바닥에 떨어졌고 세네카와 플루타르코스의 전통도 거의 시들어버린 유럽에서, 내가 소개하는 중국의 에씨비토스가 [그들에게] 박수 소리를 되찾아 줄 것이라고 나는 기대하는데, 이것이 그저 희망 사항에 불과할까?[70]

---

[69] 키케로, 『신들의 본성에 관하여』 제2권 29장.

이상의 논의를 잠정적으로 정리하자. 라틴어 『중용』에서는 매개자인 중간 개념을 상정하지 않는다. 중용이라는 개념은 실체이고 실천 개념이다. 그래서 그것은 스토아 철학의 의무(officium) 개념과 유사하다. 하지만 인토르체타가 "중용" 개념을 스토아 철학에 가두어 놓지 않았다는 점이 중요하다. 그는 중용 개념을 확장해서 사용하고 있기 때문이다. 이와 관련해서, 스토아 철학이 기본적으로 유물론을 바탕으로 삼고 있는 사상이라는 점을 지적하고자 한다. 이 지점에서 인토르체타의 중용 개념은 스토아 철학과 대별된다. 왜냐하면 라틴어 『중용』의 "중용"은 자연 신학을 허용하기 때문이다. 인토르체타의 말이다.

> (21편 1쪽) 이것은[71] 만물의 본성이고, 미래를 내다볼 수 있으며, 만물의 시작이자 끝이고, 가장 풍부하고, 가장 엄밀하며, 영속적이며 끝이 없다. 이것은 [하나이고, 지극히 거룩하며, 지극히 높은 지성이며, 눈에 보이지 않는 등의] 어떤 것으로, 움직이지 않으면서 움직이게 하며, 만물을 낳고 감싸고 지키며 이루게 한다. 하나이고, 지극히 거룩하며, 지극히 높은 지성이며, 눈에 보이지 않기 때문이다.[72]

앞에서 언급했듯이, "성誠"은 『중용』이라는 건축물의 지붕에 해당한다. 인토르체타의 "성"은 아리스토텔레스가 『형이상학』 12권 1072a에서 말하는 "부동의 원동자(ὃ οὐ κινούμενον κινεῖ)"를 상기시킨다. 아리스토텔레스의 "부동의 원동자"라는 개념은 서양 지성사에서 "신(θεός)"을 규정할 때 자주 동원된다. 아마도 인토르체타가 "중용"에 내포된 신성을 설명하는 데 아리스토텔레스의 주장을 바탕으로 한 것으로 보인다. 아니면 거꾸로 "중용" 개념에 신성을 부여하기 위해서 아리스토텔레스를 이용했을 수도 있다. 어느 쪽이든, 인토르체타가 "중용" 개념에서

---

70 『중국인 철학자 공자』의 『서문』 「제2부」 1장, p. xiii~xiv.
71 '성誠'을 가리킨다.
72 참조. *Par. cod. 6277*, pp. 159~160.

작품 해제   45

신성을 끌어내리려고 시도한 것은 분명하다. 인토르체타가 "중용"을 신적인 개념으로 파악하고 있다는 것은 그가 『중용』이라는 건축물의 네 기둥 가운데에 두 기둥으로 귀신론과 도론을 제시한다는 데에서 잘 드러난다. 인토르체타에 따르면 『중용』에 등장하는 "귀신鬼神"은 보편 원리인 중용이 구체적인 실현태인 중화에서 작용하는 것으로, 사물의 반복적인 운동과 질서 있는 운행, 사물의 변화를 가리킨다. 이는 그 자체로 경계를 가진 운동체이며 하나로 연결된 통일체이기도 하다. 이런 성격을 가지고 있기 때문에 귀신의 세계는 사물의 각각의 본성에 주어진 법칙에 따라 작용한다. 그래서 이성의 접근을 허용한다. 양적으로 계산할 수 있고 질적으로 이해할 수 있는 작용이 귀신의 활동이기 때문이다. 따라서 "귀신"이라는 개념은 소위 '전설의 고향'에 등장하는 허깨비가 아니다. 적어도 귀신에 대한 인토르체타의 이해에 따르면 그렇다. 물론 인토르체타도 제사에서 언급되는 "귀신"의 문제를 논의한다. 하지만 '고스트(Ghost)'의 의미로 인정하지는 않는다. 이는 그가 귀신의 작용 일반을 법칙(regula)이라고 부른다는 데에서 잘 드러난다.

(22편 2쪽 1장) 참되고 단단한 완전함은 스스로의 완전함이다. 이는 스스로 이루어진다. 혹은 스스로를 통해서 완전해진다. 다른 것을 통해 그 자체로부터 구별되지 않는다. 법칙은 그 스스로의 법칙이다. 다른 일은 이 법칙에 따라 이뤄지고 이끌어진다. 그 스스로는 다른 것의 지도를 받지 않는다. (2장) 참되고 단단한 이 원리, 혹은 완전함은 만물의 끝이고 시작이다. 만약 사물에 참되고 단단한 이 원리, 혹은 완전함이 결여되어 있다면, 사물들은 존재할 수 없을 것이다. 같은 방식으로 도덕에도 진실성이 결여된 행동은 덕이 아니다. 덕의 그림자, 즉 어떤 가식에 불과한 것으로 여겨진다. 예를 들어 자식이 진실되고 순수한 마음으로 효도하지 않는다면, 효도하는 사람이 아니다. 신이(義)에 긴 길로 군주를 모시지 않는다면 충심스러운 신하가 아니다. 이런 이유에서 현인과 올바른 사람은 참되고 단단한 이 완전함을 가장 중요한 것으로 여긴다.[73]

인용의 "법칙" 혹은 "원리"가 자사子思가 말하는 "도道"이다. 도의 작용 일반을 다루는 것이 도론道論인데, 인용은 이 도론에 덕론德論이 병행해야 함을 보여준다. 도에 조화, 혹은 일치하려는 노력이 덕인데, 인토르체타는 이른바 덕론에 기초해서 귀신론에 대응하는 인간론을 전개한다. 인간론은 사실 『중용』 텍스트의 몸체를 이루는 부분이다.

인토르체타의 인간 교육론은 크게 세 부분으로 나뉘어 전개된다. "이상적인 군자君子"론, "이상적인 군주君主"론, "성인聖人"론이 그것이다. 이상적인 군자에 해당하는 라틴어 번역어는 vir perfectus이고, 이상적인 군주에 해당하는 라틴어 번역어는 rex perfectus이다. 이 개념들은 모두 키케로의 perfectus orator(이성적인 연설가, 이상적인 정치가)를 응용해서 만든 것들이다. 성인에 해당하는 라틴어 번역어는 vir sanctus이다. 이는 그리스도교의 성인 개념이다. 먼저, 인토르체타가 동양의 군자론을 이상적인 군자론으로 설명한 이유는 한편으로 수기修己에 기초한 동양의 수양론이 서양의 인간 교육에 해당하는, 특히 르네상스 시대에 부활된 키케로의 "humanitas(사람다움)" 교육론에 상응한다고 보았기 때문이다. 우선 키케로의 "후마니타스"론을 보여주는 한 대목이다.

[80] 한편 제대로 된 공부와 기술을 통해서 미리 가꾸어지고 갖추어져서 덕 수행을 돕기 위해 일종의 덕으로 마음 안에 자리 잡고 있는 어떤 습관들이 있다. 사적인 영역에서는 문(법)학, 산수, 음악, 기하학, 천문학, 기마술, 사냥술, 무기 다루는 법을 그 예로 들 수 있다. 공적인 영역에서는 특히 덕을 키우거나, 신을 섬기거나, 부모를 모시거나, 친구를 위하거나, 우선적으로 각별하게 대접해야 할 손님에 대한 예를 닦는 공부와 노력이 매우 중요하다.[74]

키케로는 인간이면 갖추어야 할 기초 교양으로서 문법학, 산수, 음

---

73 참조. *Par. cod. 6277.* p. 175.
74 참조. 키케로. 『수사학*Partitiones Oratoriae*』, 안재원 편역(2006), 262~264쪽, 제80장.

악, 천문학, 기마술, 사냥술 등에 대해서 언급하는 동시에 사람 노릇하는 법에 대해서, 즉 '사람됨'에 대해서 논의를 전개한다. 이는 부모, 신, 친구에게 어떤 인간이 되어야 하는지에 대한 서양 인간 교육론의 표준적인 견해로 자리잡았다. 인토르체타가 라틴어 『중용』을 통해서 서양의 독자에게 전하려는 동양의 인간 교육론도 이와 유사하다. 이는 필사본 6277의 앞부분에 실린 『역경』에 대한 소개에서 잘 드러난다.

96. 여기까지가 열다섯 번째 괘에 대한 간략한 설명이다. 다른 나머지 괘들에 대한 이해를 돕기 위해 모범으로 제시했다. 앞으로는 열 네 개의 괘들이 있고, 뒤로는 마흔 아홉 개의 괘들이 뒤따른다. 이 괘들은 모두 다른 어떤 의미보다도 윤리와 정치적 의미에 따라 배열되었다. 요컨대 윤리와 관련된 괘들은 왕이 지켜야 할 도리, 신하가 지켜야 할 도리, 부모가 가져야 할 도리, 자신이 가져야 할 도리와 손님들과 외부인들과 외국인들에 대해서 지켜야 할 도리를 담고 있는데, 이 괘들은 따라서 신령神靈들에게 어떻게 어떤 규모로 제사를 올려야 하는지에 대한 예법과 어떤 지극한 정성과 어떤 큰 양심으로 하늘에 순종해야 하는지를 제시한다. 이것들은 말이 나온 김에 이 대목에서 바로 설명할 필요가 있을 것이다. 사실 어느 것 하나 연관이 되지 않은 것이 없을지라도, 다른 주제에 대해서는 다른 자리에서 자세히 소개하는 편이 좋을 것이다.[75]

서양 독자에게 동양의 인간 교육론의 특징을 간결하고 명쾌하게 전하기 위해서 인토르체타는 『역경』의 64괘 가운데에 겸괘를 대표적인 사례로 제시한다. 그의 말이다.

---

[75] 참조. *Par. cod. 6277.* p. xxxiii: §96. En brevis expositio figurae 15ta non obscurum specimen reliquarum omnium, sic enim et quattuordecim quae praecedunt, et quadraginta novem quae deinde sequuntur, non alio ferè sensu quàm morali et politico exponuntur, ita prorsus ut omnia quae spectant ad mores et officia principum, clientum, parentum, liberorum, coniugum, quae item adversùs hospites, exteros, hostes servanda, qualis denique et quanta veneratio spiritibus debeatur, quantâ cum religione et constantiâ par sit obtemperare caelo, haec inquam omnia tractentur hoc loco, alia aliis quidem copiosiùs, verumtamen nulla non attingantur.

79. 이 괘가 겸謙이다. 겸은 "겸손"을 뜻한다. 혹은 절제 혹은 마음의 조절
을 의미한다.[76]

인용의 "겸손"에 해당하는 라틴어는 "humilitatem"이다. 흥미로운
점은 쿠플레가 이를 "humanitatem", 즉 "사람다움"으로 바꾸었다는
것이다. 쿠플레가 이렇게 바꾼 데에는 겸손이 사람다움의 본질이므로,
humilitas 대신에 humanitas를 사용해도 무방하다고 보았기 때문이다.
따라서 "겸"을 humilitas로 번역하든, humanitas로 번역하든, 그 의미의
내포는 같다. 다만 그 외연은 다르다. 하지만 인토르체타가 설파하려
는 겸괘의 대의를 파악하는 데에 큰 지장은 주지 않는다. 이는 인토르
체타가 겸괘에서 묘사한 동양의 인간 교육론, 즉 군자론을 구성하는
덕의 해명에서 쉽게 입증된다. 다음은 군자론을 구성하는 핵심 덕목에
대한 인토르체타의 소개이다.

두 번째 괘는 곤坤이다. 곤은 마찬가지로 땅을 상징한다. 곤은 신하의 표상
혹은 상징이다. 하늘과 땅은 둘 다 일종의 바탕이고, 만물의 근본으로 자연
의 원리에 해당한다. 이런 이유에서 이 둘에게는 아버지와 어머니의 이름
이 부여되는데, 이는 비유이다. 양쪽의 덕성으로부터 나오는 많은 것이, 즉
다른 말로 하면 자식들이, 그리고 같은 때에 태어나지 않았기 때문에 어른
과 아이들이 태어남에 의해서 구별된다. <철학자는 군신君臣의 예에 해당
하는 본보기를 하늘과 땅에서 찾았다. 이는 즉, 연년세세 이어지는 항구함
과 공평하게 돌아가는 모든 사물의 순서와 운행으로부터 원형이정元亨利貞
이라 불리는 원리이다. 원은 충만과 항구함을, 형은 밝고 명백함을, 이는
조화와 합당함을, 정은 옳음과 굳건함을 뜻한다. 이 네 원리를 공자는 사추
덕四樞德에 해당하는 것으로 인예의지仁禮義智라는 덕목을 빌어서 설명하려고
노력했다. 인은 피에타스(pietas) 배는 수베니엔티(convenientia), 이는 유스티티
아(iustitia), 지는 프루데티아(prudentia)에 해당한다.>[77]

---

76 참조. *Par. cod. 6277.* p.xxix: §79. Haec Figura K'iēn dicitur. K'iēn humilitatem significat,
sive modestiam demissionemque animi.

위의 인용에서 홑화살 괄호(< >)에 삽입된 문장은 쿠플레에 의해서 보충된 것이다. 여기에서 쿠플레가 humilitas를 humanitas로 바꾸려고 했던 이유가 해명된다. 쿠플레는 이를 통해서 동양의 군자론이 서양의 "humanitas" 교육론과 같다는 점을 강조하려고 했다. 이는 동양의 "인 의예지仁義禮智" 정신을 서양의 인문 교육의 하위 개념들인 피에타스 (pietas), 콘베니엔티아(convenientia), 유스티티아(iustitia), 프루데티아(prudentia) 로 설명하고 있다는 점에서 확인된다. 마치 키케로의 『의무론』의 한 대목을 읽고 있다는 착각이 들게 만들 정도이다. 예컨대 인仁에 해당 하는 피에타스를 키케로의 책에서는 다음과 같이 표현된다.

> 이성을 사용하는 존재는 둘이다. 하나는 신이고, 다른 하나가 인간이다. 피에타스[愼實]와 경건은 신들을 호의적인 존재로 만드는데, 이와 같은 신 들을 모범으로 삼아 인간은 인간에게 특히 유익한 존재가 될 수 있다.[78]

"겸"의 번역어로 humilitas인가 아니면 humanitas인가의 문제는 사 실 크게 문제가 되지 않는다. 이는 겸괘의 해설을 통해서 인토르체타 가 동양의 군자론을 정확하게 파악하고 설파하고 있다는 점에서 명백 하기 때문이다.

---

[77] 참조. *Par. cod. 6277.* pp. xxix~xxx: Secunda Q'uēn (2) tota similiter designat terram, estque subditorum emblema quodpiam sive symbolum. Caelum verò ac terra ambo sunt fundamenta quaedam, et quasi principia naturalia rerum omnium, quibus adeò per metaphoram patris matrisque nomen tribuitur. Effecta verò quae ab utriusque virtute plurima existunt, ceu totidem filii ac filiae, et quia (pag. XXVIII verso) non uno tempore producuntur, maiores ac minores esse natu censentur. <Exemplum vero institutionis regum et subditorum philosophus petivit in primis à caelo et terrâ, hoc est, ab illâ tam perenni firmate, tam aequabili ordine cursuqque rerum omnium, qui ordo quatuor literis Yven, Hem, Ti, Chim, hoc est, amplo ac perpetuo, claro ac manisfesto, congruo ac decenti, recto ac solido, exprimitur. Haec autem per quatuor veluti virtutes Cardinales videlicet Gin Li Y, Chi, id est, pietatem concilentiam, justitiam, prudentiam, philosophus studet explanare.>

[78] 참조. 『의무론』 제2권 11장: Ratione autem utentium duo genera ponunt, deorum unum, alterum hominum. Deos placatos pietas efficiet et sanctitas; proxime autem et secundum deos homines hominibus maxime utiles esse possunt.

일상 생활에서 자신을 이기는 것[克己]은 자신의 마음이 부풀어오르는 것을 제어하는 일이다. 우선 자신을 절제하고 이어 다른 사람이 너무 지나치지 않게 하며, 자신의 재산이나 명예로부터 생겨난 자만과 오만이 생겨나는 것을 억제한다. 이와는 반대로 자신이나 남에게 부족함이 있다는 점을 알았을 때에는, 그것을 보충하고 채우는 일에 최선을 다한다. 단적으로 자기의 일이든 남의 일이든 모든 일을 저울로 공정하게 달아서 각각의 몫을 각자에게 아주 놀라울 정도로 공정하게 분배해준다.[79] 부풀어 오른 이들을 자신이 누리고 행사할 수 있는 권한과 지위에 맞게 안전하게 가라앉히고, 모든 것을 공정하게 나누어 평정을 이룰 것이며 종국에는 만사를 행복하게 관리할 것이다.[80]

인용은 앞에서 소개한 사추덕四樞德 가운데에 하나인 "정의(iustitia)" 덕목에 대한 설명이다. 다른 두 덕목에 대한 비교는 여기에서 멈추고, 곧장 인토르체타가 소개하는 동양의 인간 교육론이 서양의 교육론에 거의 구조적으로 유사함을 보여주는 키케로의 문장을 소개하겠다. 키케로의 『의무론』에 나오는 한 대목이다.

모든 명예는 네 부분 가운데에서 나온다. 명예는 진리를 탐구하고 이를

---

[79] 참고로, 정치를 저울로 공평하게 분배하는 것으로 보는 생각은 『역경』, 겸괘에도 나온다. "상전象傳에서 이르길, '땅 가운데 산이 솟아 있는 것이 겸이다. 군자가 이를 보고서 많은 곳에서 취하여 적은 곳에 더해주니, 사물을 저울질하여 베푸는 일을 공평하게 한다(象曰, 地中有山, 謙, 君子以裒多益寡, 稱物平施). 이에 대한 주희의 해석은 다음과 같다: '낮음으로 높음을 쌓는 것이 겸의 상이다. 많은 곳에서 덜어서 적은 곳에 더해주는 것은 사물의 마땅함[宜]을 저울질하여 그 베풂을 공평하게 하는 것이다. 높은 것을 덜어내어 낮은 것에 더해주어 공평하게 나아가게 하는 것, 이 또한 겸의 뜻이다(本義)以卑蘊高, 謙之象也. 多益寡, 所以稱物之宜而平其施. 損高增卑, 以趨於平, 亦謙之意也)."

[80] 참조. *Par. cod. 6277.* p. xxx: Quocirca vir perfectus haud ignarus, vitium hoc esse mortalium, ut se suaque magnificant; spernant aliena, quotidianâ sui ipsius victoriâ deprimendo tomorem animi sui et praecidendo primùm quidem in se deinde etiam in aliis quiquid est admittit, et tamen (D) rapiâ suâ vel splendore fastum arrogantiamque gignere. Contrà verò studiosè supplendo et accumulando quae sibi vel aliis deesse intelligit, perinde ac si aequâ lance appenderet res omnes tum suas tum alienas, sic admirabili cum aequitate suum cuique tribuit, seque omnibus accommodat attemperatque, et humiles prudenter extollens, et tumidos pro eâ qua pollet authoritate salubriter deprimens, complanat omnia, et perquam feliciter res administrat.

체득하는 것에 있거나, 인간 사회를 지키고 유지함에 있어서 각자의 몫은 각자에게 분배하고, 거래에 있어서 신의[信義]를 지키는 일에 있거나, 고귀하며 굽히지 않은 마음의 크기와 견디는 힘에 있거나, 질서와 적도[適度]를 지키는 것, 이는 일체의 일에 대한 절제와 자제에서 나오기 때문이다. 이 덕들은 실제로는 서로 얽혀 있고 혼연의 하나이나, 각기 고유한 상황·에 따라 특정 의무라고 칭하는 부분이 생겨난다.[81]

이상의 비교는 인토르체타가 자사의 『중용』을 키케로의 눈으로 이해하고 해설하려고 했음을 분명하게 보여준다. 독일의 철학자 헤겔(Georg Wilhlem Friedrich Hegel, 1770~1831)이 『역사철학강의』의 「중국철학」에서 "공자의 모든 책이 도덕 - 윤리에 대한 가르침을 전하는 키케로의 『의무론』 한 권에 못 미친다"고[82] 주장하는 것도 그냥 나온 소리는 아니다. 헤겔의 주장이 과연 공정한 것인지 이 자리에서 논할 물음은 아니다. 어쨌든 헤겔이 이런 주장을 할 수 있었던 것도 실은 『의무론』과 『중용』에 있는 내용적인 유사함 때문일 것이다. 이런 유사함은 어떻게 해명될 수 있을까? 이와 관련해서는 두 가지를 지적하겠다. 하나는 인토르체타가 이렇게 키케로의 후마니타스 교육론을 이용해서 동양의 군자론을 설명한 것은 서양 독자의 이해를 돕기 위한 번역 전략에서 비롯된 것으로 볼 수 있다. 다른 하나는 자사의 『중용』이 키케로의 『의무론』과 구조적으로 유사하기 때문일 수도 있다. 이에 대해서는 후속 연구를 통해서 보충하겠다. 결론적으로, 『중용』의 vir perfectus(이상적인 군자)라는 개념은, 비록 이 개념이 이상적인 연설가, 즉 이상적인 정치

---

81 참조. 『의무론』 제1권 15장: Sed omne, quod est honestum, id quattuor partium oritur ex aliqua. Aut enim in perspicientia veri sollertiaque versatur aut in hominum societate tuenda tribuendoque suum cuique et rerum contractarum fide aut in animi excelsi atque invicti magnitudine ac robore aut in omnium, quae fiunt quaeque dicuntur ordine et modo, in quo inest modestia et temperantia. Quae quattuor quamquam inter se colligata atque implicata sunt, tamen ex singulis certa officiorum genera nascuntur.

82 이 번역은 http://www.marxists.org/reference/archive/hegel/works/hp/hporiental.htm에서 옮겨왔다. 참조. Kim, Young Kun(1978)

가를 지칭하는 orator perfectus 개념을 응용한 언표이지만, 인토르체타의 vir perfectus에는 키케로의 이상적인 연설가 이론에서는 파악되지 않는 동양의 인간 교육론, 정확히는 군자론을 바탕으로 삼고 있다는 점이 특징적이다. 참고로, 키케로의 후마니타스 교육론이 활발하게 논의되고 실제로 교육으로 실천된 것은 르네상스 이후의 근대이다. 이 개념은 영국의 '신사정신(Gentlemanship)'과 프랑스의 '명예시민(Honnête Homme)' 등으로 변용되는데, 이 변용도 실은 계몽주의 시대를 구성하는 중요한 하나의 모습이다. 라틴어『중용』도 계몽주의의 시대사조에 어떤 식으로든 일조했을 가능성이 높다. 요컨대 예수회 신부들이 의도했든 안 했든 간에, 인간의 본성을 자각하는 문제는 나중에 서양의 근대 계몽사상가들의 주장에도 어느 정도 영향력을 행사하기 때문이다. 합리주의를 표방한 독일 철학자 크리스티안 볼프는 다음과 같이 주장한다.

> (제39장) 도대체 여러분 가운데에서 누가 의심하실 수 있겠습니까? 인간 정신의 본성에 합치하는 것을 지혜의 순수한 원리로 인정해야만 하고, 인간 정신의 본성에 어긋나는 것이면, 그것을 거짓된 것으로 버려야 한다는 사실에 대해서 말입니다.[83]

하느님의 은총(gratia Domini)이 모든 행위와 구원의 준거 기준으로 작동하던 시대에 볼프의 "인간 정신의 본성에 합치하는 것"을 "지혜의 순수 원리(sapientiae genuina principia)"로 놓으려는 시도는 당시 서양의 계몽주의 사상가들에게는 매우 큰 용기를 요하는 일이었다. 그런데, 이 주장을 "중국의 실천 철학"의 탁월함을 설파한 연설에서 피력하고 있다는 점이 흥미롭다. 이와 관련해서, 인토르체타와 쿠플레는 동양 경신의 핵심이 인간 본성에 대한 자각과 깨우침에 있다고 본다.

---

[83] 참조. Wolff(1726), §39 Quis ergo vestrum dubitabit, sapientiae principia genuina censeri debere, quae mentis humanae naturae conveniunt, tamquam adulterina rejici debere, quae mentis humanae naturae repugnant.

<모든 이들이 보다 분명하게 이를 파악할 수 있도록, 변이變移를 보여주는 64괘 도판과 풀이와 관련해 서문에서 두 성인과 저 40명의 주석학자들은 자세하게 설명을 해 놓았는데, 이는 독자에게 주의를 주고 후세에게 경계하는 마음을 갖도록 하기 위함이었다: 최고의 주主 혹은 제帝라는 칭호를 가진 통치자가 계셨다. 주석학자들은 "주主 그리고 통치자는 누구를 말함인가?"라고 묻고 이에, "주主 그리고 통치자는 스스로 말미암은 자이다"라고 답했다. "왜냐하면 하늘은 가장 견고하고 가장 완벽하며, 본성에 따라서 끊임없이 돌아가는 것이기 때문이다. 이렇게 하늘은 항상 움직이기에, 이를 행하는 어떤 주인이나 통치자가 있다는 점은 의심할 여지가 없는 사실이다. 이를 바탕으로 사람들이 그를 스스로 깨우쳐 아는 일은 당연하다고 하겠다. 이를 설명하기 위해서 굳이 말로 보충해야 할 필요가 없다".>[84]

인용의 "스스로 깨우침(per se noscere)"이라는 언명은 계몽주의 사상을 상징하는 칸트(Immanel Kant, 1724~1804)의 선언 "계몽啓蒙(Aufklärung)"을 상기시킨다.[85] 물론 『중용』의 '스스로 깨우침'과 칸트의 '계몽'이 그 의미의 내포와 외연이 동일한지는 엄밀한 논구가 요청된다. 하지만 표면적으로는 양자 사이에 의미론적인 유사성이 포착된다. 칸트의 주장이다.

계몽이란 인간이 스스로 책임져야 할 미몽迷夢 상태에서 벗어나는 것이다. 미몽 상태란 다른 사람의 지도 없이 자신의 이성을 이용하지 못하는 상태이다. 미몽 상태를 스스로 책임져야 하는 것은, 그 원인이 이성의 부족에

---

[84] 참조. *Par. cod. 6277.* p. xxviii: <Quod ut clarius omnibus constet, lubet afferre quod on ipso statim exordio ad tabulam illam 64 mutaionum disertis verbis praenotarunt duo ill et 40 interpretes dum praemuniunt lectorem totique posteritati cavent, docentes dari supremum dominum quemdam et gubernatorem cui nomen imperator: quis autem is est (inquiunt) qui dominus dicitur et gubernator? Et protinus respondent, per se est Dominus et Gubernator. Nam caelum quidem res est quaepiam summè solida et perfecta, quae naturaliter volvitur absque interruptione quod autem ita semper volvatur, procul dubio est ab aliquo domino et gubernatore qui id efficit. Hoc posito fundamento necesse est ut homines eum per se noscunt: non enim suppetunt verba, quibus possumus pertingere ad eum explicandum.> *suppl. Couplet.*

[85] 참조. Kant(1784), H. 12, ss. 481~494.

있는 것이 아니라 다른 사람의 지도 없이 이성을 사용하려는 결단과 용기의 부족에 있는 경우이다. 과감히 깨우쳐라(sapere aude)! 너 자신의 이성을 사용할 용기를 가져라! 이것이 계몽의 표어이다.[86]

흥미로운 점은, 칸트가 "계몽"을 강조하면서 라틴어 『중용』과 유사하게 "언제나 스스로 생각하는 것이 계몽"이라고 설파하는데,[87] 인토르체타도 "스스로 깨우침"을 주장하면서 "늘 깨어 있음"을 강조한다는 것이다. 전거는 아래와 같다.

> (1편 2쪽 2장) 법칙 혹은 길은 이성적 본성에 뿌리를 내리고 있다. 어느 한순간도 멀어질 수 없고, 멀어져서도 안 된다. 사람으로부터 떨어질 수도 없고, 떨어져서도 안 된다. 어느 한순간이라도 멀어지거나 떨어진다면, 그것은 더 이상 법칙이 아니며, 하늘이 본성에 부여한 이성이 아니다. 이것이 이상적인 군자가 항상 깨어 있는 정신으로 자신에게 집중해야 하는 까닭이고, 눈에 보이지 않는 것에 대해서도 살펴야 하는 이유이다. 이를테면 마음의 미세한 움직임이 그것이다. 귀에 들리지 않는 일도 조심하고 삼가야 한다. [뭔가를 행해야 할 때] 어느 한순간도 자신에게 찍혀 있는 올바른 이성의 규범에서 벗어나지 않도록 해야 한다.[88]

물론 칸트와 인토르체타가 강조하는 "늘 깨어 있음"이 내포하는

---

[86] 참조. Kant(1784), *Ibid.*: Aufklärung ist der Ausgang des Menschen aus seiner selbstverschuldeten Unmündigkeit. Unmündigkeit ist das Unvermögen, sich seines Verstandes ohne Leitung eines anderen zu bedienen. Selbstverschuldet ist diese Unmündigkeit, wenn die Ursache derselben nicht am Mangel des Verstandes, sondern der Entschließung und des Muthes liegt, sich seiner ohne Leitung eines anderen zu bedienen. Sapere aude! Habe Muth, dich deines eigenen Verstandes zu bedienen! ist also der Wahlspruch der Aufklärung.

[87] 참조. Kant(1784), *Ibid.*: Die Maxime, jederzeit selbst zu denken, ist die Aufklärung.

[88] 참조. *Pol. incl.* 6277, p. 65: Dicta regula seu via cùm sit naturae rationali intrinseca nonpotest, nec vero debet vel uno temporis momento abesse aut separari ab homine, qual si posset aliquando abesse aut separari, iam non esset regula seu ratio à coelo naturae insita. Atque haec est causa cur perfectus vir adeò semper sollicitè attendat sibi, atque invigilet in his etiam quae non percipiuntur oculis, uti sunt minimi motus animi; cur itidem adeò timeat et paveat in his etiam quae non percipiuntur auribus ut ita [cum aliquid faciendum fuerit]ne momento quidem deflectat à norma rectae rationis sibi impressâ.

의미 구조와 화용론적인 맥락 구조는 서로 크게 다르다. 전자는 사회와 역사에 대한 비판 정신에 무게 중심을 둔 것이고, 후자는 내심의 관찰을 통한 개인의 수양에 초점을 맞춘 것이기 때문이다. 칸트와 인토르체타가 이성의 자각을 강조했다는 점은 유사하다. 양자 모두 "스스로 생각함"과 "늘 깨어 있음"을 강조했기 때문이다. 양자 사이에 있는 유사함과 차이에 대해서는 본격적인 연구가 요청되지만, 여기에서 인토르체타가 서양의 독자들에게 피력한 동양의 이상적인 군자론의 핵심적인 특징이 드러난다는 점이 중요하다. 다름 아닌 "이성"의 강조가 바로 그것이다. 중요한 점은 인토르체타의 '이성'이 한편으로 내심의 실천 활동이지만, 다른 한편으로는 언제나 사물과 사태의 균형과 세계와 우주와의 조화를 끊임없이 유지하려는 외체의 실천 활동이라는 것이다.

(2편 1쪽 2장) 다양한 욕구의 어떤 뿌리가 인간의 본성에 깊숙하게 자리잡고 있다. 혹은 본성 자체가 그 뿌리일 수 있다. 이 뿌리는 행동이나 감정으로 끊임없이 솟구쳐 올라온다. 군자는 최고의 경계심을 가지고 자신에게 집중한다. 본성이 이성과 분별의 원리이므로 이 욕구를 본성 자체의 재갈로 제어하기 위해서다. 마음의 욕구에는 좋음에서 오는 기쁨, 나쁨에서 오는 분노, 버려짐에서 오는 슬픔이나 얻음을 누리는 즐거움이 있는데, 그것이 싹을 틔우고 밖으로 나와 행동이 되기 이전의 것을 어떤 중中이라 부른다. 아직은 어떤 분별도 없고, 어떤 과도함도 없으며, 어떤 부족함도 없기 때문이다. (여기에서는 이 책의 가장 중요한 논의이며, 덕의 완성이 자리 잡고 있는 중中에 대한 논의가 아니다.) 그것이 싹을 틔워 나올 때 그 모든 것이 올바른 이성의 척도에 맞는 것을 일컬어 조화라고 부른다. 혹은 욕구들 사이에 있으며 이성 자체와 어울리는 어떤 화음이다. 우리가 중中이라 부르는 이것은 우주의 큰 원리이고 바탕이다. 조화라 부르는 것은 우주의 법칙 혹은 인류의 왕노이다.[89]

---

[89] 참조. *Par. cod. 6277.* p. 66: Cùm enim radix quaedam variarum passionum intima sit

인용은 "중용"이 이성의 활동을 통해서 작용하는 실천 개념임을 잘 보여준다. 중화中和는 따라서 이성의 작용을 통해서 사태와 사물의 균형을 바로잡는 실천의 결과이고, 중용中庸은 이성의 작용을 통해서 세계와 우주와의 조화를 이루는 실천이다. 이 대목에서 라틴어 『중용』에서 살필 수 있는 이성의 활용 방식이 가지고 있는 특징이 분명하게 드러난다. 그것은 바로 "늘 깨어 있는 정신으로 스스로 생각하는" 군자가 보여주는 이성의 깨어 있는 실천이다. 이것이 인토르체타가 서양의 독자에게 설파한 이상적 군주론의 요체였다.

다음으로, 인토르체타가 동양의 군주론를 이상적인 군주론으로 해석한 이유는 서양의 군주들에게 이른바 계몽군주론을 설파하기 위해서였다. 르네상스 시대 이후 유럽에서는 왕권의 정당화와 통치 방식에 논쟁과 논의가 활발하게 진행되었다. 대표적으로 마키아벨리의 『군주론』을 들 수 있다. 참고로, 예수회 소속의 신부들이 마키아벨리와 마찬가지로 군주에 대해서 절대 충성을 강조했다는 점은 잘 알려진 사실이다. 하지만, 통치 방식에 있어서 예수회 신부들이 목적을 위해서 수단을 정당화하는 이른바 마키아벨리즘에는 반대했다는 것도 잘 알려진 사실이다.[90] 이와 관련해서 인토르체타의 라틴어 『중용』도 서양의 독자에게는, 특히 서양의 군주들에게는 왕권 강화에 도움이 되는 책이었다는 점을 지적하고자 한다. 이를 잘 보여주는 증거로 쿠플레가

---

naturae hominis, vel potiùs ipsamet natura sit ista radix, haec autem in actus suos vel passiones prorumpat assiduè, summâ cum vigilantiâ attendit sibi vir perfectus ut has, ipsius quoque naturae fraeno, quatenùs haec rationis et discretionis principium est, moderetur. Itaque passiones animi, ut sunt gaudium ex prosperis, ira ex adversis, tristitia ex iacturâ, hilaritas seu laeta fruitio rei obtentae, priusquàm pullulent prodeantque in actum dicuntur et ipsae quid medium; quia sunt adhuc indifferens quid ad excessum vel defectum (neque enim hic agitur de illo medio in quo consistit perfectio virtutis quodque praecipuum libri huius argumentum est) at ubi pullularunt et omnes attigerunt rectae rationis mensuram, dicuntur concordia, seu quidam passionum inter se et cum ipsâ ratione concentus. Et hoc quidem, quod dicimus medium, est orbis universi magnum principium et fundamentum: dicta verò concordia, est orbis universalis regula, seu regia humani generis via.

90 참조. Höpfl(2004), Casalini(2019)

1687년에 파리에서 『중국인 철학자 공자』를 출판하면서 루이 14세에게 바친 헌사의 일부를 제시하겠다.

[4] 생각하옵건대, 공자는 [궁전을] 한눈에 전망할 수 있는 입구에 우뚝 서서 놀랄 것이고 희열에 잠길 것입니다. 그토록 갈망하던 대왕을 발견하고 대왕에게서 시선을 떼지 못할 것입니다. 여태까지 그토록 간절하게 볼 수 있기를 열망한 이를 보았다고 말할 것입니다. 왜냐하면 저 뛰어난 공자도 자신의 마음에 품고 있던 바의 그런 황제를, 자신의 서책에서 윤곽을 잡아놓았던 저 탁월한 황제를, 또한 공자 자신이 그토록 간구한 바에 걸맞은 그런 이를 선대의 군주들 가운데에서도 발견할 수 없었기 때문입니다. 왕국의 모든 재능 있는 이들이 그 한 사람만을 우러러보고, 어느 누구나 모든 이에게 가장 이상적인 군주의 절대적인 형상形相이자 모형模型으로 내세울 그런 군주를 말입니다. 그런 그가 입을 열어 "대기인待其人"이라고[91] 외칠 것입니다. 이 말은 "기다리던 바로 그 분"이란 뜻인데, 이 분은 언젠가 나타나실 이로 신적이고 경이로운 지혜를 타고나셨으며, 자기 자신은 물론 국가적으로도 더 바랄 것이 없는 그런 성군을 기리킨다 하옵니다. [5] 만약, 공자가 다시 살아 돌아온다면, 대왕이시여, 그는 전하를 눈여겨 살필 것입니다. 그리고 그가 그토록 마음속으로 열망한 그 분이 바로 전하임을 알아차릴 것입니다. 그리고 주체할 수 없는 희열에 젖어 자신의 소망이 드디어 성취되었다고 선언할 것입니다. 그뿐만 아니라 국가를 융성하게 통치하는 전하의 지혜를 모든 군주에게 본받으라고 제시할 것입니다. 또한 전하의 행적에서는 모범 사례를, 전하의 말씀에서는 법률을 구할 것입니다. 마침내는 전하의 경건함과 관대함과 공명정대함과 마음의 평화, 국가의 중대한 사안과 업무를 처리하면서도 미동도 하지 않는 용안龍顔과 용심龍心의 평정에서 드러나는 전하의 근엄한 위엄을 모든 지도자의 규범이자 척도로 제시할 것입니다.[92]

---

[91] 원문은 『중용삼십二』의 다음 구절이다: "위대하다, 성인의 도여! 넘치흐르는구나, 만물을 넣고 기우니 도의 높음이 하늘에 이르렀구나. 내난이 위대하다! 예의가 삼백 가지요, 위의가 삼천 가지이다. '그 사람을 기다린 뒤'에 실행되겠구나(大哉, 聖人之道! 洋洋乎, 發育萬物, 峻極于天. 優優大哉! 禮儀三百, 威儀三千. 待其人而後行…)." 김학주(2006) 113~114쪽에서 재인용.

인용에서 공자가 "그토록 간절하게 볼 수 있기를 열망한 이"는 루이 14세를 가리킨다. 인용에서 말하는 "대기인待其人"이 쿠플레가 말하는 "이상적인 군주"이다. 이런 점을 볼 때, 쿠플레는 루이 14세에게 계몽군주론을 설파하려는 목적으로 라틴어 『중용』을 사용하려 했음이 분명하다. 쿠플레가 이렇게 할 수 있던 것은 인토르체타의 라틴어 『중용』의 번역과 주해 덕분이었다. 흥미로운 점은, 인토르체타가 라틴어 『중용』에서 전개한 이상적인 군주론을 부베가 계승했고 더욱 발전시켰다는 것이다. 부베가 1697년에 지은 『강희제 전기』*Histoire de L'empereur de la Chine*가 그 증거이다. 라이프니츠는 1669년에 『강희제 전기』를 라틴어로 번역해서 출판하고, 그는 서문에 다음과 같이 밝힌다.

> 이것들을 인정한다 할지라도, 거의 비교할 수 없는 군주의 모범을 우리에게 제시하는 이 책이 널리 퍼졌다는 사실을 인정해야 합니다. '과연 운명이 인간에게 이 군주보다[93] 더 큰 선물을 줄 수 있을까'라는 의문이 들 정도의 군주입니다.[94]

---

92 참조. 『중국인 철학자 공자』, 「헌사」, 2~3쪽: [4] Haerebit ille, opinor, ad primum aditum atque conspectum et admiratione simul gaudioque defixus refertum sibi tandem Principem illum dicet, ad quem videndum nequidquam hactenus tanto studio exarserat. Cum enim egregious ille vir eximium et qualem informabat animo, Imperatorem suis in libris adumbrasset, ac neminem sane votis suis parem ex avitis Imperii Principibus reperire potuisset, in quem unum omnes regiae illae dotes conspirarent, quique illam numeris omnibus absolutam formam ideamque perfectissimi Principis referret, tunc in eas erupit voces Tai Ki Gin, Expectandus hic vir. Hic est, qui veniet aliquando et divina quadam et admirabili sapientia praeditus talem se exhibebit, in quo nihil nostra, nihil publica desiderare vota possint. [5] Nonne ille, si modo revivisceret, ac Te, Rex Magne, contemplaretur, illum ipsum esse Te agnosceret, quem prospexisset animo, et incredibili gaudio prefusus voti se compotem esse factum exclameret? Nonne Tuam in administrando Regno amplissimo sapientiam regibus omnibus proponeret, exempla Tuis e moribus, leges ex effatis peteret? Tuam denique pietatem, clementiam, aequitatem, illam aequabilem in tanta rerum maximarum et negotiorum mole mentis ac vultus serenitatem atque praesentiam cum tanta Majestate conjunctam, Principibus universis pro norma et regula esse vellet?

93 아마도 강희제를 지칭하는 것으로 보인다.

94 참조. Leibniz(1699), 서문: Hoc autem admisso, fatendum est e re fuisse ut percrebesceret libellus exemplar nobis proponens principis pene incomparabilis, quo nescio an maius dare munus fata mortalibus possint.

인용은 『강희제 전기』가 서양에서 널리 읽혔으며, 소위 "이상적인 군주론"이 유럽의 지성계에서 중요하게 다루어진 논제 가운데에 하나였음을 확인시켜준다. 이런 사실은 『강희제 전기』가 실은 인토르체타의 라틴어 『중용』의 연장선상에서 탄생한 작품이라는 점을 잘 보여준다.

마지막으로 인토르체타가 동양의 "성인"론을 강조하게 된 이유를 해명하겠다. 라틴어 『중용』에 묘사된 이상적인 군주와 『강희제 전기』에 그려진 강희제의 모습은 하늘에 순종하는 겸손한 군주의 표현이다. 인토르체타의 이상적 군주론은 계몽군주 프로그램의 일환으로 제안된 것이다. 그가 이런 제안을 하게 된 것은 당시 유럽의 왕실에서 유행한 절대 왕권에 대한 염려를 반영한 것이다. 이는 인토르체타가 필사본 6277의 서문에 해당하는 자리에 서술한 『역경』의 겸괘謙卦 해설에서 분명하게 드러난다. 다음과 같다.

94. 마침내 주공이 최고의 선䷎인 마지막 선을 풀이한다. 그 자신은 최상의 여섯 번째 자리라고 부르지만, 그는 이렇게 밝힌다. "이 선은 비록 위대하지만 사적인 자리에 머물고 있는 왕의 겸손을 표시한다. 물론 넓게 빛나고 칭송받는 것이다. 하지만 그 발휘하는 효력과 관련해서, 겸은 좁은 영역에 닫혀있는 제한적인 괘이다. 아마도 사적인 영역에 그리고 제한적인 권력에 머물러야 한다(선이 둘로 나누어져 있음은 능력(권력)의 한계와 능력이 발휘할 수 있는 경계가 좁다는 것을 보여준다). 하늘이 그에게 최고의 지위를 내려주지 않았고, 이는 오로지 황제에게만 고유한 것이다. 물자는 물론 영토와 신하와 백성의 수가 이에 미치지 못하는데, 이 모든 것이 갖추어질 때 황제의 권위가 선다. 이 때문에 자신의 일로 말미암아 군대를 일으키고 군사를 움직이려는 자는 반란을 도모하는 자를 깨부수는 정도에서 그 생각을 멈추어야 한다. 그리고 자신의 권위가 미치는 경계 내에서만 백성을 다스려야 하고 그 통치의 권한은 왕국 안에 미물러야 한다." 수공의 풀이 이 설명에 공사가 덧붙었다. "상육上六이 의미는 다음과 같다. 한편으로 덕의 큼을 말한다. 또한 덕에 못지 않게 명성도 큼을 말한다. 하지만 최고의

지위에 이르는 것은 아님을 말한다. 다른 조건들이 부족하기 때문이다. 그
래서 마음으로는 대업과 위업을 생각하지만, 이를 완수하지는 못한다. 때
문에 왕은 단지 어느 정도만을 행할 뿐이다. 현실적인 상황으로 인해 군대
와 무력을 일으킬 필요가 있을 경우, 자신의 지위와 통치 안에 자신의 백
성이 머물도록 군대의 힘을 이용하는 정도에서 멈추어야 한다."[95]

아무리 군주라 할지라도 그가 인간인 한 하늘의 뜻을 겸손하게 받
들어야 한다는 것이 공자의 가르침이다. 이것이 인토르체타가 루이 14
세를 포함한 서양의 군주들과 서양의 독자들에게 전하고자 한 메시지
였다. 이에 힘을 실어 주는 한 증인의 말이다.

[6] 인간에게 그 어떤 것도 종교[혹은 교회]보다 더 오래된 것일 수는 없다
고 저 가장 지혜로운 철학자는 생각했습니다. 이는, 그가 오로지 본성과
이성의 빛을 통해서 스스로 깨우친 통찰입니다.[96] 그 자신이 세운 학문과
학설은 이 하나의 통찰을 겨냥해 세워진 것입니다. 죽어야 하는 인간이
삶 전체를 하늘의 뜻[天命]을 바탕으로 하는 법률과 법칙으로 세워나가도
록 하기 위함입니다.[97]

---

95 참조. *Par. cod. 6277*. p. xxxii: 94. Exponit denique Chēu-Cūm lineam supremam et ultimam.
Supremam (S) senariam vocat ipse, docet autem eâ designare privati principis magnam
quidem illam, et quae latè resplendeat ac celebretur, humilitatem, caeterùm quod ad usum
spectet, limitibus angustioribus conclusam, privatae scilicet modicaeque ditionis (quas (pag.
XXXII recto) ipsas angustias et deflectum potestatis lineae interruptio significat) quippe
cùm caelum ei non destinet supremam dignitatem, quae propria imperatorum est, caret
utique amplitudine illâ tam opum quàm terrarum et clientum ac subditorum multitudine,
quae omnia sequi solent imperatoriam maiestatem. Quocirca si quando statuat is è re (S)
suâ esse <con>scribere militem, habere exercitus in armis, non alio sanè consilio id faciet,
quàm ut debellet rebelles, contineatque in officio suae ditionis et regni populos. (S. Xám
Lŏ Mím Kʻiēn) (S. Lí Yúm Him Sū Chīm Yĕ Quĕ.)
96 이 대목은 쿠플레가 은총(gratia)을 요구하는 계시 종교가 아닌 자연 종교를 인정하는
데미다, 이는 가톨릭 교의와 매우 상반되는 주장일 수도 있는데, 이 주장은 아직 계시
종교 신념과 자연 종교 긴장 사이에 대립이 아직 첨예화되지 않에 빈 벌인으고 것이
다. 어쩌면, 쿠플레의 이런 주장이 오히려 나중에 계시 종교 진영과 자연 종교 신념 사
이에서 벌어지게 될 논쟁을 촉발했을 가능성도 있을 것이다. 참조. Wolff(1726)
97 참조.『중국인 철학자 공자』,「헌사」제6장 Quoniam vero Philosophus ille sapientissimus,
solo naturae ac rationis lumine cognoverat, nihil religione antiquius homini esse oportere,
ad eumque scopum unum suam ipse doctrinam disciplinamque referebat, ut mortales vitam

증인은 인토르체타의 동료였던 쿠플레이다. 인용은 쿠플레가 루이 14세에게 바친 헌사에서 한 말이다. 이를 통해서 그는 그리스도와 교회에 겸손해야 함을 강조하는데, 쿠플레의 이와 같은 말은 인토르체타가 6277 서문과 라틴어『중용』에서 제시한 저술과 번역과 주석을 바탕으로 행한 것이므로, 쿠플레와 인토르체타의 구분은 여기에서는 크게 문제가 되지 않는다. 이 점을 감안한다면, 쿠플레와 인토르체타가 공자의 목소리를 빌어서 아무리 왕이라 하더라도 겸손하게 하늘의 뜻을 받들라는 메시지를, 즉 그리스도교 아래에서의 계몽 군주가 될 것을 프랑스 왕 루이 14세에게 설파하고 있는 것이다. 이것이 인토르체타가 라틴어『중용』에서 서양의 독자들에게 전하는 진의였다. 하지만 실제 역사는 인토르체타의 바람대로 흘러가지 않았다. 루이 14세가 계몽군주가 아닌 절대군주의 노선을 택했기 때문이다. 루이 14세가 라틴어『중용』을 읽었는지 모르지만, 루이 14세는 결과적으로 계몽군주가 아닌 절대군주로 군림했다. 이는 실제로 "짐이 곧 국가다(L'État, c'est moi)"라는 루이 14세의 선언에서 잘 드러난다. 이런 의미에서 인토르체타의 라틴어『중용』이 의도한 소기의 목적은 달성하지 못했다고 보아야 할 것이다. 하지만 인토르체타가『중용』을 어떤 의도를 가지고 해석하려고 시도했는지 분명하게 드러난다. 교회에 순종하는 계몽군주의 교육이 바로 그것이었다. 또한 교회에 순종하는 계몽시민의 양성도 라틴어『중용』을 서양의 독자들에게 소개하려고 한 이유였다.

89. 공자가 덧붙인다. 효의 의미는 이렇다. "아주 큰 공적을 세웠음에도 저 군자가 분별 있고 절제하는 자리에서 벗어나지 않는다면(M), 모든 인민이 전적으로 편안한 마음으로 자신을 저토록 큰 덕에 복종하고 순종하도록 하게 된다."(M. 象曰, 勞謙君子, 萬民服也)[98]

---

omnem e supremi Numinis legibus praeceptisque componerent, (⋯).

[98] 참조. *Par. cod. 6277.* p. xxxii: §91 Imaginis sensus est (inquit Confucius) si (M) tam praeclarè meritus nunquam tamen à statu moderati modestique hominis discesserit vir ille

이상의 내용을 정리하면, 인토르체타는 라틴어 『중용』의 핵심 논지를 "겸謙"이라는 한 글자로 압축한다.[99] 이를 통해서 인토르체타는 세속의 이상적인 군자이자 그리스도의 성인에 해당하는 혹은 근접하는 인물로 공자를 예찬하면서 서양의 독자에게 소개한다. 여기에서도 인토르체타가 어떤 방식으로 자사의 『중용』을 읽고 해석하고자 했는지 분명하게 드러난다. 서양 고대의 헬레니즘 철학과 그리스도교 신학이 결합된 관점이 바로 그것이다. 흥미로운 점은 서기 3세기 말에서 4세기 초 그리스도교 초기 박해 시절에 락탄티우스가 그리스도교를 변호하기 위해서 서양 고대 철학을 철저히 비판하며 세속의 학문과 결별하는 방향으로 나갔다면, 1500여 년이 지난 뒤에 인토르체타는 중국에서 락탄티우스와는 정반대로 동양 고대철학과 사상을 그리스도교와 결합하기 위해서 서양 고대철학을 다시 소환했다는 것이다. 지성사의 관점에서, 인토르체타의 이런 독법은 매우 흥미롭다. 그의 독법이 역사적으로 일회적인 사건에 그치지 않고 계몽주의 시대에 하나의 학문운동 혹은 문화사조로 연결되었기 때문이다. 요컨대, 서양의 계몽주의가 서양 지성계의 반성과 논쟁의 산물임은 분명하다. 이 과정에서 중국에서 활동한 예수회 신부들이 번역한 동양고전이 서양 지성계에 영향을 행사했으며, 그 대표적인 사례가 라틴어 『중용』이었다.

서양 독자들은 라틴어 『중용』을 어떻게 읽었는가

답이 쉽지 않은 물음이다. 우선 서양인들이 라틴어 『중용』을 읽었

---

perfectus, fore ut omnes om-(pag. XXXI verso)-nino populi aequo animo parcant subdantque se tantae virtuti. (M. Siám Yuě Laó K'iēn Kiūn Cù Ván Mín Fǒ Yè.)

[99] 필사본 6277의 『서문』은 인토르체타가 『사서』를 어떤 관점에서 읽고 해석했는지 잘 보여주는 문헌이다. 이 『서문』은 후속 작업을 통해서 쿠플레가 편집한 『중국인 철학자 공자』의 『서문』과 함께 출판할 예정이다.

다고 명시적으로 밝혀 놓은 문헌을 찾기 쉽지 않아서, 서양인들이 라틴어 『중용』을 읽은 흔적을 추적해야 하기 때문이다. 지금까지 조사한 것 중에 한 사례로 라틴어 『중용』의 흔적이 남아 있는 것으로 추정되는 볼프의 문헌을 소개하겠다. 볼프가 1721년에 독일의 할레(Halle) 대학의 부총장직을 사임하면서 행했던 고별 강연(『중국인의 실천 철학에 대한 연설Oratio de Sinarum philosophia practica』)의 일부이다.

> 자연의 창조자이신 하느님으로부터 어떤 행동은 해서는 안 되고 어떤 행동은 해도 되는지 뒤따라 나온다. 나는 그로티우스의 견해에 전적으로 동의한다. 이를 바탕으로 나는 도덕 교육에 있어서 이성에 합치하는 것이라 가르쳐 왔던 것, 바로 그것이 인간 본성에 합치하는지의 여부에 의해서 판단을 내릴 수 있음을 천명코자 한다. 중국의 가르침도 이 '리디아의 시금석'에 어긋나지 않는다. 공자 자신이 이성적 본성과의 일치를 행위의 규범으로 파악했기 때문이다. 공자는 『중용』이라는 책, 즉 『중국인 철학자 공자』의 『두 번째 학문(중용)』의 40쪽에서 다음과 같이 명백하게 밝힌다. 이성적 본성에 합치하는 것이 법칙이고, 이 법칙에 따라 행위를 일치시키는 것이 이성에 부합하는 것이다. 이에 따라 덕에 대한 규칙을 세워야 한다. 그리고 우리 자신과 우리 자신의 행위를 이 규칙을 통해서 규율하도록 해야 한다. 그러면 이제는 중국의 실천 철학의 원리를 공자 자신이 우리에게 추천하는 저 규범에 따라, 그 행동양식에 대해서 알아보자. 공자는 규범을 실천으로 옮기고, 그것을 체득하고자 하였다. 이를 위해서 공자는 상고 시대부터 내려온 신성한 말과 일을 비판적으로 검증하였다. 여기에서 그가 중시한 것을 알아보겠다.[100]

볼프가 말하는 "이성적 본성에 합치하는 것이 법칙이고 (중략) 이 규칙을 통해서 규율하도록 해야 한다"의 구문은 라틴어 『중용』에 적어도 내용석으로는 정확히 일치한다. 라틴어 『중용』의 해당 부분은 다

---

[100] Wolff(1726), pp. 128~130.

음과 같다.

> (1편 2쪽 1장) 하늘이 사람에게 부여한 것을 이성적 본성(natura rationalis)이
> 라고 한다. 이 본성에 따라 형성되고, 빛이 해를 따르듯이 본성(natura)을
> 따르는 것을 법칙(regula)이라 한다. [혹은 이성에 일치하는 것이라고 한다].
> 이 법칙을 통해서 자신과 자신의 일을 조절하고 이 법칙을 회복하여 체득
> 하는 것을 교육(institutio)이라고 한다. 혹은 덕의 연습이라 한다.

볼프가 인토르체타의 필사본을 읽었는지, 아니면 쿠플레가 1687년
에 파리에서 출판한 『중용』을 읽었는지, 아니면 1711년에 노엘이 번
역한 것을 읽었는지에 대해서는 논쟁 중이다. 볼프의 서가에 꽂힌 책
들의 목록에 의하면 노엘이 번역한 『중용』을 읽은 것으로 추정할 수
있으나, 실제로 번역 문장을 직접 대조해 보면, 인토르체타가 번역하
고 쿠플레가 출판한 『중용』과 거의 일치한다. 다음의 표에서 인토르
체타의 『중용』과 볼프의 연설의 유사한 구절을 제시하겠다.

라틴어 『중용』	볼프
Id quod a caelo est homini inditum dicitur natura rationalis: quod huic conformatur natura et eam consequitur, dicitur regula, seu consentaneum rationi, restaurare quoad exercitium hanc regulam se suaque per eam moderando, dicitur institutio, seu disciplina virtutum.	quod naturae rationali conformatur, illud esse regulam, juxta quam actiones dirigendae, idem esse rationi consentaneum, et virtutis disciplinam in eo consistere, ut nos et nostra per eam moderemur.

비교에서 주목해야 할 점은 볼프가 라틴어 『중용』을 거의 그대로
베끼고 있다는 점이다. 부가적인 변형이 약간 있지만, 핵심 개념은 인
토르체타의 문장을 그대로 수용한다. 예컨대, 볼프의 rationi consentanea
라는 언명은 정확히 『중용』의 "싹이 피어나고 모든 감정이 적도에 머

무르면, 이런 상태를 일컬어 콘센타네움[和]이라고 한다. 혹은 감정들 사이에 있는, 혹은 이성 자체와의 어떤 어울림이다(at ubi pullularunt, et omnes attigerunt rectae rationis dictamen, dicuntur consentaneum, seu quidam passionum inter se et cum ipsa ratione concentus)"라는 번역 문장과 일치한다. 그런데, consentaneum passionum 혹은 cum ipsa ratione concentus를 볼프는 나중에 『이성 심리』에서는 harmonia animae ac corporis로 표현한다. 표현상에 약간의 미묘한 차이가 있지만 내용상으로 근본적인 차이는 없다.

다음으로 명시적으로 인용은 하지 않았으나 라틴어 『중용』을 읽었음을 보여주는 문헌을 소개하겠다. 볼프의 『이성 심리』와 『경험 심리』는 마음에 대한 전형적인 서양의 이론 텍스트이지만, 『중용』의 흔적이 발견된다. 이와 관련해서 볼프가 「헤센 공국의 공작에게 바치는 헌정사」(이하 「헌정사」로 약칭함)가 중요하다.

(1)이성 심리란 체계적인 방법에 의해서 괴학적으로 접근한 학문이다. 이는 인간의 마음에 대한, 그러나 (2)경험의 영역에 속하는 것으로 분명치 않은 믿음의 형태로 포착되는 것에 대한 학문으로, 마음의 본질과 본성을 해명하는 것으로, (3)본성에 대한 내밀한 인식과 그것의 주인에 대한 인식을 위해서 유익한 내용을 담고 있는 학문이다.

이성 심리는 우리 마음에 대한 내밀한 인식으로 이끄는 (4)숭고의 철학입니다. 숭고한 것들에 대한 숭고한 앎이 숭고한 재능에 어울리는 일인데, 이는 다른 어떤 곳에서도 바랄 수 없는 즐거움으로 우리의 정신을 키우는 것입니다. (5)자기 자신에 대해 인식하는 것은 현자의 일로 추천되었던 적이 전혀 없었던 것은 아니지만, 다른 무엇보다도 우리의 더 고귀한 부분인 마음에 대한 내밀한 인식은 추천될 만한 것입니다. 이를 통해서 보편적인 본성에 대한 기쁨뿐이 아니라, 가상 지체롭고 가장 강력한 신의[神意]를 그 자신도 전혀 예상하지 못했는데 문득 인식하게 만드는 어떤 빛이 서광을 비추고, 여기에 (6)덕에 대한 각각의 파수꾼이 생겨납니다. 이는

(7)직접 경험한 사람 이외에는 결코 알 수 없는 그런 파수꾼입니다. 진실로 그 어떤 것이 더 즐겁고 더 바랄만한 것이겠습니까? 사물의 본성(natura)을, 자신을 인식하기 위해서 (8)최고의 기술자(artifex summus)가 만들어놓은 저 경이로운 작용을 내밀하게 살피는 것보다, 또한 거기에서 마치 경이로운 (9)거울에서 기술자 자신을 내밀하게 살펴는 일보다 말입니다. 지고의 명철한 군주시여, 이토록 숭고한 것을 알리는 철학의 일부를 전하에게 바치는 것을 저는 추호도 주저하지 않습니다. 왜냐하면 자연의 최고 판단자가 전하의 명철함에 정신의 숭고한 자질을 부여했고, 그 수행자를 몸의 형상으로 만들었기 때문입니다. 저 수행자는 그 내밀함을 살피는 이들에게 탁월한 정신이 감춰져 있도록 허용하지 않습니다. 그리하여 모든 것이 경이로움과 함께 단박에 포착될 수 있도록 합니다. 본성이 제공한 것 중에서 그 어떤 것도 저토록 숭고한 것은 없을 것입니다. 그러므로 전하께서 인위적으로 권위를 부여하고, 강조하며, 이렇게 하시려고 만들 필요가 없습니다. 이 책은 아직은 어리고 막 자라나는 소년기를 벗어난 덕을 담고 있습니다. 이 책은 국가를 지혜롭고 융성하게 이끄는 것과 관련된 모든 점을 전파함에 있어서 한 치도 거짓이 없습니다. 무엇보다도 심오한 학문에 대한 조상 대대로의 사랑이, 이 앎들로 말미암아 본성과 학문의 신비로운 비밀이 드러납니다. 바로 그 사랑이 정신에 깊숙하게 내린 뿌리를 일깨우고, 그리하여 그 뿌리가 아무리 많다고 해도 그 뿌리를 맑게 닦도록 추동하며, 무엇보다도 자신에게 가장 확고함을 약속할 수밖에 없도록 만듭니다. 지고의 명철하신 전하, 세계 전체를 가르치는 희망이 결코 헛되지 않음을 담고 있는 증표를 세상에 출판하시는 것입니다. 전하를 기만하는 것이 결코 아닙니다. 지고의 겸손함으로 제가 바치는 이 책은 자애로운 용안으로 살피게 될 전하의 품격에 어울릴 작품입니다. 행여 전하가 다른 기회에 이 작품을 다시 살피기를 원하신다면, 그때에도 마찬가지로 제가 맹세를 지킨 자이고 결코 헛된 희망에 빠진 자가 아님이 뚜렷하게 드러날 것입니다. 전하는 헤센의 모든 희망입니다. 이 희망이 헛되지 않도록, 세 번 더 최상인 최고의 하느님이 전하의 명철함을 투밀하게 지켜주시길, 이미 탁월한 덕성에 날마다 새로워지는 덕을 더해주시길 기원합니다. 헤센이 저와 함께 기원합니다. 마부룩 아카데미아가 기원

합니다. 선한 모든 이가 기원합니다. 지고의 자애로운 하느님! 제가 알기로는 당신의 은총보다 더 오래된 것은 있을 수 없다고 아는바, 바로 그 영원한 은총을 저에도 베풀어주시길!

지고의 겸손함으로 당신의 명철함을 받드는
크리스티안 볼프 삼가 올림[101]

볼프의 『헌정사』와 라틴어 『중용』을 세부적으로 비교하면 다음과 같다.[102]

(1) 이성 심리

원문은 psychologia rationalis이다. 이 언표는 라틴어 『중용』의 "이성적 본성(natura rationalis, 性)"을 연상케 한다. 볼프는 이성 심리(psychologia rationalis)를 최고의 주재자(summus arbiter)가 인정했다고 주장하는데, 이것은 라틴어 『중용』의 "하늘이 인간에게 부여한 것(Id quod a caelo est homini inditum)"이라는 언표를 떠올리게 만든다.

(2) 경험의 영역에서 분명치 않은 믿음의 형태로 포착되는 것

원문은 dubia experientiae fide이다. 이는 볼프가 탐구하려는 연구대상을 가리키며 『이성 심리』의 원래 서명에서 분명하게 확인된다. "이성 심리는 인간의 마음에 대한, 그러나 경험의 영역에 속하는 것으로 분명치 않은 믿음의 형태로 포착되는 것에 대한 학문으로, 마음의 본질과 natura를 해명하고, natura에 대한 내밀한 인식과 그것의 주인에 대한 인식에 유익한 내용을 담고 있는 학문이다." 이는 라틴어 『중용』의 "마음의 움직임은 드러나지 않는다. 숨어 있기 때문이다 [그 자신에게만 알려져 있다.] 마찬가지로 마음의 움직임은 분명하지 않다.

---

101 참조. Wolff(1734/1740), pp. a2~a6.
102 이하는 안재원(2014)을 바탕으로 재구성했다.

아주 미세하기 때문이다. [극미한 것이다.](2편 1쪽 1장)"라는 구문을 떠올리게 한다.

(3) 본성에 대한 내밀한 인식과 그것의 주인에 대한 인식

원문은 ad intimorem naturae ejusque autoris cognitionem이다. 여기에서 본성(natura)은 "마음의 본성"에 해당하고 "주인"은 마음의 주인을 지칭한다. 볼프는 자신이 탐구하려는 대상이 "마음의 주인"임을 천명하는데, 그의 "마음의 주인"에 대한 생각은 예를 들면, "나는 생각한다, 고로 존재한다(cogito ergo sum)"는 주장을 통해서 데카르트가 말하는 "생각하다(cogito)"의 자아(ego)와는 분명히 다르다. 데카르트의 "생각하다(cogito)"의 주어는 존재론적인 지평에서 설정되는 자아 개념이지만, 볼프의 주인 개념은 실천 철학의 지평에서 포착되는 개념이기 때문이다. 볼프가 마음에 대한 내밀한 인식을 촉구하는 것은 도덕적 실천과 인격의 완성을 위한 것이고, 그가 주인을 강조하는 것도 같은 맥락에서 이해된다. 이 주인 의식은 계몽 철학의 주체 개념이다. 볼프의 이런 문제 인식도 라틴어 『중용』의 한 대목을 떠올리게 한다. "이것이 이상적인 군자가 항상 깨어 있는 정신으로 자신에게 집중해야 하는 까닭이고, 눈에 보이지 않는 것도 살펴야 하는 이유이다. 이를테면 마음의 미세한 움직임에서 항상 주의를 놓지 않는다. 귀에 들리지 않는 일도 조심하고 삼가야 한다. [뭔가를 행할 때에] 어느 한순간이라도 자신에게 찍혀 있는 올바른 이성의 규범에서 벗어나지 않도록 해야 한다.(1편 2쪽 2장)"

(1) 숭고의 철학

원문는 sublimem philosophiam이다. 볼프는 『이성 심리』를 "숭고의 철학"이라고 규정한다. 이 "숭고" 개념이 어디에서 유래했는지 파악하는 것이 중요하다. 볼프의 개념은 17세기 출판된 위-롱기누스의 "숭고"의 개념과는 다르다. 위-롱기누스의 『숭고론De Sublimitate』에 등장하는 "숭고(to hypsos)"는 기본적으로 문체(style) 개념이자, "유체 이탈(exstasis)"로 공간 이동의 황홀한 경험을 가리키는 개념이다. 외부의 강력한 객체에 의해서 사로잡혀 어찌할 수 없이 끌려갈 수밖에 없는 상태가 "엑스타시스"이다. 반면에 볼프는 마음의 주인을 강조한다. 외부의 영향으로부터 자신을 지키는 주체로서의 자아를 세우는 것이 볼프의 "숭고"에 깔린 기본 생각이다. 따라서 볼프가 『이성 심리』 서두에서 피력하는 "숭고"와 위-롱기누스의 개념은 다르지만 어떤 면에서는 유사하다. 마음 안에 있는 숭고한 능력을 알아보는 일, 그런데 인간 본성을 뛰어넘는 일이라는 점에서 개념의 외연이 유사하다. 볼프도 숭고의 힘이 인간의 본성 혹은 마음의 능력에 내재하며 이를 알아보는 것이 숭고라고 규정한다. 이것은 볼프가 "이성 심리"를 "숭고의 철학"이라 부르게 된 이유였을 것이다. 하지만, '숭고'라는 표현은 당시 경건주의가 대세를 이루던 독일의 지성 풍토에서는 일종의 금기어였다. 인간 본성을 뛰어넘어 마음의 본성을 본다는 것은 하느님에 대한 도전이고 교회에 반기를 드는 일이었기 때문이다. 흥미로운 점은 볼프가 헤센 공국의 프리드리히 공작을 "숭고한" 통치자로 찬양한다는 것이다. 숭고라는 표현을 사용하기 위해서 공작의 권위를 이용하려는 볼프의 고도의 계산이 숨어 있는 것으로 추정된다. 볼프의 "숭고"에 대한 생각은 반세기가 지나서 하나의 거대한 문화운동, 즉 낭만주의로 확산되었다. 볼프의 "숭고" 개념의 이해 문제에서 주목해야 할 점은 인토르체타가 『중용』을 "숭고한 철학"이라고 규정한다는 것이다.

[1기] 그래서 한 권의 책의 형태를 취하기보다는 단편들의 모음짐으로 보일 정도다. 전해지는 비의 가르침의 숭고함은 본성 자체의 한계를 뛰어넘는 것으로 보이기 때문에, 중국의 스승들도 이 책을 파악하기 어렵고 은

미한 책으로 인정하고, 책에서 순서는 두 번째이지만, 학교에서는 마지막 자리에 놓고 가르친다.[103]

(5) 자신에 대한 인식 (6) 덕에 대한 각각의 파수꾼 (7) 직접 경험한 사람이 이외에는 알 수 없는.

원문은 순서대로 각각 (5) cognitio sui, (6)virtuti singulare praesidium, (7) quod nemo novit nisi expertus이다. 볼프의 이 언표들은 라틴어『중용』의 "마음의 움직임은 대체로 다음과 같다. 그것은 드러나지 않는다. 숨어 있기 때문이다. [그 자신에게만 알려진 것이다.] 마찬가지로 마음의 움직임은 분명하지 않다. 아주 미세하기 때문이다. [극미한 것이다.] 이상적인 군자는 아주 조심스럽게 자기 마음의 은밀함을 살핀다. 마음에 은밀하게 숨겨진 것을 떨쳐내는 일에 집중한다. 가슴의 가장 깊숙한 곳에 있는 은밀한 것이, 다른 사람에게는 안 보이고 감추어져 있지만, 그 자신 [홀로]에게는 분명하게 드러난다.(2편 1쪽 1장)"라는 언명에 상응한다. 조금 더 자세하게 들여다보면 다음과 같다. 라틴어『중용』의 해당 원문은 다음과 같다.

> f.2. p.1. §.1. quia reconditi <et sibi soli noti>(*suppl. Couplet*); sunt item id quod non est manifestum, quia admodum subtiles <et minimum quid>(*suppl. Couplet*). ideoque perfectus vir tam sollicite invigilat cordis sui secreto et cautus est in internis quae solus ipse intuetur; quo deinde fit, ut qui aliis reconditi et abstrusi sunt, intimi scilicet cordis recessus, ei tamen <soli>(*suppl. Couplet*) patescant;

---

[103] *Par. cod. 6277*. p xii: 23. Alterius libri Chum yum dicti titulus et argumentum est, medium ... [innnum seu medii vel aureae mediocritatis constantia. Çu Su Confucii nepos ex filio, ... ique discipul.. idemque Magister Memcii hunc vulgavit, et quaedam d.. .. addidit: sed et desiderantur multa; sic ut fragmentorum verius quam libri speciem habeat, et quia doctrinae quae traditur sublimitas quandoque naturae ipsius limites videtur excedere, eum Sinae Magistri tanquam subobscurum captuque difficilem, cum numero secundus sit, postremo tamen loco in Scholis exponunt.

(5) cognitio sui는 cordis sui에, (6) virtuti singulare praesidium는 ideoque perfectus vir tam sollicite invigilat cordis sui secreto et cautus est in internis quae solus ipse intuetur에, (7) quod nemo novit nisi expertus는 ut qui aliis reconditi et abstrusi sunt, intimi scilicet cordis recessus, ei tamen soli patescant에 상응한다. 특히 "직접 경험한 사람 이외에는 결코 알 수 없는 (quod nemo novit nisi expertus)" 구문이 흥미로운데, 볼프는 이 구문을 『경험 심리』에서 sibi conscius라는 표현으로 바꾸어 사용한다. sibi conscius는 『경험 심리』의 전문 용어이다.

> Quae ad Psychologiam empericam spectant attentione ad ea facta, quae nobis consciis in anima nostra fiunt, innotescant.
> 경험 심리학은 우리의 마음 안에서 우리 자신에게만 알려져 있는 바의 사실들을 집중해서 밝히는 학문이다. (『경험 심리』 서문 제2장)

sibi conscius 혹은 nobis conscius은 오늘날 "양심"을 뜻한다. 하지만, sibi conscius는 양심이라는 도덕적인 의미로도 사용될 수 있지만, 볼프에게 있어서는 자의식 혹은 자기 인식(cognitio sui)에 가깝다. 여기에는 약간의 주의가 요청된다. 자기 인식은 독일어로 Selbst-bewusstsein인데, 볼프의 "자기 인식" 개념은 라틴어 『중용』의 "따라서 이상적 군자는 항상 깨어서 자신의 마음의 은밀한 곳을 주시하고, 그 자신만이 홀로 들여다보는 내밀한 일에 대해서 경계한다(ideoque perfectus vir tam sollicite invigilat cordis sui secreto et cautus est in internis quae solus ipse intuetur)"에 가까운 개념이다.

(8) 최고의 기술자 (9) 거울에서

원문은 (8) artifex summus, (9) in speculo이다. 볼프가 말하는 최고의 기술자가 하는 일은 어떤 경이로운 작용을 내밀하게 살피는 일이다. 마치 거울의 작용과 같다고 한다. 볼프가 말하는 artifex summus는 『중용』의 vir perfectus를, speculum은 라틴어 『대학』의 seu limpidissimum speculum (아주 투명한 거울)을 연상시킨다.

(10) 본성이 제공한 것 가운데에서 그 어떤 것도 저토록 숭고한 것은 없을 것입니다. (…) 무엇보다도 자신에게 가장 확고함을 약속할 수밖에 없도록 만들기 때문입니다.

원문은 Nihil vero tam sublime a natura datum, (중략) certissimum sibi polliceri debeant이다. 이 구문의 번역은 "본성이 제공한 것 가운데에서 그 어떤 것도 저토록 숭고한 것은 없을 것입니다. (중략) 그 뿌리가 아무리 많다고 해도 그 뿌리를 맑게 닦도록 추동하며, 무엇보다도 자신에게 가장 확고함을 약속할 수밖에 없도록 만들기 때문입니다"이다. 이 문장은 볼프가 헤센 공국의 프리드리히 공작에게 올리는 찬사이자 덕을 맑게 닦으라는 권고이다. 볼프의 권고는 라틴어 『대학』을 상기시킨다. 라틴어 『대학』의 제1장이다. "지도자가 알아야 하는 큰 가르침은 하늘에서 불어넣어 준 이성적 본성(natura rationalis, 明德)을 닦고 가꾸는 데에 있다. 이는 곧, 아주 투명한 거울처럼, 사악한 욕구의 더러움을 씻어내고 원래의 밝음으로 되돌아가기 위함이다. 이어서 그것은 인민을 새롭게 하거나 다시 세움에 있다[新民]. 혹은 이것도 곧 자신을 모범으로 삼아서 격려로 삼기 위함이다. 마침내 그것은 굳건하게 머무름에 혹은 최고의 선에 자리함에 있다[至善]." 여기에서 "닦아야 한다"는 언표가 눈에 띄는데, 이에 해당하는 『대학』의 원문은 인용의 밑줄 친 부분이다:

f.1 p.1 §.1. Magnum adeoque virorum Principium, D rniendi 3 instituram 4 consistit in expoliendo seu excolendo 7 rationalem 8 naturam a coelo inditam, ut scilicet haec, ceu limpidissimum speculum, abstersis pravorum appetituum maculis, ad pristinam claritatem redire possit. Consistit deinde in 9 renovando seu reparando 10 populum, seu ipsius scilicet exemplo et adhortatione. 11 Consistit demum in 12 sistendo firmiter, seu perseverando 13 in summo bono.

"그 뿌리가 아무리 많다고 해도 그 뿌리를"에 해당하는 라틴어 원문은 tam altas in animo egit radices이다. "뿌리"라는 언표도 라틴어 『중용』의 "감정의 은밀한 뿌리는 인간의 본성에 자리잡고 있는 것이기에, 아니 차라리 본성(natura) 자체가 이 뿌리이기에, 그런데 이 뿌리는 끊임없이 자체의 행동 혹은 감정으로 표출된다(Cum autem radix passionum intima sit naturae hominis, vel potius ipsamet natura sit ista radix; haec autem in actus suos vel passiones prorumpat assidue)"로 연결된다.

여기까지가 볼프의 『헌정사』에서 찾을 수 있는 라틴어 『중용』과 『대학』의 흔적에 대한 소개이다. 이상의 소개를 놓고 볼 때 볼프의 심리 논의에 라딘어 『중용』이 상당한 영향력을 행사했음이 분명하다.

이제 볼프가 참조한 번역본이 누구의 것이냐는 물음이 남아 있다. 이와 관련해서 알브레히트(M. Albrecht)는 볼프가 참조한 텍스트는 노엘(Fr. Noël)의 번역본이라고 주장한다. 물론 볼프 자신도 『중국의 실천 철학을 위한 연설』에서 쿠플레가 파리에서 편집하고 출판한 라틴어 『중국인 철학자 공자』를 읽지 않았다고 밝힌다. 하지만, 볼프가 『이성 심리』와 『경험 심리』를 저술할 시기에는 쿠플레가 편집한 라틴어 『중국인 철학자 공자』를 읽었음이 분명하다.

hoc vero de Sinensibus commemorat Philippus Couplet, Soc. Jesu, Sinensis Missionis in urbem Procurator, in praefatione ad Tabulam Chronologicam Monarchiae Sinicae Parsiis 1686.[104]

중국 선교의 북경도시 책임자였던 필립 쿠플레가 1686년에 파리에서 출판한

『중국인 철학자 공자』 서문에서 중국인에 대해 이와 같은 진실을 언급한다.

물론 이와 같은 문헌학적인 흔적에 대한 조사만으로 심리에 대한 볼프의 논의와 라틴어 『중용』 사이에 있는 관계를 입증하는 것은 부족하다. 따라서 볼프가 『경험 심리』에서 피력하는 감정에 대한 논의를 살펴보겠다.

§603 감정은 마음의 움직임이다. 이를 통해서 마음은 뭔가 강하게 욕구하거나 싫어한다. 혹은 욕구하는 마음과 싫어하는 마음의 더 강력한 움직임이다.
§605 감정은 좋음과 나쁨의 혼합된 표상에서 일어난다. 즉 욕구와 싫음의 더 강력한 움직임이기 때문이다(§603). 욕구는 좋다는 생각에서 생겨난다(§580). 싫음은 나쁘다는 생각에서 생겨난다(§582).
§606 왜냐하면 우리는 우리에게 혼합된 상태에 있는 것을 어떤 것으로부터 생겨나는 즐거움을 통해서는 좋음으로 표상하고(§561), 어떤 것으로부터 싫은 것을 통해서는 나쁨이라고 표상한다(§573).[105]

볼프의 제606장은 라틴어 『중용』의 "좋은 일에서는 기쁨이, (…) 얼음으로부터 행복한 즐김이 나오는데"의 언명을 떠올리게 만든다. 또한, 볼프의 제605장의 "감정이란 표상에서 생겨난다. 표상은 좋음과 나쁨이 혼합된 것이다"는 『중용』의 "이런 마음의 감정들이 싹을 틔워 행동으로 표출하기 전의 상태를 일컬어 메디움[中]이라 하고 혹은 메디움에 머물러 있다고 한다. 왜냐하면 아직까지는 과도함과 부족함의 어떤 차별도 생겨나지 않는 상태이기 때문이다"를 환기시킨다. 마지

---

104 Wolff(1732/1738), pp. 106~107.
105 W.(1732/1738): §603, Affectus sunt actus animae, quibus quid vehementer appetit, vel aversatur, vel sunt actus ... motiores appetitus sensitivi et aversationis sensitivae. §605 Affectus ex confusa boni et mali repraesentatione oritur. Sunt enim actus vehementiores appetitus sensitivi et aversationis sensitivae(§603). Sed appetitus sensitivus oritur ex idea boni confusa(§580), aversatio autem sensitiva ex idea mali confusa(§582). §606. Quoniam per voluptatem, quam ex re quadam percipimus, nobis eam confuse repraesentamus tanquam bonam(§561) et per taedium, quod ex eadem percipimus, tanquam malam(§573).

막으로, 볼프의 제603장은 라틴어 『중용』의 "그러나 싹이 피어나고, 그리고 모든 감정이 적도適度에 머무르게 되면, 이런 상태를 일컬어 콘 센타네움[和]이라고 한다. 혹은 감정 사이에 있는, 혹은 이성 자체와의 어떤 어울림이라고 한다"를 연상토록 한다. 사정이 이와 같다면 볼프와 라틴어 『중용』 사이에 있는 유사함은 구조적인 것임이 분명하다. 이와 관련해서 네 가지를 지적하겠다.

첫째, 볼프는 감정을 선이나 악이 아닌, 맥락 조건에 따라 좋음 혹은 싫음의 담지자로, 즉 그 자체로는 중립적인 것으로 생각한다. 볼프의 이런 생각은 감정을 중립적인 것으로 보는 라틴어 『중용』과 유사하다. 감정으로 표상되기 이전의 "어떤 상태"가 있는데, 그것의 기본 성향은 좋음과 싫음이 함께 작동하며, 그 작동이 외부와의 관계에 따라 마음의 움직임으로 표출되고 그 표출의 결과로 나타난 꼴이 감정이라는 게 볼프의 기본 생각이기 때문이다. 둘째, 볼프는 affectus와 appetitus를 구분하고, 전자를 감정으로, 후자를 욕구라고 했다. 그런데 욕구는 감정보다는 움직임이 약한 상태이고, 아직 움식임으로 포착되는 상태는 아닌 단계이다. 어쩌면 볼프가 말하는 appetitus는 『중용』의 medium 상태, 아직 좋음과 나쁨이 결합하기 전의 "미발未發"상태에 해당하고, affectus는 외적 맥락 조건에 따라 "이발已發"해버린 상태, 감정으로 표출된 상태에 해당하는 것으로 보인다. 셋째, 볼프는 마음의 움직임을 '크기' 혹은 '세기'로 접근한다. 그런데 볼프가 말하는 '감정의 강도' 혹은 '세기'에 대한 시선도 라틴어 『중용』의 "과도함과 부족함"을 생각나게 한다. 볼프도 궁극적으로는 몸과 마음의 조화를 『이성 심리』에서 주장한다는 점에서, 볼프의 '크기' 개념은 라틴어 『중용』의 '중화中和'와 구조적으로 유사해 보인다. 마지막으로, 라틴어 『중용』의 "어떤 차별도 생거나지 않는 상태", 즉 medium의 상태는 볼프가 말하는 "선과 악의 생긱파" 셜합되기 이전의 상태, 즉 아직 표상을 통해 어떤 특정 꼴을 지니지 않은 감정과 욕구 상태에 해당한다. 그렇다면 볼프의 심리(psychologia) 개념과 라틴어 『중용』의 본성(natura) 개념 사이에는 구조적인 유사함이 있음이 분명하다.

> (39) 교부학자들이 객관적인 도덕이라 부른 것 중에는 행동에 대한 명예와 내적인 수치에 대한 논의는 고대 철학자들도 알고 있는 바이다. 이에 대해서는 신학자들도 치열하게 자신의 영역이라 방어했던 바이다. 이는 사례를 통해서 증명하는 것보다 더욱 분명하게 잘 알려진 것이다. 진실로 객관적인 도덕이란, 행위가 이성적 본성(natura) 자체와 일치하는지 그렇지 않는지의 여부에 의해 규정된다는 것이 널리 인정되는 사실이기 때문이다. 이에 입각해 그로티우스는 자신의 책 제1권 1장 10절, 내 책에서는 6쪽에서, 자연적 권리를 이렇게 규정한다. 즉, 자연적 권리란 올바른 이성의 자기 표명이다. 이는 이성적 본성 자체와 일치하는가 아닌가에 따라 어떤 행위가 도덕적으로 수치스러운지 드러난다. 이는 필연적으로 도덕이 우리 안에 내재하고 있음을 보여주는 증표이기도 하다.[106]

볼프는 법학자 그로티우스의 인간의 자연 권리를 언급하면서 라틴어 『중용』에서 끌어온 개념에 대한 정당화를 시도한다. 흥미로운 점은 볼프가 인용하는 그로티우스의 언명(rationi consentanea in scientia morum praecipiuntur, ex convenientia eorum cum natura humana)이 라틴어 『중용』과 거의 같다는 것이다. 이 과정에서 볼프는 그로티우스의 주장을 바탕으로 라틴어 『중용』에 담긴 언명을 객관적 도덕이라고 규정한다. 이와 같은 정당화 과정을 통해서 볼프는 서양 세계에 동양의 도덕 철학을 선전한다. 사실, 볼프가 그로티우스의 권위를 빌리려 했던 이유는 인간 행위에 대한 도덕과 윤리의 기준과 척도는 더 이상 신의 은총이나 계시가 아니라 그것이 인간 본성과 일치하느냐 아니냐의 여부에 근거한다는 수상을 정당화니시 ||애시깼메 주요한 점을 여기에서부터나. 블드의 주장을 직접 들어보자.

---

106 Wolff(1726), p. 128.

(40) 본질이 사물의 제1개념이다. 이로부터 그 안에 내재하거나 내재할 수 있는 가능성이 있고 여기에서 다른 것들의 근거가 흘러나온다. 이에 대해서는 철학을 막 공부하기 시작한 초심자도 잘 알고 있는 사실이다. 무엇이 필수적이고, 항상 내재해 있는 것이고, 혹은 내재할 수 있는 것인지는 오로지 사물의 본질로부터 알려지기 때문이다. 그런데 만약 다음의 물음에 대해 그 이유를 묻는다면, 즉 어떤 것도 필연적인 것이 아님에도, 실제로 내재해 있다면, 자연에게서 그 이유를 물어야 한다. 즉, 이는 활동적인 힘을 말하는데, 이 힘은 자신만의 고유한 규칙을 가지고 있고, 이 규칙에 따라서 그 힘은 규제되는 바의 그것을 말한다. 따라서 몸의 본질도 마찬가지로 몸의 구조 혹은 몸의 구성이다. 이 본질을 통해서 무엇이 몸에도 동일하게 일어나는 것인지를 파악할 수 있다. 즉, 변화가 실제로 일어나듯이, 운동의 원인도 규칙을 통해서 발견된다. 이를 통해서 힘 혹은 사물의 본성이 규정하는 것, 그리고 마음으로부터 최초의 어떤 생각이 포착될 수 있다. 이것으로부터 마음에 내재해 있는, 혹은 내재할 수 있는 것의 원리가 해명될 수 있다. 마음 자체의 활동적인 힘이 규칙에 의해서 전적으로 가지각색의 마음의 움직임을 규제한다는 것도 마찬가지로 파악할 수 있다. 이 문제는 이미 하느님에 대한 명상과 영혼과 세계에 대한 논의에서 내가 증명한 바 있다. 독일어로 읽을 수 없는 사람은, 혹은 읽기를 원치 않는 사람은 클레멘스 튐미기우스가 출판한 『철학 강의』와 『심리학 강의 혹은 형이상학 강의』의 제3부 171장 혹은 160쪽 이하를 참조하길 바란다. 심리학 문제를 논의한 곳은 여기이다. 인식 능력을 관장하는 것을 논리 법칙이라 부른다. 그러나 욕구 능력을 관장하는 것을 우리는 윤리 혹은 도덕 법칙이라고 한다. 따라서 여기에서 마음의 본질과 본성에 대해서 경험 이전의 심급에서 뭔가를 전제로 끌어올 필요는 없다. 왜냐하면 공통된 경험의 수준에서 후차적으로 관찰된 것들이면 그것으로 충분하기 때문이다. 이는 이미 앞에서 칭찬한 튐미기우스의 『경험 심리』에서 소개한 바 있다.[107]

---

[107] Wolff(1726): (40) Essentiam esse primum rei conceptum, unde ratio redditur ceterorum, quae insunt, vel inesse possunt, philosophiae initiati minime ignorant. Enimvero ex essentia rerum tantum innotescit, quid vel necessario ac semper insit, vel inesse possit. Quodsi vero ratio quaeritur, cur illorum, quae non necessario insunt, aliquid actu insit; habenda etiam ratio est

정리하면 다음과 같다. 볼프는 일단 서양의 전통에 따라서 학문적인 탐구는 본질에 대한 파악에서 시작한다고 주장한다. 이 주장을 바탕으로 볼프는 몸에 대한 탐구도 몸의 본질에 있고, 마음에 대한 고찰도 마음 활동의 원인들을 파악할 때에 가능하다고 언명한다. 우리의 논의와 관련해서 흥미로운 점은 볼프의 언명에서 사용되는 주요 술어들이 라틴어 『중용』의 그것들과 일치한다는 것이다. 이는 다음의 비교에서 명백해진다. 표에서 주목해서 보아야 할 것은 세 번째 비교이다.

라틴어 『중용』에는 도덕이나 윤리와 같은 명시적인 개념이 사용되지 않는다. 반면, 볼프는 명시적으로 욕망을 관장하는 규칙들을 도덕 규칙 혹은 윤리 규칙이라고 명시한다. 이 언표는 욕망을 관리하는 문제는 더 이상 교회의 관할이 아니라 욕망의 주체 자신에게 속한다는 선언이기에 중요하다. 이 선언에서 두 갈래의 길이 열린다. 이른바 객관적인 도덕 규칙 혹은 교회 윤리학과는 독립적인 세속 세계의 윤리학으로의 길이 첫 번째이다. 이는 서양 근세 윤리학이 걸어갔던 길이다. 두 번째는 욕망의 주체에 대한 자각(sibi conscius)에 탐구의 길이 그것이다. 볼프는 욕망의 주체에 대한 자각에 대한 문제를 궁구했던 계몽 철학자였다. 『이성 심리』과 『경험 심리』가 이에 대한 결정적인 증거이다. 주의해야 할 점은 볼프가 심리 연구를 하면서 겨냥한 것이 현대 심리학의 연구 대상이 아니었다는 것이다. '윤리 심학' 혹은 '도덕

---

naturae, hoc est, vis activae, quae suas peculiares habet regulas, juxta quas modificatur. Ita corporum essentia est eorundem structura sive compositio, per eam enim intelligitur, quae iisdem accidere possunt. Enimvero ut mutatio actu accidat, habenda est regularum motus ratio, per quam modificantur vires sive naturae rerum. Quod etiam de mente concipi possit primus aliquis conceptus, unde ratio reddi potest eorum, quae ipsi insunt ac inesse possunt, et quod vis ipsius activa juxta regulas a regulis motus prorsus diversas modificetur; in Meditationibus de Deo, anima et mundo docui. Qui Germanica legere non potest, vel non vult; ille evolat Cl. Thuemmigii Institutiones philosophiae et quidem in Institutionibus Psychologiae cum Metaphysicae part.3. §171 & seqq. p.160 & seqq. ubi Psychologiam rationalem pertractavit. Leges, quae facultatem cognoscitivam dirigunt, logicas; quae vero facultati appetitivae serviunt, ethicas sive morales appellamus. Enimvero non opus est, ut hic quaedam de essentia et natura mentis a priori deducta assuamus; sufficiunt abunde ea, quae a posteriori communi experientia innotescunt & a laudato Thuemmigio in Psychologia empirica traduntur.

라틴어 『중용』	볼프
Et quidem, cum sunt in medio; <u>orbis universi magnum principium ac omnium bonorum actionum fundamentum dicuntur(1); cum sunt rationi consentanea, orbis universalis regula, seu Regia humani generis via dicuntur.(2)</u>	<u>Actionum honestatem et turpidinem intrinsecam, quam moralitatem objectivam vocarunt</u> (1) Scholastici, et antiquissimi agnoverunt Philosophi, et Theologi acriter propugnarunt. Notiora haec sunt, quam ut exemplis eadem confirmari sit opus. Constat vero, <u>moralitatem objectivam deteminatam esse per actionum convenientiam et disconvenientiam cum ipsa natura rationali.(2)</u>
<u>Dicta Regula cum sit naturae rationali intrinseca nunquam potest, nec vero debet vel uno temporis momento abesse aut separari ab homine; quod si posset aliquando abesse aut separari, jam non esset regula seu ratio a coelo naturae insita.(1)</u>	Quod etiam de mente concipi possit primus aliquis conceptus, unde ratio reddi potest eorum, <u>quae ipsi insunt ac inesse possunt, et quod vis ipsius activa juxta regulas a regulis motus prorsus diversas modificetur</u>
Cum autem radix passionum intima sit naturae hominis, vel potius ipsamet natura sit ista radix; haec autem in actus suos vel passiones prorumpat assidue, summa cum vigilantia attendit sibi Vir perfectus ut has, ipsius quoque naturae fraeno, quatenus haec rationis et discretionis principium est, moderetur.	Leges, quae facultatem cognoscitivam dirigunt, logicas; quae vero facultati appetitivae serviunt, ethicas sive morales appellamus.

심학'으로 명명할 수 있는 것이 볼프가 목표로 삼았던 학문이었다. 소위 볼프의 '도덕 심학'의 핵심은 감정과 욕망을 부정적인 무엇이 아닌 중립적인 무엇으로 바라본다는 것이다.[108]

감정을 하나의 운동으로 보고, 그것이 선으로 혹은 악으로 갈 수 있다는 스피노자의 시선은 볼프의 관점과 유사해 보인다. 볼프가 스피노자의 입장을 자기 편의에 따라 변용한 것으로 보인다. 하지만 스피노자의 입장은 다음의 두 가지 점에서 볼프의 입장과는 다르다. 우선 스피노자의 설명이 사태의 해명과 원인을 규명하는 것에 무게 중심을 두는 반면, 볼프의 관심은 여기에 놓여 있지 않다. 볼프의 주장이다.

> 나(볼프)의 관심은 마음과 몸의 상호 관계에 대한 원인이 무엇인지에 관한 것이 아니다. 비록 나의 심리학 논의의 일부가 전적으로 이론에 의존하는 것으로 보일 수 있고, 그것이 경험 심리학과 분리된 것임에도, 우리가 특히 도덕의 기준으로 사용할 저 원리들이 [이론적] 전제에 의존하는 것으로 보이지 않도록 하겠다는 생각에서 그렇게 한 것인데, 그럼에도 양심을 걸고 말하건대, 나는 어떤 학설도 [이론적 전제로부터] 끌어내지 않았다. 이는 인용들로부터 명백하게 드러날 것이다. 도대체 어떤 것들이 [이론적] 전제로부터 전적으로 자유로운 것인지 말이다.[109]

---

108 물론 감정과 욕망에 대한 볼프의 이와 같은 중립적인 시각은 순수하게 볼프 자신만의 고유한 생각은 아니었다. 감정과 욕망을 중립적으로 바라보려는 시선은 이미 스피노자에서도 발견되기 때문이다. 전거는 다음과 같다. 3. 나(스피노자)는 감정을, 신체의 행위 역량을 증가시키거나 감소시키고, 돕거나 억제하는 신체의 변용들, 그리고 동시에 이 변용들에 대한 관념들로 이해한다. 따라서 우리가 이러한 변용들 가운데 어떤 하나의 적합한 원인이 될 수 있다면, 나는 그 감정을 능동으로 이해하며, 다른 경우에는 수동으로 이해한다.[Spinoza(1677), III, Defitiones 3: Per affectum intelligo corporis affectiones, quibus ipsius corporis agendi potentia augetur vel minuitur, juvatur vel coercetur, et simul harum affectionum ideas. Si itaque alicujus harum affectionum adaequata possimus esse causa, tum per affectum actionem intelligo, aliam [passionem.]

109 Wolff(1734/1740), pp. b2~b3: Mea enim parum refert, quid de causa commercii animae cum corpore statuatur. Quamvis autem haec Psychologiae pars tota hypothetica videri possit et eo etiam consilio a Psychologia emperica separata fuerit, ne principia, quibus in Moralibus praesertim utemur, ab hypothesibus pendere viderentur, cum ex citationibus apparere possit, quaenam sint ab omni hypothesi libera.

볼프는 자신의 논의가 이론적 탐구에 있지 않음을 천명한다. 비록 『이성 심리』와 『경험 심리』를 읽어보면, 그 내용은 이론적인 체계화를 추구하는 것처럼 보인다. 하지만 볼프가 천명하듯이, 도덕의 실천에 도움이 되는 원리 탐구가 볼프의 저술 목적이었다는 점은 분명하다. 이론이 아닌 실천을 강조하는 볼프의 태도와 관련해서 한 가지 언급해야 할 것이 있다. 바로 1711년에 『사서』, 『효경』, 『소학』을 번역하여 출판한 프랑수아 노엘이 유럽의 독자에게 보내는 헌사의 첫 문단이다.

> 독자여, 나의 친구여, 당신에게 여기 여섯 권의 중국 고전에 대한 라틴어 번역을 소개합니다. 부디 이 책들이 전하는 바가 무엇인지 머리로만 알려고 하지 마시길. 대신에 당신의 몸으로 실천하시길. 당신이 여기에서 올바르게 깨우치게 될 그것들을 말입니다. 여기에서 당신은 다음과 같은 것을 기대해서는 안 될 것입니다. 이 책들은 오랜 시간에 걸쳐 추천되었고 덕에 어울리는 진실된 내용을 담고 있기 때문입니다. 그저 이론에 대한 책들이 아닙니다. 만약 당신이 내용 그 자체만 본다면, 당신은 고대 그리스인들과 비교할 수는 없을 것입니다. 그럼에도 이 책들에서 제발 이런 것들은 기대하지 마십시오. 단지 주제의 발견이 어떻고, 배치는 또한 어떠하며, 주제의 분할은 어떻고, 논증의 구성은 어떠하다는 따위로 사람들의 눈과 마음을 현혹하는 요즘 책들에서 바라는 그런 것들은 말입니다. 이 책들은 옛날 방식으로 말합니다: 이론을 따지는 것이 아니라 실천을 추구합니다. 어떤 때는 어디에서 끌어온 문장을, 어떤 때는 대화를, 어떤 때는 예화를 제공합니다. 물론 아주 섬세한 논증 방식으로 저술된 것도 있습니다. 추론 방식에 따라 말하기의 순서를 취하는 것도 있습니다. 특히 학자인 맹자의 책이 그렇습니다. 맹자는 논증과 설득의 기술에 능한 사람으로 여러 대화를 묶어 하나의 체계로 구성했습니다. 따라서 뭔가 심오한 혹은 숭고한 학설을 마음속으로 그리지 마십시오.[110]

인용은 중국 사상의 특징에 대한 노엘의 생각과 볼프가 자신의 심

---

110 Noël(1711), praefatio, p. a2.

리학 연구가 "이론이 아닌 실천(rem, non artem)"을 추구한다는 생각과 서로 맞닿아 있음을 보여준다. 이것이 볼프가 라틴어 『중용』에서 읽어내고자 했던 동양 사상의 알맹이였을 것이다. 정리하면, 적어도 볼프가 심리를 하나의 학문으로 그것도 실천 철학의 한 축으로 세우는 과정에서 라틴어 『중용』의 본성 개념이 중요한 참조 사례였음은 분명하다. 한편으로 교회의 정치적 압박에 시달려야 했고 다른 한편으로 새로운 계몽 주체를 기획하려 시도했던 볼프에게 라틴어 『중용』은, 특히 본성은 매우 흥미로운 개념이었다. 다른 무엇보다도 마음으로부터 실천 철학의 기준과 준거 모범을 찾으려고 시도했던 철학자가 볼프였다는 점에서 그렇다. 볼프가 실천 철학을 자연 신학과 심리라는 두 축으로 세우려 했는데, 실은 볼프의 이와 같은 논의 구조가 실은 라틴어 『중용』의 구조와 매우 유사함을 지적하고자 한다. 사람의 마음을 다스리는 것으로부터 가족과 사회와 국가를 다스리는 원리로의 확장을 주장하는 텍스트가 바로 라틴어 『중용』이기 때문이다. 결론적으로 볼프가 계몽 정신을 진작시키려는 의도를 가지고 있었고, 그 연장선에서 도덕과 윤리의 문제에 있어서 종교적 판단으로부터 자율적인 판단 주체의 기획을 위해서 『이성 심리』와 『경험 심리』를 저술했다는 것은 분명하다. 볼프가 이 기획의 시범 사례로 중국의 실천 철학을 강조했다는 것에 대한 소개는 이 정도로 충분할 것이다. 물론 심리(psychologia) 개념이 『중용』의 본성(natura) 개념과 정확하게 일치하는 것이 아니다. 사실 볼프의 심리 개념이 정확하게 무엇을 지칭하는 것인지에 대한 해명도 제대로 되지 않은 상황이기 때문이다. 볼프의 심리 개념이 정신과 경험, 즉 이성과 감정을 통합 관계에서 보는 것은 아니고, 다만 이전까지 학자들이 중시하지 않는 마음의 문제를, 즉 "심리"의 문제를 학직 대상으로 삼은 정두이다.

어쩌면 『중용』의 본성 개념은 서양 개념 전통에서는 포착되기 어려운 개념일 것이다. 참고로 서양에서 이성과 감정의 상관성에 대한 논의를 본격적으로 연구한 사람은 피에로 아도(Pierre Hadot) 정도이다. 제레미 리프킨의『공감의 시대』도 여기에 포함된다. 인간학적인 의미에서 인간 내면 특히 마음에서 일어나는 사건들 일반에 대해서, 이성적인 측면과 물질적인 측면을 엄밀하게 구분해서 접근하지 않았다는 점에서『중용』의 인간 이해와 본성 이해는 그것이 라틴어로 번역되어 서양의 지성 담론 시장에 소개되었던 당시보다도 어쩌면 오늘날 더 큰 물음과 생각거리를 제공한다. 인간 본성은 이성적인 측면에서의 분석만으로, 혹은 물질적인 측면에서의 관찰과 물질적 단위로의 환원만으로 설명되는 것이 아니라 통합적인 관점에서 접근될 때에 더 분명하게 드러나는 무엇이기 때문이다.

라틴어『중용』의 번역 과정과 출판 과정은 어떠했는가

라틴어『중용』이 처음 출판된 해는 1667년이다. 다음 사진은 중국 강서성에서 줄판된 초판본의 모습이다.

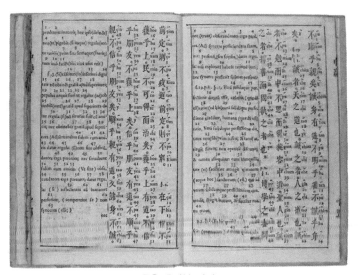

중용 초판본 사진

책은 목판 인쇄물이고 축자 번역이다. 한문의 개별 글자 옆의 숫자에 대응하여 옆면에 라틴어 단어들이 배열되어 있다. 하지만 책은 여러 면에서 불완전했다. 특히 출판 비용과 시간이 문제였다.

> 또한 더 나아가 이들은 이 작품을 유럽의 활자로 출판하는 것이 가장 손쉬운 일이라고 확신할 수 있었다(우리의 책들을 시나 활자로 출판하는 것은 일단 시간이 많이 걸리고 무엇보다도 드는 비용이 너무 컸기 때문이다. 이는 실제 경험을 통해서 배운 사실이다). 사실, 중국의 짧고 애매한 표현이 주는 어려움을 해결해야 함은 굳이 언급할 필요도 없을 텐데, 오랜 역사 전통을 가진 주석가들의 주장을 가능한 한 풍부하게 중국어에서 라틴어로 옮길 필요가 있고, 대립적인 주장들을 명백하고 확실하게 밝히는 것도 중요하며, 여기에 이 책의 기초 바탕인 이전의 책에 있는 적지 않은 오류들을 바로 잡는 것도 추가해야 할 이유이다. 마침내는 저 먼 이방의 그리고 저 오랜 옛날의 잔칫상이 유럽의 입맛을 실망시키지 않기 위해서 라틴어도 상당히 깔끔하게 다듬어서(이 문제는 이전에는 크게 신경을 쓰지 않았다) 모든 것들이 눈에 드러나도록 하는 것도 결정적이었기 때문이다.[111]

인용에서 인토르체타가 말하는 "이전의 책"은 미켈레 루지에리(Michele Ruggieri, 羅明堅, 1543~1607)가 번역한 라틴어 『중용』이다. 인토르체타가 지적하고 있듯이, 루지에리의 번역은 문법적으로 오류도 많고 매우 거칠게 작업된 초역이었다. 이런 이유에서 인토르체타는 루지에리와는 확연히 대별되는 입장과 방식으로 라틴어 『중용』의 번역을 시도하는데, 이 둘 사이에 있는 차이들을 제시하면 다음과 같다. 우선 루지에리의 번역은 직역에 가까운 반면, 인토르체타의 번역은 의역에 가깝다. 다음으로 루지에리의 번역은 수어록 매우는 과정에서 기업된 것으로 보이고, 인토르체타의 번역은 중국의 경전을 정확하게 파악하

---

111 참조. 이 글의 각주 9.

고, 이를 바탕으로 중국의 사상과 종교를 장악해서 이를 선교의 수단으로 삼고자 하는 의도가 분명하게 드러난다. 이른바 적응주의와 색은주의의 특징이 혼재되어 있는데, 이런 특징은 루지에리의 번역에서는 분명하게 드러나지 않는다. 이어서 루지에리의 번역은 유럽의 독자를 의식하지 않았으나, 인토르체타의 번역은 처음부터 유럽의 독자를 염두에 두고 번역했다. 결론적으로 루지에리의 번역은 한문과 중국을 배우기 위한 것이 주된 목적이었다면, 인토르체타의 번역은 중국에 대한 더 넓고 깊은 이해를 드러낸다. 또한 이미 현대적인 관점에서 중국학이 시작되고 있음을 보여준다. 앞에서 소개했듯이, 텍스트의 중간에 삽입된 중국의 경전, 종교, 문자, 음악 등 중국 문명을 서양 독자에게 소개하는 8개의 보론이 그 증거이다.

이와 같은 차이들을 비교할 수 있도록 이 책에서는 루지에리의 본문과 번역을 인토르체타가 작업한 텍스트의 아래에 병기해 두었다. 참고로 루지에리의 원문은 미켈레 페레로(Michele Ferrero)가 편집하고 번역과 주석을 붙여서 2019년에 로마에서 출판한 비판정본을 참조했다. 하지만 페레로의 편집본에는 원문에 처음부터 있었는지는 확인하지 못했으나 분명하게 문법적으로 오류이거나 혹은 의미와 문맥상으로 볼 때 잘못 표기된 것이 적지 않다. 독자들의 이해를 돕기 위해서 페레로의 편집본이 허용하는 범위에서 이것들을 교정 혹은 보충하였음을 밝혀둔다. 참고로 루지에리의 본문 중에 (~ sic)으로 표시한 부분은 원문 혹은 페레로가 표기한 방식을 가리킨다.

인토르체타는 위에 밝힌 것과 같은 이유와 염원을 반영해서 라틴어 『중용』을 1669년 인도의 고아에서 출판한다. 1667년 초판본과 달리 1669년 고아본은 한문 원문이 생략되어 있고 목판본이 아니라 활자본이었으며 라틴어가 정돈되어 있다는 것이다. 1669년 고아 출판본에서 지적해야 짐들은 세 가지다. 먼저 1687년에 출판된 『중국인 철학자 공자』의 서문의 초기 버전이 실려 있다. 여기에 인토르체타가 『사서』가운데에서 특히 『중용』에 정성을 기울이는 이유가 명시되어 있다. "참되고 최고인 신성(Veri summique numinis)"을 담고 있는 책이 『중용』이고, 따라서 그리스도의 진리를 전하려는 인토르체타가 『중용』에 무게 중심을 두는 것은 당연할 수밖에 없었다. 다음에 제시되는 표에는 라틴어 『중용』이 출판될 때에 어떤 심의 과정을 거쳤고 최종적으로 누구의 허락을 받았는지가 소상하게 소개되어 있다.

라틴어 『중용』 출판의 심의 과정에 참여한 이들의 목록
[*Analecta Monumentarum Omnis Aevi Vindobonensia* (1669) 참조]

먼젤로는 "사서 번역의 노고에 많은 예수회원들이 참여하였다. 『중국의 정치-도덕학』의 첫 페이지에 열거된 이름만 17명이 넘었다. 인토르체타는 저자로서 명기되어 있다"라고 밝힌다. 하지만 우선 열거된 이름은 16명이고, 앞에서 밝혔듯이 이들은 번역에 직접 참여한 인물들이 아니라 출판 허가와 관련된 심의회에 참여한 이들이었다는 점을 분명히 해둔다. 참고로 1669년 고아본은 멜키세덱 체노브(Melchisedec

Thévenot)에 의해서 1672년에 프랑스어로 번역되어 파리에서 출판된다. 사실 이 번역은 라틴어 원문보다 더 큰 호응을 얻었다.

마지막으로 1669년 고아본의 말미에 「공자의 생애」가 부록으로 실렸다는 사실이다. 「공자의 생애」는 1662년에 출판된 『대학』과 『논어』에는 간략하게 두 쪽 분량으로만 소개되었다. 원래는 이그나치오가 쓴 글을 확대해서(pp. 1242~1256) 완성한 사람은 인토르체타이다.

라틴어 『중용』의 소위 '통행본(vulgate)'은 초판본이 출판된 지 정확하게 20년 뒤인 1687년에 『중국인 철학자 공자』의 한 부분으로 출판되었다. 『중국인 철학자 공자』의 편집과 출판을 책임진 쿠플레는 라틴어 『중용』은 물론 다른 텍스트들, 즉 『대학』과 『논어』의 내용을 이전의 텍스트와는 다르게 바꾸어 놓는다. 쿠플레가 이렇게 텍스트를 바꾼 근본적인 이유는 다음과 같다. 인토르체타가 『중용』을 지은 것은 중국에 선교를 희망하는 젊은이들을 교육하기 위해서였지만, 쿠플레는 선배들의 작업을 루이 14세에게 헌정하는 과정에서 정치적인 이유로 텍스트를 일정 정도 변형시켜 버렸다.

라틴어 『중용』의 비판정본의 작업을 하면서 발견한 새로운 사실은 무엇인가

라틴어 『중용』의 비판정본을 만드는 과정에서 발견된 새로운 사실들을 소개하겠다. 크게 두 가지다. 먼저 『중국인 철학자 공자』의 『서문』의 저자 문제와 관련해서 먼젤로, 스탠다이어트, 장시평과 메이나르는 쿠플레를 대표 저자로 내세운다. 하지만 앞서 소개한 대로 『서문』의 제1부 저자는 인토르체타이며 제2부의 주요 서사는 인토르체타였다.[112] 『중국 쉉쯔의 년쑈』의 저자도 인토르체타였고[113] 이를 완

---

112 『서문』「제2부」는 인토르체타가 *Par. cod. 6277*의 라틴어 『중용』 본문에 덧붙인 8개의

성한 사람이 쿠플레였다.114 『중국 왕조의 연표』의 저자가 인토르체타라는 사실을 보여주는 전거를 제시하겠다.

> 또한 나(인토르체타)는 우리의 주장에 무게를 더하고 그 자체로 유럽의 독자들에게 권위를 부여하고자 중국의 연대기에서 발췌한 것(연표)을 제시하고자 한다. 이집트에 대기근이 든 지 7년째인 해였다. 그 시기에 중국에도 대기근이 들었다는 점은 그들 자신의 『연표』가 증명해 준다. 이것에 우리가 신뢰를 부여할 수 있도록 『성서』의 「창세기」 41장에 전하는 전 세계에 대기근이 창궐했다는 저 말씀이 우리를 지지한다. 그 자체가 증거다. 그런데 만약 내가 유럽의 연표를 중국의 연표와 여기에 비교한다면, 마찬가지로 『성서』의 증거를 대조한다면, 시간을 재는 계산법 자체와 연대의 계산이 일치한다는 것을 확증할 것이다.115

보론을 쿠플레가 자신의 생각에 따라서 편집한 것이다.

113 『중국 왕조의 연표』는 동양의 역사와 서양의 역사가 그리스도의 탄생을 중심으로 서기전과 서기후로 나뉘어 아라비아 숫자로 표기된 연대표이다. 이 연대표는 같은 시기에 동양에서 벌어진 사건들과 서양에 벌어진 사건들을 비교하고 있는데, 이는 소위 '세계사(World History)'의 서술을 가능하게 해준다는 점에서 중요하다. 특히 『중국 왕조의 연표』는 동양 역사를 서술함에 있어서 서기를 이용해 표기하기 시작한 첫 번째 문헌이다. 이 연대표는 '역법 논쟁'을 벌이는 과정에서 작성되었다. 동양 문헌에 기록된 일식과 월식 현상과 서양 문헌에 나타나는 그것들을 비교하기 위해서는 먼저 동양과 서양의 연대표가 정리되는 것이 필수적이기 때문이다. 이에 대해서는 후속 연구를 통해서 해명하겠다.

114 『중국 왕조의 연표』의 원래 서명은 *Tabula Chronologica Monarchiae Sinae iuxta cyclos annorum LX Ab anno ante Christum 2952 ad annum post Christum 1683. Autore R. P. Philippo Couplet Belgâ, Soc, Jesu, Sinensis Missionis in Urbem Procuratore. Nunc primum in lucem prodit e Bibliotheca Regia. Parisiis M. DC. LXXXVI. Cum Privilegio Regis.*이다. 쿠플레는 자신의 이름을 저자(Autore)로 명시한다. 하지만 위에서 밝혔듯이 연대표의 작성을 시작한 사람은 인토르체타였다. 이 책에는 한국의 역사도 상세하게 소개되어 있는데, 이에 대해서는 후속 작업을 통해서 소개하겠다.

115 참조. *Par. cod. 6277*. p. 126: Et ego quoque quoniam suum pondus addet opinioni nostrae, et per se dignum est Europaeis auribus, id referam ex Sinarum Annalibus depromptum(et ego ... depromptum *del.*, *pro eis* et nos quoque voce et scriptis identidem afferimus ad politicae gentis dandum non indiguum fuisse divina et infinita maiestate hominum fieri et victimum opus t suum pro humani generis salute aeterna. *scr. Couplet*). Septimo famis aegyptiaco anno, illo nihilo f... quoque nunc temporis laborasse Chinica (vid. prolegomena ad synopsim chronologicam monarchiae Sinicae *sic suppl. in not. marg. Intorcetta*) ipsorum testantur: quibus ut omnino fidelem praestemus, illa Sacrae Scriptae verba nos movent, quibus Genesis c. 41. in universo orbe famem praevaluisse et ipsa testantur; et siquidem Chronologiam Europaeam cum Sinica hîc conferam Scripturae vicissim testimonium, ratio ipsa temporum et coincidens annorum computus confirmari. (septimo

다음으로 예수회의 중국 선교 노선을 17세기 초반기는 적응주의, 17세기 후반부터는 색은주의로 보는 것이 관례이다. 특히 색은주의의 기원과 관련해서 먼젤로는 마테오 리치의 적응주의 노선을 색은주의 노선으로 "진화"시킨 이로 부베를 든다.116 하지만 이 주장은 수정이 요청된다. 적응주의에서 색은주의로의 소위 진화 혹은 전환을 한 사람이 실은 인토르체타였다. 전거는 다음과 같다.

(31편 1장) 만약 우리가 학식이 매우 높은 장동초張侗初의 의견을 바탕으로 이 대목을 해석한다면, 그의 다른 해석들 가운데에서 명덕이라는 두 문자를 바로 군주의 영혼으로, 다른 이름으로 덕성으로 해석한다면, 한 때 땅에 숨겨졌으나 하늘에는 가장 명백한 그의 덕을, 하느님이 그때 인간들에게 보상으로 내려준 것으로 본다면, 우리가 말한 두 개의 진실은 매우 성공적으로 발견되었다고 할 수 있다. 그런데 우리가 여기에서 특히 중요하게 여기는 관심 사항은 단 하나이다. (이에 대해서는 이미 여러 번 밝혔다). 이곳에서 [십자]군의 이름을 언젠가는 부여받을 사람들이 무기를, 바로 중국의 무기를 손에 쉬고서 무장하기 위함이 바로 그것이다. 이 무기를 들고서 상고 시대 조상에 대해서 열정적인 이 종족과 잘 싸울 수 있도록 하기 위해서다. 그래서 그들은 마침내 중국인을 이길 것이다. 중국인은 자신이 패배했다는 것을 또한 기뻐할 것이다. 따라서 우리는 마테오 리치의 모범에 따라 (그는 중국인들의 사도이자 스승으로 불릴 것이다. 어떤 사람도 이를 부당하다고 여기지는 않을 것이다) 상고 시대의 필사본들과 혹은 가장 오래된 기록물과 가장 검증받은 권위로부터 저 증거들을 찾아내어 이것을 이용해서, 이 시대에도 통용되는 이것이 약간만 제시되어도, 중국 상고 시대의 생각이 (이는 진실로 자연적인 [이성]의 빛을 통해서 우리가 발견한 진리와 직결되어 있다) 우리 자신의 생각과 참으로 일치한다는 것을 분명하게 밝히기로 결정했다.117

---

famis aegyptiçae   et famic del., pio cis per septem annos (inquit textus) praegrandis- extitit scilicet siccitas, an fuerit fames eadem cum aegyptica quam testantur 55 litterae et**** in universo orbe praevaluisse chronologis discutiendum reliquimus (Romain) is qui *suppl. Couplet*)
116 참조. 먼젤로, 이향만 외 역(2009), 483~525쪽.

인용에서 색은주의 기원과 관련하여 상고 시대로 돌아가겠다는 언표가 중요하다. 신에 대한 상고 시대의 생각이 유럽의 자연 종교와 일치한다는 주장도 중요하다. 인토르체타는 중국의 "상제" 개념이 예수가 태어나기 전에 있었던 유럽의 자연 종교에서 생각한 신 개념과 같고, 중국의 상제 개념이 기독교의 하느님 개념과 충돌을 일으키지 않는다고 인토르체타는 주장했는데, 이에 대한 전거는 인토르체타의『중용』에서 마지막 구절이다.

(31편 1장) 다른 시는 이렇게 말한다. 이처럼 덕은 섬세하고 새털처럼 가볍다. (자사가 의미를 부여한다) 새털이 진실로 가냘프고 섬세한 것임에도, 그것과 [질서를 가지고 있는 것에] 비교될 수 있고 대응될 수 있는 무엇이 주어진다. 이런 이유에서 이를 더 잘 설명해주는 다른 시가 있다. 시는 이렇게 말한다. 최고의 하늘은 인간의 감각에서 멀리 떨어져 있다. 귀로 들리는 소리도 없고 포착할 수 있는 향기도 없다. (자사의 말이다) 여기에서 다음의 결론이 나오는 것으로 보인다. 이와 같은 것은 최고의 무엇이고 모든 감각을 초월한다. [이 마지막 언표가 사태의 핵심을 가장 분명하게 설명한다.] 여기 마지막 장에는 분명하지 않고 설명하기 매우 어려운 두 문제가 있다. 첫째는 명덕明德이라는 말이 여기에서 무슨 뜻인지이다. 둘째는 상천지재上天之載가 무슨 뜻인지이다. 전자와 후자에 대한 설명이 매우 다양하다. 우리는 두 사람의 설명을 따를 것이다. 첫째와 관

---

117 *Par. cod. 6277*. pp. 224~225: Quod si locum hunc cum doctissimo 張Cham侗Tum初Co interpretati, inter alias eiusdem interpretationes 明Mim德Te binas voces pro ipsâ regis animâ, alio nomine 德Te性Sim, accipiamus; cuius adeo virtutem terris quondam occultam at coelo vel maximè perspicuam (ut ipsi aiunt) Deus immortalibus praemiis nunc respondat; tum quidem multò etiam feliciùs ambae, quas diximus, veritates eruentur. Quoniam verò maximè rem unam hîc agimus (quod à nobis quoque iam saepè fuit significatum), ut ii qui sacrae huic militiae nomen aliquando daturi sunt, tela et tela quidem Sinica in promptu habeant, quibus cum hac gente priscorum suorum adeò studiosâ feliciter nonnumeri, ut olim Iurm(p. 224) Sinas vincant ut hi gaudeant quoque se incl. placent exemplo Mattaei Riccii (qui sine cuiusquam iniuriâ Sinarum apostolus et magister vocari potest) ex priscis gentis codicibus, ceu pervetustis armamentariis; et ex maximè probatis auctoribus ea depromere argumenta, quibus huic aetati probari certè queat si forte minùs demonstrari, sententias Sinicae antiquitatis (quod quidem attinet ad eas veritates quas assequimur lumine naturali) admodùm consentientes esse cum sententiis nostris.

련해서 우리는 여기에서 다음을 주장하는 사람들을 따를 것이다. 그 주장은 명덕明德이라는 두 글자가 어떤 탁월한 덕과 도덕을 나타내거나 인간 안에 있는 이성적인 부분과 능력을 표현한다는 것이다. 다행스럽게 이 설명은 『대학大學』이라는 책에 나오는 설명과 부합한다. 거기에는 하늘로부터 주어진 이성적인 부분을 명덕明德이라고 한다. 바로 이 책 『중용中庸』 1편과 다른 곳에서 천명天命이, 그리고 25편 3장에 덕성이 나오듯이 말이다. 둘째와 관련해서 어떤 이들은 최고 신의神意가 움직이는 섭리를 상천上天이라는 두 글자로 표현한다. 어떤 이들은 최고 하늘, 혹은 우리가 엠퓌레움(empyreum)이라 부르는 곳을, 불이 있는 아주 높은 하늘을 뜻한다고 설명한다. 이곳은 유복한 정신들이 머무는 자리이고 거처이다. 재載라는 문자를 설명하는 때에도 여기에서 멀리 벗어나지는 않는다. 어떤 이들은 이것을 어떤 최고의 그러나 포착되지 않은 것으로 파악한다. 이것은 최고의 섭리에서 흘러나온다. 어떤 이들은 더 높은 하늘을 집으로, 토대로 삼는 것들을 위한 것으로 파악한다. 그러나 설명이 도대체 어떠하든, 한 가지는 분명하다. 이 책 『중용』 마지막 문장으로부터 두 가지 진실을 끌어낼 수 있으며, 두 가지 진실은 중국인들에게도, 비록 그들이 이교도들이지만, 입증할 수 있는 것으로 보인다.[118]

중요한 점은 『중용』에서 인용된 "다른 시", 즉 『시경』의 "상천" 개념이 유물론적인 관점에서 포착되지 않는다는 것이다. 색도 없고 형도 없다. 육안으로는 파악되는 것이 아니기 때문이다. 그런데, 인토르체타는 주희의 『신유학』을 유물론으로 파악한다.[119] 중국의 상고인들은 천天을 유물론적인 대상이 아닌 신학적인 대상으로 여겼는데 신유학자들의 득세로 말미암아 상고 시대의 천에 대한 개념이 유물론적으로 왜곡되었다는 것이 인토르체타의 판단이다. 물론 그의 판단은 계시 종교의 관점을 염두에 둔 것은 아니다. 서양 고대의 자연 종교의 전통과 유사하세 승~의 상고 시대에도 하늘의 개념은 유물론과는 거리가 멀었나

---

118 참조. *Par. cod. 6277*. pp. 223~224.
119 『중국인 철학자 공자』, pp. liiii~lx.

는 점이 중요하다. 적응주의에서 색은주의로 노선이 변경되었음이 여기에서 분명하게 드러난다. 새로이 발견한 두 사실을 바탕으로 두 가지를 제안하겠다. 한편으로, 적응주의에서 색은주의로의 노선 변경은 부베가 아니고 인토르체타에 의해서 시작되었다는 것이다. 다른 한편으로 적응주의자들이 『사서』의 연구와 교육에 관심을 집중했다면, 색은주의자들은 상고 시대의 역사와 이야기를 담고 있는 오경의 연구에 무게 중심을 두었다. 이와 같은 노선 전환에 결정적인 영향을 준 것이 『중용』이었다. 결론적으로 색은주의의 기원은 『중용』에 있다.

참고 문헌

1) 원전 문헌

Apologia pro Decreto S.D.N. Alexandri VII et praxi Jesuitarum circa caerenonias, quibus Sinae Confucium et Progenitores mortuos colunt(1700), Leuven.

Brevis relatio eorum quae spectant ad Declarationem Sinarum Imperatoris Kam Hi circa Caeli, Cunfucii, et Avorum cultum, datam anno 1700. Accedunt Primatum, Doctissimumque Virorum, et Antiquissimae Traditionis Testimonia. Opera PP. Societatis Jessu Pekini pro Euangelii propagatione laborantium. (『중국 전례 보고서』)

Ciero, *De Natura Deorum*,

_____ , *De officiis,* M. Winterbottom, ed.(1994), Oxford.

키케로. 『수사학*Partitiones Oratoriae*』, 안재원 편역, 길, 2006.

Couplet, Ph. et alii(1687), *Confucius Sinarum Philosophus sive Scientia Sinensis*(=Par. 1687), Paris. (『중국인 철학자 공자』)

Estrix, Aegidius(1679), *Diatriba Theologica*, Antwerpen.

Intorcetta P., Johann Adam Schall von Bell(1672), *Historica relatio de ortu et progressu fidei orthodoxae in regno Chinensi per missionarios Societatis Jesu ab anno 1581 usque ad annum* 1669, Regensburg, Augustus Hanckwitz. (『중국 선교사』)

_____ (1669), *Sinarum scientia politico—moralis.* Goa.

_____ (1671), *Sinarum scientia politico—moralis*...(tr.) Paris.

_____ (1700), *R.P. Prosperi Intorcetta Societatis Jesu Missionarii Sinensis Testimonium de cultu Sinensi. Datum anno 1668*, Lugdunum, 1700.

Kant, Immanuel(1784), Beantwortung der Frage: Was ist Aufklärung? In: Berlinische Monatsschrift, H. 12.

Kollar, Adam Fr.(1669), *Analecta Monumentorum Omnis Aevi Vindobonensia*, Vienna

Leibniz, G. W.(1689 1714), *Der Briefwechsel mit den Jesuiten in China*, heraus. R. Widmaier(2006), Hambourg: Felix Meiner.

_____ (1699), *Novissima Sinica historiam nostri temporis et illustratura*, (『중국의 새로운 소식들』)

Longobardi, N.(1701), *Responsio brevis super controversias de Xamti, hoc est de altissimo Domino, de Tien−chin, id est de spiritibus coelestibus, de Lim−hoên, id est de anima rationali*, in *Opera Omina* vol. 4, ed. G. W. Leibniz(1701).

Meynard, Th.(2012), *Confucius Sinarum Philosophus*, Rome.

Monumenta Sinica cum disquisitionibus criticis pro vera apologia Jesuitarum contra falsam apologiam Dominicarum(1700), Paris.

Morales, J. B.(1700), "Propaganda Fide," in *De Sinensium Ritibus Politicis Acta seu R.P. Francisci Xaverii Philippucci Missionarii Sinensis e Societate Jesu*, Paris.

Navarette, Fr. D.(1776), *Tratados historicos politicos ethicos y religiosos de la Monarchia de China*, Madrid.

Noël, F.(1711), *Sinensis Imperii Libri Classici Sex*, H. Jaeger ed.(2011), Hildersheim: Olms.

Par. cod. 6277(=Lat. 6277), Paris(BNF).

Philipucci, Fr. X.(1700), *De Sinensium Ritibus Politicis Acta*, Paris.

Sacré, D. & Papy, J. eds.(2009), *Syntagmata: Essays on Neo−Latin literature in honour of Monique Mund−Dopchie and Gilbert Tournoy*, Leuven.

Spinoza, B.(1677), *Ethica Ordine Geometrico Demonstrata*.

Wolff, Ch.(1726), *Oratio de Sinarum philosophia practica*, M. Albrecht ed.(1985), Hamburg: Meiner.

_____ (1732/1738), *Psychologia Empirica*, Franckfurti et Lipsiae.

_____ (1734/1740), *Psychologia Rationalis*, Franckfurti et Lipsiae.

김학주 역주(2006), 『중용中庸』, 서울: 서울대학교출판부.

마테오 리치(1584), 『천주실의』, 송영배 역(2010), 서울대학교출판문화원.

장거정, 『사서직해四書直解』

주돈이, 『태극도설太極圖說』

주희, 『사서집주四書集註』

____, 『태극도설해太極圖說解』

2) 사전 자료

Bayer, T. S.(1730), *Museum Sinicum In quo Sinicae Linguae et Litteraturae ratio explicatur*, Petropoli.

Caller, J. M.(1842), *The encyclopedia of the Chinese language*, London.

_____ (1841), *Systema phoneticum scripturae sinicae*, Macao.

Cibot, P. M.(1776~1783), *Essai sur la langue et les caractères des Chinois*, Paris.

Fourmont, S.(1742), *Linguae Sinarum Mandarinicae hieroglyphnicae grammatica duplex*, Paris.

Glemona, B. de(1813), *Dictionnaire chinois, français et latin*, Paris.

Gonçalves, J. A.(1841), *Lexicon magnum Latino－Sinicum*, Macai.

Guignes, C. L. J. de(1810), *Réflexions sur la langue chinoise et sur la composition d'un dictionnaire chinois, français et latin*, Paris.

Julien, S.(1830), *Vindicae philologicae in linguam sinicam*, Paris.

Mentzel, C.(1685), *Sylloge minutiarum lexici Latino-Sinico-characteristici*, Norimbergae.

Prémare, J. H. M. de(1831), *Notitia linguae sinicae*, Malaccae.

Rémusat, J. P. A.(1822), *Élémens de la grammaire chinoise, ou principes généraux du Kou-wen ou style antique*, Paris.

Varo, F.(1703), *Arte de la lengua Mandarina*, Canton.

Williams, S. W.(1844), *An English and Chinese vocabulary in the court dialect*, Macao.

New Catholic Encyclopedia.

3) 관련 문헌

Berger, W. R., *China-Bild und China-Mode im Europa der Aufklärung*, Koeln 1990.

Brosset, M. F., *Essai sur le Chi-King, et sur l'ancienne poésie chinoise*, Paris 1828.

Buelfinger, G. B., *Specimen doctrinae veterum sinarum moralis et politicae*, Francofurti ad Moenum 1724.

Casalini, Ch.(2019), *Jesuit Philosophy on the Eve of Modernity*, Leiden: Brills, 2019

Cibot, P. M.(1776~1783), *Ta-hio Tchong-yong*, Paris.

Collie, D.(1828), *The Chinese classical work commonly called The Four Books*, Malacca.

Davis, J. F.(1823), *Chinese moral maxims*, London, Macao.

Entenmann. R., "The Problem of Chinse Rites in Eighteenth-Century Sichuan," in *China and Christianity: Burdened Past, Hopeful Future*, Stephan Uhalley, Xiaoxin Wu ed.(2000/2015), London, England; New York: Routledge.

Gaubil, A.(1770), Le Chou-King, *un des livres sacrés des Chinois*, Paris.

Höpfl, H.(2004), *Jesuit Political Thought: The Society of Jesuit and the State, c. 1540~1630*. Cambridge: Cambridge University Press.

Julien, S.(1842), *Le livre de la voie et de la vertu*, Paris, 1842.

Ching, J. & Oxtoby, W. G.(1992), *Moral Enlightenment: Leibniz and Wolf on China*, *Monumenta Serica XXVI*, Sankt Augustin: Steyler.

Jensen, L. M.(1997), *Manufacturing Confucianism*, durham, Duke University Press.

Kim, Young Kun(1978), "Hegel's Criticism on Chinese Philosophy", in *Philosophy East and West*, vol. 28, no. 2, Hawaii University, pp. 173~180.

Menegon, E.(2012), "European and Chinese Controversies over Rituals: A Seventeenth-century Genealogy of Chinese Religion", in Boute B. & Smålberg, Th. eds., *Devising Order. Socio-religious Models, Rituals, and the Performativity of Practice*, Leiden: Brill, pp. 193~222.

Mungello, D. E.(1989), *Curious Land: Jesuit Accomodation and the the Origins of Sinology*, Hawaii Universtiy Press. 이향만, 장동진, 정인재 역(2009), 『진기한 나라, 중국』, 나남출판사.

Pauthier, P. G.(1841), *Les Sse-chou, les Quatre livres de philosophie morale et politique de la Chine*, Paris.

Pfister, L.(1932), *Notices Biographiques et Bibliographiques sur les Jesuites de L'ancienne Mission de Chine 1552~1773*, Paris.

Régis, J. B.(1834~1839), *Y-King antiquissimus Sinarum liber*. J. Mohl ed., Stuttgartiae, Tubingae.

Standaert, N.(2012) *Chinese Voices in the Rites Controversy*, Rome: Institutum Historicum Societatis Jesu.

Visdelou, C. de(1841), *Notice du livre chinois nommé Y-king*, Paris.

김혜경(2012), 『예수회의 적응주의 선교: 역사와 의미』, 서강대학교 출판부.

송영배(2004),『동서 철학의 교섭과 동서양 사유 방식의 차이』, 논형.

송태현(2012),「볼테르와 중국: 전례 논쟁에 대한 볼테르의 견해」,『외국문화연구』48.

아퀴나스(1265~1273),『신학대전: 자연과 은총에 관한 주요 문제들』, 손은실·박형국 역(2011), 두란노 아카데미.

안재원(2015),「인토르체타가『중용』을 라틴어로 번역한 이유는 무엇인가?」,『교회사학』12, 5~42쪽.

_____ (2014),「볼프는『중국인 철학자 공자』를 어떻게 읽었는가?」,『인간·환경·미래』13, 159~202쪽.

_____ (2012),「쿠플레의『역경』이해 – "겸(謙)" 괘의 라틴어 번역을 중심으로」,『인문 논총』67, 461~510쪽.

_____ (2012),「쿠플레의『중국인 철학자 공자』의『서문』이해 – Natura(性) 개념의 이해 문제를 사례로」,『인문 논총』68, 87~120쪽.

_____ (2003),「고대 로마의 이상적 연설가(orator perfectus)론」,『서양고전학연구』20, 119~140쪽.

이연승(2009),「예수회 색은주의 선교사들의 유교 이해」,『종교와 문화』17, 33~66쪽.

정혜정(2020),「락탄티우스의『거룩한 가르침 요약』고찰 / 정의 개념을 중심으로」, 서울대 협동과정 서양고전학 석사 논문.

주겸지(1940),『중국이 만든 유럽의 근대』, 전홍석 역(2003), 청계출판사.

빤또하(1614),『칠극七克: 그리스도교와 신유학의 초기 접촉에서 형성된 수양론』, 박유리 역(1998), 일조각.

井川義次(2009),『宋學の西遷』, 人文書院.

張西平(2009), 第十七章 栢應理與中國儒學西傳,『歐洲早期漢學史』, 北京: 中華書局, pp. 412~460.

약호(sigla)

1) 문헌 및 편집자 약칭

Intorcetta: *Par. cod. 6277*. Paris (BNF).

Couplet: *Par. cod. 6277*. Paris (BNF). (필사본에 남긴 교정기록)

Par. 1687: 『중국인 철학자 공자*Confucius Sinarum Philosophus sive Scientia Sinensis*』,
ed. Ph. Couplet et alii(1687), Paris. (쿠플레가 편집한 기록)

Meynard: Th. Meynard, *Confucius Sinarum Philosophus*, Rome, 2012.

2) 편집 약호

add. addidit (첨가)

adn. adnotavit (추가표기)

cf. confer (비교, 참조)

cod. codex (필사본)

codd. coddices (복수 필사본)

codd. cett. codices ceteri (다른 판본들)

conj. conjecit (추정)

corr. coll. correxit collato (비교−참조를 통한 교정)

del. delevit (삭제)

dett. deteriores (후대 판본들)

edd. vett. editores veteriores (19세기 이전 편집자들)

em. emendavit (교정)

fort. Fortasse (아마도)

i.m. in margine (외각 주석에)

ins. inseruit (입입)

i. r. in rasura (지움)

lac. lacuna (텍스트 본문 소실)

mut. mutavit (변경)

om. omisit (생략)

p. c. per correctionem (저자교정)

pro eo, pro eis (~대신에)

scr. scripsit (표기)

secl. seclusit (삭제)

s. sive (혹은)

suppl. supplevit (보충)

transpos. tranposuit (자리 바꿈)

v. vide (보시오)

v. l. vario lectio (다양한 독법이 허용되는 경우)

3) 편집 부호

( ) 생략된 표현을 보충할 때 사용하는 부호.

< > 본문 표현에 보충–제안해야 할 경우 사용하는 부호.

[ ] 필사본의 전승이 명백하게 오류여서 삭제해야 할 경우, 그러나 곧바로 지우는 것이 아니라 [ ]를 통해서 삭제해야 하는 경우를 가리키는 부호. 이 책에는 주로 쿠플레가 보충한 것을 표시하는 부호로 사용했다.

++ 무덤을 뜻하는 십자가(crux)로 텍스트의 복원이 불가능한 경우를 표시하는 부호.

*** 텍스트의 일부분이 유실되어 복원이 어려울 때 표시하는 부호

한 단어 내에서 철자들이 확인되지 않을 경우를 표시하는 부호

...... 필사본에서 판독 불가능한 자리가 나올 때 사용하는 부호

위첨자 편역자의 주석

괄호설명 인토르체타의 주석

sic 베네오의 편집본 표기를 가리킴

비판정본

및

번역

일러두기

· 괴탄이 원문과 번역분 내의 소괄호(( ))는 인토르체타가 첨가한 것이다.

· 위첨자는 편역자의 설명이다.

Liber 2. Chum – Yum.

Est liber hic opus quidem Confucii, sed ab huius nepote, Cu-Su dicto, editus. Agit autem potissimùm de medio [sempiterno]¹ sive de aureâ mediocritate illâ, quae est, ut Cicero, inter nimium et parum, constanter et omnibus in rebus tenendâ: ideoque Chum-Yum libri titulus est: Chum quippe medium significat, Yum verò (quod vulgò solet pro ordinario, vel quotidiano accipi) hoc loco secundùm interpretes idem sonat quod constanter tenendum.²

2권 중용

이 책은 공자孔子, 기원전 551~479의 작품이다. 그의 손자 자사子思, 기원전 483~402 가 편찬하였다. 책은 다른 무엇보다도 [항구적인] 중용 혹은 황금률에 관한 것이다. 키케로Cicero, 기원전 106~43에 따르면, 중용은 과도함과 부족함 사이에 모든 일에서 항상 지켜야 하는 것이다. 책의 이름은 중용中庸이 다. 중中은 중간을, 용庸(이는 대중적으로 정상적인 혹은 일상적인 것 을 뜻한다)은, 주석가들에 따르면 여기에서는 항상 지켜야만 하는 것 을 뜻한다.

---

¹ *suppl. Couplet*

² constans vel sempiternum *Couplet*

f.1. p.2. §.1. Id quod à coelo est homini inditum dicitur natura rationalis, quod huic conformatur naturae et eam consequitur ceu radius solem[3], dicitur regula, [seu consentaneum rationi][4], restaurare quoad exercitium hanc regulam se suaque per eam moderando, dicitur institutio, seu disciplina virtutum. (Nota primò vocem 性Sím idem prorsus hîc significare quod in exordio libri Tá-Hio binae voces 明Mîm 德Te significant. Nota secundo voci 道 Tao variam inesse significandi vim; significat enim rationem, regulam, viam, virtutem, legem, causam, vim et efficacitatem, quandoque etiam incedere, gubernare, loqui, etc.)[5]

1편 2쪽 1장 하늘이 사람에게 부여한 것을 이성적 본성이라 한다. 이 본성에 따라 형성되고, 빛이 해를 따르듯이 본성을 따르는 것을 법칙이라 한다. [혹은 이성에 일치하는 것이라 한다]. 이 법칙을 통해서 자신과 자신의 일을 조질하고 이 법칙을 회복하여 체득하는 것을 교육이라고 한다. 혹은 덕의 연습이라 한다. (주1. 성性은 여기에서는 『대학』의 시작에 나오는 두 글자 명덕明德이 뜻하는 것과 같다. 주2. 도道는 여러 의미가 있다. 이성, 법칙, 길, 덕, 법률, 원인, 힘과 작용, 때때로 가다, 다스리다, 말하다 등이다.)주1과 주2는 쿠플레에 의해서 지워짐.

cf. Ruggieri. Est primum hominibus a caelo data natura, sive ratio, deinde agere secundum naturam, sive ex praescripto rationis, et est quaedam veluti via et progressio ad virtutem. Quod autem utrumque perficit et rationem et viam agendi, est

---

[3] ceu radius solem *del. Couplet*
[4] *suppl. Couplet*
[5] nota primo.... loqui etc *del. Couplet*

doctrina, seu praecepta vitae. (먼저 하늘은 사람에게 본성, 혹은 이성을 부여했다. 다음으로 본성에 따라서 행하는 것, 혹은 이성의 가르침에 따라서 행하는 것이 부여되었다. 덕으로 향하는 어떤 길이 있다. 덕으로 나아가는 것이다. 행함의 이성과 길을 완성하는 것이 교육이다. 혹은 삶의 지침이다.)

cf. 天命之謂性, 率性之謂道, 修道之謂敎.

f.1. p.2. §.2. Dicta regula seu via cùm sit naturae rationali intrinseca non[6] potest, nec verò debet vel uno temporis momento abesse aut separavi ab homine; quod si posset aliquando abesse aut separari, iam non esset regula seu ratio à coelo naturae insita. Atque haec est causa cur perfectus vir adeò semper sollicitè attendat sibi, atque invigilet in his etiam quae non percipiuntur oculis, uti sunt minimi motus animi; cur itidem adeò timeat et paveat in his etiam quae non percipiuntur auribus ut ita [cum aliquid faciendum fuerit][7] ne momento quidem deflectat à norma rectae rationis sibi impressâ. (In hoc tractatu 君Kiūn子Cù, quae binae voces etiam regem, principemque sonant, is dicitur, qui semper progredi contendit in via perfectionis. 聖Xím人Gîn verò seu sanctus, ac verius sapiens, qui iam in statu perfectionis obtentae versatur; hos autem longissimè antecellit (p. 65)^{이 페이지 번호는}

_{필사본 6277의 쪽수를 가리킴} quem Sinenses 至Chí聖Xím vel 至Chí誠Chím vocant, hoc est, summè sanctum, summèque perfectum; huic enim eam perfectionem tribuunt, cui nihil addi vel demi posse videatur. Quandoque tamen (quod Europaeis quoue videmus usuvenire cùm Platonem similesve philosophos modò sapientissimos vocant, modò etiam divinos) merae amplificationis et laudis exaggerandae gratiâ, vocibus Xím-Gîn vel Chí-Chím utuntur; atque hoc sensu eas Confucio quoque magistro suo prisci tribuebant propter excellentem, quam in illo suscipiebant sapientiam; quam à nativitate infusam ei fuisse, quamvis ipse non minùs ingenuè quàm constanter id negaret, haud pauci tamen praedicabant.[8])

---

6 nunquam *Couplet*

7 *suppl. Couplet*

1편 2쪽 2장 법칙 혹은 길은 이성적 본성에 뿌리를 내리고 있다. 어느 한순간도 멀어질 수 없고 멀어져서도 안 된다. 사람으로부터 떨어질 수 없고 떨어져서도 안 된다. 어느 한순간이라도 멀어지거나 떨어진다면, 그것은 더 이상 법칙이 아니며, 하늘이 본성에 부여한 이성이 아니다. 이것이 이상적인 군자가 항상 깨어 있는 정신으로 자신에게 집중해야 하는 까닭이고, 눈에 보이지 않는 것도 살펴야 하는 이유이다. 이를테면 마음의 미세한 움직임에서 항상 주의를 놓지 않는다. 귀에 들리지 않는 일도 조심하고 삼가야 한다. [뭔가를 행할 때] 어느 한순간이라도 자신에게 찍혀 있는 올바른 이성의 규범에서 벗어나지 않도록 해야 한다. (이 논의에서 임금과 지도자를 뜻하는 두 글자로 이뤄진 군자는 완성의 길로 나아가기 위해 항상 노력하는 사람을 뜻한다. 성인 혹은 거룩한 사람, 더 정확하게는 현인은 완성을 성취한 상태에 머무르는 사람을 말한다. 하지만 중국 사람들이 지성至聖 또는 지성至誠이라 부르는 사람은 성인과 현인보다 매우 멀리 앞선다. 지성至聖은 지극히 거룩한 사람을, 지성至誠은 지극히 완성된 사람을 뜻한다. 더할 것도 뺄 것도 없어 보이는 사람에게 완성이라는 칭호를 부여한다. 물론 성인 또는 지성은 순전히 강조와 칭송을 위한 과장이다. (이는 유럽 사람들도 마찬가지로, 플라톤Plato, 기원전 427~347이나 그와 비슷한 철학자를 가장 지혜로운 자라고 한다. 옛날 사람들은 이런 의미의 성인 혹은 지성이라는 칭호를 자신들의 스승인 공자에게 부여했다. 그들은 공자에게서 탁월한 지혜를 얻었고, 그 지혜는 태어날 때부터 그에게 부여된 것이었다. 공자 자신은 이를 솔직하게 언제나 부인했음에도, 적지 않은 사람들이 그렇게 불렀다.)[8]괄호의 보충 설명은 쿠플레에 의해서 지워짐.

cf. Ruggieri. Haec autem via et progressio ne parvo quidem temporis momento intermitti debet. Si intermittitur, via et

---

8 in hoc tractatu ... praedicabant *del. Couplet*

progressio esse desinit, quam ne vir bonus intermittat, impedimenta illa sibi cavenda proponit quae non dum vidit, et illa reformidet quam non dum audivit. (이 길과 나아감은 잠시도 멈춰서는 안 된다. 잠시라도 멈춘다면 길과 나아감은 끝난다. 좋은 사람^{군자}은 이를 멈추지 않도록 자신이 보지 못하는 방해물을 피하기 위해 살핀다. 자신이 듣지 못하는 것도 피하기 위해서 조심한다.)

cf. 道也者, 不可須臾離也, 可離非道也. 是故君子, 戒愼乎其所不睹, 恐懼乎其所不聞.

f.2. p.1. §.1. Motus namque animi id ferè sunt, quod non apparet, quia reconditi [et sibi soli noti[9]]: sunt item id quod non est manifestum, quia admodùm subtiles [et minimum quid[10]]. Ideoque perfectus vir tàm solicitè invigilat cordis sui secreto, totusque vacat discutiendis animi latebris[11]: quo deinde fit, ut qui aliis reconditi et abstrusi sunt, intimi scilicet cordis recessus, ei tamen [soli[12]] patescant; qui item subtilissimi sunt ac percipi vix possunt, minutissimi scilicet animi motus sive ad bonum sive ad malum, ei tamen [soli[13]] manifesti omninò sint.

2편 1쪽 1장 마음의 움직임은 대체로 다음과 같다. 그것은 드러나지 않는다. 숨어 있기 때문이다. [그 자신에게만 알려진 것이다.] 마찬가지로 마음의 움직임은 분명하지 않다. 아주 미세하기 때문이다. [극미한 것이다.] 이상적인 군자는 아주 조심스럽게 자기 마음의 은밀함을 살핀다. 마음에 은밀하게 숨겨진 것을 떨쳐내는 일에 집중한다. 가슴의 가장 깊숙한 곳에 있는 은밀한 것이, 다른 사람에게는 안 보이고 감추어져 있지만, 그 자신 [홀로]에게는 분명하게 드러난다. 그것은 또한 아주 미세하다. 거의 인식할 수 없다. 마음의 움직임이 선으로 향하든 혹은 악으로 향하든 극미한 것이지만, 그 자신 [스스로]에게는 전적으로 분명하게 드러난다.

cf. Ruggieri. Nihil re vera magis existit quam quod clam agendo vel cogitando committitur, nihilque tam(tum *sic*) patens est, licet

---

[9] *suppl. Couplet*
[10] *suppl. Couplet*
[11] totusque … latebris *del.*, pro eis et cautus est in internis quae solus ipse intuerit *scr. Couplet*
[12] *suppl. Couplet*
[13] *suppl. Couplet*

illud minimum sit, propterea(sitpropterea *sic*) vir bonus diligenter sibi cavet in iis quae solus tum cogitat tum agit. (은밀하게 행하거나 생각하면서 저지른 잘못보다 더 잘 드러나는 것은 없다. 아무리 극미한 것이라 할지라도 그것보다 더 분명한 것은 없기 때문에, 이상적인 군자는 홀로 생각하고 홀로 행할 때 스스로를 조심하고 주의한다.)

cf. 莫見乎隱, 莫顯乎微, 故君子愼其獨也.

f.2. p.1. §.2. Cùm enim[14] radix quaedam variarum[15] passionum intima sit naturae hominis, vel potiùs ipsamet natura sit ista radix, haec autem in actus suos vel passiones prorumpat assiduè, summâ cum vigilantiâ attendit sibi vir perfectus ut has, ipsius quoque naturae fraeno, quatenùs haec rationis et discretionis principium est, moderetur. Itaque passiones animi, ut sunt gaudium ex prosperis, ira ex adversis, tristitia ex iacturâ, hilaritas seu laeta fruitio rei obtentae, priusquàm pullulent prodeantque in actum dicuntur et ipsae quid medium[16]; quia sunt adhuc indifferens quid ad excessum vel defectum (neque enim hîc agitur de illo medio in quo consistit perfectio virtutis quodque praecipuum libri huius argumentum est[17]) at ubi pullularunt et omnes attigerunt rectae rationis mensuram, dicuntur concordia[18], seu quidam passionum inter se et cum ipsâ ratione concentus. Et hoc quidem, quod dicimus medium[19], est[20] orbis universi magnum principium et fundamentum: dicta verò concordia, est[21] orbis universalis regula, seu regia humani generis via. [dicuntur[22]] Doctrinam[23] de tenendo medio, veluti fontem omnis sapientiae Sinicae, per omnia retro saecula manantem, (p. 66), iam mille sexcentis et ampliùs annis, inter alia commendavit Yâo imperator successori Xún, et hic rursùs magno Yù dum haeredem

---

14 autem *Couplet*

15 quaedam variarum *del. Couplet*

16 et ipsae quid medium *del., pro eis* medium seu in medio *scr. Couplet*

17 neque ... est *del. Couplet*

18 [concordarum?] *Couplet*

19 [Et quidem, cum ad ... in medio *Couplet*]

20 *del. Couplet*

21 et fundamentum ... est *del., pro eis* ac omnium bonarum actionum fundamentum dicuntur; cum sunt rationi consentanea *scr. Couplet*

22 *add. Couplet*

23 haec parenthesis potest omitti, si ita videatur in nota marginale *adn. Couplet*

imperii eum constituit. Continet autem sexdecim(A) literas, quas multo pluribus et exponunt et extollunt interpretes. Nos hîc eam verbis Chām colai, sed in compendium redactis explicabimnus. Sic igitur Xū-Kīm lib.1. §.28. ait: hominis cor seu voluntas, cùm sit varium quid et facilè quòvis flecti, res est periculi plena: eadem verò ad bonum et virtutis normam conformata voluntas est quid excellens ac reconditum: unde oportet, ut serio examine cor illud identidem depures à pravis et privatis quae tacitè sese insinuant affectionibus. Atque ita bonum[24] cor à pravo seiungas: quo facto reiice penitùs quod est humani et privati cordis, et rectam illam cordis legem veluti unicam tuae personae dominam constitue, unum et idem servans semper in omnibus. Sic ab hac lege neque defectu neque excessu aberrabis; adeòque solidè ac veraciter apprehenderis ipsum medium. De Chîm-Tām fundatore secundae familiae Xām dictae, refert Mcmcius lib.1. f.23. Tam Che Chum, quòd scilicet tenuerit firmiter medium.[25]

(A. 1. Gin 2. Sin 3. Guei 4. Guei 5. Tao 6. Sin 7. Guei 8. Vi 9. Guei. 10. Sim 11. Guei 12. Ye 13. Yun 14. Che 15. Kive 16. Chum[26])

---

[24] rectum *Couplet*

[25] Sic igitur *Xū-Kīm* lib. 1. §. 28. ait .... quòd scilicet tenuerit firmiter medium *del., pro eis* sic igitur *Xu-Kim* lib. 2. f. 10. ait: Cor homini unicum est: hoc dum privato affectu ducitur, vocatur Gin Sin, id est homonis cor, cum ex rectae legis dictamine agit, Tao-Sin, id est, rationis cor nuncupatur: hominis cor, seu vlountas, cum sit varium quid et facile à quavis objecto moveri et flecti, res est periclis semper obnoxia; idem cor verò seu voluntas ad bonum et virtutis normam conformata est quid excellens ac reconditum; unde oportet, ut serio examine cor illud identidem depures à pravis et privatis, quae tacitè sese insinuant, affectionibus; atque ita rectum cor à pravo secernas; quo facto rejice penitùs quod est humani et privati cordis, et rectam illius cordis legem veluti unicam tuae personae dominam constitve, unum et idem servans semper in omnibus. Sic ab hac lege neque defectu, ipsum medium. Radix igitur et fundamentum, cui innititur recta orbis terrarum administratio, unius est cordis rectitudo et norma, etc. Haec Colaus *Couplet*

[26] A. 1.Gin... 16. Chum *del. Couplet*

2편 1쪽 2장 다양한 욕구의 어떤 뿌리가 인간의 본성에 깊숙하게 자리잡고 있다. 혹은 본성 자체가 그 뿌리일 수 있다. 이 뿌리는 행동이나 감정으로 끊임없이 솟구쳐 올라온다. 군자는 최고의 경계심을 가지고 자신에게 집중한다. 본성이 이성과 분별의 원리이므로 이 욕구를 본성 자체의 재갈로 제어하기 위해서다. 마음의 욕구에는 좋음에서 오는 기쁨, 나쁨에서 오는 분노, 버려짐에서 오는 슬픔이나 얻음을 누리는 즐거움이 있는데, 그것이 싹을 틔우고 밖으로 나와 행동이 되기 이전의 것을 어떤 중中이라 한다. 아직은 어떤 분별도 없고, 어떤 과도함도 없으며, 어떤 부족함도 없기 때문이다. (여기에서는 이 책의 가장 중요한 논의이며, 덕의 완성이 자리잡고 있는 중中에 대한 논의가 아니다.) 그것이 싹을 틔워 나올 때 그 모든 것이 올바른 이성의 척도에 맞는 것을 일컬어 조화라고 한다. 혹은 욕구들 사이에 있으며 이성 자체와 어울리는 어떤 화음이다. 우리가 중中이라 하는 이것은 우주의 큰 원리이고 바탕이다. 조화라고 하는 것은 우주의 법칙 혹은 인류의 왕도이다. 중中을 잡는 가르침은 중국의 모든 지혜의 원천과 같다. 이는 모든 세대에 걸쳐 퍼져 있는 것이다. 이미 1600년, 아니 더 오래된 것이다. 요堯 임금은 다른 무엇보다도 이 가르침을 자신의 계승자인 순舜 임금에게 권했다. 순 임금은 우禹 임금을 통치의 상속자로 정하면서 다시 이를 우 임금에게 권했다. 이 가르침은 16자(A)로 이뤄졌다. 주석가들은 이 글자를 많은 글자로 설명하고 칭송했다. 이 자리에서는 장각로明나라 재상 장거정張居正. 1525~1582의 말로 요약해서 설명하겠다. 『서경書經』 제1권 28장에 따르면 인간의 마음 혹은 의지는 위험으로 가득 차 있다. 이것은 다양한 어떤 것이고 어느 쪽으로든 쉽게 구부러지기 때문이다. 하지만 선함과 덕의 규범을 향하노록 형성된 의지는 낙월하며 숨시져 있다. 이로부터 마땅히 감정을 통해서 소리 없이 숨어들어와 있는 굽은 것과 사적인 것으로부터 이 마음을 언제나 한결같이 엄격한 검증을 통해서 깨끗하게 만들어야 한다. 굽은 것으로부터 좋은 마음을 떼어내야 한다. 이를 통해서 인정人情과 사욕私慾을 뿌리째 뽑아버려야 한다. 마음속의 올바른 법칙을 인격의 주인으로 세워야 한다. 모든 일에 하나이고 동일한 이것을 언제나 굳건하게 잡아야 한다. 과도함이나 부족함으로 말미암아 이 법칙으로부터 떨어져서는 안 된다. 마침내 중中을 진실로 단단하게 잡을 것이다. 맹자는 자신의 책 1권 23장에서 두 번째 왕조인 상商, 기원전 1600~1046나라의 건국자인 성탕成湯에 대해서, "탕집중湯執中"이라고 말한다. 탕 임금이 중中을 굳건하게 잡고 있다는 뜻이다. (A. 人心惟危, 道心惟微, 惟精惟一, 允執厥中.) (大禹謨第三, 『孟子』)

cf. Ruggieri. Gaudium, ira, tristitia, laetitia ac perturbationes reliquae cum non adest obiectum nec moventur, dicuntur esse in medio. Praesente vero obiecto, si in(cum *sic*) rebus omnibus rationi obtemperant, tunc pacata esse dicuntur. Prius illud hoc est in medio sitas habere animi perturbationes magna radix et fundamentum magnum est humanae vitae, at qui pacatas habet perturbationes, magnum ac(et *sic*) late patentem habet campum ad virtutem, et est perfecta rationis et legum observantia. (대상이 주어지지 않거나 움직이지 않을 때, 기쁨, 분노, 슬픔, 즐거움과 다른 움직임들이 일어나지 않는 것을 일컬어 중中에 머물러 있다고 한다. 대상이 주어졌을 때, 만약 모든 일에서 이성을 따른다면 이를 일컬어 다스림이라고 한다. 먼저 저것은 마음의 혼란스러움을 중中에 잡아놓는 것인데, 인생의 큰 뿌리이자 큰 바탕이다. 마음의 혼란스러움을 다스린 사람은 너르고 니이기는 크고 넓게 뻗쳐진 늘판을 가지게 되고 이성과 법직을 따르는 일이 완성된다.)

cf. 喜怒哀樂之未發, 謂之中. 發而皆中節, 謂之和. 中也者, 天下之大
　　本也. 和也者, 天下之達道也.

f.2. p.2 Ubi igitur perfecta fuerint medium et concordia,[27] tum demùm caeli quoque ac terrae status quietus permanens ac pacificus et omnium rerum uniformis progagatio [vigorque] consequetur. Nam (ut interpretes addunt) si homo agat semper iuxta rectam rationem, quandoquidem hic unum veluti corpus cum universo efficiat, consequens erit, ut etiam coelum et terra iuxta normam sibi inditam agant, planetae influant absque vitio, quatuor anni tempestates absque defectu decurrant, iuvenes optatos vitae annos, senes finem naturae consentaneum, res denique omnes debitum sibi statum et locum consequantur. Quis hîc non videt eo dumtaxat collimasse philosophum, ut hominis naturam [quam][28] ab origine suâ rectam, sed deinde lapsam et depravatam [passim Sinenses docent][29] ad primaevum innocentiae statum reduceret? Atque ita reliquas res creatas homini iam rebelles, et in eiusdem ruinam armatas, ad pristinum obsequium veluti revocaret? Hoc f.1. §.1. *libri Tá-Hio*, hoc item hîc et alibi non semel indicat. Etsi autem nesciret philosophus, nos à primaeva felicitate propter peccatum primi parentis excidisse, tamen et tot rerum quae adversantur et infestae sunt homini, et ipsius naturae humanae ad deteriora tam pronae, longo usu et contemplatione didicisse videtur, non posse hoc universum, quod homo vitiatus quodammodo vitiaret, connaturali suae integritati et ordini restitui, nisi priùs ipse homo per victoriam sui ipsius eam, quam amiserat, intergritatem et ordinem recuperaret. (p. 67)

---

[27] consentaneum *Couplet*
[28] *suppl. Couplet*
[29] *suppl. Couplet*

2편 2쪽 중과 조화가 완전하게 이루어질 때, 하늘과 땅은 고요한 상태를 유지하고 평화로우며 만물도 하나의 모양으로 다 함께 번성하고 [생기]도 넘쳐난다. (주석가들이 보충하듯이) 만약 사람이 올바른 이성에 따라 언제나 행하고 마치 몸처럼 우주와 하나가 되게 한다면, 그 결과로 하늘과 땅도 그 자신들에게 부여된 규범에 따라 행할 것이다. 행성들도 벗어남 없이 운행할 것이다. 한 해의 사계절도 벗어남 없이 달릴 것이다. 청년은 인생에서 가장 희망찬 한창 때를, 노인은 본성에 합당한 말년을 맞이할 것이다. 만물은 마침내 자신들에게 부여된 상태와 자리를 얻을 것이다. 이 대목에서 공자가 온 힘을 기울인 것이 정확히 그 본성이 원래는 올바른 것이었지만 나중에 미끄러져서 나쁘게 구부러진 것을 처음의 올바름으로 돌아가도록 하기 위함이었음을 모르는 사람은 도대체 누구일까? 또한 사람을 해치기 위해서 만들어진 것들과 사람을 파멸하는 무기들을 원래의 [온전함]에 복종하도록 만들기 위함이었음을 [누가 모를까?] 공자는 이를 『대학大學』 1편 1장 1권에서, 마찬가지로 이 자리와 다른 자리에서 여러 번 언급한다. 비록 첫 조상이 지은 원죄로 말미암아 우리가 최초의 유복함으로부터 추방되었다는 것을 몰랐음에도, 철학자제우 표현으로 철학자는 공자를 가리킴. 서양에서 시인은 호메로스, 철학자는 플라톤이나 아리스토텔레스, 연설가는 키케로를 가리킴는 사람에게 고난과 불운을 가져다준 숱한 일들과 사람의 본성 자체가 더 나쁜 것들로 기울어진다는 것에 대한 오랜 경험과 고찰을 통해서, 사람이 스스로 자기 자신을 이겨서 자신이 잃어버렸던 온전함과 질서를 되찾아야 한다고 했다. 잘못을 행한 사람이 어떤 식으로 위반한 이 보편적인 법칙을 자신의 본성을 따르는 온전함과 질서에 따라서 회복하는 것은 가능하지 않다. 만약 그 자신이 먼저, 자신이 잃어버렸던 저 온전함과 질서를 자신의 극기를 통해서 회복하지 않는다면 말이다.

cf. Ruggieri.   Proinde(provide *sic*) qui eo fuerit ut in medio sitas(sito *sic*) habeat perturbationes, et pacatas illas prorsus habet, caelum digito contingit, ac prope in caelum et viam obtinet imperium, ac propterea ita rebus omnibus vigorem praebet ut hac concordia omnia crescant. (마음의 움직임을 중에 잡아놓는 사람은 바로 마음을 다스리고 손가락이 하늘에 닿으며 하늘과 길을 다스릴 권력을 얻는다. 이를 바탕으로 그는 모든 것에게 생기를 주고, 모든 것이 이 조화로 번성하도록 만든다.)

cf. 致中和, 天地位焉, 萬物育焉.

f.3. p.2. §.1. Hîc et reliquo hoc libro, Cù-Sū citat saepiùs magistri verba dicens: Confucius ait: perfectus vir tenet medium semper et ubique; improbus verò praevaricatur medium vel excessu vel defectu. (Confucius alio nomine honoris ergò Chúm Nhî dictus est. Nhî porrò montis nomen est, in quo praesidem loci spiritum mater Confucii precata dicitur, ut sibi et desideratae proli propitius foret.)[30]

3편 2쪽 1장 이 자리와 이 책의 다른 자리에서 자사는 스승의 말을 자주 인용한다. 이렇게 말한다. 공자가 말하길, 이상적인 군자는 언제 어디에서나 중仲을 잡고 있다. 소인은 과도함이나 부족함으로 인해서 중을 마음대로 구부린다. (공자를 기리는 다른 이름은 중니仲尼다. 니尼는 산의 이름이다. 이 산에서 공자의 어머니^{이름은 안징재顏徵在임}가 이 지역을 다스리는 신령에게 자신과 자신이 아끼는 자식이 잘 되도록 기도했다고 한다.)

cf. Ruggieri. Hactenus Cincius. Qui sequuntur decem ex Confucii monumentis excerti a Cincio(Cincius *sic*) afferuntur ad suam hanc sententiam capiendam. (여기까지 친치우스^{아마도 자사}의 말이다. 친치우스가 공자의 기록에서 뽑은 열 권의 책은 그 자신의 이 견해를 파악하는 데에 도움이 된다)

cf. 仲尼曰, 君子中庸, 小人反中庸.

---

[30] Confucius alio ... propitius foret *del. Couplet*

f.3. p.2. §.2. Perfectus vir (exponit Cu-Su) habet medium [sive semper est in medio][31] et quia perfectus est, ideo semper seu quovis tempore, adverso scilicet et prospero, conformat sese suasque actiones cum eo quod tenet[32] medio; idque cum eâ (de qua suprà) cautela, vigilantiâ, et timore circa minimos animi motus, improbus etiam habet suum medium quod teneat, sed quia improbus est, ideo nullo tenetur metu nec pudore illud praevaricandi; passim enim pro libidine agit.

3편 2쪽 2장 이상적인 군자는 (자사가 말하길) 중中을 잡고 있다. [달리 말하면 항상 중에 머문다.] 자기완성에 이르렀기에, 언제 어느 때이든, 나쁠 때나 좋을 때나 자신과 자신의 행동을 자신이 잡고 있는 중과 함께 행한다. 마음의 아주 작은 움직임에도 조심(위에서 말한)과 주의와 두려움을 가지고 행한다. 소인도 자신의 중을 가지고 있다. 그러나 절제를 모르므로, 두려움도 수치심도 느끼지 못하고 살못을 멈추지 못한다. 어디에서든 욕망이 시키는 대로 행하기 때문이다.

cf. Ruggieri. Confucius, vir bonus semper in medio consistit; contra vir malus semper extra medium est; quia malus vir nihil cavet neque reformidat. (공자는 말한다. 좋은 사람군자은 언제나 중 안에 머문다. 반대로 나쁜 사람소인은 언제나 중 바깥에 머문다. 나쁜 사람은 어떤 것도 조심하지 않고 두려워하지 않기 때문이다.)

cf. 君子之中庸也, 君子而時中. 小人之反中庸也, 小人而無忌憚也.

---

[31] *suppl. Couplet*

[32] in quo est *Couplet*

f.4. p.1. §.1.   Confucius ait: medium ò quàm illud sublime! è vulgo pauci illud tenent. Neque hoc novum; vetus iste morbus est, querela vetus, iam olìm sic fuit.

4편 1쪽 1장   공자가 말하길, 중이여, 얼마나 숭고한 것인가! 사람들 가운데에서 중을 지닌 이는 적다. 이는 새로운 일이 아니다. 오래된 병이고 오래된 아픔이다. 이렇게 된 지 이미 오래되었다.

cf. Ruggieri.   Idem. Semper in medio; hoc est ad summam perfectionem, huius medii multis ab hinc annis hominum pauci pervenire potuerunt. (공자의 말이다. 언제나 중에 머무는 것, 이는 최고의 완성에 있음을 말한다. 이때로부터 여러 해가 지나는 동안에 사람들 가운데에 소수만이 이 중의 [완성]에 도달할 수 있었다.)

cf. 子曰, 中庸, 其至矣乎, 民鮮能, 久矣.

f.4. p.1. §.2.   Confucius ait: causam, cur mortalium plurimi per regiam hanc medii viam non incedant, ego quidem probè novi, prudentes enim huius saeculi [illud][33] transgrediuntur illius limites ad altiorem nescio quam sed obliquam semitam deflectentes[34], rudes verò non pertingunt ad medium, quia [aut non norint aut][35] difficultate territi diffidunt se viribus suis[36] eò pervenire posse[37]. Causam quare complures hanc medii viam, quamvis adeò conspicuam, non habeant perspectam, ego novi, sapientes enim, seu qui profitentur studium sapientiae, medium [suis factis][38] excedunt, et [praetereunt][39] sive, si peccant[40], excessu ferè peccant, periculosa quaedam et inusitata principia viasque sectantes; inertes autem et hebetes animae non attingunt[41], quia desperant medii notitiam nedum medium ipsum consequi.

4편 1쪽 2장 공자가 말하길, 적이도 나는 사람들이 대체로 중中의 왕도를 가지 않는 이유를 진실로 알고 있다. 이 시대의 현자라는 사람은 저 한계를 뛰어넘어 어떤 더 높은, 하지만 기울어진 좁은 길로 벗어나 있고, 반면에 어리석은 사람은 중에 도달하지 못한다. 그는 중을 알지 못하거나 어려움에 겁을 먹어 자신의 힘으로 거기에 도달할 수 있다고 믿지 않는다. 중의 이 길이 선명한데도 불구하고 사람들이 대부분 이 길을 택하지 않은 이유가 무엇인지 나는 알고 있다. 현자라는 사

---

33 *suppl. Couplet.*

34 et quia plura quam hoc medium et altiora se intelligere arbitrantur quâsi parvum et non sufficens negligunt *Couplet*

35 *suppl. Couplet*

36 se viribus suis *del. Couplet*

37 *del. Couplet*

38 *suppl. Couplet*

39 *suppl. Couplet*

40 si peccant *del. Couplet*

41 non attingunt *del., pro eis* factis suis ad id non perveniunt *scr. Couplet*

람, 또는 현자의 공부를 한다고 외치는 사람은 [자신의 행동으로는] 중을 뛰어넘어 있거나 [지나쳐 버리고], 또는 죄를 짓는다면 대개 과도함으로 잘못을 범한다. 어떤 위험한 또는 희한한 원리와 길을 따르기 때문이다. 하지만 어리석고 우둔한 마음은 [중에] 도달하지 못한다. 중을 알고 중을 따르는 것을 단념해 버린다.

cf. Ruggieri. Cur virtutis iter non initur? Ego scio. Quia qui caeteris ingenio praestant et multum sapere sibi videntur(videtur *sic*), illud transiliunt, invenire nolunt, negliguntque tamquam cavum aliquod et tritum. Rudes vero et hebetes illud consequi non(num *sic*) possunt, neque ad illud pervenire. Cur virtutis iter non intelligitur? Ego scio. Ingeniosi et acuti illud transiliunt et doctioribus subtilioribus occupantur, viles homines non possunt ad id pervenire, quia in rebus virilibus et malis versari volunt. (왜 덕의 길을 가지 않는가? 나는 안다. 자신의 재능이 다른 사람보다 뛰어나고 자신이 훨씬 지혜롭다고 여기는 사람은 중을 뛰어넘고 찾으려 하지 않고, 닳아 빠지고 속이 텅 빈 것으로 무시한다. 반면에 모르고 우둔한 사람은 중을 행할 수도 없고 중에 도달할 수도 없다. 왜 덕의 길을 파악하지 못하는가? 나는 안다. 재능이 있고 명민한 사람은 중을 뛰어넘고 더 세밀한 것에 대한 앎에 집착한다. 비천한 사람은 중에 도달할 수 없다. 그는 비천하고 나쁜 일에 머무르고 싶어하기 때문이다.)

cf. 子曰, 道之不行也, 我知之矣. 知者過之, 愚者不及也. 道之不明也, 我知之矣. 賢者過之, 不肖者, 不及也.

f.4. p.2. §.1. Quòd verò passim sic peccetur, oritur ex defectu examinis, cùm enim regula illa sit homini intima, actiones quae à natura procedunt utique nonnisi ex dictâ regulâ plerumque procederent, siquidem haec foret probè cognita, exempli gratia inquit Confucius, hominum nullus est qui non bibat in dies et comedat, et tamen in re tam obviâ pauci valent dignoscere [rectos][42] sapores, seu rectum iudicium ferre de potûs ac cibi [tot condimentis vitiati][43] naturâ et efficacitate, quam si accuratiùs explorarent, non toties temperantiae limites excederent. (p. 68)

4편 2쪽 1장 늘상 범하는 잘못은 사실 살핌의 부족에서 생겨난다. 저 법칙이성의 법칙은 내면에 깊숙이 자리잡고 있는데, 본성에서 나오는 행동은 언제나 앞에서 말한 법칙에 따르는 것이 대부분이다. 이 법칙을 올바르게 알고 있는 한에서는 그러하다. 공자는 그 예시로 이렇게 말한다. 매일 먹고 마시지 않는 사람은 아무도 없다. 이토록 분명한 일에 서조차도 그 맛을 알아차리는 사람은 적다. 만약 그것을 제대로 파악한다면 음식의 원맛과 제맛에 대해서 올바른 판단을 내릴 것이고, 그렇게 절제의 경계를 뛰어넘지 않을 것이다.

cf. Ruggieri. Nemo est qui non comedat et bibat, sed pauci verum saporem praesentiunt. (먹고 마시지 않은 사람은 없다. 그러나 진정으로 맛을 아는 이는 소수이다.)

cf. 人莫不飲食也, 鮮能知味也.

---

[42] *suppl. Couplet*
[43] *suppl. Couplet*

f.4. p.2. §.2. Confucius concludens ait: quòd igitur medii via haec non frequentetur, [aut observetur][44] ea itidem causa est, quia nec hanc (proh-dolor!) homines indagare nec cognoscere laborant; adeoque aut excedunt medium, aut ab hoc deficiunt[45].

4편 2쪽 2장 공자는 결론을 맺으며 말하길, 중中의 이 길은 다니지 않는다. [또는 지켜지지 않는다.] 그 이유는 마찬가지로 (아 슬프다!) 사람들이 이 길을 찾으려고도 알려고도 하지 않기 때문이다. 사람들은 중을 넘어버리거나 중에 모자란다.

*cf. **Ruggieri**.*   Hinc fit ut virtutis iter non inco<h>atur.(incoatur *sic*) (이런 이유에서 덕의 길은 시작되지 않는다.)

cf. 子曰, 道其不行矣夫.

---

[44] *suppl. Couplet*

[45] recedunt *Couplet*

f.4. p.2. §.3. Confucius ad serium medii examen exhortans omnes, adducto exemplo imperatoris Xún sic ait: Xún imperatoris illius quàm magna fuit prudentia! Siquidem ille non suo unius iudicio et privatâ prudentiâ, sed consiliis ac sapientiâ suorum fretus rempublicam administrabat. Itaque Xún gaudebat de obviis quoque rebus alios consulere; et solebat seu gaudebat examinare omnia quamvis obvia et vulgaria suorum responsa. Qui si fortê quidpiam suggererent rationi minus consentaneum, sic eo non utebatur, ut tamen prudenter dissimulans occultaret quod inerat mali, fovens hoc modo suorum fiduciam et candorem monendi identidem principem suum. Consiliis verò quae cum ratione congruebant sic utebatur, ut etiam depraedicaret quod iis inerat boni, quò alacriùs fidentiùsque sensum animi sui declarent. Quod si dicta responsa pauxillùm à medio aberrarent, arripiebat sedulò illorum (responsorum) duo extrema, quibus ad rationis trutinam maturè expensis, utebatur dumtaxat horum (extremorum) medio in ordine ad populi regimen, quo fiebat, ut non ex suo unius tantùm, sed ex suorum iudicio ac consilio semper res ageret. Atque haec illa fuêre propter quae factus est Xún, talis scilicet ac tantus imperator. (Memorant Annales Sinici, imperatorem hunc solitum fuisse in anteriori atrio palatii sui tabulam suspendere, in qua licebat subditis † † [46] fidenter regem suum commonefacere [et notare][47] si quid ab illo fortè peccaretur.)

4편 2쪽 3장 공자는 모든 사람에게 승을 철저히 살필 것을 권하면서

---

[46] *valde erasus est*
[47] *suppl. Couplet.*

순 임금을 사례로 들었다. 순 임금의 지혜는 얼마나 위대했던가! 순 임금은 혼자만의 판단과 개인적인 현명함이 아니라 신하의 조언과 지혜를 구해서 나라를 다스렸다. 순 임금은 쉬운 일에도 다른 사람의 조언을 구했다. 신하의 답이 쉽고 뻔해도 모든 것을 따져보길 좋아했다. 어떤 사람이 이치에 맞지 않은 것을 제안하면, 순 임금은 이를 채택하지 않았다. 마음속에 있는 불편함을 현명하게 감추어 내색하지 않았다. 순 임금은 이와 같은 방식으로 신하의 충성심을 북돋았고 자신의 왕권을 빛냈다. 이성에 맞는 조언은 받아들였다. 마음에 있는 좋아함을 드러내어 신하가 더 기뻐하고 더 신뢰하면서 자신의 마음에 있는 생각을 드러내도록 했다. 그러나 만약 중에서 조금이라도 멀어지면, 순 임금은 그 답들 가운데에서 양극단에 있는 두 개를 조심스럽게 잡고, 그것들을 이성의 저울대에 충분히 달아보고 백성을 다스리는 순서에 따라 정확히 양극단에 있는 것들 사이에 있는 중을 채택하곤 했다. 결론적으로 순 임금은 혼자만의 판단과 생각이 아니라 언제나 신하의 판단과 조언을 구해서 일을 처리했다. 이것이 순 임금을 저토록 대단하고 위대한 통치자로 만들었다. (『중국의 연대기』에 따르면, 이 통치자는 자신의 궁정의 뜰 앞에 서판을 매달아 두었다. 자신이 행여 뭔가를 잘못하게 되면, 신하가 신뢰하도록 이 서판을 통해 공개적으로 알 수 있게 [그리고 파악하게] 했다.)

cf. Ruggieri. Magna fuit Sciunii regis sapientia, laetabatur (letabatur *sic*) cum alios interrogabat. Laetabatur(letabatur *sic*) cum etiam imperitorum hominum mentem et sensum perscrutabatur. Ei malo essent et contra rationem, reticebat, bona vero et rationi adsentantia collaudabat, proponebat quibuslibet questionis extrema duo, illud medium populo eligendum demonstrabat, quis unquam fuit ut Sciunnius? (순 임금의 지혜는 위대했다. 그는 다른 사람에게

묻는 것을 즐거워했다. 그는 또한 무식한 사람의 마음과 생각을 두루 살피는 것도 좋아했다. 만약 그것이 나쁘고 이성에 반한다면, 입을 닫았고, 좋고 이성에 합당하면 칭찬했다. 어떤 것이든 양극단의 물음을 던지고, 백성이 선택해야 할 중을 제시했다. 순 임금과 같은 사람이 도대체 누구였던가?)

cf. 子曰, 舜其大知也與. 舜好問而好察邇言, 隱惡而揚善, 執其兩端, 用其中於民, 其斯以爲舜乎.

f.5. p.1. Confucius arguens suorum temporum fallacem et degenerem à priscis regibus prudentiam, ait: hominum quivis nunc dicit, ego prudens sum, scio quid agendum sit, quid non agendum; at verò quia lucrum et commodum proprium dumtaxat, non autem [eius][48] damna et pericula [aequè][49] prae oculis habet, impulsu quolibet mox intrat incautus in mille retia et laqueos, ac demùm incidit in foveae medium et isthuc, unde nequaquam scit effugere nec sese expedire; hominum item quilibet dicit, ego satis sum prudens, et de facto seligit sibi medium et iuxta hoc agit, sed ecce [socordiâ victus][50] non valet nequidem per spatium (p. 69) unius mensis illud constanter servare. [Ut quid ergo iis prodest scientia et cognitio medii?][51]

5편 1쪽 공자는 자신이 살던 시대의 지혜가 옛날의 군주들의 시대에 비해 타락하고 거짓으로 전락했다고 비판하면서 말했다. 지금 사람은 누구나 이렇게 말한다. "나는 지혜로운 사람이다. 나는 무엇을 해야 하고, 무엇을 하지 말아야 할지 안다." 그러나 사실은 오로지 욕심과 자신의 사익을 염두에 둔 것이다. 위험과 손해는 안중에 두지 않는다. 조금도 조심하지 않는다. 어떤 충동에 마구 이끌려 곧장 수천의 그물과 올가미에 빨려 들어간다. 구덩이의 한 가운데에 떨어진다. 그곳으로부터 빠져나오는 법도, 자신을 해방시키는 법도 알지 못한다. 마찬가지로 어느 누구든 "나는 충분히 지혜롭다"고 말하면서 자신의 편의에 따라 중을 골라서 행동한다. 그러나 보라, [어리석음에 사로잡혀]한 단도 중을 한결같이 지키지 못한다. [이런 사람에게 중에 대한 지

---

[48] *suppl. Couplet.*
[49] *suppl. Couplet.*
[50] *suppl. Couplet.*
[51] *suppl. Couplet.*

식과 인식이 도대체 무슨 도움이 된단 말인가?]

cf. Ruggieri. Idem ait. Omnes homines dicunt, ego sapiens sum. Cum progrediuntur, in plagas incidunt et sese reti involvuntur, quod cavernae ostio obtenditur, nec est qui inde possit evadere. Omnes homines dicunt, ego sapiens sum, et cum semel medium in quo semper virtus constitit arripuerunt, in eo nec mensem quidem persistunt. (공자는 말한다. 모든 사람이 '나는 지혜로운 사람'이라고 말한다. 앞으로 나갈 때, 그는 곤경에 처해 출구가 없는 올가미에 갇힌다. 그곳에서 빠져나올 수 없다. 모든 사람이 '나는 현명하다'고 말한다. 덕이 언제나 자리잡고 있는 중을 한번은 붙잡을 수 있지만, 그곳에서 결코 한 달도 머무르지 않는다.)

cf. 子曰, 人皆曰予知, 驅而納諸罟擭之中, 而莫之知辟也. 人皆曰予知, 擇乎中庸, 而不能期月守也.

f.5. p.2. §.1   Confucius ait: discipulus meus Hoeî hic nimirum erat vir sanê prudens. Noverat enim res inter se probè distinguere, ac dein seligere medium; et si quando assecutus erat unam virtutem, illicò velut ambabus ulnis illam venerabundus arctè[que][52] stringebat, fovebatque intra pectus, et nunquam semel apprehensam à se dimittebat.

5편 2쪽 1장   공자가 말하길, 나의 제자 안회顏回. 기원전 521~481는 참으로 지혜로웠다. 그는 사태를 스스로 올바르게 구별하고 중을 골라잡을 줄 알았다. 그는 하나의 덕을 얻으면 두 팔로 껴안듯이 그것을 귀하게 여기고 꼭 보듬고 가슴에 품는다. 한 번 잡은 중을 자신에게서 결코 놓지 않았다.

cf. Ruggieri.   Idem. Queius Cinctius is vir est, qui cum semel in re aliqua ad officium pertinenti medium arripuit, illud retinet et in pectus abdit, nec unquam a se dimittit. (공자의 말이다. 퀘이우스 칭티우스안회는 이런 사람이다. 그는 덕과 관련된 것이라면 어떤 것이든 중을 붙잡고 그것을 움켜주고 마음 안에 품고서 그것을 결코 놓지 않는다.)

cf. 子曰, 回之爲人也, 擇乎中庸, 得一善, 則拳拳服膺而弗失之矣.

---

[52] *p.c.*

f.5. p.2. §.2. Confucius ait: orbis regna erunt equidem qui possint pacificè regere, dignitates et census erunt qui valeant recusare, nudos enses erunt qui possint fortiter calcare. Et verò medium, quamvis primâ fronte facile appareat, tamen non potest quivis nisi cum maiori quodam certamine et labore obtinere.

5편 2쪽 2장 공자가 말하길, 천하 국가를 골고루 평화롭게 다스릴 수 있는 사람이 진실로 있을 것이다. 관직과 재산을 거절할 수 있는 사람도 있을 것이다. 용감하게 칼을 맨발로 밟을 수 있는 사람도 있을 것이다. 그러나 진실로, 비록 그것이 처음에는 쉬워 보여도 중을 지키는 것은 아무나 할 수 없다. 더 큰 분별과 노력이 없다면 말이다.

*cf. **Ruggieri**.* Regnum et domus potest in pace gubernari, honores et census possunt recusari, gladius acutus potest percalcari, at non potest semper medium teneri. (나라와 집안을 평화롭게 다스릴 수도 있다. 관직과 재산을 거절할 수도 있다. 날카로운 칼을 밟을 수도 있다. 그러나 언제나 중을 잡는 것은 가능하지 않다.)

cf. 子曰, 天下國家均也. 爵祿可辭也. 白刃可蹈也. 中庸不可能也.

f.6. p.1. §.1 Hac fortè occasione discipulus Cu-Lu, ut erat ingenii bellicosi[53] appetens gloriae militaris, quaesivit de fortitudine.

6편 1쪽 1장 이 대목에서 천성이 싸우기를 좋아하고 싸움에서 이기기를 좋아했던 자로子路. 기원전 542~480가 강함에 대해서 물었다.

cf. Ruggieri. Tilo rogante de fortitudine. (티로자로가 강함에 대해서 물었다.)

cf. 子路問強.

---

[53] indolis bellicosae *Couplet*

f.6. p.1. §.2. Sciscitatur ex eo Confucius et ait: an quaeritur hîc de hominum illorum, qui in australi regione degunt, fortitudine? An de eorum, qui borealem regionem incolunt, fortitudine? An verò de vestrâ qui sapientiam colitis, fortitudine?

6편 1쪽 2장 이 물음에 공자가 답하길, 여기에서 묻는 것이 남방에 사는 사람의 강함이냐, 아니면 북방에 사는 사람의 강함이냐, 아니면 진실로 지혜를 기르는 너희의 강함이냐?

cf. Ruggieri. Respondit Confucius, est fortitudo australis, est fortitudo septentrionalis, est fortitudo vestra. (공자가 답한다. 남쪽의 강함인가? 북쪽의 강함인가? 너희의 강함인가?)

cf. 子曰, 南方之强與, 北方之强與, 抑而强與.

f.6. p.1. §.3. Largiùs leniùsque se gerere et cum indulgentia quadam in suorum institutione non castigando semper, nec iusto severiùs eorum desidiam vel tarditatem, nec immoderatiùs[54] poenas exigere à refractariis, sed eos patienter ferre, ea demùm est australium regionum fortitudo qua hominum animos paulatim student rationi subiicere. Et huic[55] quidem fortitudini[56] viri perfecti dant operam, in hac etiam immorantur.[57]

6편 1쪽 3장 여유있고 부드러운 사람은 가르침에 있어서 관대하며 꾸짖지 않고, 게으름과 더딤을 엄격하고 가혹하게 다루지 않는다. 완강한 자에게 과도한 벌을 내리는 대신에 그를 인내심을 가지고 참아준다. 이것이 남방의 강함이다. 이 강함을 바탕으로 그는 사람의 마음을 천천히 이성에 순종하게 만들기를 좋아한다. 이상적인 군자는 이 강함을 얻으려고 노력하고, 또한 이 강함에 머무른다.

cf. Ruggieri. Plana natura, et prona ad aliorum eruditionem, facilitas ad concordiam et animus a rixa abhorrens, praesertim cum laesus iniuria non quaerit vindictam, haec fortitudo australis est. Nam haec regia habitatio boni viri est. (다른 사람을 가르치는 것을 본성적으로 좋아하고 화합을 좋아하며 다툼을 싫어하는 마음, 특히 불의로 인해 상처를 입었음에도 처벌을 요구하지 않는 것, 이것이 남쪽의 강함이다. 이 왕국이 군자가 사는 곳이다.)

cf. 寬柔以敎, 不報無道, 南方之强也, 君子居之.

---

[54] ultionem aut *Couplet*
[55] haec *Couplet*
[56] del. *Couplet*
[57] dant... immorantur *del., pro eis* praestare possunt *adn. Couplet*

f.6. p.1. §.4. Impavidum et securum cubare lanceas super loricasque; medias inter mortes versari, et tamen non pertimescere nec affici taedio vitae huiusmodi, borealium quidem regionum fortitudo est. Et in[58] hac fortes isti immorantur.[59] Quoniam tamen multùm hîc temeritatis adesse solet, mediique regula crebrò admodum violari, non ea est fortitudo, quam [à vobis][60] expecto discipuli mei.

6편 1쪽 4장 창과 갑옷 위에 눕는 것을 무서워하지도 두려워하지도 않고, 죽은 시체들 사이를 왔다갔다하더라도 결코 공포에 떨지 않으며, 이렇게 사는 것에 대해 불평하지 않는 것이 북방의 강함이다. 용자强者는 이 강함에 머무른다. 그럼에도 여기에는 성급함이 많다. 중의 법칙에 자주 어긋난다. 이 강함은, 내가 [너희에게서] 바라는 내 제자의 강함이 아니다.

cf. Ruggieri. Uti vero armis et offensivis et defensivis mortem contemnere, haec septentrionalis fortitudo (fortitude *Ferrero*) est, et in ea etiam regionis potest vir fortis commorari. (공격하는 무기이든 방어하는 무기이든 죽음을 가볍게 여기는 것, 이것이 북방의 강함이다. 이 지역에는 용감한 사람이 머물 수 있다.)

cf. 衽金革, 死而不厭, 北方之強也, 而強者居之.

---

[58] *del. Couplet*

[59] isti immorantur *del., pro eis* et robusti praestare possunt *adn. Couplet*

[60] *del. Intorcetta*

f.6. p.2. §.1. Itaque vir perfectus sui unius victoriae semper intentus, ad mores et ingenia aliorum se fingit quidem et accommodat, attamen (ut est sui dominus) non patitur sese velut diffluere neque depravari inertium molliumque consuetudine et exemplis [nec in omnibus sine discrimine obsequitur et].[61] Haec fortitudo proh (p. 71) quanta [est]![62] Rursùs in medio aliorum à recto aberrantium ipse unus rectus stat, et neutram in partem inclinat, haec fortitudo proh[63] quanta [est]![64] Item si in regno vigeant virtus et leges et ipse magistratum gerat, hos tamen honores inter non mutat mores nec eam vitae normam quam privatus servabat, adeòque nec inaniter intumescit; haec fortitudo proh quanta [est]![65] Contrà verò si in regno iaceant virtus et leges, si magna sit rerum perturbatio, ipse tamen, quamvis prematur inopiâ et aliis atque aliis aerumnis affligatur, etiam redactus ad ipsam usque mortem inter haec non mutatur, suscepti semel propositi semper tenax, haec quoque fortitudo proh quanta [est et quam eximia]![66] Nimirum sita est illa in assiduâ sui ipsius victoriâ. A vobis ergò discipuli mei prae illâ australium et borealium gentium fortitudine et expeto et expecto fortitudinem huiusmodi[67], (quod hîc Sinicus philosphus pluribus declarat, Romanus orator et philosophus verbo complectitur, et in eo totam virtutis rationem vult esse positam; sic enim in Paradoxis suis ait:

---

[61] *suppl. Couplet*

[62] *suppl. Couplet*

[63] *del. Couplet*

[64] *suppl. Couplet*

[65] *suppl. Couplet*

[66] *suppl. Couplet*

[67] eiusmodi *Couplet*

una virtus est consentiens cum ratione et perpetuâ constantiâ: quae quidem sententia perelegans 中Chum 庸Yum duarum vocum periphrasis est.)[68]

6편 2쪽 1장 이상적인 군자는 언제나 자신을 이기는 것에 오로지 집중한다. 다른 사람의 사는 방식과 능력에 자신을 조절하고 맞춘다. 하지만 (자신이 주인이므로) 자신에 대해서 게으르고 나약한 버릇과 잘못에 길들여져 탐닉과 타락에 빠지는 것을 허용하지 않는다. [어떤 일도 분별없이 대하지 않는다.] 이 강함은 얼마나 위대한가! 올바름으로부터 벗어난 사람의 한 가운데에서 홀로 그 자신만이 올바르다. 어느 쪽으로도 기울지 않는다. 이 강함은 얼마나 위대한가! 나라에 덕과 법률이 살아 있어서 관직을 수행한다 할지라도, 이상적인 군자는 그 명예를 누리지만 살아가는 방식과 사인私人이었을 때에 지키던 삶의 방식을 바꾸지 않는다. 결코 허풍치며 오만하게 살지 않는다. 이 강함은 얼마나 위대한가! 반대로 덕과 법률이 바닥에 떨어져 나라에 혼란이 크다면, 아무리 가난에 짓눌려 그 어떤 재난이 압박해도, 이상적인 군자는 물러나서 죽을 때까지 그것들에 의해 흔들리지 않는다. 한번 정한 것은 언제나 굳건하게 지킨다. 이 강함은 또한 얼마나 위대한가! [또한 이 얼마나 훌륭한 것인가!] 저 강함이 언제나 자신을 이기는 것에 있음은 분명하다. 따라서 나는 너희에게 남방 종족과 북방 종족의 강함 대신에 내 제자 [안회]의 강함을 권하고, 이런 강함을 기대한다. (중국의 철학자가 여러 말로 설명한 것을 로마의 연설가이자 철학자키케로를 칭함는 한 마디로 아우른다. 덕의 뿌리는 전적으로 저것에 있다. 키케로가 『스토아 역설*Paradoxa Stoicorum III, 20*』에서 한 말이다. "오로지 덕만이 이성에 일치하고 언제나 한결같다." 이 말은 중용中庸이라는 누 단

---

68 quod hic philosophus ... periphrasis est *del. Couplet*

어를 매우 탁월하게 설명해 준다.)

cf. Ruggieri. At bonus vir cum semper in medio est, nec labitur in malum. Praeclara fortitudo est, cum regno pacato in magistratu est, et non mutatur et a medio recedit, et saltem institutum tenuit etiam antequam magistratum iniret, praeclara fortitudo est. (군자는 항상 중에 머무르기 때문에, 악에 빠져들지 않는다. 나라가 평화를 누릴 때 관직에 임해서 변함없이 중을 놓지 않으면, 강함은 빛난다. 또한 관직에 나서기 전에 가졌던 마음을 굳게 지킬 때에도 강함은 빛난다.)

cf. 故君子和而不流, 強哉矯! 中立而不倚, 強哉矯! 國有道, 不變塞焉, 強哉矯! 國無道, 至死不變, 強哉矯.

f.6. p.2. §.2. Confucius ait: sunt qui temerè transiliunt medii limites dum sectantur virtutes nescio quas prorsùs inusitatas et reconditas; ac gaudent patrare miranda quaedam, ut posterioribus saeculis sint qui nomen eorum depraedicent. Sed ego certè non fecerim eiusmodi rem; quod passim nosse convenit et agere, id nosse et agere studeo.

6편 2쪽 2장 공자가 말하길, 어떤 희한하고 숨어 있는 덕을 쫓으면서 경솔하게 중中의 경계를 뛰어넘는 사람이 있다. 이들은 후세에 이름을 남기기 위해서 어떤 기이한 것을 성취하고 즐거워한다. 나는 이와 같은 일들은 결코 행하지 않을 것이다. 어디에서든 이것을 알고 행하는 것이면 충분하다. 나는 이를 알고 행하길 열망한다.

cf. Ruggieri. Quaerere rerum abditarum scientiam et admirabilem videri velle ut a posteris laudem consequaris, id ego non faciam. (후세의 사람으로부터 명예를 얻기 위해서 희한한 것에 대한 앎을 찾아다니고 이를 통해서 놀라운 사람으로 보이기를 원한다 할지라도, 나는 이것을 행하지 않을 것이다.)

cf. 子曰, 素隱行怪, 後世有述焉, 吾不爲之矣.

f.7. p.1. §.1.   Perfectus vir aggreditur viam ordinariam et ideo in ea constanter progreditur. At sunt qui vel inusitata [et abstrusa nec non][69] et maiora viribus suis temerè affectant, vel, tametsi virtutis viam eo quo par est modo sint ingressi, tamen in medio ipsius viae cursum abrumpunt, et turpiter deficiunt. At ego certè non velim nec possim sic sistere; quae coepi conabor perficere, inquit Confucius[70].

7편 1쪽 1장 이상적인 군자는 정상적인 길을 간다. 그 길로 한결같이 나아간다. 기이한 것과 [은밀한 것뿐만 아니라] 자신의 힘에 부치는 더 큰 일을 이루려는 경솔한 사람이 있다. 특히 마땅히 따라야 하는 방식으로 덕의 길로 들어섰음에도 그 길을 중간에서 멈추고 부끄럽게 행하는 사람이 있다. 나는 결코 이렇게 멈추는 것을 원하지 않는다. 멈출 수도 없다. 내가 시작한 것을 완성하고자 나는 노력할 것이다. 공자가 이렇게 말했다.

cf. Ruggieri.   Cum vir bonus per virtutis iter incedit et in medio itinere deficit, hanc rationem ego nullo modo probo. (덕의 길에 들어선 군자가 중도에서 그만둔다면, 나는 그러한 방식을 결코 좋아하지 않는다.)

cf. 君子遵道而行, 半途而廢, 吾不能已矣.

---

[69] *suppl. Couplet*

[70] inquit Confucius *del. Couplet*

f.7. p.1. §.2. Itaque perfectus vir in omnibus semper conformat se medio, nil utrà, nil citrà agens; amore autem virtutis fugere saeculum, honores, etc; adeòque iam non[71] videri ab hominibus, imò nec cognosci, et tamen nullo inde seu tristitiae seu poenitudinis sensu affi-(p. 71)-ci, tam arduum est ut solus is qui sanctus est[72] [seu verè sapiens est] praestare id possit.

7편 1쪽 2장 이상적인 군자는 모든 일에서 한결같이 자신을 중에 일치시킨다. 어떤 것도 넘치지 않게, 어떤 것도 모자라지 않게 행한다. 하지만 덕을 사랑하면서 세속의 평판과 관직 등을 피한다. 사람들에게 드러나지도 알려지지도 않지만, 슬퍼하거나 후회하지 않는다. 이는 참으로 어려운 일이다. 오로지 성인만이 [혹은 현자만이] 이를 행할 수 있다.

cf. Ruggieri. Cum vir bonus semper in medio versatur, si omnem vitam a vulgo se seiunxit et ab hominum consuetudinibus (consuetudinis *sic*) recessit, si cum intelligit se a nemine(memini *sic*) cognosci non tristatur, nec dolet, rem facit quam santus et sapiens praestare potest. (군자는 언제나 중에 머무른다. 비록 그가 일생을 대중으로부터 떨어져 있고 그들이 사는 방식과 거리를 두고 살기에 자신을 알아주는 사람이 아무도 없다는 것을 알고 있음에도 슬퍼하거나 고통스러워하지 않는다면, 그는 성인과 현자가 행할 수 있는 것을 행하는 것이다.)

cf 子曰, 君子依乎中庸. 遯世不見知而不悔, 唯聖者能之.

---

[71] nunquam *Couplet*

[72] est *del., pro eo* seu verè sapiens est *scr. Couplet*

f.7. p.2. §.1. Hoc et sequenti paragrapho Cu-Su ait: perfectorum in medio sectando regula usu ampla est et universalis, et tamen intima illius vis ac ratio [in re parva][73] est et subtilis ac recondita est, adeoque à paucis cognita.

7편 2쪽 1장 이 장과 이어지는 장에서 자사가 말하길, 중을 따르는 이상적인 군자의 법칙은 그 쓰임이 크고 보편적이다. 그럼에도 그것의 힘은 깊게 숨어 있다. 그 방식은 [작은 일에서] 세밀하고 은밀하다. 그래서 아는 사람이 드물다.

cf. Ruggieri. Virtutis exercitatio est quidem in multis rebus, at eius natura una est et in uno consistit. (덕의 실천은 사실 많은 것에 있다. 그러나 덕의 본성은 하나이고 하나로 이루어져 있다.)

cf. 君子之道, 費而隱.

---

[73] *suppl. Couplet*

f.7. p.2. §.2. Verum quidem est, quòd[74] viri foeminaeque, quamvis rudes, intra sphaeram suam naturalem possunt pervenire ad practicam medii notitiam; sed cognoscendo pervenire ad huius subtilissimum apicem, quamvis sanctus quispiam sit et probè intelligens, equidem habebit [aliquid][75] quod nondum cognoverit. Viri foeminaeque, quamvis sint inutile vulgus, tamen fieri potest, ut in quibusdam rebus iuxta medii regulam subinde queant [ex parte][76] operari; at verò pervenire ad huius praecelsum[77] apicem, quamvis sanctus quispiam sit, semper equidem adhuc habebit quò non possit pertingere.[78] [et quae servare nequeant]. Quin imò caelum et terra, quamvis horum tanta sit magnitudo, perfectio atque erga homines beneficentia, tamen ob elementorum temporumque vicissitudines nequeant explere singulorum vota, sic prorsùs, ut homines reperiat qui adhuc habeant[79] ob quod indignabundi[80] de coelo terrâque conquerantur.[81] Igitur[82] si de perfecti viri agamus magnitudine,[83] necessariò fatebimur,[84] orbem universum non posse tantae virtutis molem capere aut sustentare; si verò agamus[85] de eiusdem recondita vi[86] et subtilitate, fatebimur item quòd orbis totus non possit eam dividere aut penetrando

---

[74] Verum quidem est, quòd *del., pro eis* quadantenus *Couplet,* sed *del. 1687*

[75] *suppl. Couplet*

[76] *suppl. Couplet*

[77] supremum *Couplet*

[78] *post* pertingere, et quae servare nequeant *suppl. Couplet*

[79] ut homo in eis reperiat quae arguat et adhuc habeat *Couplet*

[80] indignabundus *Couplet*

[81] conqueratur *Couplet*

[82] propterea *Couplet*

[83] si vir perfectus agat de eius magnitudine *Couplet*

[84] fatebitur *Couplet*

[85] agat *Couplet*

[86] exiguitate *Couplet*

perrumpere. [Sensus est: nulla res adeo magna est, in qua ratio non insit; nulla item adeo exigua, quae ratione quadam careat.]87

7편 2쪽 2장 [평범한] 남자와 여자도, 비록 그들이 배우지는 못했더라도, 그 자신들에게 주어진 본성의 범위에서 중을 실천하는 법을 알수 있다. 그들도 앎을 통해서 저 정밀한 중의 지극함에 도달할 수 있다. 어떤 사람이 성인聖人이고 제대로 이해하고 있어도, 아직 파악하지 못한 어떤 것에 말이다. [평범한] 남자와 여자도, 비록 대접을 받지 못하는 대중이라 해도, 어떤 일에서는 중의 법칙에 따라 [부분적으로는] 가끔 행할 수 있다. 실로 이것의 지극히 높은 정상에 도달하는 것은, 비록 어떤 이가 성인이라 할지라도, 그에게도 도달할 수 없는 것이 언제나 있다. 비록 하늘과 땅이 매우 크고 그것들의 작용과 그것들이 사람들에게 베푸는 은혜가 매우 크지만, 그것들은 지수화풍地水火風과 계절의 변화 때문에 사람의 소원을 개별적으로 들어줄 수 없다. 자신이 대접을 받지 못했다고 하늘과 땅에 대해 분노하고 원망하는 사람을 쉽게 볼 수 있다. 이상적인 군자의 크기에 대해서 논한다면, 우주도 저토록 커다란 덕을 담을 수도, 떠받들 수도 없음을 인정할 수밖에 없을 것이다. 마찬가지로 만약 덕의 은밀하고 세밀한 힘에 대해서 논한다면, 우주 전체도 그 힘을 쪼갤 수도, 꿰뚫고 들어가 깨버릴 수도 없다는 점을 인정할 수밖에 없을 것이다. [그 뜻은 이와 같다. 이성이 내재하지 않은 것은 그 어떤 것도 크지 않다. 또한 이성이 자리잡지 못할 정도로 작은 것은 그 어떤 것도 없다.]

cf Ruggieri. Multitudo imperita potest aliquam partem intelligere, at illius summam perfectionem nemo, licet vir sanctus et sapiens ita intellexit, quin multa esse universi quae nesciat,

---

87 *suppl. Couplet*

imperita multitudo(multitudine *sic*) potest quidem ex parte virtutem praestare, at illius summam(summa *sic*) perfectionem nemo, licet vir sanctus et sapiens ita est consecutus(consequtus *sic*), quin multa esse videat quae(quam *sic*) sibi desunt. Rerum universitas permagna est, in ea tum aliquod habent(habet *sic*) homines quod repudiant, propterea vir bonus ait, rem magnam esse virtutem quam hominum genus sustinet. Non posse paucam esse dicit, propterea quod […] natura individua est, nec potest in partes dissecari, nec tum quicquam ita minimum in quo virtus esse non possit. (무지한 대중도 어느 정도는 이해할 수 있다. 그러나 어느 누구도 덕의 지고한 완성은 알지 못한다. 성인과 현자는 아마도 우주에는 자신이 모르는 것이 많이 있음을 알 수 있다. 무지한 대중도 부분적으로는 덕을 행할 수 있다. 그러나 덕의 지고한 완성은 성인도 현자도 [이룰 수 없다]. 아마도 성인과 현자도 자신에게 부족한 것이 많음을 파악하는 정도는 이룰 수 있다. 우주는 매우 크다. 그곳에는 사람들이 싫어하는 것이 있다. 이 때문에 이상적인 군자는 말한다. 인류가 지키는 덕은 위대하다. 그것은 작은 것이 아니다. 왜냐하면 […] 본성은 쪼갤 수 없고 부분으로 잘게 토막 낼 수 없기 때문이다. 다른 한편으로 덕이 자리 잡지 못할 정도로 아주 작은 것도 결코 아니다.)

cf. 夫婦之愚, 可以與知焉. 及其至也, 雖聖人亦有所不知焉. 夫婦之不肖, 可以能行焉. 及其至也, 雖聖人亦有所不能焉. 天地之大也, 人猶有所憾. 故君子語大, 天下莫能載焉. 語小, 天下莫能破焉.

f.8. p.1. §.1. Confirmat praedicta citans Odam, quae sic ait: avis Yuên dicta volando penetrat coelos: piscis immergitur in pelagus. Id est (exponit Cu-Su) uti avium volatus ad alta caelorum et piscium impetus ad ima profundi fertur, ita haec ipsa virtus [et ratio][88] ad summa pariter et ima pertingens, in maximis minimisque rebus [supra et infra][89] exerit sese ac manifestat.

8편 1쪽 1장 공자는 『시경詩經』을 인용하면서 앞에서 말한 것을 확증한다. 제비라 불리는 새는 날아서 하늘로 올라가고, 물고기는 바다로 뛰어든다. (자사가 설명하길) 새의 날개짓이 하늘의 높은 곳을 향하고 물고기의 헤엄이 바다의 깊은 곳을 향하듯이, 마찬가지로 덕도 [그 방식도] 가장 높은 곳과 가장 낮은 곳으로 향하고, 가장 큰 일과 가장 작은 일에 [위로든 아래로든] 자신을 움직이고 드러낸다.

cf. Ruggieri. Est in poematibus, milvus(milvius *sic*) volando in caelis se extollit, pisces natando ad imum fundum se dimittunt, quae res aperte indicat iter ad supera et infera patere et notum esse. (『시경詩經』에 이르길, 제비가 날아서 하늘로 올라가고, 물고기는 헤엄쳐서 깊은 바닥으로 내려간다. 이는 위로 오르는 길과 아래로 내려가는 길이 열려 있고 알려져 있음을 분명히 보여준다.)

cf. 詩云, 鳶飛戾天, 魚躍于淵. 言其上下察也.

---

[88] *suppl. Couplet*
[89] *suppl. Couplet*

f.8. p.1. §.2. Itaque, ut dixi, perfecti viri in hoc medio servando regula ducit initium ab ipsis homuncionibus et mulierculis, atque adeò eadem illa quae est perfectorum in medio servando virtus seu regula, cùm sit universalis et omnibus ingenita, sua quoque rudimenta habet in promiscuo hominum vulgo. At verò quatenùs extendit sese illa ad suum apicem, (p. 72) vel, si discurramus (ut alii explicant) de illius apice, longè latèque resplendet ac manifestatus statur in coelo pariter et in terra. [Postquam Cu-Su explicavit quod superius dictum est, rationis regulam et ei consentaneum nunquam ab homine posse abesse, hoc idem sequentibus paragraphis ex Confucii dictis penitus explanat.]⁹⁰

8편 1쪽 2장 내가^{아마도 자사} 말했듯이, 이상적인 군자의 법칙은 중을 지킴에 있어서 아주 작게 남편과 아내에서 시작한다. 이렇게 하는 것은 중을 지키는 이상적인 군자의 덕성 혹은 법칙과 같은 것이다. 그것은 보편적이고 모든 사람에게 뿌리내려 있고, 또한 그 시작을 평범한 백성에 두는 것이다. (다른 이들이 설명하듯이) 그 덕은 최정상까지 펼쳐져 있다. 그 정상에서 내려가면, 그 덕은 멀고 넓게 빛나고 하늘과 땅에 골고루 분명하게 서 있다. [자사는 위에서 말한 것을 밝힌 뒤, 이성의 법칙과 이성에 일치하는 것은 사람에게서 결코 떨어질 수 없다고 말하고 이것을 공자의 말로 충분하게 설명한다.]

cf. Ruggieri. Sic virtus tam in humilibus hominibus, qui(quam *sic*) terram et ima fundi significantur, quam in summis et praestantibus viris qui caelum videntur contingere, reperiri potest. (덕은 땅과 기긴 낮은 바닥이라고 일컫는 비천한 사람에게서도, 하늘

---

⁹⁰ *suppl. Couplet*

에 닿았다고 여겨지는 가장 뛰어난 사람에게서도 발견할 수 있다.)

cf. 君子之道, 造端乎夫婦, 及其至也, 察乎天地.

f.8. p.2. §.1. Confucius, ut probet omnes promiscuè ad eam, quae verè norma est, suo modo posse pertingere, explicans illud axioma: quod tibi non vis [fieri][91] alteri non feceris, sic ait: regula [rationis][92] (quae versatur exempli gratia inter regem et subditum, inter patrem et filium, maritum et uxorem, maiores natu et minores, denique amicos inter) non longè abest ab ipsomet homine. Illa verò, quam homines sibi fabricant, regula quae[93] longè abest[94] ab ipso homine (cuiusmodi sunt exotica et ardua quaedam principia, quae modò dictis quinque hominum ordinibus haudquaquam sunt usui[95]) non potest censeri regula [et ratio][96].

8편 2쪽 1장 모든 사람이 구별 없이 각자 자신의 방식으로 저 규범에 연결되어 있음을 입증하기 위해서 공자는 "너에게 행해지길 바라지 않는 것을 다른 사람에게 행하지 말라"는 격언을 설명하며 이렇게 말했다. [이성의] 법칙은 (이 법칙은 예컨대 군주와 신하, 아버지와 아들, 남편과 아내, 형과 아우, 마지막으로 친구들 사이에 놓여 있다.) 사람에게서 멀리 떨어져 있지 않다. 사람들이 스스로 편의에 따라서 만든 법칙은 사람에게서 멀리 떨어져 있고, (방금 말한, 사람들의 질서를 세우는 다섯 가지 원칙에 전혀 도움이 되지 않은 희한하고 어려운 것이 여기에 해당한다.) 이것은 법칙과 [이성]으로 따질 수 없다.

cf. Ruggieri. Homines nunquam non sequi debent praescriptum (prescriptum *sic*) rationis, quare qui virtutem student acquirere et

---

[91] *suppl. Couplet*
[92] *suppl. Couplet*
[93] et *Couplet*
[94] abesse volunt *Couplet*
[95] concordant *Couplet*
[96] *suppl. Couplet*

alta tantum facere quaerunt(querunt *sic*), humilia et plana negligentes virtutem assequi non possunt, quia se a virtutis usu disiungunt. (사람은 이성의 지침을 따르지 않으면 안 된다. 덕을 얻고자 열망하지만 높은 것만을 이루려 하면서 낮고 평범한 것을 무시한다면, 결코 덕에 도달하지 못할 것이다. 덕의 실행에서 자신을 떼어내는 것이기 때문이다.)

cf. 子曰, 道不遠人. 人之爲道而遠人, 不可以爲道.

f.8. p.2. §.2. Confirmat hoc à simili ex Oda petito, quae sic ait: cùm quis eo, quod exscidit, manubrio exscindit formatque manubrium aliud[97], huius quidem[98] exemplar seu regula non longè abest, quippe in manu artificis est manubrium ipsum quo rude lignum dolat ut efformet aliud. Confucius explanans simile sic ait: artifex manu arripit manubrium, ut sibi[99] exscindat formatque alterum simile manubrium; idem obliquè contuetur, et explorat an exactè respondeat ipsi, quae[100] in manu est, [manubrii formae et regulae].[101] Adhuc tamen hanc ipsam abesse longiùs existimo, quàm absit illa, quae à caelo homini indita est, regula, quia haec intrinseca, extrinseca est illa [et in caedendo manubrio unum ab alio diversum est][102]. Ideo vir perfectus dum instituit hominem, non per extrinsecum quid et remotum ab homine, sed per ipsummet hominem instituit regitque hominem. [Nec assimilatur caedenti manubrium qui diversum caedit ab eo quod manibus tenet.][103] Etenim inest huic lumen idem rationis. Hoc unum excitat et esse iubet pro regula. Quo facto si id assequatur, ut is emendetur[104], tum demùm acquiescit [et sistit][105] operosiori scilicet institutioni supersedens.

8편 2쪽 2장 공자는 『시경詩經』에서 찾은 비유로 이를 입증한다. 그

---

[97] cum ... aliud *del., pro eis* caedito manubrium, caedito manubrium *scr. Couplet*

[98] *del. Couplet*

[99] securi *Couplet*

[100] quod *Couplet*

[101] *suppl. Couplet*

[102] *suppl. Couplet*

[103] *suppl. Couplet*

[104] ut his corrigatur et emendetur *Couplet*

[105] *suppl. Couplet*

의 말이다. 어떤 사람은 자신이 잘라놓은 도끼자루를 잡고 도끼질을 하여 다른 도끼자루를 자르고 만든다. 이것의 모범 혹은 법칙은 멀리 있지 않다. 다른 도끼자루를 만들려고 그것에 따라 거친 나무를 다듬는 그 도끼자루가 장인의 손에 쥐어져 있기 때문이다. 공자는 비유를 설명하면서 이렇게 말했다. 장인은 손으로 도끼자루를 잡는다. 그것을 닮은 다른 도끼자루를 자르고 만들기 위해서다. 마찬가지로 나란히 살펴서 손에 쥔 그것에 [즉 도끼자루의 모양과 법칙에] 정확하게 맞는지를 재어본다. 그럼에도 이 법칙은 하늘이 사람에게 부여한 저 법칙보다 더 멀리 떨어져 있다고 나는 생각한다. 이 법칙은 사람 안에 들어 있고, 저 법칙은 밖에 있고, [도끼자루를 자르는 것은 하나가 다른 하나와 다르기 때문이다.] 따라서 이상적인 군자는 사람을 가르칠 때 밖에 있는 것으로, 사람에게서 떨어진 것으로가 아니라 그 자신을 통해서 사람을 가르치고 사람을 다스린다. [이는 손에 쥔 도끼자루로 다른 도끼자루를 자르는 사람과 다르지 않다.] 이것에는 또한 이성의 빛이 안에 들어 있기 때문이다. 이성만이 법칙을 대신하여 사람을 일깨우고 [사람이] 되도록 명한다. 따라서 만약 자신을 바로잡기 위해서 이것을 성취한다면, 마침내 그는 고생스러운 가르침으로부터 벗어나서 [멈추고] 평안을 누리며 자신을 다스릴 것이다.

cf. Ruggieri. In Poematibus [est] (*sic, fortasse delendum*), capit aliquis manubrium et caedit lignum ut faciat alterum manubrium, manubrii figura non abest a ligno, at contra obiicit Confucius, qui manubrium capit et lignum caedit ut faciat manubrium, limis aspicit ut prospiciat [an] (*sic, fortasse delendum*) ad iustam manubrii (manubri *sic*) figuram <et> (*supplendum*) lignum redactum sit. Ergo non est in lignis manubrii (manubri *sic*) figura, nam deprehendit duo illa manubria inter se differre, constat tam manubrii(manubri *sic*) figuram esse in ligno et e ligno educi posse si recte caedatur. Sic hominem dirigit id quod est in homine ratio, scilicet quod est in eo ipso qui dirigitur tamquam manubrii(manubri *sic*) figura in ligno nondum polito, non autem dirigitur a ratione quod est in dirigente, nam si is sua sponte se corrigit, dirigentis opera opus non est, ex quo intelligitur rationem ab hominibus non abesse, non fuisse extra hominem antequam dirigeretur. (『시경』에 이르길, 어떤 이가 도끼자루를 잡고 다른 도끼자루를 만들기 위해서 나무를 자른다. 도끼자루의 모양은 나무로부터 멀리 떨어져 있지 않다. 그러나 공자는 반대로 말한다. 도끼자루를 만들기 위해서 도끼자루를 잡고서 나무를 자르는 사람은 줄을 살핀다. 도끼자루에 맞는 모양을 살펴 나무를 다듬기 위해서다. 따라서 도끼자루의 모양은 나무에 들어 있지 않다. 저 두 도끼자루는 서로 다르다는 것을 파악하고 있었기 때문이다. 도끼자루의 모양은 나무에 들어 있고 올바르게 자른다면 나무로부터 이끌어낼 수 있음이 분명하다. 이처럼 이성은 사람 안에 있으므로 이성이 사람을 이끈다. 아직 다듬지 않은 나무 안에 들어 있는 도끼자루의 모양처럼 이성도 이끎을 받는 바로 그 사람 안에 들어 있기 때문이다. 그러나 이끄는 사람 안에 있음에도 이성을 따르지 않는다. 즉 만약 이 사람이 자발적으로 자신을 고친다면, 이끄는 사람의 일이 필요하지 않기 때문이다. 이로부터 이성은 사람들로부터 떨어진 것이 아니며, 이성은 이끎을 받기 전에는 결코 사람들 밖에 있지 않음이 분명하다.)

cf. 詩云, 伐柯伐柯, 其則不遠. 執柯以伐柯, 睨而視之, 猶以爲遠, 故君子以人治人, 改而止.

f.9. p.1. §.1. Rursum ait: quisquis omni cum fide et synceritate ex se metitur alios, hic utique discedit à regula et lege naturali non procul, seu à regula illâ dirigitur quam in se ipse habet, quippe cuius primum ferè dictamen hoc est: quae fieri sibi quis non optat, ea itidem ne faciat aliis. (Quis credat magnum illud Christianorum axioma quingentis ante Christum annis in hoc ultimo Oriente fuisse prolatum?)[106] (p. 73)

9편 1쪽 1장 공자가 다시 말했다. 어느 누구든지 자신에게 기대어 모든 신의와 성실을 다해서 다른 사람을 판단하는 사람은 결코 멀리 있지 않은 본성의 법칙과 규칙으로부터 언제나 출발하는 것이다. 혹은 그 자신 안에 가지고 있는 법칙의 인도를 받는다. 자신에게 일어나기를 원하지 않는 것과 마찬가지로 다른 사람에게 행해서는 안 된다는 것이 이 법칙의 첫 번째 준칙이기 때문이다. (저 위대한 격언이 기원전 500년 전에 극동에서 만들어졌다는 것을 믿을 수 있는 사람이 그리스도인 가운데에서 과연 누구일까?)

cf. Ruggieri. Qui ipse perfectus est et iustus etiam in alios, is ad virtutem accedit, nec longe abest a ratione, quod tibi non vis fieri alteri ne feceris. (그 자신이 완전하고, 또한 다른 사람에게 올바른 사람은 덕으로 나아간다. 그는 이성으로부터 멀리 떨어져 있지 않다. 네가 너 자신에게 일어나지 않기를 바라는 것을 다른 사람에게 행하지 않기 때문이다.)

cf. 忠恕違道不遠, 施諸己而不遠, 亦勿施於人.

---

[106] quis ... prolatum? *del. Couplet*

f.9. p.1. §.2. Perfecti viri regulae sunt quatuor. Ego, ait Confucius, necdum adamussim servo[107] ex illis quatuor vel unicam [servare possum][108]. 1. quod exigitur à filiis familias, ut serviant parentibus, ego ipse nondum servo.[109] 2. quod exigitur à subditis, ut cum fide serviant regi, nondum ipse servo.[110] 3. quod exigitur à fratribus natu minoribus, ut cum debitâ observantiâ serviant maioribus natu, nondum ipse id servo.[111] 4. quod exigitur inter amicos, ut alter alteri primas deferat et sese mutuis officiis antevertat, ego quidem necdum servo.[112] Vir autem perfectus ordinarias et quotidianas has virtutes absque ulla fictione [opere][113] exercet; in quotidianis quoque sermonibus circumspectus est, et si quid fuerit in quo deficiat adeoque non expleverit officium suum, tum non audet non sibi vim facere ut tandem id expleat. Si ei sit[114] verborum copia, non item audet totam effundere; adeoque severus suimet censor hoc agit, ut verba respondeant operibus et opera respondeant verbis. Huiusmodi autem vir perfectus quomodo non sit solidus ac stabilis? Hunc ego interim imitari conor, et eiusdem servans vestigia, longè quidem, sed tamen sequor.

(Sinis omnibus praeter nomen illud quod totâ cum familiâ commune habeant, privatum singulis et agnomen et cognomentum est; hoc honoris gratiâ alter alterum compellat; agnomine (quod

---

[107] adamussim servo *del. Couplet*

[108] *suppl. Couplet*

[109] uti exigo à meo filio, ita servire patri ego ipse nondum possum *Couplet*

[110] uti exigo à meo subdito, eâ cum fide servire principi, ego non possum *Couplet*

[111] uti exigo à meo fratre natu minore, eâ cum observantiâ servire natu maiori, ego non possum *Couplet*

[112] uti exigo à meo socio et amico, ei primas deferre, et debitis officiis antevertere, ego quidem necdum possum *Couplet*

[113] *suppl. Couplet*

[114] nimia suppetat *Couplet*

parvum vocant, ac vilius censetur) tunc, cùm de se ipsi agunt, modestiae gratiâ utuntur. 丘Kieu igitur parvo suo agnomine Confucius hîc utitur, sed Sinae omnes 某Meu legunt reverentiae gratiâ; Meu enim idem sonat, quod apud nos persona quaedam.)[115]

9편 1쪽 2장 이상적인 군자의 법칙은 넷이다. 공자가 말하길, "나도 아직 넷 중에서 하나도 정확하게 지키지 못한다[지킬 수도 없다]. 첫째, 부모를 섬기는 것은 자식이 해야 할 일인데, 나 자신은 아직 지키지 못하고 있다. 둘째, 신의를 다해 군주를 모시는 것은 신하의 일인데, 나 자신은 아직 지키지 못하고 있다. 셋째, 나이든 형에게 당연히 가져야 할 존경의 마음으로 형을 모시는 것은 나이 어린 동생이 해야 할 일인데, 나 자신은 아직 지키지 못하고 있다. 넷째는 한 친구가 다른 친구에게 먼저 주어야 할 것을 주고 서로가 서로에게 갚아야 할 의무를 우선적으로 다하는 것은 친구들 사이에서 해야 할 일인데, 이 것도 나는 아직 지키지 못하고 있다. 하지만 이상적인 군자는 억지로 꾸미지 않고 일상의 기본적인 덕을 수행한다. 이런 덕의 수행은 일상적으로 하는 말에서 또한 살필 수 있다. 만약 뭔가 부족해서 자신이 해야 할 일을 행할 수 없다면, 이상적인 군자는 그것을 어떻게든 이루려고 억지로 힘을 써서 행하는 무리수를 자신에게 두지 않는다. 만약 말이 넘치면, 이상적인 군자는 마찬가지로 그것을 모두 쏟아내려고 시도하지 않는다. 이상적인 군자는 자신에게 엄격한 검열관이 되어 말이 일에 들어맞고, 일이 말에 들어맞도록 행동한다. 이런 이상적인 군자가 어찌 단단하고 굳건하지 않겠는가? 나도 이런 이상적인 군자를 닮으려고 때때로 시도한다. 비록 멀지만, 그럼에도 그의 발자취를 찾아서 나도 따른다. (모든 중국인에게는 기분 선체가 공동으로 시용

---

[115] Sinis ... quaedam *del. Couplet*

하는 성性 이외에 개인에게 부여되는 별칭과 별호가 있다. 별호는 명예를 높여 주기 위해서 다른 사람이 붙여준다. 별칭(작은 것으로 부르고, 낮추는 것으로 여겨진다)은 겸손하게 보이기 위해서 자신을 부를 때에 사용한다. 여기에서 구丘는 공자의 작은 별칭이다. 그러나 모든 중국인은 존경의 이유로 이를 모某로 읽는다. 모는 우리가 '그 분'이라고 부르는 것과 같다.)

cf. Ruggieri. Tota viri boni probitas quattuor in rebus posita est. Abiens Confucius ait: ego ne unam quidem praestare possum. Ut requiro ipse a meo filio, non ita patri obtemperare(obtemparari *sic*) scio. Ut requiro ab eo qui sub meo imperio est, non ita ipse obtemperare regi scio. Ut requiro ipse a meo fratre minore, non ita ipse obsequi maiori scio. Quod requiro ipse a meo amico, id prior ipse illi praestare nescio. Age semper ex praescripto virtutis, semper in verbis esto diligens et cautus, quem vires deficiunt is vim sibi facere non audet. Qui nimium verbis abundat, linguam suam compescere non potest, proinde nec facta verbis nec factis verba respondent, quo modo is et verax et constans appellari possit? Tum ergo vir bonus in iis omnibus maximum studium diligentiamque adhibeat. (군자의 뛰어남은 넷이다. 공자는 마치면서 말한다. 나도 이것들 중 하나도 하지 못하고 있다. 나 자신이 나의 아들에게 요구하듯이, 그렇게 아버지에게 복종하는 것을 나는 알지 못한다. 나의 명령을 받은 사람에게 요구하듯이, 그렇게 군주에게 복종하는 것을 나는 알지 못한다. 나 자신이 나의 동생에게 요구하듯이, 그렇게 나의 형에게 순종하는 것을 나는 알지 못한다. 나의 친구에게 요구하는 것을, 내가 먼저 친구에게 해주는 것을 나는 모른다. 덕의 법칙에 따라서 항상 행하라. 말을 함에 있어서 언제나 신중하고 조심

하라. 힘이 부족한 사람은 힘으로 억지로 행하지 않는다. 말을 너무 많이 하는 사람은 자신의 혀를 다스리지 못한다. 그래서 행동이 말을 따르지 못하고, 말이 행동에 일치하지 않게 된다. 이런 사람이 어떻게 진실되고 일관적이라고 불릴 수 있겠는가? 따라서 군자는 모든 일에 최선의 노력과 성실로 임해야 한다.)

cf. 君子之道四, 丘未能一焉. 所求乎子, 以事父, 未能也. 所求乎臣, 以事君, 未能也. 所求乎弟, 以事兄, 未能也. 所求乎朋友, 先施之, 未能也. 庸德之行, 庸言之謹, 有所不足, 不敢不勉, 有餘不敢盡. 言顧行, 行顧言, 君子胡不慥慥爾.

f.10. p.1. §.1. Docet hîc Cu-Su, virum perfectum sorte suâ contentum vivere. Perfectus vir, inquit, pro ratione sui status, quem hîc et nunc obtinet, res agit, nec cupit quidpiam ab hoc [suo][116] statu alienum.

10편 1쪽 1장 이 대목에서 자사는 이상적인 군자는 자신의 분수에 맞게 사는 것을 논한다. 그의 말에 따르면, 이상적인 군자는 자신이 처한 현재의 처지에 맞추어 행한다. 이상적인 군자는 자신의 처지에 맞지 않은 그 어떤 것도 욕심내지 않는다.

cf. Ruggieri. Vir bonus semper praesenti(presenti *sic*) rerum statu contentus vivit, nec quaequam extra eum desiderat. (군자는 언제나 주어진 현재 처지에 만족하며 살아간다. 자신의 밖을 벗어난 그 어떤 것도 욕망하지 않는다.)

cf. 君子素其位而行, 不願乎其外.

---

[116] *suppl. Couplet*

f.10. p.1. §.2. Si existat[117] dives [est][118] et honoratus, agit ut dives et honoratus, sic tamen ut illicitis voluptatibus et luxui non se dedat, nec arrogantiâ suâ fastuque offendat quemquam. Si existat[119] pauper [est][120] et ignobilis, sic tamen ut nihil viro gravi et probo indignum committat. Si extra patriam suam existat[121] alienigena, agit (p. 74) ut alienigena, seu ita gerit se ut poscit status degentis inter extraneos, sui semper similis. Si versetur aerumnis ac laboribus, agit pro ratione status aerumnosi, tenax semper magni propositi. Denique perfecto viro nullus est vitae status ad[122] quem iniret[123] ubi non sit ille sui dominus et suâ sorte contentus; [adeoque sibi succedat ex sententiâ].[124]

10편 1쪽 2장 만약 이상적인 군자가 부와 명예를 지니고 있으면, 부자와 명예로운 사람에 맞게 처신한다. 그럼에도 음탕한 욕망과 사치를 자신에게 허락하지 않는다. 또한 거만하고 오만하게 굴면서 다른 사람을 공격하지 않는다. 만약 가난하고 무명의 처지에 있어도, 진중하고 올바른 사람에게 어떤 부당한 잘못을 범하지 않는다. 만약 이방인으로 나라 밖에 머문다면, 이방인으로 행동한다. 혹은 이방인들과 살아야 하는 사람의 처지가 요구하는 대로 행동한다. 자신의 것을 언제나 한결같이 지킨다. 만약 재난과 고난에 처해 있다면 재난의 상태에 맞추어 행하지만, 원래 마음먹은 위대함을 언제나 굳건하게 지킨다. 따라서 이상적인 군자는 자신이 살면서 처한 어떤 처지에서도 자

---

117 *del. Couplet*
118 *suppl. Couplet*
119 *del. Couplet*
120 *del. Couplet*
121 *sit Couplet*
122 *del. Couplet*
123 ingrediatur *Couplet*
124 *suppl. Couplet*

신이 자신의 주인이 아닌 적이 없고 자신의 분수에 만족하지 않은 적
이 없다. [자신이 뜻하는 대로 뜻하는 바를 이룬다.]

cf. Ruggieri. In praesenti(presens *sic*) est dives, et vir bonus
vivit ut dives et vir magnus, in presenti(presens *sic*) est pauper et
humilis, vivit ut pauper et humilis, in praesenti(presens *sic*) inter
externos et alienigenas vivit ut externus et aliegena, in praesenti
(presens *sic*) et in maerorem et calamitatem, maestus (mestus *sic*)
vivit et ut calamitosus, ergo vir bonus semper in suo statu
consistit et in illo quiescit, eoque guadet. (부유하면 이상적인 군자
도 부자로, 대인으로 산다. 가난하고 미천하면 가난하고 겸손하게 산
다. 외국인과 이방인의 지역에 살면 외국인과 이방인으로 산다. 슬픔
과 재난이 닥치면 슬퍼하고 재난을 견디며 산다. 따라서 이상적인 군
자는 언제나 자신이 처한 상황에서 평안을 구하고 즐거워한다.)

cf. 素富貴, 行乎富貴. 素貧賤, 行乎貧賤. 素夷狄, 行乎夷狄. 素患難,
行乎患難. 君子無入而不自得焉.

f.10. p.1. §.3. Idem si constitutus est[125] in superiore [loco est et][126] dignitate, non inclementer tractat inferioris ordinis homines, [metum iis incutiendo].[127] Si autem constitutus est in inferiori [loco et][128] dignitate, non adulatur superioribus favores eorum captans. In hoc totus est, ut perficiat se ipsum, et non requirit aerumnarun suorum causam[129] in[130] aliis, adeoque nunquam indignatur cuiquam. Supra[131] non conqueritur de coelo quòd prospera non conferat aut eum affligat adversis. Infra[132] non criminatur nec culpat homines, quibus adversitatum aut defectuum suorum causam non tribuit. Nimirum suâ semper sorte contentus nihil expetit à statu, quem obtinet, alienum.

10편 1쪽 3장 만약 이상적인 군자가 마찬가지로 높은 자리와 지위에 올라간다면, [낮은 신분의 사람에게 두려움을 일으켜서] 낮은 신분에 있는 사람을 무자비하게 대하지 않는다. 만약 낮은 지위와 신분에 있다고 해도 높은 자리에 있는 사람의 환심을 사기 위해서 아부하지 않는다. 이런 상황에서도 이상적인 군자는 자신의 완성을 위해 최선을 다한다. 이상적인 군자는 자신에게 닥친 재난의 원인을 다른 사람에게서 찾지 않는다. 다른 사람에게 결코 화를 내지 않는다. 위로는 성공을 가져다주지 않는다 해서 혹은 어려움으로 자신을 괴롭힌다 해서 하늘을 원망하지 않는다. 아래로는 사람들에게 죄를 묻거나 잘못을 돌리지 않으며, 자신이 겪는 역경과 부족함의 원인을 그들에게 돌리

---

125 *del. Couplet*

126 *suppl. Couplet*

127 *suppl. Couplet*

128 *suppl. Couplet*

129 arumnaraum suarum causam *del., pro eis* quidquam *scr. Couplet*

130 ab *Couplet*

131 super nè *Couplet*

132 infer nè *Couplet*

지 않는다. 자신의 분수에 항상 만족하며, 자신의 처지와 맞지 않은
것은 구하지 않는다.

cf. Ruggieri.   Qui est superiore loco non contemnat eos qui
infra sunt. Qui nondum est munus aliquod aut administrationem
assecutus, non illam quaerat. Qui se ipsum corrigit et in sui ipsius
(suipius *sic*) cura occupatur, nec de aliis hominibus laborat,
aspritudine carebit. Supra se non irascetur contra caelum, infra se
non obloquetur de hominibus. (높은 자리에 있으면서 아래에 있는
사람을 경멸하지 않는다. 아직 어떤 관직을 맡지 않았음에도 혹은 직
책을 얻지 않았음에도, 그것을 구하지 않는다. 자신을 반성하고 자신
을 돌보는 것에 열심이고 다른 사람으로 인해서 괴로워하지 않는 사
람은 함부로 행하지 않을 것이다. 위로는 하늘에 대고 화를 내지 않을
것이고, 아래로는 사람들을 업신여기지 않을 것이다.)

cf. 在上位, 不陵下. 在下位, 不援上. 正己而不求於人, 則無怨.

f.10. p.1. §.4. Ideo perfectus vir commoratur in planâ quadam et quietâ regione, et aequo animo expectat unicam caeli circa se ordinationem. Improbus è contrario praeceps ambulat vias periculosas, et per fas ac nefas quaerit planè gravitam sibique non debitam felicitatem[133], quam si obtinet, merè equidem fortuitò obtinuisse censendus est.

10편 1쪽 4장 이상적인 군자는 평안하고 조용한 곳에 머무른다. 평온한 마음으로 자신에 대해 하늘에서 내리는 결정을 기다린다. 소인은 반대로 급한 마음에 위험으로 가득 찬 거리를 돌아다닌다. 적법인지 불법인지 구분하지 않고 자신이 분명히 감당할 수 없는, 자신에게 주어지지 않는 성공을 찾아 헤맨다. 그러나 그가 누리는 성공은 단지 행운일 뿐이다. 우연히 잡은 것일 뿐이다.

*cf. **Ruggieri**.* Propterea vir bonus spe futuri quiescit, contra, vir malus ambulat vias difficiles, ut ad non sibi debitos gradus ascendat. (따라서 좋은 사람은 미래를 희망하면서 평안하게 지낸다. 나쁜 사람은 자신에게 어울리지 않는 지위에 오르기 위해 위험한 길을 헤매고 다닌다.)

cf. 上不怨天, 下不尤人. 故君子居易以俟命, 小人行險以徼幸.

---

[133] sortem et foelicitatem *Couplet*

f.10. p.2. §.1. [Concludit Cu-Su verbis Confucii mentem suam.][134] Confucius ait: sagittarius habet quamdam similitudinem cum viro perfecto. Ille si aberrat à depicto scopo, reflectens [ad se][135] exquirit erroris causam non ab alia quàm à sua ipsius personâ. Ita perfectus vir, si deflexerat à medii scopo, causam erroris sibi non alteri tribuit, adeoque à se rationem illius exigit. Litera 正Chim significat hîc linteum coloribus inductum, cuius medio scopus ipse (pellis erat) 鵠Co dictus, preminebat. De hoc et de arte sagittandi vide Officiorum Librum 10.[136]

10편 2쪽 1장 [자사는 공자의 말로 자신의 생각을 맺는다.] 공자가 말하길, 활을 쏘는 사람은 이상적인 군자와 비슷하다. 만약 활을 쏘아서 그려져 있는 과녁을 맞추지 못하면, 활을 쏘는 사람은 [자신을] 되돌아보면서 그 실패의 원인을 찾는다. 과녁을 맞추지 못한 원인을 자신이 아닌, 다른 사람에게서 찾지 않는다. 이상적인 군자는 중中이라는 과녁에서 벗어나면, 그 탓을 다른 사람이 아니라 자신에게 돌리고, 그 원인을 자신에게서 찾는다. 정正이라는 글자는 색칠이 된 천을 뜻한다. 그 천의 중앙에는 곡鵠이라 불리는 과녁(가죽)이 튀어나와 있다. 이것과 활쏘기의 기술에 대해서는 『예기禮記』 10권을 보라.

cf. Ruggieri. Idem. Sagittarius similis est bono viro, qui cum aberrat a scopo in se conversus causam in se ipso requirit. (공자의 말이다. 궁수는 군자와 비슷하다. 과녁을 맞추지 못하면, 자신에게

---

[134] *suppl. Couplet*
[135] *suppl. Couplet*
[136] litera ... librum 10 *del. Couplet*

로 돌아와서 그 자신 안에서 원인을 찾는다.)

cf. 子曰, 射有似乎君子, 失諸正鵠, 反求諸其身.

f.10. p.2. §.2. Docet hîc Cu-Su, qua ratione paulatim ad medii perfectionem tendere[137] oporteat. Perfectorum, inquit, regula, seu procedendi ratio(A)[138], est instar facientis iter longinquum, qui utique à loco sibi propinquiori illud orditur. Est item instar subeuntis in altum, qui utique ab infimo gradu ascentûs sui initium facit.

(A. Jo Xim Cao Pie Cu Hia Jo Che Hia Pie Cu Ulh. Ex Xu-Jin lib.3 f. 28. Id est: si vis ascendere ad altiora, certè ab infimo fac incipias. Si vis pertingere ad ea quae longiùs remota sunt, utique ab eo quod tibi propinquius est ordiaris oporteat. Sic olim sapientissimus Y-Yn ad Tai-Kia primae familiae Hia, tertium imperatorem, qui[139] imperare coepit anno ante Christum 2188.)[140]

10편 2쪽 2장 이 자리에서 자사는 중을 완성하기 위해서 어떤 방식으로 점신석으로 나아가야 하는지 설명한다. 그는 말한다. 이상적인 군자의 법칙 혹은 나아가는 방법(A)은 먼 길을 가는 것과 같다. 먼 길을 가는 사람은 언제나 자신에게서 가까운 곳에서부터 먼 곳으로 나아간다. 높은 곳으로 올라가는 것도 이와 같다. 높은 곳에 오르는 사람은 언제나 가장 낮은 곳에서 오르기 시작한다.

(A. 若升高必自下. 若步退必自邇. 『서경書經』「태갑하太甲下」. 그 뜻은 다음과 같다. 만약 높은 곳으로 오르고자 한다면, 분명코 가장 낮은 데에서 시작해야 한다. 만약 멀리 떨어진 곳에 닿으려고 한다면, 언제나 자신에게서 가까운 곳에서부터 시작해야 한다. 옛날에 아주 지혜로운 이윤伊尹. 상나라 재상

---

137 perveuire *Couplet*
138 *del. Couplet*
139 qui *Intorcetta*: quae *fort. recte*
140 A. Jo ... 2188 *del. Couplet*

이 첫 왕조인 하夏, 기원전 2188?~1600?나라의 세 번째 황제였던 태갑太甲, 상나라 왕에게 이렇게 말했다. 상나라는 기원전 2188년에 통치를 시작했다.)

cf. Ruggieri. Bonus vir in paranda sibi virtute similis est homini longum iter habenti, quia proximo loco incipiens progreditur, quemadmodum ii qui alta petunt ab imo initium faciunt. (덕을 체득하려는 군자는 먼 길을 여행하려는 사람과 같다. 가까운 곳에서 출발하기 때문이다. 높은 곳에 오르려는 사람이 낮은 곳에서 시작하는 것과 같다.)

cf. 君子之道, 辟如行遠必自邇, 辟登高必自卑.

f.10. p.2. §.3. Sequitur hîc simile familiare et domesticum, quo Cu-Su dicta probat seu illustrat, primò authori-(p. 75)-tate libri Carminum, et deinde Confucii. Oda sic ait: ubi uxor tua est amans concordiae, ibi familia est instar pulsantis cymbala suavissimâ illâ domesticae pacis mutuaeque concordiae voluptate perfruens, non aliter quàm si assiduo quodam musicorum concentu laeta resonaret.[141] Rursus fratres natu maiores et minores ubi concordant, horum concordiae gaudium utique diu perseverat, dimanans perpetuò in filios et nepotes, atque ita rectè ordinatur tua domestica familia, insuper exhilaratur et tua uxor et filii et nepotes.

10편 2쪽 3장 비슷한 방식으로 가족과 가정에 대한 논의가 뒤따른 다. 자사는 우선 『시경詩經』, 이어서 공자의 권위에 의지해서 자신의 말을 설명한다. 『시경』에 이르길, 네 아내와 한마음으로 서로 사랑한 다면, 그때 그 가족은 마치 마주쳐 소리를 내는 심벌즈와 같이 집안의 평화와 한마음에서 나오는 달콤한 즐거움을 누린다. 음악에서 선창에 후창을 하듯이 언제나 즐거운 마음으로 호응한다면 말이다. 마찬가지 로 나이 많은 형과 나이 어린 동생의 마음이 서로 맞으면, 한마음에서 오는 이들의 기쁨은 언제나 오래 이어지며 자식과 손자 대에도 지속 된다. 이렇게 하면 집안과 가족의 질서는 바르게 잡힌다. 그뿐만 아니 라 네 아내와 자식과 손자가 흥겨워한다.

cf. Ruggieri. In Poematibus est, mulier et filii qui concordia gaudent, sunt tamquam sonus cordari et lignei, fratres maiores et minores(minore *sic*) cum sint concordes, gaudium et concordia erit

---

[141] non aliter ... resonaret *del. Couplet*

diuturna, decet totam domum laetificare(letificare *sic*) una cum uxore et filiis. (『시경』에 이르길, 부인과 아이들이 진심으로 즐거워한다면, 그들은 마치 현과 나무가^{아마도 거문고} 내는 소리와 같다. 형과 아우가 한마음을 이루면, 즐거움과 화합은 오래 지속될 것이다. 당연히 아내와 아이들과 함께 온 집안이 행복해진다.)

cf. 詩曰, 妻子好合, 如鼓琴瑟. 兄弟旣翕, 和樂且眈. 宜爾室家, 樂爾妻帑.

f.10. p.2. §.4. Confucius item ait: pater ac mater familias ò quàm ipsi laeti ac tranquilli vivent in hac suorum [inferiorum] harmoniâ domesticâ! Mutua quippe concordia inferiorum exempli gratia nurûs ac generi, fratrum ac sororum,[142] redundat in gaudium parentum seu maiorum. Atque ita verum est in via virtutis ab inferioribus gradum sterni ad superiora.

10편 2쪽 4장 마찬가지로 공자가 말한다. 가족의 부모가 바로 자신들이 만든 가정에서 화목하며 즐거워하고 평화롭게 사는 것이 얼마나 좋은 일인가? 아랫사람이 서로 한마음을 가지면, 예를 들어 며느리와 사위와 형제와 자매가 한마음을 가지면 부모와 나이가 많은 어른이 기뻐한다. 진실로 덕의 길에는 낮은 곳에서 높은 곳으로 올라가는 계단이 펼쳐져 있다.

cf. Ruggieri. Confucius ait, pater et mater sic transquille gaudent, post hos sequuntur parentes tamquam remotiores et longinquores. Huius loci sententia est, concordia in familia initium habet, adamare inter se coniugium primum, deinde fratrum minorum et maiorum a quibus tamquam gradibus pervenit concordiae fructus etiam ad coniugium parentes, ad alios tamquam ad remortiores partes et longinquores, atque idem quod, ait Confucius, pater et mater coniuncti sic tranquille gaudent. (공자는 말한다. 부모가 평온하게 즐거워한다. 나중에 이들에게서 떨어져 멀리 있는 사람들도 부모처럼 따른다. 그 뜻은 이렇다. 한마음이 가족의 시작이다. 부부가 서로 사랑하는 것이 첫째이고, 이어서 형과 아우의 사랑이 뒤따른다. 이로부터 마치 계단을 오르는 것처럼 한마음의

---

[142] ac sororum *del., pro eis* natu maiorum et minorum *scr. Couplet*

효과는 배우자의 부모에 이른다. 다른 사람에게도, 이를테면 더 떨어져 있고 더 멀리 않는 사람에게도 이른다. 공자의 말이다. 이는 부부가 서로 화합해서 평온하게 즐거워하는 것과 같다.)

cf. 子曰 父母其順矣乎.

f.11. p.1. §.1. Confucius, ut ostendat, ad supradictam medii virtutem adeo amplam et sublimam, constanti conatu enitendum esse, exemplum desumit à spiritibus, uti vis intellectiva est excellentior, ita et in operando est efficacitas magna. Sic igitur ait; spiritibus inest operativa virtus et efficacitas, et haec ò quam praestans est ò quàm sublimis[143]! vel spirituum operativa virtus ò quàm haec praestans et sublimis est![144]

> Digressio 1. An Sinae cognoverint et adorarint[145] Spiritus(pp. 76~83: vide appendicem - Dig.1, *cf. par. 1687,* pp. 50~51)

11편 1쪽 1장 위에서 말한 저 광대하고 숭고한 중의 덕을 잡기 위해 끊임없이 노력해야 함을 증명하기 위해 공자는 귀신^{원문은 spiritus임. 하늘의 작용을 주재하는 인격적 주체의 언표}의 예를 끌어왔다. 귀신의 지적인 힘이 탁월하듯이, 행함에 있어서 이를 이루게 하는 힘 또한 위대하다. 공자는 이렇게 말한다. 귀신은 행하는 덕과 이루는 힘을 가지고 있다. 이 얼마나 탁월하고 숭고한가! 특히 귀신이 행하고 이루는 이 덕은 얼마나 탁월하고 숭고한가!

> 보론 1. 중국인들은 귀신을 알았고 경배했는가?

cf. Ruggieri. Bonorum et malorum spiritum opera mira ac magna sunt. (좋은 귀신과 나쁜 귀신의 작용은 놀랍고 크다.)

cf. 子曰, 鬼神之爲德, 其盛矣乎.

---

[143] quam multiplex! quam sublimis *Couplet*
[144] vel ... est *del. Couplet*
[145] coluerint *Couplet*

f.11. p.1. §.2. Docet Confucius inesse spiritibus vim quamdam prorsùs eximiam et ordinis superioris; quia cùm res omnes corporeae cadant sub sensum, soli spiritus hunc fugiunt. Verum quidem est, inquit, quod visu percipimus illos quodammodò, quatenus in effectis suis identidem se produnt, sed tamen reverà non videmus. Rursus auditu percipimus illos quodammodò, dum contemplamur tot effectuum qui ab illis procedunt tam concordem discordiam et quasi harmoniam, sed ipsos tamen non audimus. Denique adeò intimè sociantur et incorporant sese, ut ita dicam, rebus omnibus; aut (ut alii explicant) exercent operationes suas circa res omnes sic, ut res non possint eos à se dimittere; seu, nequeant consistere sine eorum directione. (體Ti 物Ue. Id est: incorporare sese rebus: idem esse aliqui dicunt cum eo eo quod dicitur libro Ye Kim, scilicet 幹Can事Su, hoc est exercere operationes suas circa omnia, et sic ut res suam obtineant perfectionem.[146])

11편 1쪽 2장 공자는 매우 우월하고 높은 질서에 속하는 어떤 힘이 귀신에게 있다고 가르친다. 모든 물체는 감각으로 포착할 수 있지만, 귀신만은 이를 피하기 때문이다. 공자의 말이다. 귀신이 자신의 작용을 통해 신들을 반복해서 드러내는 한에서 우리가 그것을 눈으로 파악한다는 것은 적어도 진실이다. 실제로는 보지 못한다. 또한 우리는 귀로 귀신을 어떤 방식으로 포착한다. 우리가 귀신으로부터 나오는 작용들의 불일치와 일치, 조화를 숙고하는 동안에 말이다. 그럼에도 불구하고, 우리가 귀신이 소리를 듣는 것은 아니다. 따라서 귀신은 내적으로 긴밀하게 서로 소통하고, 말하자면, 만물에 자신을 형상화한

---

146 體 Ti 物 Ue ... obtineant perfectionem *del. Couplet*

다. 혹은 귀신은 (어떤 이들이 설명하듯이) 만물에 대한 자신의 작용을 수행하여, 그 어떤 것도 귀신으로부터 떨어질 수 없게 된다. 혹은, 귀신의 지도 없이는 그 어떤 것도 성립할 수 없다. (체물體物이란, 사물에 자신을 형상화하는 것을 뜻한다. 이는 『역경』에서 말하는 간사幹事와 같다고 어떤 이들은 말한다. 간사幹事란 만물을 아우르는 귀신의 작용을 말한다. 그 덕분에 사물은 자신의 완성을 이룩한다.)

cf. Ruggieri. Hos aspicientes non vides, auditu non sentis, dant esse et principium et finem rebus et sine illis nihil fieri potest; omnia quantumvis, minima ipsi efficiunt nec unquam aberrant. (귀신이 굽어보고 있음을 너는 보지 못한다. 너는 소리로 느끼지 못한다. 귀신은 모든 일의 시작과 끝을 준다. 귀신이 없으면 그 어떤 것도 일어나지 않는다. 어떤 것이 되었든 모든 것을 아무리 작은 것이라도 바로 귀신이 행하는 것이다. 그 어떤 것도 벗어나지 않는다.)

cf. 視之而弗見, 聽之而弗聞, 體物而不可遺.

f.11. p.1. §.3. Atque haec est causa, cur spiritus efficiant ut orbis homines quibus est à natura indita gratitudo, abstineant identidem sese praecipuè quidem à vitiis, et ut animus sit purus ac mundus, corpus item splendidiore habitu adornatum, ut sic eâ qua decet reverentiâ offerant sacrificia. Quo tempore dum contemplantur illam spirituum multitudinem, velut mare quoddam, omnia implentem, ita eos venerantur ac si as-(p. 83)-sisterent ipsis supernè, ita quoque reverentur ac si adstarent[147] ipsis ad laevam et dexteram.

<Digressio 1.1.>[148] Quam vim habeat in Sinis vox Sacrificium.[149](p. 84: vide appendicem 1-1)

11편 1쪽 3장 귀신이 작용하는 이유는 이것이다. 본성으로부터 은혜를 부여받은 세상 사람이 반복적으로, 특히 악덕으로부터 자신을 멀리 떨어지게 하고, 정신을 맑고 깨끗하게 하며, 마찬가지로 몸도 훌륭한 자세를 갖추게 하여 마땅히 가져야 하는 경외의 마음으로 제사를 바치도록 하기 위함이다. 마치 어떤 바다인 양, 모든 것을 가득 채우는 저 많은 귀신을 관조하는 동안에, 마치 귀신이 자신을 위에서 돕고 있고, 귀신이 그 자신들의 왼쪽과 오른쪽에서 돕고 있는 것인 양 사람들은 귀신에게 경배한다.

보론 1.1. 제사라는 말은 중국인에게 어떤 뜻인가?

cf. Ruggieri. Faciunt ut homines qui sunt in terris intus se recte conformient et extra mundi et spiritus recte ad sacrificium

---

[147] assisterent *del., pro eo* adstarent *Intorcetta*

[148] *numerum addidi*

[149] Quam vim .... vocibus iisdem tribuere *del. Couplet*

utantur. Omnia implent omnibus in locis, suo numine(numini *sic*)
et terrore esse videbuntur, non secus ac si supra te tibi
imminerent, et undique te circumsisterent. (귀신은 땅에 사는 사람
들로 하여금 내면적으로는 올바른 마음을 가지게 하고, 외면적으로는
깨끗하고 보기 좋은 의복을 갖추게 하여 제사에 참여하게 만든다. 귀
신은 모든 것을 모든 자리에 가득 채워서 자신이 신성함과 위엄을 지
닌 존재로 보이게 만든다. 그리하여 귀신이 위에서 너를 지켜보고 있
고 사방에서 너를 둘러보는 것에 다름없다.)

cf. 使天下之人齊明盛服, 以承祭祀. 洋洋乎如在其上, 如在其左右.

f.11. p.2. §.1. Confucius authoritate libri Xi-Kim dicti probat hanc illis deberi reverentiam. Oda sic ait: an spiritus adveniant et appropinquent sacrificantibus, eorumque vota suscipiant, non potest facilè coniici ne dum determinari; magis ne verò determinari poterit si negligenter colantur et in eorum obsequio homines languescant? Seu, si hi qui omni cum veneratione iis sacrificant, nequeant eorum praesentiam facilè percipere, quantò minùs percipient ii qui oscitanter ac remissè et cum taedio illos colunt?

11편 2쪽 1장 공자는 앞에서 말한 『시경詩經』의 권위를 빌어서 귀신을 경배해야 함을 증명한다. 『시경』에 이르길, 귀신이 제사를 거행하는 사람에게 다가와서 가까이에서 그의 기도를 받아주는지 추정하고 확정하는 것은 결코 쉬운 일이 아니다. 사람이 귀신을 함부로 대하거나 그를 모시는 일에 태만한데, 확정하는 것은 더 어렵지 않을까? 설령 모든 정성을 다해서 귀신에게 제사를 모시는 사람이라 할지라도, 귀신이 그 자리에 함께하고 있음을 포착하는 것은 결코 쉬운 일이 아니다. 하물며 귀신을 모시는 일에 게으르고 함부로 대하며 정성이 없는 사람이 귀신을 파악하는 것은 얼마나 어려운 일인가?

cf. Ruggieri. In Poematibus est, spiritum adventum sentire non possumus, qua ratione igitur decet nos, vel ad punctum temporis ad eos veneratione desistere. (『시경』에 이르길, 우리는 귀신이 왔음을 알 수가 없다. 따라서 이런 이유로 특히 그 순간에 귀신을 경배하기 않는 것을 당연하게 여긴다.)

cf. 詩曰, 神之格思, 不可度思, 矧可射思.

f.11. p.2. §.2. Haec spirituum tam arcana subtilitas, nec minor per effectus suos manifestatio, quamvis spiritus in se adeò occulti sint, [usque adeò clara est, ut][150] revera tamen non potest[151](Z) occultari, ita planè se res habet.

> (Z. Guei Xin Cham Pu Su Cu Chim Pu Co Yen. Ex lib. Sim-Li-Ta Civen par. 5. f. 22. Id est: spiritus quia sunt immortales, ideo ait textus: revera non possunt occultari.)[152]

Quamvis pateat existentia spirituum ex ipsomet textu et mente philosophi, iuvat tamen (p. 84) hoc loco quid et ipse Cham Colaus de spiritibus sentiat, quid item de iis (utique ex mente ipsius philosophi) principem huius imperii docuerit[153], ipsiusmet verbis lectori declarare. Sic autem ait: quid[154](A) sint spiritus, utique verè est hoc è ratione, nam perpetuo motu operantur in hoc coeli et terrae medio, et exercent pro officio suo illam beandi probos et affligendi improbos potestatem. Ideo ipsorum (scilicet spirituum) agilitas, et intelligentia apparet ac clarè se manifestat et nunquam potest occultari. Reverà sic est. Mirificè favet huic interpreti interpres alter, si non maioris, saltem[155] paris cum Colao authoritatis; et ipse Cham dictus, cognomento Tum Co; hic autem in vigesima circiter editione commentariorum suorum in modò explanatam Confucii sententiam sic scribit(B): vox illa 誠

---

[150] *suppl. Couplet*
[151] *possint Couplet*
[152] Z. Guei .... occultari *del. Couplet*
[153] principem huius imperii docet *om. Par. 1687*
[154] quod *Par. 1687*
[155] si non maioris, saltem *del. Par. 1687*

Chim significat spirituum veram rationem[156]. Et sensus est: reverà dantur isti spiritus. Voces illae 不pu 可C 揥Yen, id est, manifestum est. Haec ille.[157]

(A. Xi Guei Xin Ce Xe Yeu Xi Li. Lieu Him Yu Yien Ti Chi Kien, Ulh Su Ki Fo Xen, Ho Yn Chi Pim. Cu Ki Cim Xuam Lim Ki Fa Hien Chao Chu , Ulh Pu Co Yen He Ju Ci Fu. Cham Colaus in librum *Chum Yum*.)[158]

(B. Chim Chi Guei Xin Chi Xe Yen Xi: Xe Yeu Cu Guei Xin. Py Co Yen, Cie Hien Ye. Ita Cham Tum Co in librum. *Chum Yum*.)[159]

Nihil igitur necesse foret hîc agere de cultu rituque vel externo tantùm vel etiam interno, quo solebant prisci Sinae spiritus venerari, quibus et sacrificia religiosè offerebant, pro eo quem cuique tribuebant, ordinis ac dignitatis gradu, diversa, ut in libris Xu-Kim refertur et nos in lib. *Lun Yu* p.2. f.15. p.1. §.1. annotavimus. Non inquam necesse foret de hoc agere, propterea quod in his ipsis libris passim fiat mentio ipsius rei; sed et evidenter pateat ex iis quae modò sunt dicta, consuevisse nimirum Sinas nonnisi ieiunos, atque à vitiis (ut ipsi quidem autumabant) puros mundosque, ad haec etiam religioso cum cultu, habituque totius corporis sua quondam sacrificia spiritibus defferre(suprà f.11. p.1. §.3. et 4). Disertè item infrà hoc ipso in libro f.30. p.2. §.2. dicatur, archimystam sacrificaturum spiritibus solitum fuisse

---

[156] veritatem *Couplet*
[157] haec ille *del., pro eis* seu celari aut negari non potest. Sic ille *scr. Couplet*
[158] *sic in nota marg. scr. Intorcetta, del. Couplet*
[159] *sic in nota marg. scr. Intorcetta, del. Couplet*

inusitato cum silentio, et gravi admodùm tam animi quàm corporis compositione procedere, quo etiam tempore nullum circumstantis populi murmur, concentio nulla[160] percipiebatur, sed omnes sacrum quemdam metum reverentiamque prae se ferebant. (p. 85) Verumtamen ut aliquae saltem authoritates in promptu sint missionum harum tyronibus, quibus atheos huius temporis, ceu suis ipsorum mucronibus aggrediantur et iugulent (neque enim ab aliis poterunt Sinae quàm à Sinis vehementiùs refutari, ut de Cicerone per ipsum Ciceronem refutando, perappositè dixit Lactantius), placet hîc indicare locos aliquot textûs Sinici, (paucos è multis) ubi admodùm clarè aperteque agitur de notitiâ cultuque spirituum. Atque ut hîc non loquar de illo significandi ritu, quo imperatores solebant caeli ac terrae spiritus[161] colere et invocare, ipsique adeò Xam Ti(A) supremo scilicet coeli imperatori templa dedicare, ut ex libro Yc Kim constat (qui quidem ritus tam antiquus quàm antiqua est ipsa Sinarum monarchia, ut ex Chronicis eorumdem colligitur), sufficiet nobis unus, alterque locus, ex libris Lun-Yu depromptus, ad veritatem quam adstruimus declarandam. Itaque Confucius(B) agens de imperatore Yu sic ait: ipse quidem parcuserat in proprio victu, sed maximè prodigus in cultum et sacrificia erga spiritus[162] caeli et terrae, simplici et paupere vestitu ferè[163] utebatur, sed summus ei splendor et ornatus erat in vestibus sacrificii. Rursùs narrant discipuli Confucii, magistrum suum tantâ cum reverentiâ, tantâ

---

[160] concentio nulla *del Couplet*

[161] spiritum *Couplet*

[162] spiritum *Couplet*

[163] passim *Couplet*

animi corporisque compositione sacrificare(C) solitum spiritibus, ac si ipsi spiritus conspicui adessent et eiusdem ritus omnes, et quae offerebat, munera spectarent. Commemorant iidem discipuli, nihil(D) à Confucio cum tam impensâ curâ tantâque religione peragi solere atque ieiunium, cui antè semper operam dabat quàm ad sacrificandum accederet. Quod Confucii ieiunium clariùs deinde exponitur alio loco, ubi dicitur, illum iam sacrificaturum postquam(E) ieiunasset indui solitum nitidissimâ veste, quae quidem telâ gossypinâ constabat, diebus verò ieiunii mutare solitum cibos victûsque rationem; vino scilicet et carnibus abstinendo (ut interpres ait) mutare item cubiculum, ut in secretiore scilicet domûs suae recessu sibi uni vacans ad sacra illa ritè castèque peragenda(more scilicet priscorum) se compararet.

Tantum ergo abest, ut Confucius non veneratus fuerit ipsos spiritus, ut è contrario eximiam illam, qua eosdem prosequebatur, venerationem, ipse et precibus et ieiuniis et nitore cultuque vestium et aliis aliisque sacrificiis ac ritibus identidem testatus sit. Nimirum ut erat ipse perspicaci ingenio prudentiâque singulari, altè prorsùs et praeclarè de superiori illo spirituum ordine sentiebat. Adeoque si rarò, si timidiùs de illis disputabat, si eis ritè serviri posse quodammodo negebat, id omne à profundâ quadam veneratione, necnon à prudenti quodam et modesto timore, ne plùs minùsve quàm par esset arcanae sublimique naturae isti tribueret, proficiscebatur

Hinc et illa, quae sententiae nostrae mirifice favet, eiusdem responsio: quando discipulo(F) Ki-Lu(sive Cu-Lu) percunctanti, qua ratione servire oporteret spiritibus; qua item ratione mori oporteret, ipse non minus acutè quàm prudenter, si nondum, inquit, servire nosti hominibus, quomodo poteris servire spiritibus, et si(G) nondum nosti quemadmodum vivendum sit, quo pacto scies quomodo sit moriendum?

(A. Kiūn Cu Y Hiam Yu Ti Lie Maio. Ex lib. Ye-Kim. Id est: Reges ad sacrificandum supremo coeli imperatori erexerunt templa.)

(B. Cu Yue Yu Fi Yn Xe Ulh Chi Hu Guei Xin O Y Fo Ulh Chi Mui Hu Fe Mien. Ex Lun-Yu par.4. f.17. p.2)

(C. Ci Xin Ju Xin Cai. Ex Lun-Yu, par.2. f.5. p.1. §.1)

(D. Cu Chi So Xin Chai. Ex Lun Yu, par.4. f.4. p.2. §.2)

(E. Chai pie Yeu Mim Y Pu. Chai Pie Pien Xe. Kien Pie Cien Co. Ex Lun-Yu, par.5. f.12. p.2. §.3 ct 4)

(F. Ki Lu Ven Su Guei Xin. Cu Yue Vi Nem Su Gin Yen Nem Su Guei. Ex Lun-Yu, par.6. f.13. p.2. §.1)

(G. Ui Chi Sem Yen Chi Su. Ibidem f.3 p.2. §.2.)

In quam deinde sententiam scribens (p. 86) interperes sic ait(H): non ignoravit discipulus Ki-Lu, quòd homines oporteret spiritibus servire; sed ignoravit dumtaxat modum illis ritè serviendi. Et mox Confucii ipsius verba explanans; eos, qui ante oculos tuos quotidie versantur, (inquit) homines, videlicet parentes, fratres, natu maiores, etc, nondum potes[164] debitis officiis prosequi et colere, quomodo igitur poteris ritè servire spiritibus et efficere ut ad te accedant tuaque suscipiant vota[165]? Cum sint ipsi arcanum quid, adeoque tibi non manifestum? Ordiri par erat ab officiis illis [humiloribus][166] et obsequiis quae maioribus natu praestari debent, atque ab his ad ea[167] quae spiritibus praestanda sunt, gradum facere, etc. Si ergò perspectam habeas regulam serviendi hominibus, tua erga spiritibus obesequia procul dubio pariter vigebunt. Atque adeò tametsi in eis libris unus, alterve locus sit obscurior, ii tamen quos modò citavimus horum tenebras suâ luce discutiunt, et quàm praeclarè philosophus de spiritibus senserit, nullum cuiquam dubitandi relinquunt.

(H. Ki Lu Guei Xin Che Gin Gin Chi So Tam Su, Pu Chi Su Tao. Cum Cu Xue Vi Nem Su Gin Ulh Te Fu Hium Cham Xam Chi Sin Ngan Nem Su Guei Ulh Su Chi Lai Ke Hiam Hu. Vi Nem Yuen Xi Ulh Chi So Y Sem, Ngan Nem Fan Chum, Ulh Chi So Y Su Hu. Intrepres Cham Colaus in librum. *Lun-Yu*.)

Etenim locus ille, ubi discipuli memorant, quòd(I) Confucius plerumque non institueret sermonem de quatuor rebus, de rebus scilicet miris ac portentosis, sed de obviis ferè et usûs quotidiani, non item de viribus hominum sed de virtutibus, non de rebellionibus sed de exemplis rectae administrationis, non denique de spiritibus sive arcanis spirituum et inscrutabilibus, sed de iis rebus quae capium mentio humanae sphaeramque non excederent. Hic

---

164 voles *Couplet*
165 *del. Couplet*
166 *suppl. Couplet*
167 superiora *Couplet*

inquam locus adeò non adversatur nobis, ut potiùs favere videatur. Equidem si quis fortè narret, magistrum suum non solere nisi rarò admodum fixo obtutu solem contemplari, propterea quòd inbecillitas oculorum eius vim tantae claritatis ferre non posset, an is significat, ignorasse magistrum suum quid sol esset, aut de huius existentiâ dubitasse? Nonne reverà significat habuisse notitiam sideris istius, quin et hoc semel iterumque saltem fuisse contemplatum? Nec maiorem vim nobis faciunt verba illa quae in iisdem libris referuntur, ubi philosophus de virtute prudentiae consultus, sic respondet, ut affirmet, eum(K) qui veneratur spiritus si eminùs ipsos veneretur, haberi posse et dici prudentem. Hîc namque teste Cham Colao, nihil aliud docetur, quàm(L) cavendum nobis esse ne scrutemur ea quae arcana sunt, et capi à nobis vix aut omninò non possunt, illuc temerè accedentes, unde nostra mortalium conditio naturaque corporea nos removit, ne item dum importuniùs, ac minùs decenter flagitamus prospera et adversa deprecamur, contra reverentiam spiritibus debitam peccemus, adeòque temeritatis et imprudentiae notam ipsi nobis inuramus. (p. 87)

(I. Cu Pu Yu Guai, Lie, Luon, Xin. Ex *Lun-Yu*, par.4. f.6. p.2. §.2.)

(K. Kim Guei Xin Ulh Yuen Chi Co Guei Chi Y. Ex *Lun-Yu*, par.3. f.17. p.1.)

(L. Jo Guei Xin Fo Xen, Ho Yn, Sui Yu Gin Su Siam Can Tum Gun. Ki Su Cu Yeu Mui Ulh Nan Chi Che Ye. Pu Co Chi Ulh Chen Su Y Kien Chi. Interpres Cham Colaus libri *Lun-Yu*)[168]

Denique locus ille, ubi Confucium(M) aegrotantem Cu-Lu discipulus rogat, ut pro valetudine recuperandâ deprecetur spiritus: Confucio autem sciscitanti, sitne! sive, deturne mos eiusmodi! Cu-Lu respondet, datur utique. Nam antiquus precationum liber, Lui dictus, ait, deprecemur pro te (scilicet infirmo) superiores, id est coeli, et inferiores id est terrae spiritus. Ad quae Confucius ait: ego quòd precor eos diù est. Locus inquam iste nobiscum haudquam pugnat. Imò si hîc philosophus docere voluisset, coli à se spiritus et implorari, num aliis verbis uti potuisset vir laconicus et verax, quàm iis quibus usus est? Quamquam non hoc eum hîc egisse interpres quidem contendit, sed responsione suâ docere dumtaxat voluisse discipulum, quòd(N) oporteat per exercitia virtutum et vitae emendationem servire coelo et spiritibus. Non autem hos obsecrare cupidiùs ad obtinendam vitae huius felicitatem, item par esse ut conentur homines perfectè illa scire, ad hominis rectam institutionem quae spectant. Non autem spiritus offendant adulatione importunâ, quibuscunque temere tribuendo virtutem illam et potestatem, vel scientiam(2) quae ipsorum ordini fortassè non(1) competit(O). Et hoc quidem confirmari etiam potest ex illo textu libri Lun-Yu par.1. f.15., ubi Confucius reprehendens eos, qui vel inferioris ordinis cùm essent, arroganter tamen et spe dumtaxat lucri obtinendi, sacrificabant iis spiritibus, quibus superioris ordinis homines sacrificare solebant, vel hi viceversa eiusdem lucri gratiâ iis spiritibus sacrificabant, quibus inferioris ordinis homines sacrificare solebant, alio aliu aliquem spiritum non esse tuum spiritum, et tamen ei sacrificare

---

168 I-L *del. Couplet*

adulationis est. Ex quibus, aliisque locis videtur etiam posse colligi, variam tunc temporis, et pro cuiuscunque ferè arbitrio, atque adeò confusam perturbatamque colendi spiritus superstitionem in Sinis extitisse, qualem et nos hodieque observamus. Hanc porrò et sectatores superstitionis eiusmodi aversabatur Confucius, non autem ipsos spiritus, aut debitum spiritibus cultum et venerationem. Ex quibus omnibus conficitur, quòd sicut ipse Philosophus, et qui ipsius mentem interpretatur Colaus, serviri quidem volunt spiritibus, sed eminùs venerando dumtaxat, non autem eos tanquam arbitros rerum ac dominos importunè superstitiosèque invocando. Sic etiam docent coelo serviri oportere: serviri autem non solâ veneratione sed etiam sic ut speremus inde prospera et deprecemur adversa, propterea quod ab hon uno dependeant ac gubernentur omnia. Dixi, caelo, id est spiritui illi qui caeli ipsius dominus est arbiterque (p. 88) rerum omnium, et penès quem aeternum atque inviolabile ius est et vitae et necis. Sed de hac re alius mox erit disputandi locus, ubi et nos quaestionem hanc fusè diligenterque tractabimus, et cùm ipsius Confucii tum aliorum è priscâ aetate sapientum principumque testimonio et authoritate probabimus, quòd hi adeò non ignoraverunt dominum caeli, ut è contrario et impensè venerati fuerint, et vitae suae rationes omnes ex eo pendere sint professi, in quem adeò si peccaverimus, neminem habituri simus, cuius opem deinde clementiamque imploremus. Etenim disertissimè sic docet idem ipse philosophus hisce verbis(ㅜ): qui peccaverit in caelum, non habet quem deprecetur utique praeter ipsum, contra quod peccavit, caelum seu caeli dominum. Unde interpres exponit: non habet quod deprecetur omnes reliquos spiritus. Quod ergo nostrae huic longiusculae digressioni pro termino esse poterit, verba referemus ex recentiori editione deprompta, quibus suam pariter et aegrotantis Philosophi mentem Colaus noster exponit(Q): vocis huius 禱Tao seu deprecari (inquit) sensus hic est, ea quae quispiam per anteactae vitae tempus mala gessit, nunc (urgente scilicet morbo dumtaxat) confiteri coram spiritibus, et paenitentiâ duci praeteritorum peccatorum, atque hoc modo petere, ut liberetur calamitatibus et tribuantur sibi prospera, hoc significat vox Tao seu deprecari; et hoc sensu passim à vulgo, ipsoque etiam discipulo Cu-Lu accipiebatur. Caeterùm declaraturus interpres quo sensu philosophus istam vocem accipi vellet, eum sic loquentem inducit(R): si ego per totam vitam et verbis et factis non ausus fui peccare adversus spiritus, quin imo ubi offerebatur quid boni mox ad illud me converti, si quid fortè peccatum fuerat, mox emendavi, profectò quòd ego deprecor spiritus iam diu est. Quaero nunc igitur, an hi loci fundamentum praebere cuiquam possint, ut non solum Confucium ipsum, sed priscae aetatis Sinas omnes, quique tam antiquam monarchiam, vel condiderunt ipsi, vel optimis legibus stabiliverunt, tot inquam reges sapientiâ, regiisque virtutibus illustres atheos fuisse pronuncient? Et quod ipsa quoque bruta animantia, resque inanimatae omnes suo modo nos docent, detestabiliter atque impiò ignorasse dicat? Hîc ergò lector ipse sit iudex.[169]

(M. Cu Cie Pim Cu Lu Cim Tao. Cu Yue Chu; Cu Lu Tui Yue: Yeu Chi

---

[169] Nihil igitur necesse foret ... lector ipse sit iudex *del. Couplet*

Lui Yue Tao Ulh Yu Xam Hia Xin Xi. Cu Yue, Kieu Meu Tao Kieu Y. Ex *Lun-Yu* par.4. f.10. p.1. §.1)

(N. Gin Tam Sieu Te Y Su Tien Yum Lie Yu Gin Tao Chi So Tam Pu Pie Tao Su Y Kieu Fo. Pu Pie Chen To Yu Guei Xin Chi Pu Co Chi Y. Interpres Cham Colaus in librum *Lun-Yu*.)

(N. Jo Ngo Pim Sem Ye Yen Ye Tum Pu Can Te Cui Yu Guei Xin: Yeu Xen Cie Cien, Yeu Guo Cie Cai, Ce Ngo Chi Tao Yu Guei Xin Che Kieu Y. Idem Colaus in alia editione. Sed haec Colai verba paulo infrà explicantur.)

(O. Cu Yue Fi Ki Guei Ulh Ci Chi Chen Ye. Ex *Lun-Yu* par.1 f.15. p.1. §.1.)

(P. Hoe Cui Yu Tien Uu So Tao Ye. Ex *Lun-Yu*, par.2. f.5. p.2. §.1.)

(P. Cum Ngan Yue. Interpres, Cum Ngan dictus, sic exponit: Uu So Tao Yu Chun Xin Ye.)

(Q. Fu So Guei Tao Che Xi Xye Pim Ge So Guei Pu Xen Ju Kin Cao Yu Guei Xin Cien Chan Hoei Cien Fi Y Kieu Kiai Cai Kiam Fo Ulh. Interpres Cham Colaus in recenti editione.)

(R. Jo Ngo Pim Sem ye Yen Ye Tum Pu Can Te Cui Yu Guei Xin. Yeu Xan Cie Cien: Yeu Guo Cje Cai: Ce Ngo Chi Tao Yu Guei Xin Che Kieu Y. Idem Cham Colaus in recenti edtione.)[170]

11편 2쪽 2장 이 엇이 귀신의 깅춰진 엄빅함인데, ᄀ 자신이 쟈용을

---

[170] A...R *del. Coulplet*

통해서 적지 않게 드러난다. 비록 귀신은 그 안에 숨어 있지만, [명백하게 드러나며] 결코 감추어질 수 없다.(Z) 이는 다음의 사실에서 분명하다.

(Z. 鬼神常不死, 故誠不可掩.『성리대전性理大全』5부 22장『正夢』「神化篇」 귀신은 불멸한다. 따라서 책은 말한다. 진실로 감추어질 수 없다.)

귀신의 존재는 책 자체에 의해서 그리고 철학자의 생각에 의해서 명백하다. 그럼에도 이 대목에서 귀신을 장각로 자신이 어떻게 생각하고 있고, 이들에 대해서 (마치 공자의 생각에 의존하듯이) 이 제국의 군주 명나라 만력제에게 무엇을 가르쳤는지 독자에게 그의 말로 분명하게 밝히는 것은 도움이 될 것이다. 장각로의 말이다.(A) 귀신이란 무엇인가? 이성으로 보건대 그것은 진실로 존재한다. 왜냐하면 하늘과 땅의 중심에서 항구적으로 움직이고 작용하며 자신이 행해야 할 의무에 따라 선량한 사람에게는 복을 주고 사악한 사람에게는 벌을 주는 일을 수행하기 때문이다. 따라서 귀신이 움직이고 그 자신의 지성이 작용함은 분명하다. 그 자신을 분명하게 드러내며 결코 감추어질 수가 없다. 진실로 이와 같다. 놀랍게도 장각로의 견해를 지지하는 또 다른 주석가가 있다. 더 큰 권위를 누리는 것은 아니지만, 적어도 동급에 위치한 사람이다. 성은 장張이고, 호는 동초侗初_{본명은 장내張鼐, 1572~1630,} _{명말 유학자로 예수회 신부들과 가까운 사이였음}이다. 그는 스무 번째로 출판된 것으로 보이는 자신의 주석서_{『新刻張侗初先生永思齋四書演』. 이 책은 현재 로마 예수회 문서고에 보존되어 있음. 참조 Jap-Sin 1.3}에서 공자의 생각을 이렇게 해석한다(B). 성誠이란 말은 귀신의 참된 원리를 뜻한다. 그 뜻은 이렇다. 귀신은 진실로 존재한다. 불가엄不可揜은 '명백하다'는 뜻이다. '1의 말이니.

(A. Xi Guei Xin Ce Xe Yeu Xi Li. Lieu Him Yu Yien Ti Chi Kien, Ulh

Su Ki Fo Xen, Ho Yn Chi Pim. Cu Ki Cim Xuam Lim Ki Fa Hien Chao Chu , Ulh Pu Co Yen He Ju Ci Fu. Cham Colaus in lib. Chum Yum.)

(B. Chim Chi Guei Xin Chi Xe Yen Xi: Xe Yeu Cu Guei Xin. Py Co Yen, Cie Hien Ye. Ita Cham Tum Co in lib. Chum Yum.)*원본 확인 못함

이 자리에서 상고 시대에 중국인이 귀신을 모신, 외적이든 내적이든, 의례와 제사를 반드시 다뤄야 할 필요는 없을 것이다. 상고 시대의 중국인은 제사를 경건하게 모시곤 했다. 그들은 자신들이 정한 귀신의 위치, 지위, 등급에 따라 각기 합당한 방식으로 다양하게 모셨다. 이는 『서경』에서 확인할 수 있다. 우리는 『논어』 제2부 15편 1쪽 1장에서 이에 대해서 주석을 달아 놓았다. 이에 대한 논의가 필요하지 않다고 말한 이유는 이 책의 여러 곳에서 바로 이 주제를 다루고 있기 때문이다. 제사를 지낼 때 중국인은 아무것도 먹지 않는다. (그들 자신이 주장하듯이) 맑고 깨끗한 마음을 가진다. 몸가짐도 매우 경건하게 유지한다. 언제나 이런 자세로 귀신에게 제사를 바쳤다. 이는 방금 앞에서 말한 것들에 의해서 분명해졌다. 이 책의 30편 2쪽 2장에서 상세하게 다루어질 것이다. 제사를 이끄는 우두머리 사제는 각별히 정숙을 지키고 마음과 몸을 진중하게 가지면서 귀신들에게 제사를 바쳤다. 제사가 진행되는 동안에는 주변에 있는 사람들은 어떤 웅성거림도, 어떤 제창 소리도 내지 않는다. 모든 사람은 성스러운 외경심과 존경심을 가지고 제사에 임한다. 사정이 이러함에도 중국에서 선교를 처음 시작한 젊은이들을 위해서, 적어도 그들이 권위를 가질 수 있도록 하기 위해서, 이를 이용해서 이 시대의 무신론자들을 물리치도록 혹은 그들 자신의 예리한 칼끝으로 공격하거나 목을 찌를 수 있도록 하기 위해서(중국인은 바로 중국인에 의해서 가장 강력히 빈박될 수 있기 때문이다. 락탄티우스Lactantius, 250~325, 초기 기독교 신학자로 수사학에 조예가 있었음가

정확히 지적한 대로, 키케로를 키케로 자신으로 반박해야 하듯이 말이다), 이 자리에 중국 책에서 가져온 문구를 제시하는 것이 좋을 것이다. 귀신을 모시는 것과 표시하는 것을 분명하고 명쾌하게 설명하는 (많은 문구 가운데에서) 일부만을 소개하겠다. 통치자들이 하늘과 땅의 귀신을 모시면서 부르며, 그 자신들이 하늘의 통치자인 상제에게 신전을 바치면서 모신 제례의 의미는 『역경』에 분명히 드러나 있다.(A) 이 제례는 중국 왕국만큼이나 오래되었다. 마찬가지로 중국인의 『중국 연대기』에서 많이 확인할 수 있다). 이에 대해서는 여기에서 말할 필요가 없다. 한 대목 혹은 다른 한 대목이면 충분하다. 이 대목은 『논어』에서 가져온 것이다. 진실을 해명하기 위해서 가져왔다. 공자는 우 임금에 대해 설명하면서 이렇게 말한다. 우 임금은 자신의 먹고 마시는 일에는 소박했다. 하지만 특히 하늘과 땅의 귀신에게 의례와 제례를 모시는 일은 성대하게 치렀다. 의복은 검소하고 간단하게 차려입었다. 하지만 제사를 모실 때는 최고의 위엄과 장식을 갖춘 의복을 입었다.(B) 다시 공자의 제자들이 말한다. 자신들의 스승은 마치 귀신이 그 자리에 함께하면서 모든 제사와 그 자신이 바친 제물을 지켜보고 있는 것처럼 공손한 마음으로 몸을 조심스럽게 가지면서 제사를 바치곤 했다.(C) 다시 제자들은 말한다. 공자가 그토록 큰 비용과 큰 경건함으로 정성을 들인 일은 그 어떤 것도 없다. 아무것도 먹지 않았다. 이는 제사를 바치기 전에 언제나 그가 정성스럽게 행하던 것이다.(D) 공자가 아무것도 먹지 않았다는 사실은 다른 자리에서도 분명하다. 이렇게 말한다. 공자는 아무것도 먹지 않고 제사를 모셨으며, 빛나는 옷을 입곤 했다. 옷은 삼베로 짠 것이다. 금식 기간에는 음식과 생필 붕기도 바꾸었다 (주석가에 따르면) 술과 고기는 입에 대지 않았다. 잠자리도 바꾸었다. 세사를 정결히고 서시에 맞게 모시기 위해서 (아마도 상고 시대 사람들의 방식에 따라) 오로지 자신만을 위해 빈방에서 조용하게 지내면서 준비한다.(E)

공자가 귀신 자체를 숭배하기 위한 것은 결코 아니었다. 공자가 기도하고 금식하며 빛나는 옷을 입은 것은 이러저러한 제사와 의례에서 한결같이 귀신을 받들어 모시는 공경심이 매우 컸음을 보여준다. 공자는 예리한 지성과 탁월한 지혜를 지녔다. 단박에 깊숙하고 명확하게 귀신의 높은 질서를 알아보곤 했다. 행여 드물게, 행여 조심스럽게 공자가 귀신에 대해 말했다면, 행여 공자가 귀신을 어떻게 모시는 것이 격식에 맞는지를 모르겠다고 말했다면, 이는 전적으로 아주 깊은 공경의 마음에서 그렇게 한 것이다. 이는 또한 지혜로움과 겸손함과 신중함에서 그렇게 한 것이다. 숭고하고 신비로운 본성에 합당한 법칙에 넘치지도 모자라지도 않게 행하기 위해서였다. 이런 까닭에 공자의 저 답변은 놀랍게도 우리의 생각과 일치한다. 제자 계로(혹은 자로)가 귀신을 어떤 방식으로 모셔야 옳은지 의미심장하게 물었다.(F) 또한 어떻게 죽는 것이 옳은지 물었다. 공자는 그에게 정확하고 통찰력이 돋보이는 답을 주었다. 만약 네가 아직 사람을 섬기는 법을 모른다면,(G) 네가 어떻게 귀신을 모실 수 있겠는가? 네가 어떻게 살아야 할지 아직 모른다면, 어떻게 죽어야 할지 무슨 수로 알겠는가?

(A. 君子以享于帝立庙. 『역경易經』「환괘渙掛」: 군주들이 상제에게 제사를 올리기 위해서 사당을 세웠다.)

(B. 子曰, 禹菲飮食而致敎乎. 鬼神惡衣服而致美乎黻冕. 『논어論語』「태백泰伯」)

(C. 祭神如神在. 『논어論語』「팔일八佾」)

(D. 子之所愼祭. 『논어論語』「술이述而」)

(E. 祭必有明衣布, 祭必變食居, 必遷坐. 『논어論語』「향당鄕黨」)

(F. 季路問, 事鬼神. 子曰, 未能事人, 焉能事鬼. 『논어論語』「선진先進」)

(G. 未知生, 焉知死. 『논어論語』「선진先進」)

이에 대해서 주석가는 이렇게 말한다(H). 사람들이 귀신을 모셔야 하는 것을 제자 자로가 모르는 것은 아니었다. 자로가 몰랐던 것은 오로지 귀신을 격식에 맞게 모시는 법을 몰랐을 뿐이다. 바로 이어서 주석가는 공자의 말을 해석했다. '너의 눈앞에서 일상을 살아가는 사람들, 예를 들면 부모, 형제, 어른 등에게 너는 아직 제대로 의무를 다하지도, 행하지도 못한다. 따라서 어떻게 네가 귀신을 제대로 모실 수 있겠는가? 귀신들이 네게로 다가오고 네 뜻을 받들어 주도록 말이다. 귀신 자체가 신비로운 존재라는 점은 너에게 분명하지 않는가? 따라서 저 [낮은] 의무에서 그리고 나이 든 어른에게 보여야 하는 존경심에서 시작하는 것이 올바르다. 이것으로부터 귀신을 모시는 일과 그밖의 것으로 올라가야 한다. 만약 진실로 네가 사람을 섬기는 법을 제대로 알고 있다면, 귀신을 향한 너의 공경심도 마찬가지로 살아 있음은 의심의 여지가 없을 것이다. 물론 이 책들의 한 두 대목은 약간 불분명하다. 그럼에도 우리가 인용하는 대목은 그 자체의 빛으로 그 어두움을 몰아내고, 그 어떤 의심의 여지도 남겨 두지 않는다. 그 빛은 철학자가 귀신을 명쾌하게 설명한 것이다.

(H. 季路[問說]鬼神者, 人之所當事, 不知事[之之]道, [何如?] 孔子[答]說...不能事人而得父兄長上之懽心. [又]安能事鬼而使之來格來享乎? (...) 未能原始而知所以生, 安能反終而知所以死乎?)

제자들이 기억하는 저 대목을 제시할 수 있다. 공자는 대제로 네 가지에 대해서 논하지 않았다(I). 기이하고 괴이한 것을 논하지 않았다.

대신에 언제나 분명한 것과 일상의 것을 논했다. 마찬가지로 사람의 힘이 아니라 덕을 논했다. 모반이 아니라 올바른 통치의 모범을 논했다. 마침내 귀신, 그러니까 헤아릴 수 없는 귀신의 신비로움을 논하지 않았다. 대신에 인간의 정신으로 포착할 수 있는 범위와 한계를 넘어서지 않는 것들을 논했다. 이 대목은 말하자면, 우리의 생각에 어긋나지 않는다. 오히려 우리의 생각에 들어맞는다. 만약 눈이 아주 약해서 저토록 밝은 빛의 힘을 견딜 수 없었기 때문에 자신의 스승인 공자도 드물지만 태양을 뚫어지게 보곤 했다고 어떤 사람이 말한다면, 이는 공자가 태양이 무엇인지 몰랐다는 것일까? 아니면 그가 태양이 있다는 것을 의심했다는 것일까? 이는 진실로 그가 이 별에 대한 지식을 가지고 있음을 보여주는 것이 아닌가? 오히려 이 별을 한두 번은 응시하지 않았는가? 지혜의 덕에 대한 조언을 요청받자, 공자는 이렇게 답한다. 만약 어떤 사람이 귀신을 정성을 다해서 경배한다면, 그를(K) 지혜를 가진 사람이라고 부른 저 책(『논어』)의 언급은 우리에게 아주 큰 의미가 있는 것은 아니다. 장각로가 그 증인이다. 이런 정도의 뜻이다(L). 신비로운 것을 살피는 일에, 즉 이는 우리가 파악할 수도, 포착할 수도 없는 것을 살피는 일에 경솔하게 빠져들지 말라는 뜻이다. 죽어야 하는 우리 인간의 조건과 육신을 가지고 살아야 하는 우리의 본성이 이런 일로부터 우리를 멀리 떼어 놓았기 때문이다. 여기에 경솔하게 다가가서 불경스러울 뿐만 아니라 결코 합당치 않게 행운을 간청하고 불운을 피하게 해달라고 요청하여 반대로 귀신들에게 불경죄를 짓고, 그래서 우리가 우리 자신에게 경솔함과 어리석다는 낙인을 찍지 않도록 하기 위해서였다.

(I. 子不語怪力亂神, 『논어論語』 「술이述而」)

(K. 敬鬼神而遠之可謂知矣. 『논어論語』 「옹야雍也」)

(L. 若鬼神福善禍陰, 雖與人事相[爲]感通, 然其事則幽昧而難之者也. 不可知而諂事以求之)

이 대목은 건강 회복을 위해서 귀신에게 기도를 올리자고 제자 자로가 아픈 공자에게(H) 간청한 것이다. 하지만 "그런 것이 있는가? 혹은 그런 방법이 도대체 있단 말인가?"라고 공자가 묻자, 자로는 "당연히 있습니다"라고 답한다. 『예기』라틴어 표기는 Lui로 되어 있음. 아마도 『예기禮記』를 가리키는 것으로 보임 라는 옛날의 기도서는 "우리는 (아마도 가장 낮은) 당신을 위해서 높게는 하늘에 있는 귀신과 낮게는 땅에 있는 귀신에게 기도합니다"라고 전한다. 이에 공자가 말했다. "나도 오래전부터 그들에게 기도를 올렸다." 내가 말하건대, 이 대목은 우리의 입장과 충돌하지 않는다. 오히려 만약 철학자가 여기에서 자신이 귀신을 공경하고 그에게 간청했음을 가르치기를 원했다면, 그 자신이 했던 것이 아니라 다른 단어를 사용했었을 것이다. 공자는 말을 간략하고 진실되게 하기 때문이다. 이 대목에서 주석가는 공자가 이를 행했다고 주장하지는 않는다. 그럼에도 정확하게 말하면, 제자에게 덕을 실천하고 삶을 올바로 잡아서(N) 하늘과 귀신을 섬겨야 한다고 가르쳤다. 하지만 인생의 길흉화복을 위해서 귀신에게 기도하는 것에 매달려서는 안 되고, 마찬가지로 사람을 올바르게 가르치는 것을 제대로 알기 위해 노력하는 것이 마땅함을 가르쳤다. 또한 불경스러운 아부로 귀신에게 해를 끼쳐서는 안 되고, 경솔하게 아무에게나 귀신의 덕과 힘과 특히 지식을 전해주어서는 안 된다고 가르쳤다. 이 지식은 분명코 저들의 위치에서 접할 수 있는 것이 아니기 때문이다(O). 『논어』 제1부 15장의 □□이 이에 대한 저거이다. 여기에서 공자는 낮은 신분임에도 오만하게, 정확히 말하면 돈에 대한 밤복에 □□□□□ □□□□□ □□□□□ 바치는 사람을 비판한다. 이 귀신에게는 높은 신분의 사람이 제사를 모셨기 때문이다. 높은 신분의 사람도 반대로 마찬가지로 돈에 대한 욕심 때문에 저 귀신에게 제사를 올렸다. 낮은 신분의 사람도 저 귀신에게 제사를 바쳤다. 공자는 이렇게 말한다. "어떤 귀신이 너의 귀신이 아닌데도 그에게 제사를 올리는 것은 아부이다." 이 대목들과 다른 대목들로부터 다음의 결론을 이끌어낼 수 있다. 저 시대의 중국은 귀신을 모시는 미신이 다양하고, 거의 각자의 판단에 의거하며, 혼란스럽고 뒤죽박죽인 상황이었다. 이는 오늘날에도 관찰할 수 있다. 공자는 단적으로 이런 미신과 이를 숭배하는 무리에 반대했다. 귀신 자체는 아니었다. 이는 또한 귀신에 대한 합당한 공경과 경외가 아니었다. 이 모든 것으로부터 다음의 결론이 나온다. 예컨대 철학자 자신도, 그의 생각을 해석한 장각로도 귀신을 모셔야 한다고 주장한다. 정확하게 말하면, 거리를 두면서 공경해야 한다. 귀신이 어떠한 일의 결정자이자 지배자라고 믿고서 불경스럽게 미신을 따르면서 그를 불러서는 안 된다. 그들은 이렇게 가르친다. 하늘을 섬기는 것은 지당하다. 경외심으로 섬겨야 한다. 번영을 기원하고 재앙을 면할 수 있도록 간청하기 위해서다. 모든 일이 오로지 이것에 달려 있고 이것에 의해서 다스려지기 때문이다. 내가 말한 "하늘"은 하늘 자체의 주인이고 모든 일의 주재인 저 귀신을 가리킨다. 영원하고 어느 누구도 개입할 수 없는 삶과 죽음을 결정하는 법이 그의 소관이다. 그러나 이 주제에 대해서는 다른 자리에서 다룰 것이다. 거기에서 우리는 이 물음을 상세하고 엄밀하게 논의할 것이다. 우리는 공자 자신과 상고 시대의 현자들과 통치자들을 증인으로 삼고 그들의 권위에 의지해서 이를 입증할 것이다. 이들은 하늘의 주인을 모르지 않았다. 오히려 정성을 다해 하늘에 경의를 표했고, 자신이 사는 모든 방식이 하늘에 달려 있다고 공언했다. 하늘에 죄를 지으면, 자비를 요청할 어떤 이도 없을 것이고 도와줄 어떤 이도 없을 것이다. 철학자 자신은 이를 다음의 밑고 상세하게 논했다(P). "하늘에 죄를 짓는 자는 그것에 맞서서 자신이 죄를 지은 바로 그 하늘 혹은 하늘의 주인 이외에 다른 어떤 이에게 용서를, 죄를 빌 수가 없을 것이다." 이를 주석가는 이렇게 해석한다. "다른 모든 귀신에게도 죄를 빌 수 없다." 조금 길게 늘어놓은 객담客談의 결론으로 우리는 최근에 출판된 책에서 가져온 말을 소개하고자 한다. 이 말은 장각로가 자신의 생각과 마찬가지로 몸이 아팠던 공자의 생각을 해석한 것이다(Q). "도禱"라는 말, 또는 간청한다는 말은 이런 뜻이다. 이는 이전에 어떤 이가 자신이 살아가는 동안에 지은 악행을 (정확하게 말하면 병으로 위급해지면) 귀신에게 고백하고, 이전에 저지른 잘못들을 참회하면서 다음의 방식으로 요청하는 것이다. 즉 재앙으로부터 벗어나고 자신이 번영할 수 있도록 말이다. 이것이 "도禱" 혹은 "간청한다"의 의미이다. 대중과 제자 자로 자신도 대체로 이런 의미로 받아들였다. 그러나 철학자가 이 말을 어떤 뜻으로 받아들였는지 설명하기 위해 주석가는 철학자의 이런 말을 인용한다(R). '만약 전 생애에 걸쳐서 말로든 행동으로든 귀신에게 거슬리는 잘못을 범하지 않았다고 내가 감히 말할 수 있다면, 하물며 더 나아가 거기에서 어떤 좋음이 주어졌고 내가 나를 곧바로 좋음으로 돌려 세웠다면, 행여 내가 뭔가 잘못을 범했지만 곧장 고쳤다면, 이는 참으로 내가 아주 오래전부터 귀신들에게 간청하고 있었음을 보여준다. 따라서 나는 묻고자 한다. 공자 자신뿐만 아니라 상고 시대의 모든 중국인, 특히 그토록 오래전에 왕국을 세웠고 가장 훌륭한 법률로 굳건하게 만들었던, 말하자면, 통치자가 갖추어야 할 지혜와 덕들로 탁월했던 많은 군주가 무신론자라고 말할 수 있게 해주는 문장들이 과연 어느 누구에게나 설득력이 있는가? 야생의 짐승도 숨을 쉬지 않는 사물도 모두 그 자신의 방식으로 우리를 가르치고 있는데, 과연 가증스럽고 불경스럽게도 그 군주가 몰랐다고 말할 수 있을까? 여기에 대해서는 독자 자신이 판관이 되길 바란다.

(M. 子疾病, 子路請禱. 子曰, 有諸. 子路對曰, 有之, 誄曰, 禱爾于上下神祇. 子

日, 丘之禱久矣. 『논어論語』「술이述而」)

(N. 人當修德以事天, ＜不必禱祀以求福當＞생략됨 用力于人道之所當＜務＞생략됨
不必諂瀆于鬼神之不可知矣. 장거정의 『사서직해四書直解』『논어論語』)

(N. 若我平生, 一言一動, 不敢得罪于鬼神, 有善卽遷, 有過卽改, 則我之 禱于鬼
神者, 久矣. 마찬가지로 장거장의 다른 저술. 그러나 장거정의 이 말은 약
간 아래에서 해명된다.)

(O. 子曰, 非其鬼而祭之諂也. 『논어論語』「위정爲政」)

(P. 獲罪於天無所禱也. 『논어論語』「팔일八佾」)

(P. 孔安＜國＞생략됨曰: 공안＜국＞이라는 주석가는 이렇게 설명한다: 無所禱
于天神也.)

(Q. 夫所謂禱者, 是說平日所爲不善. 如今告於鬼神懺悔前非, 以求解災 降福耳.
주석가 장거정의 최근 저술에서)

(R. 若我平生, 一言一動, 不敢得罪于鬼神, 有善卽遷, 有過卽改, 則我之 禱于鬼
神者, 久矣. 마찬가지로 장거정의 최근 저술에서)

cf. Ruggieri.   Eorum tam subtilis cognitio certissima est usque
eo ut eam negare neve occultare possimus. (귀신에 대한 앎은 매우
은밀하지만 분명하다. 우리는 그것을 부인할 수도 없고 감출 수도 없다.)

cf. 夫微之顯, 誠之不可, 如此夫.

f.12. p.1. §.1. Et hactenùs quidem de spiritibus philosophus.[171] Hîc verò et deinceps, nepos eius, Cu-Su dictus, [ut explicet latitudinem ingenitae omnibus rationis quoad usum][172], avi sui verba affert de priscorum regum virtutibus: ac primo quidem de illustri imperatoris Xun erga parentes suos obedientiâ. Confucius ait: Xun impe-(p. 89)-ratoris illius ò quàm magna fuit obedientia! Virtute fuit sanctus, quo et factum est ut tanti filii parentes ubique celebrarentur. Non offendat Eoropaeum lectorem vox ista 聖Xim, seu sanctus, cuius creber in Sinarum libris usus est, qualis ferè apud Romanos olìm cùm suos vel reges vel heroes, Divos vocabant. Hîc cùm interpretes agamus, quod illi Sinicè, nos Latinè exponimus, nequaquam verò sanctitatem nostro catholicorum sensu adscribere cuiquam volumus, quòd ea nec illis competat, nec nostrum sit eam tribuere, accedit quòd Xim seu sancti vocabulum, ut in Sinicis lexicis videre est, non aliud plerúmque significat quàm sapientem, vel vim quamdam intelligendi prorsùs eximiam [ita vocabularia Xim Che Gin Chi Chi Ye, sive summum ad quod homo suis viribus potest pertingere.][173] Dignitate, fuit caeli filius, id est, imperator, haec verò dignitas ad parentes quoque certâ ratione transivit; et, si de opulentiâ agamus, obtinuit quidquid quatuor maria (sic orbem sibi notum Sinae declarant) intra se complectantur. Has item opes in parentum cultum planè regium nec non delicias eorumdem pius profundebat. In maiorum templis(A) [aulis parentalibus][174] regio de

---

[171] et ... Philosophus *del. Par. 1687*

[172] *suppl. Couplet.*

[173] *suppl. Couplet:* significat quàm eximiè sapientem et intelligentem, vel Gin Chi Che, id est, hominis summum ad quod homo suis viribus potest pertingere *Par. 1687*

[174] *suppl. Couplet*

more et apparatu defunctis parentibus sacrificabat, (seu verius, parentabat) [quem morem][175] filiorum quoque suorum ac nepotum conseravtioni prudenter consulebat[176], regulorum dignitate aliisque honorum gradibus opibusque eos augens[177]: hoc autem modo ea tam illustris [et][178] regulorum[179] dignitas in familia ipsius diù perstitit; et à posteris vicissim tanti avi memoria, praesertim in gentilitiis sacrificiis[180], perpetuò conservata fuit. (Celebris[181] est in Annalibus Xun imperatoris obedientia simul et reverentia erga parentes, praecipuè novercam, et ex hac progenitum fratrem Siam dictum, nam tametsi hi non semel ei mortem machinati essent, tantum aberat eos ut odisset, ut contra miseratus fleret assiduè, sibi uni quidquid hîc erat culpae adscribens, et postea quidem evectus ad imperium non aliter quàm modò memoratis obedientiae et amoris officiis acceptas à novercâ et fratre iniurias ulciscebatur.) Plura de huius imperatoris obedientiâ in lib. Lun Yu, Memcio, et alibi.

(A. Nolim accipiat hîc lector 廟miao, seu Templa, pro locis numini consecratis, nam neque latini nomen ipsum templi eo semper sensu accipiunt, Cicerone teste, qui ait: curia est sedes ac templum publici consilii. vox itaque miao, cùm de defunctis agitur, aulam gentiliam propriè significat. ad haec, si vocis miao ethymologiam quaeras, non utique ex aliis conficitur literis, quàm ex 埠Han, quae montis lapidem prominentem, et ex 朝Chao, quae aulam regiam denotat; adire item Regem salutandi gratiâ.)[182]

---

[175] *suppl. Couplet*

[176] quem morem filii quoque ac nepotes conservarunt *Par 168.7*

[177] regulorum... augens *del. Couplet*

[178] *suppl. Couplet*

[179] regia *Couplet*

[180] parentalibus officiis ac ritibus *Couplet*

[181] celeberrima hic ubique est *Couplet*

12편 1쪽 1장 귀신에 대한 철학자의 논의는 여기까지다. 여기에서부터는 이어서 그의 손자 자사가 [모든 이들에게 부여된 이성의 넓음을 풀이하기 위해서] 조부의 말을 인용하여 상고 시대의 군주들이 지닌 덕들에 대해서 설명한다. 첫째로, 부모에 대한 순 임금의 빛나는 효도에 대해서 공자는 말한다. 순 임금의 저 효도는 참으로 위대했다. 그는 덕으로 성스러운 분이다. 그 덕분에 이런 아들을 둔 부모도 사방에서 존경을 받게 되었다. "聖", 즉 '성스러움'이라는 단어는 유럽의 독자에게 거슬리지 않을 것이다. 이 단어는 중국인의 책에서 자주 등장한다. 마치 옛날에 로마인 사이에서 군주나 영웅을 신적인 존재로 칭한 것과 비슷하다. 중국인이 한자로 쓴 것을 여기에서 우리가 라틴어로 풀이할 때, 우리는 우리 보편 교회가톨릭 교회를 가리킴에서 통용되는 성스러움을 아무에게나 부여하지 않을 것이다. 이것이 중국인에게는 적합하지 않고, 이를 부여해서도 안된다는 것이 우리의 생각이기 때문이다. 聖 혹은 '성스러움'이라는 단어는 중국인의 사전에서 살필 수 있듯이, 주로 현자를 뜻하는 것이나 다름없다. 혹은 어떤 뛰어난 지성을 뜻한다. ['聖者之至也'라는 말은 자신의 능력으로 도달할 수 있는 최상을 뜻한다.] 이는 권위에 있어서 천자를 뜻한다. 이 권위는 정해진 비례에 따라 부모들에게로 내려온다. 만약 재산에 대해 말한다면, 그는 사해 바다(중국인은 세계를 이렇게 표현한다)가 품고 있는 모든 것을 소유했다. 군주를 모시듯이 순 임금은 이 재산을 부모를 봉양하는 데에 사용하였고, 부모를 기쁘게 하는 것에 노력했다. 그는 조상의 사당 (A)[궁정에 있는 조상의 사당]에서 군주에게 올리는 제례와 제기로 죽은 조상에게 제사를 지냈다 (더 정확하게 말하면 제사를 받들었다). 사신의 제식과 손기에게 [이 제례를] 지킬 것을 지혜롭게 권했다. 제후와 관리의 지위와 재산을 부여하면서 그늘을 북돋아 주었다. 그런

---

182 A. *del. Couplet*

데 이런 방식을 통해서 제후들의 권위를 크게 빛나게 해주었고, 이 권위는 그의 왕조에서 오랫동안 유지되었다. 또한 매우 위대한 조상에 대한 기억은 후손에게 대대로, 특히 씨족의 제사를 통해서 지속적으로 보존되었다. (부모를 모시는, 특히 계모와 그녀에게서 태어난 [이복] 형제 상象에 대해 순 임금이 보여준 공경과 효심은 『중국 연대기』에서 자주 언급된다. 비록 그들이 자신을 죽이려 모략을 꾸민 것이 한두 번이 아니었음에도, 순 임금은 그들을 결코 미워하지 않았다. 반대로 그들을 불쌍히 여기고 항상 눈물을 흘렸다. 어떤 일이 벌어지든 그 탓을 자신에게로 돌렸다. 나중에 임금 자리에 올랐을 때에도 계모와 형제에게 받았던 불의를 공경과 사랑의 의무로 되갚았다.) 순 임금의 이야기는 『논어』, 『맹자』 및 다른 책에 많이 나와 있다.

（A. 나는 독자들이 묘廟, 혹은 사원을 신의 뜻을 받는 신전으로 받아들이지 않길 바란다. 왜냐하면, 라틴 사람들은 신전이라는 이름 자체를 다음의 뜻으로 받아들였기 때문이다. 키케로가 증인이다. 그에 따르면, 쿠리아(의회)는 공동의 생각을 모시는 자리이고 신전이다. 따라서 묘廟는 죽은 자와 관련되기에 씨족의 궁전을 뜻하는 것으로 보는 것이 합당하다. 여기에 추가적으로 묘의 어원을 묻는다면, 이는 다른 글자들이 아닌 산 위에 우뚝 솟은 바위를 뜻하는 "한厈"이라는 글자와 군주의 궁정을 가리키고, 또한 군주에게 인사를 드리기 위해서 간다는 뜻을 지닌 "조朝"라는 글자로 이루어져 있다.）

cf. Ruggieri. Sciuni magna fuit in parentes observantia. Virtute vir sapiens et sanctus erat, quod ad honores attinet, ascendit ad imperium orbis terrae, quod ad divitiam(divitia *sic*) possidet quidquid quattuor maria continent. Habuit antecessores multos itemque successores qui haec adservarunt. (순 임금의 부모에 대한 효성은 위대하다. 그는 덕으로 지혜롭고 성스러운 사람이었다. 관직과

관련해서는 천하의 패권을 잡았다. 부와 관련해서는 사해四海 안에 있는 모든 것이 그의 소유였다. 그에게는 많은 조상이 있었다. 마찬가지로 이것들을 계승한 후손이 있었다.)

cf. 子曰, 舜, 其大孝也與! 德爲聖人, 尊爲天子, 富有四海之內, 宗廟饗之, 子孫保之.

f.12. p.1. §.2. Ideo magna illius virtus, non casu, sed destinato haud dubiè consilio, obtinuit suam illam à coelo dignitatem, seu imperii coronam, virtutis praemium. Item haud dubiè obtinuit suos tam amplos census et immensas opes illas quas ambit oceanus. Haud dubiè obtinuit suum illud toto orbe tam celebra-(p. 90)-tum nomen famamque tantam. Haud dubiè denique obtinuit illud tam dulce praemium longaevae aetatis, proprium scilicet praemium filiolis obedientiae, quam paulò antè depraedicavit. Et verò vixit Xun imperator annis 100; primùm quidem ab agro et stivâ vocatus ad imperii societatem ab ipso Yao imperatore, qui deinde moriens, cùm suum ipsius filium Tan-Chu dictum ab administratione repulisset, non in alium quàm in ipsum Xun imperium resignavit, quod ab hoc deinde per annos unum et sexaginta feliciter administratum fuit, ut planè videatur Deus Sinis etiam contulisse, quod Hebraeis, quicunque honorassent patrem suum et matrem suam, in lege scripta promiserat. Quod, ne quis putet à nobis ex uno tantùm successu temerè mox affirmari, iuvat referre quem fructum pietatis suae Uù-Vam quoque imperator aliquando perceperit. Aegrotabat, uti memorant Officiorum libri, huius avus Vam-Ki qui regulus tunc erat, ministravit aegrotanti Ven-Vam filius cum incredibili sedulitate et vigilantiâ, maximâque tenerrimi amoris et observantiae significatione. Successu deinde temporis, cùm Ven-Vam quoque primae inter regulos dignitatis, iam senior langueret, adfuit ei similiter Vu-Vam filius, et patris erga avum pietatem imitatus, assistere aegro diu noctuque, famulari, quidquid excogitare poterat obsequii solatiique praebere, usque eò ut nec cibo se reficeret nisi cùm cepisset hunc pater, neque antequam hic indormisceret, quieti somnoque traderet defessum corpus. Convalescebat haec inter senior, et pius filius plusculùm fortè somno tribuerat. Quaesivit igitur ex eo pater, num quod ei somnium nocte istâ contigisset, cui Uu -Vam planè, (inquit) ò pater, et quidem ipsiusmet Xam-Ti species augustissima mihi per somnium oblata fuit, faciebat autem spem mihi caeli imperator obtinendi aliquando[183](B) novem 齡Lim, id est, ut ego interpretor, regnorum novem imperium.[184] Tum pater, ut mea, (inquit) diversa interpretatio est, fili mi[185], tu quippe novem decades annorum nonagenarius senex aliquando numerabis, mihi centum aetatis anni parati sunt. Sed age, tres meis demantur, qui tuos augeant, fili mi. Res fuit admiratione digna (si tamen textui, libris Officiorum contento, tantum fidei dare placuit[186]) prorsùs ut ita dictum fuerat evenit. Nam Ven-Vam natus annos septem et nonaginta vivere desiit, Vu-Vam tertio et nonagesimo aetatis suae anno. Utrumque verò superavit huius frater, Cheu-Cum dictus, uti sapientia (p. 91) vicerat, atque (ut paulò infrà dicitur)[187] filiali quoque observantiâ et pietate[188] commendatissimus fuit.[189] Constat autem iam centenarium decessisse.[190]

(B. Ven Vam Guei Vu Vam Yue Ju Ho Mum Y. Vu Vam Tui Yue, Mum

---

[183] del. Couplet
[184] id est novem annorum decades Couplet
[185] ut ... est del. Couplet
[186] si tamen libris Officiorum credi potest Par. 1687
[187] utpotè centarius Couplet
[188] del. Couplet
[189] princeps Couplet
[190] constat ... decessisse del. Couplet

Ti Yu Ngo Kieu Lim. Ven Vam Yue Cu Che Guei Nien Lim Ngo Pe,
Ulh Kieu Xe Ngu Yu Ulh San Yen. Ven Vam Kieu Xe Cie Nai Chum.
Vu Vam Kieu Xe San Ulh Chum. Ex Li-Ki lib.4. f.28. Id est, Ven-Vam
advocans filium Vu-Vam petiit: tu quid somniasti? Vu-Vam respondit,
somniavi caeli imperatorem donare mihi novem Lim, etc. Ven-Vam ad
haec ait: prisci denotabant annos per Tò Lim. Ego centum annos, tu
novem decades annorum habebis. Ego verò resgino tibi, ex meis tres
annos. Ven-Vam nonaginta septem annos habuit cum vivere desiit.
Vu-Vam nonaginta tres annos habuit cum vivere desiit.)[191]

12편 1쪽 2장 순 임금의 덕은 참으로 위대하다. 우연이 아니라 필연
의 결정에 의해서 하늘로부터 자신에게 부여된 권위를 차지했다. 덕에
대한 보상으로 통치자의 왕관을 차지했다. 바다가 감싸고 있는 수많은
재물과 수많은 사람을 자신의 백성으로 품었다. 그의 이름은 당연히
온 세상에 널리 알려졌고 그 명성 또한 자자했다. 그는 또한 즐겁게 오
래 살며 장수의 ~~유복함을~~ 누렸다. 이는 자식으로써 보여주었던 효성에
대한 당연한 보상이었다. 이에 대해서는 앞에서 예찬했다. 실제로 순
임금은 100년을 살았다. 처음에는 쟁기로 밭을 갈고 있다가 요 임금의
부름을 직접 받고서 통치의 동료로 참여했다. 죽음을 앞둔 요 임금은
자신의 친아들인 단주丹朱에게 왕좌를 넘겨주지 않고 바로 순에게 나라
를 넘겨주었다. 이 왕국은 61년 동안 순 임금의 치세를 누렸다. '어느
누구든 자신의 아버지와 어머니에게 효도해야 한다'고 하느님이 헤브
라이우스인유대인의 라틴어 이름에게 주었던 율법을 중국인에게도 주었음이 분
명하다. 시간이 흘러 문왕文王, 기원전 ?~1046이 제후들 가운데에 가장 높은
지위에 올랐을 때 그도 이미 나이가 들고 병약해졌는데, 그에게는 그
를 닮은 아들 무왕武王, 기원전 ?~1043이 있었다. 할아비지를 모시는 아버지의
효성을 이어받아서 밤낮으로 병든 아버지를 돌보았다. 아버지를 받들

---

[191] B. _del. Couplet_

어 편안하게 모시는 데에 도움이 될 수 있는 것이라면 무엇이든 찾아내어 모셨다. 심지어 아버지가 먹지 않을 때에는 자신도 음식에 손을 대지 않을 정도였다. 아버지가 잠들기 전에는 결코 휴식과 지친 몸을 잠에 넘겨주지 않았다. 이 가운데에 노인이 힘을 얻었다. 효심 깊은 아들은 우연히 잠에 깊게 빠져들었다. 그때 아버지가 아들에게 지난 밤에 무슨 꿈을 꾸지 않았느냐고 물었다. 아들이 큰 소리로 이렇게 답했다. '아버지, 실은 지극히 성스러운 상제의 모습이 직접 꿈에 나타났습니다. 하늘의 통치자는 저에게 그때(B) 9령齡이 주어질 것이라고 약조해 주셨습니다. 꿈풀이를 하자면, 이는 아홉 나라를 다스릴 꿈입니다. 그러자 아버지가 말하길, 나의 아들아, 내 풀이는 다르다. 너는 90년을 살게 될 것이다. 나에게는 100년이 주어졌다. 내 나이에서 3년을 가져가라. 내 아들아, 이 3년이 너의 나이를 더해 줄 것이다. 이는 매우 놀라운데 (비록 『예기』에 실린 문장에 크게 신뢰할 수밖에 없음에도), 말한 대로 이루어졌기 때문이다. 왜냐하면 문왕은 97년의 생을 살다가 마감했고, 무왕은 93년에 생을 마감했기 때문이다. 그런데, 문왕의 형제인 주공은 문왕과 무왕을 능가했다. 주공은 지혜에 있어서 더 뛰어났고 (조금 아래에서 말해지듯이), 자식의 도리인 효도와 공경에 있어서 아주 커다란 칭찬을 받았기 때문이다. 그가 100년을 살았다는 것은 이미 널리 알려진 일이다.

(B. 文王謂, 武王曰, 如何夢矣. 武王對曰, 夢帝與我九齡. [(…)] 文王曰, [(…)] 古者謂年齡. [(…)] 我百爾九十, 吾與爾三焉. 文王九十七乃終, 武王九十三而終. 『예기禮記』 제8장 「文王世子」). 문왕이 아들 무왕을 불러서 물었다. "무슨 꿈을 꾸었느냐?" 그러나 무왕이 답하길, "하늘의 통치자가 저에게 아홉 령齡을 주겠다고 약조하시는 꿈을 꾸었습니다." 응. 그러서 문왕이 이에 말하길, "옛날 사람들은 령齡을 나이로 풀이했다. 나는 100년이 주어졌다. 너는 90년을 살 것이다. 하지만 나는 내 나이에서 3년을 떼어서 너에게 줄 것이다." 문왕은 97년을 살다가 생을 마감했다. 무왕이 죽음을 맞은 것은

그가 93살이었을 때였다.)

cf. Ruggieri. Quare magna sua virtute consecutus est regiam
dignitatem, adsecutus regios census, consecutus nominis
immortalitatem, consecutus denique longam vitam. (따라서 그는
위대한 덕을 지녔고, 군주으로서 권위와 평판과 불멸의 명성을 얻었
다. 마침내 장수를 누렸다.)

cf. 故大德, 必得其位, 必得其祿, 必得其名, 必得其壽.

f.12. p.1. §.3   Etenim caelum in productione rerum haud dubiè accommodat sese, et attemperat earum dispositionibus, et his conformia dat incrementa, suoque res influxu foecundat, adeòque quas plantas invenit aptis locis atque temporibus rectè consitas benignè fovet ac vegetat humore suo et calore; quas deiectas et marcescentes reperit, eodem arefaciens calore prorsùs dissipat ac destruit. Ita etiam caelum sese[192] accomodat naturae et ingenio singulorum, bonos erigit atque ornat, ut patuit in hoc principe Xun, improbos verò obiicit et perire sinit.

12편 1쪽 3장   의심할 여지없이 하늘은 만물을 생산할 때 만물에 자신을 맡기고, 만물의 배치에 자신을 맞춘다. 하늘은 만물에 알맞은 성장을 제공한다. 하늘은 그 자신에 맞게 적당하게 흘러 들어가 만물을 풍요롭게 만든다. 하늘은 따라서 그 자리와 시기에 맞게 심어진 식물을 찾아내고 그것을 은혜로운 마음으로 감싸고 자신의 습기와 열기로 키워준다. 시들고 이울어가는 식물을 보면, 열기로 메마르게 해서 바로 흩어지고 사라지게 한다. 이렇게 하늘은 그 자신을 각각의 본성과 성질에 맡긴다. 좋은 사람을 일으켜 세우고 빛나게 해준다. 순 임금이 그 사례이다. 하늘은 나쁜 사람을 내치고, 그가 멸망하는 것을 내버려둔다.

cf. Ruggieri.   Haec enim illi dedit caelum quod(qui *sic*) cuncta producens, pro cuiusque rei natura ac ac dispositione alias facit maiores, alias minores, alias meliores, alias deteriores, sicut videmur in herbis et(and *sic*) plantis, quibus cum vigent dat crescendi facultatem, cum languescunt illas exstinguit. (하늘이 그에게 이것들을 주었기 때문이다. 하늘은 모든 것을 낳고, 사물의 각기

---

[192] sesse *sic Intorcetta*

본성과 성향에 따라서 어떤 것은 더 크고 어떤 것은 더 작게 만들고, 어떤 것은 더 뛰어나고 어떤 것은 더 못나게 만들었다. 우리가 풀과 식물에서 보듯이, 하늘은 그것들이 자라 오를 때에는 자라는 능력을 주고, 그것들이 시들어가면 그것을 죽인다.)

cf. 故天之生物, 必因其材而篤焉. 故栽者培之, 傾者覆之.

f.12. p.1. §.4. *Oda* ait: ò omnium encomiis laudandum, iubilisque extollendum virum perfectum! ò quàm magnificè resplendet eius praeclara virtus! quae populi sunt tribuit populo, et quae magistratibus competunt tribuit magistratibus. Planè[193] de omnibus benè meretur. Ideo nimirum amplissimos recipit census (imperium denotat) à caelo, conservat ac protegit[194] imperium. Adeòque aliis atque aliis beneficiis à caelo dimantibus, bonisque omnibus cumulatur, et in longam posteritatem amplificatur.

12편 1쪽 4장 『시경』에서 말하길, "오 모든 사람의 칭찬을 들어야 마땅하고, 모든 사람의 환호를 받아야 마땅한 이상적인 군자여! 그의 탁월한 덕은 얼마나 찬란하게 빛나는가! 백성의 것은 백성에게 돌려 주고, 관리에게서 요구해야 할 것은 관리에게 돌려주었다. 그는 분명히 모든 사람에게서 칭찬을 들을 자격이 있다. 그는 당연히 하늘로부터 아주 많은 백성을 부여받고(이를 제국이라 표기한다), 그는 제국을 보존하고 보호한다. 제국은 하늘로부터 흘러나오는 온갖 유익한 것과 모든 좋은 것으로 넘쳐나며, 멀리 후세에 이르도록 번영한다.

cf. Ruggieri. Est in Poematibus, rex populo dilectus et iucundus <et> dignus est cuius optima virtus nota omnibus ac manifesta sit, facit et erga populum quod decet, digne census ac vectigalia magna percipit a caelo, caelum facit ipsum diuturnum, proindeque sua. (『시경』에 이르길, 모든 사람에게 알려져 있고 분명하게 드러난 치상이 더은 갖추 규주는 백성의 사랑과 즐거움과 존경을 받는다. 이 군주는 백성을 위해서 마땅히 해야 할 일을 행한다. 그는 하늘로부터

---

[193] *del., pro eo* in omnes derivat virtutes suas *add. Couplet*
[194] fovet *Couplet*

합당한 백성과 큰 보상을 받는다. 하늘은 그 자신과 그의 것을 오래가
도록 만든다.)

cf. 詩曰, 嘉樂君子, 憲憲顯顯令德. 宜民宜人, 受祿于天. 保佑命之,
自天申之.

f.12. p.1. §.5.　Ideo (concludit philosophus) tantae virtutis vir et ad sceptrum tam appositae, qualis fuit imperatoris Xun virtus, utique accipit à coelo imperium.[195]

12편 1쪽 5장　따라서 (공자의 결론이다) 덕성을 지닌 사람만이, 순 임금의 덕이 바로 그러했는데, 왕홀을 잡을 수 있으며 하늘로부터 제 국을 부여받는다.

cf. Ruggieri.　Magna virtute ac imperio potitur. (그는 큰 덕과 제 국을 차지한다.)

cf. 故大德者必受命.

---

[195] Ideo (concludit Philosophus) magna virtus procul dubio obtinet à caelo imperium *Couplet*

f.12. p.2. §.1. Confucius excurrens hîc in laudes regum Ven-Vam et Vu-Vam sic ait: qui expers maeroris semper fuit (rarâ regum felicitate), is solus fuit Ven-Vam, quia nimirum regulus Vam-Ki fuit ei pater, à quo tam praeclarè institutus fuit, et quia imperator Vu-Vam fuit ei filius, patri, avoque tam similis, quae pater piè ac feliciter orsus fuerat, filius maiori etiam cum felicitate in annos plurimos pertexuit. Fundavit enim hic [tertia m][196] familiam imperatoriam Cheu dictam, quae prae reliquis omnibus familiis diutiùs stetit, annis scilicet 874 triginta quinque imperatoribus illustris.

12편 2쪽 1장 공자는 이 자리에서 문왕과 무왕을 예찬하면서 다음과 같이 말한다. 언제나 좌절을 모르던 사람은 오로지 문왕뿐이었다(왕들의 성공은 드물다). 제후였던 왕계가 문왕의 아버지였고, 문왕은 아버지로부터 당연히 탁월한 교육을 받았기 때문이나. 무왕은 문왕의 아들이었는데, 아버지와 할아버지와 매우 비슷해서, 아버지가 경건하고 성공적으로 착수한 일을 아들이 더 큰 번영과 함께 아주 오랜 세월에 걸쳐 완수하였다. 그리하여 무왕은 [세 번째] 왕조인 주라는 나라를 세웠다. 주나라는 다른 모든 왕조보다 더 오래 지속되었다. 주나라에는 874년 동안에 뛰어난 군주가 35명 있었다.

cf. Ruggieri. Idem. Caruit omni molestia Veng(q *sic*)uanus rex ut, qui patrem Huanganum et filium Vunganum, parentum facta filii sunt imitati. (공자가 말하길, 모든 걱정으로부터 벗어난 이는 문왕이다. 그의 아버지는 왕계였고 이들은 무왕이있나. 사식이 아버지의 일을 그대로 이어받았다.)

---

[196] *suppl. Couplet*

cf. 子曰, 無憂者, 其惟文王乎. 以王季爲父, 以武王爲子. 父作之, 子述之.

f.12. p.2. §.2. Imperator Vu-Vam heroicis suis virtutibus propagavit proavi sui Tai-Vam, et avi sui Vam-Ki, et patris sui Ven-Vam augustam stirpem. Semel dumta-(p. 92)-xat arma [militaria][197] induit, ut exigeret meritas poenas de impiissimo Cheu imperator e[198] (hic fuit ex viginti octo imperatoribus [secundae][199] familiae Xam postremus) et hoc sublato tandem[200] obtinuit imperium, idque hortatu, vel impulsu potiùs octingentorum regulorum, ipsoque caelo (ut aiunt) iubente, eius autem persona ad hoc fastigium evecta nequaquam amisit acceptam à maioribus totoque orbe illustrem ac celebratam virtutum et meritorum famam. Dignitate fuit imperator. Etsi[201] de opulentiâ agamus, obtinuit[202] quiquid quatuor maria intra se continebant. Neque minor fuit illius pietas, quippe in regiis[203] maiorum templis[204] iis sacrificavit magnificentiâ se dignâ, denique filiorum suorum ac nepotum conservationi prudenter feliciterque consuluit. Nec minùs grata vicissim posteritas conservavit propagavitque[205] in perpetuum gloriosam memoriam maiorum suorum. (De huius illustri prosapiâ multa perhibent Annales Sinici: siquidem ordiuntur illam ab imperatore Hoâm-Tì, (inter omnium primos tertius hic fuit coepitque imperare anno ante Christum 2669[206].) perpetuâ

---

[197] *suppl. Couplet*
[198] tyranno *Par. 1687*
[199] *suppl. Couplet*
[200] *del. Couplet*
[201] at si *Couplet*
[202] possedit *Couplet*
[203] parentalibus *Couplet*
[204] aulis *Couplet*
[205] se dignâ ... propagavitque *del., pro eis* et ritu impertario: quem morem filii sui ac nepotes conservarunt tota deinceps posteritate propagante *supp. Couplet*
[206] 2697 *Par. 1687*

quadriginta generationum serie, quarum tam nomina quàm cognomenta accuratè recensent. Porrò inter Hoâm-Tì et Vu-Vam anni 1567 effluxêre. Rursus ab hoc non tantum eadem stirps, sed et dignitas simul imperatoria in filios ac nepotes per annos 874 propagata fuit. Ex quo conficitur, domûs illius nobilitatem, fortè nulli Europarum vel Asiaticarum secundam, annis 2441 sibi constitisse, primò quidem cum regulorum et deinde cum imperatorum titulo ac dignitate. [Consule tabulam genealogicam Sinicae Monarchiae.][207)

12편 2쪽 2장 무왕은 영웅적인 덕성으로 증조 태왕, 조부 왕기, 아버지 문왕의 위대한 혈통을 넓게 퍼트렸다. 무왕은 단 한 번 무장하였다. 가장 불경스러운 주왕의 죄를 묻기 위해서였다. (이 사람은 [두 번째] 왕조인 상나라의 27대 마지막 군주였다.) 마침내 이 사람을 몰아내고 나라를 차지하였다. 이는 80명에 달하는 제후들의 권유로 혹은 더 정확하게는 압박으로, (사람들의 말에 따르면) 하늘의 명령으로 취하게 된 것이다. 가장 높은 위치에 오르게 했던 그의 성품은 온 세상에 빛나며 칭송받는 덕성과 업적의 명성을 조상에게서 물려 받았고 그것들을 한 번도 잃지 않았다. 무왕은 군주의 자격을 갖춘 사람이었다. 굳이 그의 재산에 대해서 말하자면, 그는 사해 바다가 품고 있는 모든 것을 소유했다. 그의 효심은 또한 결코 작지 않았다. 조상을 모시는 왕실의 사당에서 자신의 권위에 걸맞게 조상에게 성대하게 제사를 모셨다. 자신의 자식들과 손자들에게 이를 지키도록 현명하고 성공적으로 주어했다, 후손들도 감사의 보답으로 그에 못지 않게 이를 지켰다. 자신의 조상에 대한 영원하고 영광스러운 시이은 널리 악겨다. (이 찬란한 가문에 대해서는 『중국 연대기』가 많은 것을 전한다.

---

207 *suppl. Par. 1687*

『중국 연대기』에 따르면, 이 가문은 황제黃帝로부터 시작했다. (그는 모든 사람의 우두머리인 자들 가운데 세 번째였고, 기원전 2669년 전부터 나라를 다스리기 시작했다.) 이 가문은 40대를 이어갔고, 『중국 연대기』는 그들의 이름과 성을 정확하게 전한다. 황제와 무왕 사이에는 1567년의 시간이 흘렀다. 무왕으로 되돌아가면, 그의 혈통은 끊기지 않고 이어졌고, 동시에 왕실의 권력도 874년 동안이나 자식들과 손자들로 이어져 내려갔다. 이를 종합하면, 그의 가문은 2441년에 걸쳐서 명성을 누렸다. 이는 분명하다. 처음에는 제후의 지위에 있었지만, 나중에 군주의 칭호와 권위를 얻었다. 유럽이나 아시아의 어떤 가문도 이를 앞서지는 못한다.

cf. Ruggieri. Vunganus conservavit et amplificavit Taiguani (Taiguiani *sic*), Huanguani(Huangani *sic*) et Veng(q *sic*)uani opes, et dignitatem, et cum semel tantum arma capisset orbis imperio potitus est. Nullum unquam detrimentum passus est in orbe suum nomen illustravit, quod ad dignitatem attinet, imperium ipse adeptus est, quod ad divitias quidquid quattuor maribus conitnentur est consec(q *sic*)utus, antecessores habuit, et successores qui haec omnia adservarunt. (무왕은 태왕과 왕계와 문왕의 재산과 위엄을 지켰고 키웠다. 단 한 번 무기를 잡았고 천하의 패권을 쥐었다. 어떤 손실도 입지 않았다. 세상에 자신의 이름을 떨쳤다. 권위와 관련해서는 그는 패권을 잡았고, 재산과 관련해서는 사해 안에 있는 모든 것을 소유했으며, 조상과 이 모든 것을 이어받은 후손들을 두었다.)

cf. 武王續大王王季文王之緒. 壹戎衣而有天下, 身不失天下之顯名. 尊爲天子, 富有四海之內. 宗廟饗之, 子孫保之.

f.13. p.1. Hîc et deinceps ostendit Confucius, quomodo Vù-Vâm et huius frater Chēu-Cūm et servarint ipsi, et ad posteros suos transmiserint debitum cultum et reverentiam erga defunctos maiores, servando luctûs, exequiarum, et sepulturae, simulque officiorum ac rituum debita tempora, ordinem, et apparatum. Et hic quidem erat filialis obedientiae apex, ob quam sibi omnem felicitatem à caelo promittebant. Vù-Vâm, inquit Confucius, iam senior, octagenarius[208] scilicet, suscepit imperium. Adeòque, cùm tantùm septem annis imperavit, non potuit leges ac ritus ita stabilire ut non esset periculum ne denuò negligerentur et in oblivionem irent. Quare cùm filium imperii heredem relinqueret, Chîm-Vam dictum, tredecim annorum puerum, Chēu-Cūm huius tutor simul et patervus adimplevit paren-(p. 93)-tis sui Vên-Vâm, et fratris sui natu maioris Vù-Vâm virtutes ac statuta, posthumo regulorum titulo ornans proavum Taí-Vâm, et Avum Vâm-Kí. Vel (ut alii exponunt) Chēu-Cūm adimplevit Vên-Vâm et Vū-Vâm virtutes. Nam assiduè et ipse sibi et pupillo revocabat in memoriam familias regias, virtutesque proavi Taí-Vâm(antea dicti Cù-Cūm) et avi Vâm-Kí(antea dicti Kí-Liě) regulorum, numerando per mille et ampliùs annos perillustris familiae seriem à Cù-Cán usque ad ipsum Heú-Çiě, qui familiae princeps et caput fuit [et][209] filius sexti [monarchiae][210] imperatoris, Tí-Cǒ dicti, ex prima regina Kiam Yuen dicta. Erat autem Ti-Co nepos quarti imperatoris cui Xaò-Haó nomen. Porrò Xaò-Haó filius erat

---

[208] íioctogenario maior *Couplet*
[209] *suppl. Couplet*
[210] *suppl. Couplet*

celebris illius Hoâm-Tí tertii imperatoris ex matre Luî-Çù dictâ.
Itaque solemniùs augustiùsque sacrificabat [seu parentabat][211]
defunctis maioribus iuxta imperatorum ritus (hîc Tò sacrificabat
pro parentabat accipitur)[212], impertiens eos suâ ipsius dignitate: qui
ritus deinde abiit in usum apud omnes [reges et imperatores
Sinarum][213], ut quisque scilicet suâ ipsius dignitate impertiret
maiores suos defunctos, quamvis hi illam non habuissent in vita.
Hi itaque erga maiores ritus propagati sunt ad regulos et ad
magnates imperii, Tá-Fū dictos, usque ad literatos, ac tandem ad
plebios[214] homines. Omnes enim iuxta suum quisque statum et
ordinem quem obtinebant, in hoc officiorum genere procedebant.
Atque adeò si pater fuisset unus ex magnatibus [seu magistratibus][215]
regni, et filius esset dumtaxat literatus, sepeliebat hic patrem cum
ritibus magnati debitis, ipse verò ei sacrificabat pro suo literati aut
doctoris gradu. Contrà, si pater fuisset literatus, filius autem esset
ex magnatibus, tum filius sepeliebat patrem ut literatum, seu ritu
literatorum, sacrificabat autem ut magnati, eamdem cum suâ
dignitatem patri licet mortuo impertiens honoris causâ. Utriusque
ritus rationem hanc afferunt, quia dignitas patris sequitur mortuum
usque ad sepulchrum, at verò quod ei fit sacrificium[216], sive quae
offeruntur munera pertinent ad redditus et facultates, seu ad
statum viventis filii, qui si pauper pauperis more, si rex regis more
parentibus sacrificabat[217]. Quod verò ad luctum pertinet, unius

---

[211] *suppl. Couplet*

[212] hic Tò sacrificabat pro parentabat accipitur *del. Couplet*

[213] *suppl. Couplet*

[214] privatos *Couplet*

[215] *suppl. Couplet*

[216] quae ei fiunt parentalia *Couplet*

anni luctus (quem declarant, non atri, sed albi coloris vestitu funebri, et aliis non paucis ritibus) in morte fratrum aut pa-(p. 94)-trui tantùm pertingebat ab infimâ plebe usque ad magnates. In obitu autem patris aut matris trienni(B) luctus pertingebat ad ipsum usque imperatorem, et in hoc patris ac matris triennali luctu non habebatur distinctio nobilis ab ignobili, sed una eademque erat omnium ratio. Et verò quae[218] parentes promeriti sunt de filiis, et quae filii vicissim debent parentibus, sunt in omnibus paria, et eodem pretio aestimanda. Triennalis hic luctus(C) ideo servabatur, quia proles totidem annis lactari solet, ac gremio parentum foveri. Maritus trimestri tantùm spatio defunctam uxorem lugebat, at verò defunctum maritum lugebat uxor per triennium, et haec quidem consuetudo hodieque toto imperio servatur à Sinensibus, quamvis ritus Tartarorum, qui modò imperium occupant, sint ab his paulò diversi.[219])

(B. Cum Cu Yue Fu San Nien Chi Sam Tien Hia Chi Ta San Ye. Ex *Li-Ki* lib.10. f.17. Id est: Confucius ait, hic triennalis luctus est toto imperio universalis luctus.)

(C. Cum Cu Yue, Cu Sem San Nien Gen Heu Mien Yu Fu Mu Chi Hoei. Fu San Nien Chi Sam Tien Hia Chi Ta Sam Ye. Ex *Li-Ki* lib.100. f.17. Id est, filius vivit seu nutritur ad triennium; post hoc verò iam opus non habet parentum sinu. hic triennalis luctus toto imperio universalis est luctus.)[220]

---

[217] suis temporibus parentabat Couplet: suis parentabat *Par. 1687*
[218] quia quae *Couplet*
[219] quamvis ... diversi *del. Couplet*
[220] B...C *del. Couplet*

13편 1쪽 이 자리에서 공자는 무왕과 그의 형제인 주공이 어떻게 제사를 모셨는지 설명한다. 그들이 후손에게 죽은 조상을 위해서 어떤 효심을 가져야 하고 어떻게 정해진 의식을 갖추었는지 설명한다. 애도, 장례, 봉분, 동시에 의식과 절차의 정해진 시간과 순서와 제기들을 설명한다. 자식이 가져야 할 효도의 핵심이 바로 이것이다. 그 덕분에 그들은 자신들이 하늘로부터 모든 복을 받을 것이라고 말하곤 했다. 공자가 말한다. 무왕은 이미 나이가 들어서 80살에 나라를 맡았다. 그는 나라를 7년밖에 다스릴 수 없었다. 그는 이것들이 다시 소홀해지고 망각 속으로 사라지게 될 위험을 방지할 법률과 제례를 굳건하게 세울 수 없었다. 무왕이 13살 나이의 성왕^{成王}이라 불리는 아들을 후계자로 두었다. 그의 후견인이자 숙부였던 주공^{周公}이 자신의 아버지 문왕과 자신의 형이었던 무왕의 덕을 채워주고 결정을 완성토록 하였다. 증조 태왕^{太王}과 할아버지 왕계^{王季}에게 제후의 칭호를 부여하여 그들을 사후에 기렸다. 특히 (다른 사람들의 설명에 따르면) 주공은 문왕과 무왕의 덕을 완성하였다. 왜냐하면 주공은 그 자신과 소카에게 왕실의 혈통과 증조 태왕(이전에 고공^{古公}이라 불린)과 조부 왕계 이전에 계력^{季歷}이라 불리는 제후들의 덕들을 기억하도록 끊임없이 언급했기 때문이다. 고공에서 후직^{后稷} 자신에 이르는 1000년이 넘는 명성이 아주 높은 가문의 역사를 일일이 열거하였다. 후직은 가문의 시조이고 우두머리였다. 여섯 번째 군주였던 제곡^{帝嚳}의 아들이었고, 첫 번째 왕비인 강원^{姜嫄}에게서 태어났다. 제곡은 네 번째 왕이었던 소호^{少昊}의 손자였다. 소호는 유명한 세 번째 임금인 황제^{黄帝}의 아들이었고, 어머니는 누조^{嫘祖}였다. 주공은 왕실의 예법에 따라 각기 그 자신의 지위에 따라 죽은 조상들을 배치하고 그들에게 장엄하고 성대한 희생 제의를 지냈다(혹은 제사를 모셨다). 이 예법은 이윽고 모든 사람[중국인의 왕과 황세]에게 널리 퍼져 전통으로 자리잡았다. 누구나 자신의 지위에 따라 죽은 자신의 조상을 공경할 수 있게 되었다. 비록 그가 살아서 그 지위에는 오르지 못했을지라도 말이다. 조상에게 바치는 이 제사는 제후와 대부라 불리는 나라의 관료와 사인士人과 마침내 백성에게까지 확산되었다. 모든 사람은 각기 자신의 지위와 신분에 따라 그 정해진 예법에 따라 제사를 지낸다. 예컨대 아버지가 관료를 지냈으나 아들은 사인이라면, 아들은 아버지를 대부의 예법으로 장사지내고, 제사는 자신의 신분인 사인 혹은 학인學人의 예법을 따른다. 반대로, 아버지가 사인이고, 아들이 관료를 지냈으면, 아들은 아버지를 사인으로 장사지내고 혹은 사인들의 예법을 따르지만, 제사는 관료의 예법을 따른다. 명예를 기리기 위해서 돌아가신 아버지에게 자신과 같은 지위를 부여할 수 있다. 두 예법은 이렇게 설명된다. 아버지의 지위는 죽은 사람의 무덤까지만 따라가나, 그에게 바치는 제사 혹은 그에게 드릴 수 있는 격식은 그가 받은 보상과 자리에 의거하거나 살아 있는 아들의 지위에 의거한다. 만약 어떤 사람이 가난하면 가난한 사람의 예법을 따른다. 만약 군주라면 군주의 예법에 따라 부모에게 제사를 바친다. 애도와 관련해서는 다음과 같다. 형제나 숙부가 죽었을 때에는 1년간 애도한다(사람들의 설명에 따르면, 검은색이 아니라 하얀색의 상복을 입고 적지 않은 제사를 올린다). 이는 가장 아래의 백성에서부터 대부에 이르기까지 모두 해당한다. 부모의 장례는 3년간 치르며(B), 이는 황제 자신에게도 해당된다. 부모의 장례는 신분의 차이를 두지 않는다. 부모가 자식들에게서 받아야 할 것과 자식들이 부모에게 갚아야 할 것은 부모와 자식 모두에게 동등하며 같은 가치를 가진 것으로 여겨야 한다. 3년간의 애도는 다음의 이유에서 지켜져야 한다(C). 어린아이가 같은 기간 동안 젖을 먹고 부모의 품에서 길러지기 때문이다. 아내가 죽으면 남편은 3달 동안 애도한다. 그러나 남편이 죽으면 아내는 3년 동안 애도한다. 중국인은 이 관습을 오늘까지도 지킨다. 지금 나라를 차지하고 있는 만주인의 예법이 이것과는 약간 다르지만, 나라 전체가 이 관습을 따른다.

(B. 孔子曰, 夫三年之喪, 天下之達喪也. 『예기禮記』. 뜻은 이렇다. 공자가 말하길, 이 3년간의 애도는 온 나라에 일반적인 것이다.)

(C. 孔子曰, 子生三年之然後, 免於父母之懷. 夫三年之喪, 天下之達喪也. 『예기禮記』. 뜻은 이렇다. 어린아이는 3년간 젖을 먹고 산다. 그 다음에는 부모의 품을 필요로 하지 않는다. 이런 이유에서 나라 전체에 3년간의 애도가 일반적이다.)

cf. Ruggieri. Vunganus iam senex regnum accepit. Ciecunus eius successor factis Venguani et Vunguani virtutem complevit. Nam Taiguanum(Taiguanus *sic*) et Huanguanum(Huanganus *sic*) maiores suos vita functos consequentes regio nomine affecit cum illi, dum vincerent non reges sed clari bello et rebus gestis fuere, ita ut perinde ac reges ab omnibus honorarentur. Is primus sacrificavit ab avo Taiguano, et pro avo Huanguano(Guanguano *sic*) regiis ceremoniis, neque regias solum ceremonias instituit, sed illas etiam quibus magni duces uterentur, gubernatores(gubernators *sic*), eruditi viri et privatus quisque aliqua virtute(virtuti *sic*) conspicuus. Ceremoniae autem haec sunt. Si pro vita functus magnum gessisset magistratum, praeturam(preturam *sic*) urbis alicuius et eius filius esset liceris graduatus, statuit ut prius funera fierent qualia praetori convenienta, sacrificium vero fieret ritu graduati viri. (무왕은 노인이 되어서 나라를 받았다. 그의 후계자 성왕은 문왕과 무왕의 덕을 완성했다. 죽은 자신의 조상인 태왕과 왕계를 군주의 칭호를 붙여서 받들었다. 그들이 군주는 아니었지만 전쟁에서 이름을 떨쳤고 업적을 남겼다. 그래서 지금도 군주로 모든 이들의 추앙을 받노록 하였다. 그는 처음으로 고조부 태왕과 증조부 왕계에게 군주에게 드리는 제사를 올렸다. 그는 왕실의 제례뿐만 아니라 제후와 관리와 학식

이 뛰어난 사람과 사인私人이라 할지라도, 덕성으로 탁월한 사람도 제사를 받도록 했다. 제사는 다음과 같다. 만약 죽은 사람이 높은 관직이나 어떤 성의 관직을 역임했거나 그의 아들이 선비라면, 먼저 그의 장례는 그의 관직에 합당한 방식으로 치르고, 나중에 제사는 선비의 격식에 맞게 모시도록 했다.)

cf. 武王末受命, 周公成文武之德, 追王大王王季, 上祀先公以天子之禮. 斯禮也, 達乎諸侯大夫, 及士庶人. 父爲大夫, 子爲士, 葬以大夫, 祭以士.

f.13. p.2. §.1. Applaudit obedientiae modò descriptae Confucius dicens: Imperatoris Vu-Vam et eius fratris Cheu-Cum horum ò quàm [late][221] propagata est obedientia! (Ab omni retrò memoriâ virtutes inter [homini insitas][222] primum ferè locum pietati erga parentes ' atque obedientiae Sinenses detulerunt. Hanc enim reliquarum virtutum matrem dicunt esse, et ab hac rectam imperii administrationem adeòque felicitatem regiae domûs populique totius provenire. Sicut è contrario calamitates et publicas et privatas ab inobedientia plerúmque existere. Ex variis priscorum libris id constat (ille nominatim, quem[223] Cem-Cu Confucii discipuli[224] magistri sui iussu fertur edidisse[225], Hiao-Kim dictus[226], id est, de obedientia librum[227]). Ex aliis item constat *Siao-Hio* dictis, ubi virtutis istius exempla sanè illustria posteritati imitanda proponuntur. Sed[228] iuvat hîc paucis exponere, cuiusmodi fuerit politicae gentis huius, publicac pacis et quietis admodùm studiosae, de hac virtute ratiocinatio. Sic ergò disserebant: si rex amet et colat(D) parentes suos, non poterit is non dare operam ut et subditi ad suum regis exemplum colant quoque et ament parentes suos. Quisquis enim virtutem amat, eam nulli non inesse desiderat, tunc quidem maximè quando ipsius interest virtutem inesse aliis. Interest autem regis, frustra quippe rex sperat, subditos parituros esse sibi, qui parentibus parere detrectant. Sed hoc ut suaviùs

---

[221] *suppl. Couplet*

[222] *suppl. Couplet*

[223] qui *Couplet*

[224] discipulus *Intorcetta,* discipuli *Couplet*

[225] editus *Couplet*

[226] *an potius* dictum?

[227] liber *Couplet*

[228] ab omni retro memoria ... imitanda proponuntur. sed *del. Par. 1687*

feliciùsque rex perficiat, non poterit non prae se ferre benevolentiam paternae similem erga omnes. Adeòque erit illi procul dubio curae ne quemquam suorum tractet inclementiùs. Libenter enim hunc sequimur et imitamur à quo putamus nos diligi. Quodsi hoc assequatur, ut suo regis exemplo omnes parentibus suis odediant, iam ei quoque omnes tanquam communi populorum (p. 95) parenti morem gerent. Sic ut in ipso quidem pareant iustitiae, in illis autem obesequantur naturae. (notet lector moris semper fuisse, hodieque esse apud Sinas ut non regem(D) tantùm, sed omnes eos, qui pro rege provincias, vel urbes gubernant, 父Fú母Mù, id est patris matrisque nomine compellent.)[229] Nunc autem cùm à caelo coronae et imperia nobis veniant, siquidem subditi regis sui mandatis pareant, multò magis caelo(E) ipsi velut omnium supremo parenti obtemperabunt. Caelum verò nequaquam praemio suo fraudabit virtutem tantam. Hinc ergò alia ex aliis bona largè manabunt. Pax et concordia vigebunt atque in potenti florentique imperio summi pariter infimique sub principe suo, veluti fratres in opulentiâ rectèque institutâ domo sub suo patre-familias, quietam iuncundamque vitam agent. Ex hac sapienti priscorum ratiocinatione lector facilè intelliget, quàm consentanea rectae rationi, et quam remota ab omni impietate fuerint Sinarum dictamina politica.

(D. Cu Yue Sie Che Mim Vam Chi Y Haio Chi Tien Hia Ye. Ex libr. *Hiao-Kim* par. 1. pag. 10. Id est. Confucius ait, priuri Illustris reges per obedientiam rectè regebant imperium.)[230]

---

[229] notet ... compellent *del. Par. 1687*

(D. Yuen Heu Co Min Fu Mu. Ex lib. *Xu-Kim* lib.4. f.2. Id est: Reges agant populi patrem ac matrem. Vide. etiam suprà in lib. *Ta-Hio* f.11. Plura item de his habes in *Li-Ki* lib.9. f.45. et in libris *Xi-Kim*.)[231]

(E. Cu Yue Su Tien Ju Su Cin Su Cin Ju Tien. Ex *Li-Ki* lib.9. f.7. Id est: Confucius ait: servias coelo uti servis parentibus: servias parentibus uti servis coelo. (vel, servias coelo ac si servias parentibus: servias parentibus ac si servias coelo.)[232]

13편 2쪽 1장 공자는 앞에서 기술한 공경에 대해서 칭찬한다. 그의 말이다. 무왕과 그의 형제 주공의 공경심은 얼마나 [넓게] 퍼졌는가! 거꾸로 모든 기억을 짚어 보건대, 중국인은 사람의 덕 중에서 부모에 대한 효성과 공경이 첫 자리를 차지한다고 말한다. 다른 모든 덕의 어머니에 해당하는 것이 바로 이 덕이다. 나라를 올바르게 다스리고 왕실과 모든 백성을 번영하게 만드는 것이 이 덕으로부터 흘러나온다고 말한다. 같은 원리에서 반대로 공동체에게 닥친 재앙이든 개인에게 닥친 재앙이든 그것들 대부분은 불경함에서 나온다. 상고 시대의 여러 책들은 이를 분명하게 보여준다. (이름을 밝히자면, 공자의 제자인 증자는 자기 스승의 명령으로 『효경孝經』이라는 책을 출판했다고 한다. 이는 효성을 다룬 책이다.) 『소학小學』이라 불리는 책도 마찬가지로 이를 입증한다. 이 책은 후세의 사람들이 따르기에 분명한 이 덕의 빛나는 모범을 제시한다. 그러나 이 덕에 대해서 나라의 평화와 안녕을 지키는 데에 열성적인 중국인들이 어떤 설명을 하는지 이 자리에서는 몇 가지 사례만 제시하는 게 좋을 것이다. 그들은 이렇게 설명한다. 만약 군주가 자신의 부모를 사랑하고 공경한다면(D), 그가 이런

---

[230] *del. Par. 1687*
[231] *del. Par. 1687*
[232] *del. Par. 1687*

노력을 하지 않을 리가 없을 것이다. 자신의 신하들도 군주 자신의 모범을 본받아 자신들의 부모를 사랑하고 공경할 것이다. 누구나 덕을 사랑하고, 다른 어떤 사람도 덕이 없음을 원하지는 않는다. 덕이 다른 사람에게 있음이 그 자신에게 중요할 때에는 특히 더욱 그러하다. 이는 군주에게 중요하다. 부모에게 순종하는 것을 가볍게 여기는 신하가 신에게 복종하기를 바라는 것은 그야말로 헛된 희망에 불과하기 때문이다. 그러나 이를 무리 없이 성공적으로 이루기 위해 군주는 그 자신을 위해서 모든 사람에게 부모의 마음에서 우러나오는 좋은 마음과 사랑을 보여주어야 한다. 따라서 군주는 자신의 백성 중에 어느 누구도 무자비하게 함부로 대해서는 안 된다는 마음을 가져야 한다. 왜냐하면 우리는 자신을 사랑하는 사람을 기꺼이 닮고 따르려고 하기 때문이다. 그러나 만약 사람들이 군주를 모범으로 삼아서 자신의 부모에게 순종하게 된다면, 그때 사람들은 모든 백성의 공통된 부모를 대하는 방식으로 이미 군주 자신을 대할 것이다. 결과적으로 사람들은 군주에 대해서는 정의에 순종하고, 그 자신에 대해서는 본성을 따를 것이다. (독자는 중국인에게는 이런 전통이 있음을 알아야 한다. 이는 오늘날에도 그렇다. 군주뿐만이(D) 아니라 군주 대신에 지방과 성을 다스리는 관리를 부모로 여긴다. 부모父母는 아버지와 어머니를 부르는 말이다.) 하늘에서 왕관과 권력이 우리에게 주어지고, 신하들이 군주의 명령에 복종한다면, 모든 사람이 가장 높은 부모에게 순종하듯이 그들은 진실로 하늘에(E) 순종할 것이다. 하늘은 진실로 이 덕을 자신의 이익으로 결코 착복하지 않는다. 여기에서 다른 좋음이 다른 것으로부터 흘러나와 널리 퍼져 나갈 것이다. 평화와 화합이 이루어진 것이다. 이렇게 강해지고 융성하는 나라에 사는 사람은, 높은 지위에 있는 사람이는 낮은 지위에 있는 사람이는, 모두 똑같이 이런 군주의 통치 아래에서, 마치 아버지의 지도 아래에서 질서가 바로 잡히고 번성하는 집의 형제가 즐겁고 평안하게 살아가듯이 잘 살 것이다.

상고 시대의 이와 같은 현명한 설명 덕분에 독자는 중국인이 말하는 정치적인 언명이 올바른 이성에 얼마나 일치하며 모든 불경함으로부 터 얼마나 떨어져 있는지 쉽게 파악할 것이다. ·

(D. 子曰, 昔者明王之以孝治天下也. 『효경孝經』「효치孝治」. 뜻은 이렇다. 공자가 말하길, 상고 시대의 군주들은 나라를 효심으로 올바르게 다스렸다.)

(D. 元後作民父母. 『서경書經』「태서泰誓 상上」. 뜻은 이렇다. 군주들은 백성의 아버지와 어머니 역할을 한다. 마찬가지로 『대학』 11장을 보라. 이에 대해서 너는 『예기』 9권 45장에서 더 많은 것을 얻을 것이다. 그리고 『시경』에서도 마찬가지다.)

(E. 天如事親, 事親如天. 『예기禮記』「애공문哀公問」. 원문은 仁人之事親也如事天, 事天如事親이란 뜻이다. 공자가 말하길, 너는 부모를 모시듯 하늘을 섬겨야 한다. 너는 또한 하늘을 모시듯 부모를 섬겨야 한다. 혹은 만약 네가 부모를 모신다면, 하늘을 섬길 것이다. 만약 하늘을 섬긴다면 부모를 모실 것이다.)

cf. Ruggieri. Si contra pater vita functus tantum esset graduatus, filius vero praeturam gereret, statuit ut prius funeralia fierent ritu graduati, sacrificium vero ritu magni magistratus. Statuit praeterea(preterea *sic*), ut luctus annus qui esse solet in morte fratrum maiorum et similiorum pertineret usque ad magnos magistratus et civitatis praetores. Hoc est ut etiam ipsi urbium praetoris eadem lege(legem *sic*) luctus servandi tenerentur. Luctus vero trium annorum eadem ratione ad regem quoque pertineret. Patris enim et matris luctus non differunt in magnis et tenuibus hominibus, sed una et eadem omnium ratio. (만약 반대로 돌아가신 아버지는 선비이지만, 아들이 관직을 수행했다면, 장례는 선비의

예법에 따라 치르고, 제사는 관직의 예법에 따라 모시도록 정했다. 그 밖에도 그는 형제와 이와 비슷한 위치에 있는 사람들의 애도 기간을 높은 관직과 성의 관리의 등급에 준해서 정했다. 이는 다음과 같다. 도시의 관리가 지켜야 하는 법과 같은 기간의 애도의 햇수를 지켜야 한다. 같은 이유에서 군주에 대한 애도의 기간은 3년이다. 부모에 대한 애도는 고위 관리이든 낮은 서민이든 다르지 않으며, 이 예법은 하나이고 모든 이에게 같다.)

cf. 父爲士, 子爲大夫, 葬以士, 祭以大夫. 期之喪, 達乎大夫, 三年之喪, 達乎天子. 父母之喪, 無貴賤一也.

f.13. p.2. §.2. Hi namque obedientissimi principes praeclarè valuerunt prosequi maiorum suorum voluntatem, insuper praeclarè valuerunt enarrare atque amplificare maiorum suorum illustria facinora ad aeternam posterorum memoriam et imitationem.

13편 2쪽 2장 매우 커다란 공경심을 가진 이 군주는 조상의 뜻을 훌륭하게 따르는 일에 뛰어났다. 그는 더 나아가 후세의 사람이 언제나 기억하고 모방하도록 조상의 빛나는 위업을 잘 알리고 널리 퍼뜨리는 일에도 뛰어났다.

cf. Ruggieri. Idem. Vunguani(Vanguani *sic*) et Ciecuni observantia in parentes ad summam perfectionem pervenit, ita hac ratione parentum observantes gaudebant se perficere parentum voluntatem, et illos votis satisfacere gaudebant et parentum res gestas posteros memoria prodere. (공자의 말이다. 부모에 대한 무왕과 주공의 효성은 지극함에 도달했다. 효심이 깊은 이들은 부모의 뜻을 받드는 것을 기뻐했고, 부모를 풍족하게 해드리는 것에 헌신했으며, 후손들이 부모의 업적을 기억하게 만드는 일을 잘했다.)

cf. 子曰, 武王周公, 其達孝矣乎. 夫孝者, 善繼人之志, 善述人之事者也.

f.13. p.2. §.3. Illi autem vere et autumno (nec minùs tempore brumali et aestivo) adornabant suorum avita templa[233], aptè disponebant eorum[234] antiqua vasa(F)[235], exponebant aureas eorum togas ac vestes, quibus vestiebant adornabantque avorum tumbas sepulchrales, denique offerebant illius temporis edulia, seu ea, quae praesens illius anni tempestas subministrabat, è quibus novem rerum species totidem disctinctis ritibus,[236] ab ipso imperatore offerebantur. Dictos ritus adhibebant[237] honoris causâ, et in beneficiorum à maioribus acceptorum memoriam.[238]

(F. In iis quae disponebant, tempore familiae Cheu, erant 赤Che刀tao, id est: purpureus enis seu ensis cum vaginâ suâ purpureâ.)

(天Tien球Kieu, id est: caelestis sphaera.)

(河Ho圖Tu: id est: in fluvio Hoam-Ho conspecta mappa, à Fo-Hi descripta, de qua suprà in proemiali declarat.[239])

(琬Von琰Yen, id est: stemmata gentilitia et gemmis adornata insignia eius, qua functi erant, dignitatis.)

(大Ta訓Hiun, id est Conditorum imperii magna documenta dicibus[240] exarata.[241])

---

[233] avitas aulas *Par. 1687*

[234] ab iis relicta *Couplet*

[235] post vasa, et instrumenta, cuiusmodi erant purpureus ensis, seu ensis cum vaginâ suâ purpureâ; caelestis sphaerea: in fluvio Hoam-Ho conspecta mappa à Fo-Hi descriptâ; stemmata gentilia, et gemis adornata insignia eius, quâ functu erant, dignitatis; conditorum Imperii magna documenta tabulis exarata. Item *suppl. Par. 1687*

[236] è quibus novem rerum species totidem disctinctis ritibus *del., pro ea? quae su. Cmpl.*

[237] offerebantur. Dictos ritus adhibebant *del. Couplet*

[238] offerebantur *suppl. Couplet*

[239] de qua ... declarat *del. Intorcetta*

[240] tabulis *Couplet:* indicibus *supplevi*

[241] post exarata, item exponebant aureas, etc *suppl. Couplet*

13편 2쪽 3장 그들은 봄과 가을에 (겨울과 여름에도 적지 않게) 조상을 모신 사당을 가꾸고, 그들이 옛날에 사용했던 그릇을(F) 예법에 맞게 배열하며, 황금의 겉옷과 속옷을 꺼내어 입고서 조상을 모신 무덤을 보살피고, 이어서 그 시기의 음식을 바친다. 혹은, 그 해의 계절에 나오는 음식을 올린다. 이것 중에서 아홉 종류를 아홉 제사에 구별해서 황제가 직접 올린다. 조상의 은덕을 기리기 위해서 그들의 명예를 높이기 위해서 앞에서 말한 제사를 모신다.

(F. 주나라 때에 진설된 것들에는 적도赤刀가 있다. 이는 자주색 칼로, 자주색 칼집을 가진 것이다.)

(天球 천구. 이것은 하늘 모양의 둥근 것이다.)

(河圖 하도. 이것은 황하에서 발견된 그림이다. 포희가 그렸다. 이에 대해서는 서문에서 밝혔다.)

(琬琰 완염. 머리에 쓰는 관으로 종족을 알려주고 관직의 지위를 알려주는 보석들로 장식되어 있다.)

(大訓 대훈. 나라를 세운 이들이 남긴 큰 가르침을 새겨놓은 판이다.[242])

cf. Ruggieri.   Vere et autumno maiorum suorum sacellum instruebant, vasa et res ceteras ad sacrificia adolebant, eorum vestes parabant, epulas etiam funebres aetatis(aestatis *sic*) temporibus offerebant. (봄과 가을에 조상을 모실 작은 사당을 세운다. 제기와 다른 것들을 제사에 올리고 향을 피우며, 의복을 마련한다. 제례 음식을 절기에 맞추어 바친다.)

cf. 春秋, 修其祖廟, 陳其宗器, 設其裳衣, 薦其時食.

---

[242] *post* exarata, item exponebant aureas, etc *suppl. Couplet*

f.14. p.1. §.1 Conveniebant filii ac nepotes in aulas suas gentilitias ac parentales, et harum quidem sive (quod idem est) maiorum templi certus erat[243] ritus, quapropter servabatur inter illos ordo tam assistentium ad laevam, quàm assistentium ad dexteram, item servabatur ordo dignitatis, quaprotper et fiebat dictinctio nobilium et ignobilium. Rursùs servabatur ordo officiorum, quapropter (p. 96) erat discrimen sapientiorum, seligebantur enim è multis ii qui sapientiâ et virtute caeteris vincebant, ut suo illo munere ritè fungerentur. Deinde verò cùm omnes cuiuscunque familiae peracto iam sacrificio se mutuò invitarent ad vina et epulas, tum inferiores ordinis seu aetatis, exempli gratia minores natu ministrabant vina natu maioribus ob reverentiam his debitam, quo fiebat ut sacrificii solemnitas quadantenùs perveniret etiam ad inferiores et ignobiles. Finitis hisce communibus epulis, discedebant omnes qui erant alterius familiae, et solùm epulabantur eiusdem familiae, seu nominis, consanguinei. Hi autem non ordine dignitatis, seu canitiei, id est aetatis, considebant, adeoque solùm ordo ac ratio dentium seu aetatis (sic aetatis incrementa Sinae declarant) habebatur, senioribus principem locum obtinentibus.

14편 1쪽 1장 자식들과 손자들은 씨족과 조상을 모신 곳의 안뜰에 모인다. 이들을 모시는, 혹은 (같은 것이지만) 조상을 모시는 사당에는 싱애띤 예법이 있다 이에 따라 그들 사이에는 왼쪽에서 돕는 이와 오른쪽에서 돕는 이에 대한 질서가 있다. 지위에 대한 찐시두 잇디, 이에 따라 지위가 높은 사람과 낮은 사람에 대한 구별이 생겨난다. 제례

---

[243] et harum ... certus erat *del., pro eis* et in his quidem aulis determinatus erat *scr. Couplet*

를 행하는 것에도 질서가 있다. 이에 따라 지혜를 지닌 사람에 대한 구별도 있다. 많은 사람들 가운데에서 지혜와 덕으로 다른 이를 능가하는 사람이 앞에 선다. 예법에 따라 그 자신의 역할을 수행하도록 하기 위해서다. 제사를 마치고 나면 모든 가족은 서로가 서로에게 술과 음식을 권한다. 지위 혹은 연배가 낮은, 예컨대 나이 어린 사람이 나이 많은 사람에게 갚아야 할 공경의 표시로 술을 올린다. 마침내 어느 시기에는 신분이 가장 낮고 미천한 사람도 제사의 성대함을 누리게 된다. 제사 음식을 함께 하고 나면, 다른 집안 사람은 모두 떠나고, 같은 집안 사람만 모여 식사를 한다. 이들은 같은 성씨와 혈통을 가진 사람을 가리킨다. 이들 사이에서는 신분의 지위는 따지지 않는다. 여기에서는 머리카락이 흰 정도에 따라, 즉 나이에 따라 자리를 함께한다. 따라서 연령年齡 혹은 나이(중국인은 나이를 치아로 표현한다)에 따라 질서와 순서를 잡는다. 연장자가 수장의 자리를 차지한다.

cf. Ruggieri. In regio templo sacrificiorum tempore ita cultus et humanitatis ratio habebatur ut(usque *sic*) ordine sederet, alii ad orientem, alii ad occidentem, in utroque templi latere, in sinistro latere maiores in dextro(destro *sic*) minores sedebant, habebatur praeterea(preterea *sic*) ratio honoris et dignitatis, ut maiores magistratus distinguererent a minoribus, habebatur item ratio officii et muneris, quod utique mandatum erat ut virtutibus et doctrina conspicui discernerentur a vulgo. (왕실의 사당에서 제례를 모실 때에는 다음의 의식과 예법이 있다. 지위에 따라 자리가 배치되는데, 어떤 이는 동쪽에, 어떤 이는 서쪽에 자리한다. 사당의 양편에, 왼쪽에는 나이 든 사람들이 앉고, 오른쪽에는 나이 어린 사람들이 앉는다. 관직과 시위를 나누는 예법도 지켜야 한다. 높은 관직과 낮은 관직을 구별한다. 마찬가지로 직무와 직책을 구분하는 예법도 있다.

이 예법에는 덕성과 학식이 높은 사람을 보통 사람과 구별하는 예법
이 있다.)

cf. 宗廟之禮, 所以序昭穆也. 序爵, 所以辨貴賤也. 序事, 所以辨賢也.
旅酬 下爲上, 所以逮賤也. 燕毛, 所以序齒也.

f.14. p.1. §.2. Denique dicti duo principes Vu-Vam scilicet et Cheu-Cum constanter decessorum vestigiis insistentes prosequebantur suorum dignitatem quam in vita tenuerant, aut certè quae mortuis accesserat. Atque ita cum in templis, seu[244] aulis, tabellas (A)牌Pai 位Guei[245] dictas, seu avorum stemmata exponerent, eas pro ordine cuiusque dignitati debito disponebant. Item exercebant eorum, maiorum inquam, ritus, canebantque eorum musicam, ad quam choreas agebant iuxta ordinem dignitatis, ut in libro *Lun-Yu* par.2. f.1. §.1. refertur.[246] Ea venerabantur, item maiorum, ii quae coluerant, seu ea quae[247] olìm ipsi maiores in pretio et honore habuerant, ea amabant item, ea quae ipsi dilexerant[248]; scilicet posteros, subditos, populum, etc. Denique serviebant modò mortuis ac si servirent viventibus. Rursùm serviebant olìm mortuis ac si servirent iisdem salvis adhuc et superstitibus, atque hic scilicet odedientiac apex. (Ex dictis et[249] infrà dicendis prudens lector facilè deducet, hos ritus circa defunctos fuisse merè civiles, institutos dumtaxat in honorem et obsequium parentum, etiam post mortem non intermittendum. Nam si quid illic divinum agnovissent, cur dicaret Confucius priscos servire solitos defunctis, uti iisdem serviebant viventibus? Nisi forte quis dicat, filios parentibus etiamnum vivis detulisse[250] honores divinos,

---

[244] templis, seu del., avitis *scr. Couplet*

[245] *del. Couplet*

[246] ut ... refertur *del. Couplet*

[247] item ... seu ea quae *scr. Couplet*

[248] ii quae *Inotorcetta*: ii quae ipsi *Couplet*; ea quae ipsi correxi.

[249] *pm ex dictis et*, Ex plurimis et clarissimis textibus Sinicis probari potest legitimum praedicti axiomatis sensum erga quod cadum intentione et formali motivo Sinenses naturalem pietatem et politicum obsequium erga defunctos exerceant, sicuti erga eosdem adhuc superstites exercebant, ex quibus et ex *suppl. Par. 1687*

[250] deferre *Couplet*

quod in Sinis[251] certè inauditum est.

Atque idem dici potest de ritu et honore, quem magistro(B) suo Confucio in eius aulis[252] gratitudinis ergò deferunt literati, (p. 97) et qui passim hodieque defertur mortuis, sublatis tamen non nullis quae à prima institutione prorsùs aliena posteriorum temporum superstitio invexit. Neque enim inficiari ego velim, esse de rudi praesertim vulgo nonnullos, qui secuti sectae cuiuspiam deliramenta putant omninò defunctorum animas viventibus opitulari posse, poenas item quandoque sumere de iis qui dicta sacra neglexerint aut prophanarint. Imo nec dubitant alii quin et eduliis, quae tumbae sepulchrali vel ipsi tumulo plurima circumponuntur, manes isti vescantur. Verumtamen esto sic errent, et quidem multi, amplius dico, gens tota sic erret, tota sic insaniat hoc tempore, an rectè conficies, et olìm erravisse, priscosque insanivisse omnes? Quasi verò novum sit, vel in Europâ nostrâ, nepotes ab avitis institutis desciscere, et eas terras ubi fides atque veritas antea vigebat non multo post tempore mille vitiis et erroribus scatere? Sed profecto nec error iste, nisi paucorum est, rudiumque, uti modò dicebam, et ritus hi (quod ad primam illorum institutionem attinet) merè civiles sunt, et à priscis Sinis in signum unius obedientiae piaeque venerationis maiorum suorum instituti. Quidquid autem superstitionis deinde accessit, vitiatae idololatriâ posteritati tribuendum. Et verò si oniotimohont prisci manes ad funebria sua sacra mox advolare (quod aliquando videntur innuere posteriorum temporum

---

[251] apud Sinas *Couplet*
[252] gymnasiis *Couplet*

idololatriâ iam vitiatorum interpretes aliqui) et pasci eduliis illis quae apponebantur(nam hunc quoque ritum et ipsi observabant), quorsum obsecro designabant aliquem, qui vices defunctorum gereret, et cui adeò funebria tam munera quàm edulia offerebantur? uti paulò infrà fusiùs enarrabimus. Verumtamen faciamus, et illos fuisse in hoc errore, profectò non alio in errore fuerint, quàm in quo multi quoque Europaeorum Augustini tempore etiamnum versabantur. Porrò sicuti hunc ritum evangelii praecones in Europâ paulatim ab omni superstitione expurgarunt, ita et hîc ab eiusdem evangelii praeconibus, in iis quidem, qui Christo nomen dederunt, expurgatur, et spes est, ex toto imperio, sic quando Deo favente totum Christi iugo se subiecerit, quidquid hîc superstitionis irrepsit extirpatum iri. Caeterùm de toto hoc argumento et disputatum fuit et non minùs copiosè quàm accuratè scriptum, praecipuis Sinicae gentis libris consultis, admodùm studiosè et per otium, quod quidem otium, haudquaquam breve, custodia Quantoniensis dedit persecutionis tempore tribus et viginti sacerdotibus. Porrò lucubrationes illae pluribus exemplis etiamnum extant, tum in ipsa China, tum etiam Romae.[253] (p. 98)

---

[253] atque idem dici ... etiam Romae *del., pro eis* certè qui gentis hujus politicum regimen in priscis ejusdem monumentis expressum attentius examnînâarit, erit, quod suspiciat inventum illud tam suave continuandae gratitudinis et obedientiae à filiis et nepotibus, quoad vivunt, erga defunctos majores suos: etenim hoc exemplo moventur admanentur filii ad obedientiam vivis parentibus praestandam, quam vident ab iisdem erga mortuos progenitores tam piè constanterque praestari. Praestantur autem vivis haec officia longè operosiùs illo in primis die qui parentum natalis est, et anni principium plànè dicere numen aliquod adorari, tam singularia observantiae reverentiaeque significatio quâ prostrati in terram liberi patrem suum matremque juxta sedes suas tunc consistentes adorabundi venerantur: appensis hinc inde majorum suorum mentis dignitatis aut praefecturae si quam forte viventes obtinuerant, qui apparatus appositâ quoque bellariorum mensâ in aulâ

(A. Quae in tabellis defunctorum inscribuntur literae sunt: 神Xin主Chu vel 木Mo主Chu vel 神Xin位 vel Guei 拜Pai位Guei et similia, quibus Sinae defunctorum suorum memoriam recolunt.)[254]

(B. Tai Su Cum Yue: Xam Su Tien, Hia Su Ti Cun Sien Cu Ulh Lum Kiun Su. Xi Li Chi San Puen Ye. Ex libro *Su-Xu-Chim* dicto. Id est: perantiquus scriptor Tai Su Cum dictus ait: 1. Supra servire coelo, et infra, servire terrae. 2. honorare defunctos maiores. 3. Et mirificè colare ac depraedicare reges et magistros, est officiorum ac rituum triplex fundamentum et finis praecipuus.)[255]

14편 1쪽 2장 앞에서 말한 무왕과 주공은 돌아가신 조상의 발자취를 항상 좇았다. 그들이 살아 있을 때 누리던 지위를 명예롭게 기렸다. 죽은 사람에게 일어났던 일들도 분명하게 해두었다. 사당에 혹은 궁정에 패위牌位라고 하는 나무판(A) 또는 조상의 족보를 진열했다. 이것들을 조상의 지위에 따라 위계를 잡아서 배치하였다. 제사도 마찬가지로 모셨다. 『논어』 2부 1편 1장에 따르면 조상의 노래를 부르고, 이에 맞추어 각자의 지위와 위계에 따라 동그란 모양을 지으면서 춤을 추었다. 조상이 귀하게 여긴 것도 마찬가지로 경배를 받는다. 조상이 옛날에 귀히 여기고 명예롭게 간직하던 것도 마찬가지다. 조상이 아끼던 것들도 사랑한다. 후손과 신하와 백성 등이 바로 그들이다. 그들은 마치 살아 있는 사람을 섬기듯이 조상을 모신다. 이미 죽은 조상을 건강하게 아직 살아 있는 사람처럼 받든다. 이것이 효도의 절정이다. 앞에서 말한 것과 아래에서 말할 것으로부터 현명한 독자는 쉽게

hospitum adornatum｜iuxta anni calendis quando salutandi gratia praetextu aliique ad conveniunt honoremque et reverentiam primum exhibent ejus, quem invisunt, majoribus vitâ functis, cui mox reciprocam reverentiam cum actione gratiarum herus exhibet. Sed haec alibi copiosè discussa sunt, nunc ad textum revertamur *scr. Par. 1687*

[254] *del. Couplet*
[255] A...B *del. Couplet*

결론 내릴 것이다. 죽은 사람을 위한 이 제사가 그저 공적인 행사이고, 정확하게 말하면, 부모를 기리고 받드는 것이며 죽음 이후에 잊지 않으려는 의식이라고 말이다. 만약 그들이 여기에 신적인 무엇이 깃들어 있음을 알았다면, 옛날 사람들은 죽은 사람을 마치 살아 있는 사람을 모시듯이 섬겼다고 공자가 말한 이유는 무엇일까? 만약 어떤 사람이 혹은 자식들이 아직 살아 있는 부모에게 신적인 명예를 바치는 것이라고 말하는 것이 아니라면 말이다. 이는 중국인 사이에서는 금시초문이다.

유학자들이 자신들의 스승 공자(B)의 고마움을 기리는 뜻에서 그에게 바치는 제사와 의식에 대해서도 마찬가지로 말할 수 있다. 이러한 제사는 오늘날에도 중국 전체의 여러 곳에서 죽은 사람에게 바치고 있다. 그럼에도 후대에 밀려 들어온 미신 때문에 처음의 제사로부터 멀어지게 만든 몇 가지를 제거해야 한다. 나도 인토르체타 특히 무지한 대중 가운데에 몇몇이 있다는 점을 부정하지 않겠다. 이들은 어떤 파벌의 정신 나간 믿음을 따르면서 죽은 혼령이 살아 있는 사람에게 도움을 줄 수 있고, 마찬가지로 성스러운 말씀을 경시하거나 불경스럽게 여기는 자에게 언젠가 벌을 준다고 믿는다. 심지어 어떤 사람들은 묘지 혹은 무덤에 아주 많은 음식을 차려 놓고 이곳의 망자들이 그 음식을 먹는다고 믿는다. 그러나 이들은 잘못을 범하고 있다고 해야 한다. 실은 많은 사람이, 더 강하게 말하면, 이 나라 사람들 전체가 잘못을 범하고 있다고 할 수 있다. 오늘날에도 이 나라 전체가 이렇게 정신 나간 짓을 행하고 있다. 그렇다고 해서 일찍이 상고 시대의 사람 모두가 잘못을 범했고 정신 나간 짓을 행했다고 결론을 내린다면, 이는 과연 옳은 것일까? 우리 유럽에서도 후손이 조상의 가르침으로부터 벗어나지 옛날에 신앙과 진리가 살아 있던 땅이 얼마 지나지 않은 시간에 수천의 악덕과 잘못으로 넘실거렸다. 이것이 과연 새로운 일일까? 그러나 전적으로 이런 잘못을 범하는 사람은 소수에 불과하다.

내가 방금 말했듯이, 무지한 사람들이 그럴 뿐이다. 이 제사들은 (저들을 가르치는 첫 번째 교육이므로) 단지 문화적인 행사일 뿐이다. 자신의 조상에게 오직 순종하고 경건하게 경배하기 위해서 상고 시대의 중국인이 만든 의식일 뿐이다. 나중에 생겨난 미신은 후대에 들어온 우상 숭배에 오염된 탓일 뿐이다. 만약 상고인들이 진실로 귀신이 자신을 모시는 신성한 제사로 날아와서(이단에 오염된 후대의 몇몇 주석가가 때때로 동의했기 때문으로 보이는데) 그곳에 차려 놓은 음식을 먹는다고 (그들 자신이 이 제사를 봉행하기 때문인데) 믿었다면, 자신들이 간청하는 죽은 혼령의 무덤에 음식을 바치며 그들이 제사를 지낸 이유는 도대체 무엇인가? 이에 대해서는 아래에서 상세하게 설명하겠다. 그럼에도 저들의 잘못은 아우구스티누스Augustinus, 354~430가 활동한 시대에 유럽의 많은 사람들이 범한 잘못과 같다는 점을 우리는 인정해야 한다. 복음을 전한 선교사들이 유럽에서 온갖 미신으로부터 이 제사를 떼어냈듯이, 그렇게 이곳 중국에서도 마찬가지로 복음을 전하는 선교사들에 의해서 적어도 그리스도에게 이름을 맡긴 사람들 사이에서는 이 제사가 제거되었다. 또한 주님의 가호로 중국 전체가 그리스도에게 복종할 때, 중국에 스며든 미신이 무엇이든, 그것을 뿌리째 뽑아버리기를 나는 희망한다. 그러나 이에 대한 논의는 전체적으로 다루었고, 상세하고 엄밀하게 기록해 두었다. 중국인이 특히 중요하게 여기는 책들을 참조했다. 이에 대해서는 휴식 기간에 매우 열심히 다루었다. 박해 기간에 광동에서 감시 받으면서 지내야 하는 생활 때문에 사제 23명은 휴식을 갖게 되었다. 휴식이라 부르기에 결코 짧지 않은 기간이었다. 이때의 밤샘 작업이원고를 가리킴 중국은 물론 로마에 지금까지도 남아 있다.그 중 하나가 파리본 6227임.

(A. 이것들은 망자의 목판에 새겨진 글자들이다. 신주神主 혹은 목주木主 혹은 신위神位 혹은 배위拜位와 같은 것들이다. 중국인은 이것들로 죽은

조상을 추모한다.)

(B. 公曰, 上事天, 下事地, 尊先祖而産君師, 是禮之三本也. 『사서四書 징徵』이
라 불리는 책에 나오는 말이다. 뜻은 이렇다. 아주 옛날의 저자인 태사공
이 말하길, 1 위로는 하늘을 받들고, 아래로는 땅을 모시는 것. 2 돌아가신
조상들을 기리는 것. 3 군주와 신하들을 크게 공경하고 받드는 것. 이것들
이 제사와 제례의 세 바탕이자 중요한 목적이다.)

cf. Ruggieri. Vulgi quoque ratio et humilium hominum
habebatur, ut cuique quantumvis(quantummis *sic*) humili suus
proprius honor haberetur. Haec in templa tempore vero communi
viri ordine sedebant aetatis, ea potissimum canitia spectabatur. Ii
praeclaris in locis sedebant maiorum suorum, utebantur eorum
ceremonis, adhibebant eorum harmoniam(armoniam *sic*), honorem
maioribus deferebant, propinquos diligebant, mortuos venerabant
ut si vivi essent, humatis cultum adhibebant, ut si praesentes
(presentes *sic*) domi asservarentur, summa demum erat eos erga
parentes observantia. (백성과 서민의 예법도 있다. 아무리 낮은 신분
이라 할지라도 각자는 각자에게 합당한 예법을 지켜야 한다. 사당에
서 자리를 잡을 때 보통 사람들은 나이에 따라서 앉는다. 무엇보다도
흰머리가 난 나이 든 사람을 존중한다. 그들은 자신들의 조상이 묻혀
있는 명예로운 자리를 잡고 앉아서, 조상의 의식을 따르고, 조상에게
그들의 화합과 명예를 바친다. 친척을 아끼며, 죽은 사람을 살아 있는
사람처럼 공경한다. 땅에 묻힌 사람에게 제사를 바친다. 이들을 집에
서 살아 있는 사람처럼 받들어 모신다. 결론적으로 그들 부모에 대한
효도가 가상 숭배하다.)

cf. 踐其位, 行其禮, 奏其樂, 敬其所尊, 愛其所親, 事死如事生, 事亡如事存, 孝之至也.

f.14. p.2. §.1. Confucius volens innuere, Vu-Vam et Cheu-Cum fratres pulcherrimam gubernandi rationem assecutos esse, dicit, quòd is qui coelo in primis, ac dein progenitoribus suis debitum pietatis officium persolverit, cum omni felicitate imperium sit administraturus. Voces illae 郊Kiao祀Xe sacrificiorum sunt nomina. Kiao erat id quod coelo, sive coeli spiritui, adeóque in rotundo colle offerebatur. Xe verò erat id quod terrae, sive spiritui terrae offerebatur, adeóque in loco palustri et quadrato (quòd opinarentur terram esse quadratam). Ab his admodum diversa erant ea sacrificia, seu veriùs parentalia, quae maioribus offerebantur, per duas voces 禘Ti嘗Cham hîc denotata. Ti erat id quod semel intra quinquennium solemniori cum ritu maioribus suis offerebat imperator: Cham erant quae per quatuor anni tempora iisdem offerebantur sacrificia, seu parentalia. Sic igitur Confucius ait: sacrificiorum coeli et terrae ritus erant id quo colebant dumtaxat supremum imperatorem, coeli scilicet imperatorem imo coeli simul et terrae imperatorem[256] qui duabus literis 上Xam帝Ti aptè admodùm ac literaliter significatur. Regiae maiorum aulae ritus et officia erant id quo posteri reges sacrificando debita persolvebant honoris obsequia suis defunctis maioribus. Qui ergò clarè intellexerit et expleverit sacrificiorum Kiao Xe ritus supremo coeli terraeque imperatori debitos, qui item probè noverit sacrificiorum Ti Cham rationes, et ritè persolverit officia maioribus debita, nonne profectò admiserabit regnum is eâ felicitate ac si respiceret ad palmam manus? quasi

---

[256] dumtaxat caeli ac terrae supremum imperatorem *Par. 1687*

dicat, omnino facilem et exploratam habebit rationem officii sui totiusque imperii administrandi. Eadem habes in *Li-Ki* lib.9. f.10.[257]

[Digressio 2.][258] An nomine 上Xam帝Ti prisci intellexerint Coelum hoc materiale, an potiùs supremum coeli imperatorem.[259] (pp. 99~113) (vide appendicem)

14편 2쪽 1장 무왕과 그의 형제인 주공이 나라를 훌륭하게 다스리는 방법을 얻었다고 보았던 공자는 하늘과 조상을 받들어 모시는 일에 대한 경건의 의무를 다하는 사람은 나라가 모든 번영을 누리도록 통치할 것이라고 말한다. "교사郊祀"는 제사를 가리키는 것이다. 교郊는 둥근 언덕에서 하늘에 혹은 하늘의 귀신에게 올리는 제사이다. 사祀는 땅에 혹은 땅의 귀신에게 드리는 제사이다. 이 제사는 네모난 습지아마도 논에서 지낸다. (땅은 네모난 것이라 믿었다.) 여기에서 아주 다양한 희생제가 유래한다. 혹은 제사가 생겨났다. 이 제사는 조상에게 바치는 것이다. 여기에서는 체상禘嘗이라는 두 글자로 표기한다. 체禘는 통치자가 5년에 한 번 자신의 조상에게 받들어 모시는 제사이다. 상嘗은 1년에 4번 마찬가지로 조상에게 드리는 희생제 혹은 제사이다. 공자의

---

[257] admiserabit regnum... in Li-Ki libro f.10. *del., pro eis* tam facilè ei erit regnum rectè moderari, quàm est suae palmam aspiecre? in hoc sacrificio caeli et tarrae et in eo quo majoribus patentatur maxime videbatur elucere pietas quà qui praedatus est, facilè potest regna moderari. *scr. Couplet*

[258] *supplevi, cf. digressione 3.*

[259] *Digressionem* 2 An nomine 上Xam帝Ti prisci intellexerint Coelum hoc materiale, an potiùs supremum caeli imperatorem... denique in Goano *del., pro eo* Hic locus illustris est ad prolu. lua, ou Confucii sententiâ unum esse primum principium: nam cum dixisset esse duo sacrificia, caeli et terrae, non dimit, ad corrigendum superno seu supremo imperatori qui est Deus, quamvis Chuhi commentator Atheopoliticus perperam dicat deesse numen yerrae et brevitatis causâ in textu omitti; quod commentum eruditè refutat P. Matthaeus Riccius aliique doctores Christiani. Verum hunc locum adeò illustrem aliosque hujus modi afferemus cùm alibi quid nomine caeli caeli et Xam-Ti prisci Sinensis intellexerint, fusius disputabimus *suppl. Par. 1687*

말이다. 하늘과 땅에 올리는 희생 제의는 오로지 최고의 통치자에게
만 바치는 것이다. 하늘의 통치자는 하늘과 동시에 땅의 통치자이다.
이는 상제上帝라는 두 글자로 표기된다. 이는 매우 적절한 표현이며
문자 그대로의 의미이다. 왕실에서 조상들에게 드리는 제사와 제례는
후손 군주가 희생 제의를 통해서 자신의 죽은 조상을 기리는 것이다.
따라서 어떤 이가 하늘과 땅의 최고의 통치자에게 마땅히 올려야 하
는 교사에 담긴 제례의 뜻을 분명하게 파악해서 받들어 모신다면, 마
찬가지로 체상禘嘗의 의미를 올바르게 알고 조상에게 제대로 제사를
올린다면, 그 사람이 나라를 번영되게 통치하는 일은 손바닥을 보는
것과 같지 않겠는가? 말하자면, 자신의 의무를 다하고 나라 전체를 통
치하는 데에 쉽고 명확한 방법을 가지게 될 것이다. 『예기禮記』 제9권
10편에 같은 내용이 있다.

[보론 2.] 상고인들은 상제라는 이름을 이 세상의 물질로 파악했는가 아니
면 하늘의 최고의 통치자로 보았는가? (pp. 99~113)

cf. Ruggieri.   Ritus sacrificandi regi caeli et terrae ad hos
suscipitur ut homines Supremum regem venerentur et colant, ritus
templi maiorum ut superioribus et antecessoribus sacrificetur. Qui
igitur tenent ritum regi caeli et terrae sacrificandi et ritum sacrifici
regis, quod in templo maiorum offertur, et quattuor temporum
ceremonia, regni gubernationem tam facile habet quam facile est
suas manuum(manum *sic*) palmas aspicere. (하늘과 땅의 군주에게
바치는 제례는 사람들이 최고의 군주를 공경하고 경배하기 위해 이루
어진다. 조상의 사당에서 올리는 제사는 위에 계신 신들과 들어가신
조상에게 비치는 것이다. 따라서 하늘과 땅의 군주에게 올리는 제례
와 조상의 사당에서 모시는 성스러운 군주를 위한 제사와 사계절의

제의를 올린다면, 그 사람은 마치 손바닥을 보듯이 나라를 쉽게 통치할 것이다.)

cf. 郊社之禮, 所以事上帝也, 宗廟之禮, 所以祀乎其先也. 明乎郊社之
禮, 禘嘗之義, 治國其如示諸掌乎.

f.14. p.2. §.2. Regni Lu rex, Ngai-Cum dictus, quaesivit ex Confucio de regimine, seu de rectâ gubernandi ratione.

14편 2쪽 2장 애공^{哀公, 기원전 ?~467}이라 불리는 노^{魯, 기원전 ?~256}나라의 군주가 공자에게 통치 혹은 나라를 올바르게 다스리는 방법에 대해 물었다.

f.14. p.2. §.3. Confucius hîc et in sequentibus respondet: principum Ven-Vam et Vu-Vam regimen ac recta gubernandi ratio non est longè quaerenda, fusè refertur in tabulis ligneis et cannis palustribus, (harum cortex pro papyro ipsis erat), similes viri, seu illius temporis homines[260] (id est reges sapientiâ et virtutibus illustres) si modò existerent, seu, si reges nunc similes illis essent virtute et sapientiâ, mox ipsorum praeclarum regimen etiam resurgeret, quia verò similes viri iam interierunt, iam et eorum regimen simul interiit, legum enim priscarum merae tabulae sunt veluti currus sine aurigâ.

14편 2쪽 3장 공자는 이 자리와 이어지는 자리에서 답한다. 문왕과 무왕의 통치와 올바르게 다스리는 방법을 멀리에서 찾아서는 안 된다. 목판과 늪지에서 자라는 갈대에 넘치도록 남아 있다. (갈대의 잎 대신에 줄기 껍질 자체를 사용한다.) 비슷한 사람들이 혹은 저 시대에 걸맞는 사람들(지혜와 덕성으로 빛나는 군주들을 말한다)이 있다면, 혹은 지금의 군주들이 문왕과 무왕의 덕과 지혜를 마찬가지로 지닌다면, 문왕과 무왕의 탁월한 통치도 되살아날 것이다. 왜냐하면 문왕과 무왕을 닮은 사람들이 죽자마자, 그들의 통치도 함께 사라져 버렸기 때문이다. 옛날의 법률을 전하는 목판은 전적으로 마치 마부 없는 마차에 불과하기 때문이다.

cf. Ruggieri. Ngoicomo roganti de optima administratione Confucius respondit, Venguani et Vunguani administrationis rationem in suis scriptis reliquerunt. Verum quam diu illi vixere, recta administratio vigevit, illis autem vita functis una cum iis

---

[260] principes *Couplet*

etiam recta administratio extincta est. (공자는 최상의 통치에 대해서 묻는 애공에게 답한다. 문왕과 무왕은 자신들의 통치 방식에 대해서 글로 남겨놓았다. 진실로 그들이 살아 있는 동안에 그들의 통치는 올바르게 이뤄졌다. 그러나 그들의 죽음과 함께 올바른 통치는 끝나고 말았다.)

cf. 哀公問政. 子曰, 文武之政, 布在方策. 其人存則其政擧, 其人亡則
其政息.

f.15. p.1. §.1.   Hominum virtus, seu, regis simul et subditorum unita mens ac virtus, expeditum reddit regimen, id est, promptam facilemque reddit rectam gubernationem, quemadmodum terrae benè cultae virtus productiva accelerat incrementa plantarum, eiusmodi itaque regimen est instar fluviatilium cannarum, quae ad fluenta consitae citò feliciterque prae reliquis plantis excrescunt.

15편 1쪽 1장   사람의 덕은, 혹은 군주와 동시에 신하의 하나된 마음과 덕은 통치를 손쉽게 만들어준다. 이는 빠르고 쉬우며 올바른 다스림을 만들어준다. 마치 잘 가꾼 땅이 지닌 기르는 힘이 식물의 성장을 촉진하듯이, 이와 같은 방식으로 이뤄지는 통치는 강가에서 자라나는 갈대와 같다. 이 갈대는 다른 식물에 비해서 흐르는 강물에 뿌리를 내리고 매우 빠르고 무성하게 자란다.

cf. Ruggieri.   Ex optimis viris facile optima administratio existit, quemadmodum ex bono agro illico erumpunt plantae, nam haec recta administratio est, ut pulu herbae quae facile nascuntur quam recta administratio pendet ex hominum probitate. (최상의 통치는 최고의 사람들을 통해서 이뤄진다. 마치 좋은 밭에서 채소가 자라는 것과 같다. 이것이 올바른 통치이다. 갈대라는 풀이 잘 자라는 것과 같다. 올바른 통치는 사람의 올바름에 달려 있다.)

cf. 人道敏政, 地道敏樹, 夫政也者, 蒲盧也.

f.15. p.1. §.2. Enimvero recta gubernatio[261] (ut erat illa regum Ven-Vam et V-Vam) pendet ab hominibus sapientibus et probis. Rex verò deligat homines, quibus uti velit ad normam personae suae[262], quae exemplar reliquorum sit oportet. Excolitur autem persona regia per (p. 113) rationis regulam illam universalem[263] per quam queat discernere bonum à malo, ut hoc reiiciat, illud seligat, et unicuique quod suum est cum fide et aequitate tribuat. Perficitur verò dicta regula(de qua paulò infrà[264]) per solidam illam animi virtutem et amorem [pietatemque][265] universalem erga omnes, 仁Gin dictum.

15편 1쪽 2장 왜냐하면 올바른 통치(문왕과 무왕의 통치가 그러했듯이)는 지혜롭고 올바른 사람에 좌우되기 때문이다. 군주는 진실로 다른 사람의 모범인 자신을 귀감으로 알리는 일을 할 수 있는 사람을 골라 써야 한다. 군주는 저 이성의 보편 법칙을 통해 자신을 닦는다. 이를 통해 선과 악을 구분하여, 악을 버리고 선을 택한다. 또한 신의와 공정의 원칙에 따라 각자의 몫을 각자에게 돌려준다. 앞에서 말한 교육[敎](이에 대해서는 바로 아래에서 다루겠다)은 저 마음의 단단한 덕성과 모든 사람을 품어주는 인仁이라는 보편의 사랑을 통해서 실현된다.

cf. Ruggieri. Porro bona virorum ad administrationem et regimen electio pendet ex vita et moribus illius qui sustinet

---

[261] optima administradi ratio *Couplet*

[262] quibus a rege hoc munus creditur, seligere verò hos homines pendet a bona compositione et norma personae regiae *Couplet*

[263] compositio autem personae regiae pendet a rationis regula illa universali *Couplet*

[264] de qua paulò infrà *del. Couplet*

[265] *suppl. Couplet*

personam regis. Regis numquam persona bonis moribus instruitur, si per iter virtutis incidit(incedit *sic*), iter autem virtutibus caritate maxime pietate absolvitur. (통치와 다스림을 위한 좋은 사람들을 고르는 것은 군주의 군주다움을 지켜주는 사람의 생활과 품성에 달려 있다. 만약 군주가 덕의 길을 가지 않는다면, 군주의 좋은 품성은 결코 길러지지 않는다. 그 길은 덕성과 인자함과 특히 경건함으로 완성된다.)

cf. 故爲政在人, 取人以身, 修身以道, 修道以仁.

f.15. p.1. §.3. Illa autem virtus et amor[266] universalis, 仁Gin dictus, non est quid extrinsecum, sed est ipsemet homo, seu, hominis naturae proprium quid atque innatum, dictans, omnes amandos esse, atque adeò amare hominis est, attamen prae caeteris amare parentes, est eius praecipuum ac primarium munus, à quo deinde ad reliquos amandos gradum facit. Ex amore item hoc[267] oritur iustitia illa distributiva, quae est ipsamet convenientia, atque adeò iustum esse aequitatis est, et quamvis ea in hoc sita sit, ut unicuique quod suum est tribui velit, tamen prae reliquis colere sapientes et virtutum studiosos[268], hos promovendo ad dignitates et munia publica, est huius quidem iustitiae praecipuum opus[269]. Hoc in amandis parentibus et magis aut minus propinquis discrimen, et in colendis iis qui magis aut minus sapientes [ac probi][270] sunt ordo, ab officiorum harmonicâ quadam ratione seu symmetriâ nascitur. Secundùm quam symmetriam, utpote commensuratam cum coeli ratione, res omnes diriguntur. Agit nimirum hoc loco philosophus de communi quadam, sed merè humana charitate 仁Gin dictâ, quae ad totius generis hominum conciliationem et consociationem colendam tuendamque spectat, cuius adeò nexu vinculoque mortales pro suo cuiusque gradu et conditione vel arctiùs vel laxiùs inter se mutuo vinciuntur. De superiori ergò charitate, seu veriùs religiosâ quadam reverentiâ, qua prisci naturam humanâ praestantiorem

---

[266] ille amor at pietas *Couplet*

[267] hoc item *Couplet*

[268] probos *Couplet*

[269] munus *Couplet*

[270] *suppl. Couplet*

venerabantur, hîc non est sermo, neque verò tunc voce 仁Gin, seu aliâ quae dilectionem significat, nisi perquam rarò utebantur, sed aliis exempli gratia 欽Kin敬Kim畏Guei事Su, et similibus, quae reverentiam cultum obsequiumque declarant.[271]

15편 1쪽 3장 '인仁'이라 불리는 저 보편의 사랑과 덕성은 밖에 있는 무엇이 아니라 사람 자체이다. 사람의 본성에 고유한 것이고 타고난 것이다. 이는 모든 사람을 사랑해야 한다는 명령이다. 사람은 모름지기 사랑해야 하지만, 그럼에도 다른 모든 사람보다도 먼저 부모를 사랑해야 한다. 이것이 가장 우선적이며 가장 중요한 의무이다. 이로부터 다른 사람에 대한 사랑으로 나아간다. 마찬가지로 이 사랑으로부터 저 배분 정의가 생겨난다. 이 정의는 그 자체가 조화이다. 따라서 정의로움은 공정함이다. 이 정의는 각자에게 각자의 몫을 나누어 주는 것을 원칙으로 삼고 있다. 하지만 지혜로운 사람과 덕을 갖추기를 열망하는 사람을 교육하고, 이들로 하여금 관직과 공적인 의무를 다할 수 있도록 하는 것이 또한 이 정의의 중요한 업무이다. 부모에 대한 사랑과 친척에 대한 사랑 사이에는 약간의 크고 작은 구별이 있다. 지혜로운 사람과 [올바른 사람을] 모심에 있어서 크고 작은 질서가 있다. 이는 의무 사이에 있는 조화의 이치 혹은 균형에서 생겨난다. 하늘의 이치에 따라 계산된 균형에 의거해, 만물이 이끌어진다. 이 대목에서 철학자가 다루는 것은 물론 어떤 보편의 것으로 인仁이라 불리는 인간적인 사랑에 대한 것이다. 이는 인류 전체를 결속하고 연대하게 하는 마음을 기르고 지키는 것이다. 이 연대와 결속 덕분에 죽어야 할 인간은 자기 자신이 고유한 일치와 조건에 따라서, 때로는 긴밀하게 때로는 느슨하게, 서로가 서로에게 연결되어 있다. 여기에서는 위에서

---

271 De superiori ... declarant *del. Couplet*

말한 사랑에 대해서, 혹은 진실로 어떤 거룩한 경건에 대해서, 이로 말미암아 상고인이 인간적인 것을 뛰어넘는 본성으로 외경한 것에 대해서는 논의하지 않겠다. 매우 드물게 사용한 경우를 제외하고, 이는 그 당시에 인이라는 언표로, 혹은 사랑을 뜻하는 다른 말로 표현되지 않았다. 이는 다른 표현으로, 예컨대 "흠경외사欽敬畏事"와 비슷하게 경외와 공경과 순종을 명백하게 드러내는 언명으로 표현되었다.

cf. Ruggieri. Caritas cum pietate coniuncta homini insita est a natura, ea primum locum habet in parentibus observantia, hanc sequitur gratitudo quae maxime in sapientum et perfectorum virorum observantia consistit. Porro haec parentum observantia ordinem habet, profectum a parentibus ipsis ad propinquos usque pertinet. (인자함은 경건함과 결합하여 본성에 의해서 사람 안에 자리 잡고 있는 것이다. 부모에 대한 효도가 첫 번째 자리를 차지한다. 이것에 이어서 지혜로운 사람과 완전한 사람에 내한 존경과 감사의 마음이 뒤따른다. 부모에 대한 공경에도 순서가 있다. 그것은 부모로부터 시작해서 친척으로 이어진다.)

cf. 仁者人也, 親親爲大. 義者宜也, 尊賢爲大. 親親之殺, 尊賢之等, 禮所生也.

f.15. p.2. §.1.   Pro huius loci explanatione, [cum neque cum antecedentibus neque cum consequentibus cohaereat,][272] remittit interpres lectorem infrà f.18. p.2. §.3.

15편 2쪽 1장 이 대목의 설명을 위해서, [앞 문맥과 뒤 문맥이 서로 일치하지 않기 때문에] 주석가는 독자에게 제18편 2쪽 3장 이하를 읽으라고 한다.

---

[272] *suppl. Couplet*

f.15. p.2. §.2. Cùm igitur recta gubernanatio à viris sapientibus, seligere autem sapientes spectat ad virtutem personae regiae, ideo ante omnia perfectus rex omninò non potest non rectè excolere propriam personam. Primò per rationis normam universalem et amorem erga omnes, ex quo sci-(p. 114)-licet reliqua pendent. Quod si seriò meditetur excolere personam propriam per dictum illum amorem universalem, quando quidem inter homines primum locum obtinent parentes, non poterit non servire parentibus, et hos prae aliis amare. Cùm verò ille ipse amor seu virtus 仁Gin à parentibus dimanet ad reliquos homines (est enim amor universalis), si rex seriò hoc meditetur ut serviat parentibus, non poterit tandem non cognoscere reliquos homines, et hos inter, qui aliis virtute sapientiâque praecellunt, ut hos sibi et regno seligat administros. Quòd si sedulò meditetur cognoscere homines, fieri non poterit ut non habeat perspectum coelum (vel, coeli rationem omnibus inditam, quae scilicet dictat, excolendum virtutibus personam, colendos parentes, honorandos probos ac sapientes, venerandum denique coelum, à quo indita est homini recta ratio, quae est virtutum omnium principium ac radix).

Digressio 3. Tum ratione, tum veterum authoritate plurimisque testimoniis probatur, priscos Sinas non fuisse penitùs ignaros supremi numinis: creberrimè item voce coelum ad numen hoc significandum fuisse usos. (pp. 115~150): (vide appendicem)

15편 2쪽 2장 올바른 통치가 지혜로운 사람에 의해서 이루어진다면, 지혜로운 사람을 고르는 것은 군주가 가져야 할 품성이다. 따라서 이상적인 군주는 이성의 보편적인 규범과 다른 나머지가 따라 나오는 만인에 대한 사랑을 통해서 다른 모든 것에 앞서 자기 자신을 올바르게 닦지 않을 수 없다. 만약 군주가 앞에서 말한 저 보편적인 사랑을 통해 자신을 닦는 것을 진심으로 중요하게 여긴다면, 사람들 가운데에서 부모가 첫 번째 자리를 차지하므로, 부모를 섬기지 않을 수 없고, 다른 이들에 앞서 부모를 사랑하지 않을 수 없다. 저 사랑 자체 혹은 인이라 불리는 덕은 부모로부터 흘러나와 다른 사람을 향해서 퍼져 나간다. (이는 보편적인 사랑이므로) 만약 군주가 진심으로 부모를 섬기는 일을 중요하게 여긴다면, 자신과 나라를 위한 관리를 고르기 위해 덕과 지혜에서 다른 이들을 능가하는 사람들을 알아보지 못할 수가 없다. 만약 군주가 사람을 알아보는 것을 진실로 중요하게 여긴다면, 하늘을 살피지 않을 수가 없을 것이다. (특히 하늘의 이치는 모든 사람의 안에 뿌리 박혀 있다. 이는 덕성으로 자신을 기르고, 부모를 섬기며, 올바른 이들과 지혜로운 사람들을 존중하고, 마침내 하늘을 경외하라는 명령이다. 인간에게 뿌리내려진 올바른 이성은 여기에서 비롯한다. 이 이성이 모든 덕성의 원리이자 뿌리이다.)

> 보론 3. 상고 시대의 중국인들이 최고의 신의^{神意}에 대해 전혀 모르는 사람들이 아니었음은 때로는 이성으로, 때로는 옛사람들의 권위와 수많은 증거에 의해서 증명된다. 또한 그들은 이 신의를 표현하기 위해서 '하늘'이라는 단어를 매우 자주 사용했다.

cf. Ruggieri. Item gratitudo erga prudentes et sapientes viros habet ordinem, utriusque nunc virtutis ordo a celeste et superno lumine ortum habet. Quare vir bonus esse nemo potest nisi sua ipsius conformationem, qua se ipsum conformare, cogitat. Id facere non potest sine parentum observantia, qui cogitat parentes observare, facere id non potest sine sapientum et perfectorum virorum cognitione, qui cogitat sapientes cognoscere(cognosceren *sic*), graduum differentias inter eos quoque noscit, assequi id non potest sine eo quod diximus celeste et supremo lumine. (마찬가지로 분별이 있는 사람과 지혜로운 사람에 대한 감사의 마음에도 순서가 있다. 이 두 부류의 사람이 지닌 덕의 순서도 하늘과 높은 빛으로부터 시작한다. 따라서 좋은 사람은 아무나 되는 것이 아니다. 자기를 만드는 만듦 자체를 생각하지 않는다면 결코 좋은 사람이 될 수 없다. 부모에게 효도해야 한다고 생각하는 사람이 부모에게 효도를 하지 않는다면, 이는 가능한 것이 아니다. 지혜로운 사람과 군자에 대해 알고 있다고 생각하고 있음에도, 또한 현자 사이에도 등급의 차이를 알고 있음에도, 우리가 말한 하늘과 높은 빛이 없다면 그가 그것을 얻는 것은 가능하지 않다.)

cf. 在下位不獲乎上, 民不可得而治矣. 故君子不可以不修身. 思修身, 不可以不事親, 思事親, 不可以不知人, 思知人, 不可以不知天.

f.15. p.2. §.3.   Declarat hîc Confucius, quinque universalium regularum praxim dependere à tribus virtutibus cardinalibus. Harum autem virtutum efficacitatem pendere ab unicâ animi soliditate ac rectitudine[273]. Totius (inquit) orbis universales et obviae regulae [seu viae][274] sunt quinque. Ea verò quibus practicè exercentur illae sunt tria. Quinque regulae sunt videlicet: 1. regem inter et subditum iustitia, 2. parentes inter et filios amor, 3. maritum inter et uxorem debita à reliquis distinctio, seu fides coniugalis (p. 150), 4. fratres maiores natu inter et minores subordinatio, 5. denique mutua quae amicos inter sunt concordiae ac societatis offica.[275] Hae quinque sunt orbis huius generales viae ac regulae. At verò prudentia in discernendo bonum à malo, amor quidam universalis erga omnes et fortitudo in prosecutione boni et fugâ odioque mali, tria haec sunt orbis generales, seu cardinales virtutes, per quas perfici debent quinque regulae. Id verò quo exercentur tres istae virtutes et unum quid. Seria nimirùm et vera cordis soliditas, seu[276] rectitudo, nam si ex ficto et fallaci corde dictarum virtutum una procedat, ea profectò non erit virtus censenda, sed vitium.

15편 2쪽 3장 이 대목에서 공자는 설명한다. 다섯 보편 법칙의 실천은 세 개의 기본 덕성에 달려 있다. 그러나 이 덕성의 작동은 마음의 일관적인 견고함과 올바름에 달려 있다. (공자가 말하길) 세계 전체를 ~~관통하는 부편적이고 명백한 법칙은 [혹은 길은]~~ 다섯이다. 실천을 통

---

273 veritate *Couplet*
274 suppl. *Couplet*
275 consuetudnis *Couplet*
276 *del., pro eo* veritas et *suppl. Couplet*

해서 연습해야 하는 것은 셋이다. 다섯 법칙은 다음과 같다. 1 군주와 신하 사이의 정의, 2 부모와 자식 사이의 사랑, 3 남편과 아내 사이에 마땅히 있어야 하는 다른 사람들로부터의 구별 혹은 부부 사이의 믿음, 4 형과 아우 사이의 질서, 5 마지막으로 친구들 사이의 우정과 교유의 의리, 이 다섯 법칙은 세계를 관통하는 일반적인 통로이자 규칙이다. 그러나 악과 선을 구별할 줄 아는 분별력, 모든 사람을 향한 보편의 사랑, 선을 실천하고 악을 싫어하고 멀리하는 용기, 이 셋은 세계의 일반적인 혹은 기축이 되는 덕성들이다. 다섯 법칙은 이 덕성들을 통해서 실천되어야 한다. 이 세 덕성을 실천에 옮기는 것은 또한 하나이다. 그것은 당연히 진정되고 진실된 마음의 굳건함 혹은 올바름이다. 만약 앞에서 말한 덕성 가운데에 어떤 하나라도 거짓으로 꾸민 마음에서 나온 것이라면, 이는 결코 덕으로 여겨질 수 없고 악으로 여겨야 하기 때문이다.

cf. Ruggieri. In orbe universo communes(comunes *sic*) viae sunt quinque, ad eas ineundas tria requiruntur, hic sunt. Rex et subditi. Pater et filii. Maritus et uxor. Fratres maiores et minores. Et coniunctio inter amicos. Haec quinque sunt viae universae, ad has tria haec requiruntur. Sapientia, pietas, et fortitudo quae sunt in toto orbi communes virtutes tres, ad horum virtutum perfectionem res una requiritur nempe veritas. (세상에는 다섯 길이 있다. 이 길로 들어가기 위해서는 세 가지가 요구된다. 군주와 신하, 아버지와 아들, 남편과 아내, 형과 아우, 그리고 친구들 사이의 우정, 이것들이 세상의 다섯 길이다. 이 길로 들어가기 위해서 세 가지가 요구된다. 지체, 경선, 용기가 세상 전체에 공통된 세 개의 덕성이나. 이 덕성의 완성을 위해서는 오로지 하나가 요구된다. 진실이 바로 그것이다.)

cf. 天下之達道五, 所以行之者 三. 曰君臣也, 父子也, 夫婦也, 昆弟
也, 朋友之交也, 五者天下之達道也. 知仁勇三者, 天下之達德也.
所以行之者 一也.

f.16. p.1. Sive quis nascatur (inquit Confucius) sciens, id est, si quis instructus fuerit ingenio tam celeri et perspicaci à naturâ, ut absque magistro per se praedictas regulas intelligat, sive quis, brevi et moderato usus studio, illas discendo sciat, sive quis diuturno studio et cum improbo labore easdem sciat, ubi hi pertigerunt ad ipsam scientiam seu prudentiae virtutem. Una est tandem eademque in omnibus, tametsi alii citiùs, alii tardiùs eam sint assecuti. Rursùs inter homines sive quis sortitus animam bonam spontè et quietè veluti naturaliter operetur, sive quis ob lucrum seu utilitatem virtutis et cupiditatem quamdam operetur, sive quis nactus indolem minùs facilem violente operetur ut tandem assequatur virtutem 仁Gin seu[277] amoris universalis, tametsi inquam in operis exercitio aliis sit facilitas quaedam, aliis labor et difficultas, tamen ubi omnes iam pertigerunt ad ipsius exercitii terminum et complementum operis in quo demùm sese prodit fortitudo, hoc ipsum in omnibus unum quid tandem[278] erit opus.

16편 1쪽 어떤 사람이 처음부터 알고 태어나든, 즉, 어떤 사람은 본성적으로 명민하고 명석한 재능을 통해서 알고 있든, 그래서 선생으로부터 배워야 할 법칙들을 스스로 파악하고 있든, 어떤 사람이 짧고 적절한 공부를 통해서 법칙들을 배워서 알게 되든, 어떤 사람이 오랜 공부와 힘든 고생을 통해서 알고 있든, 이들은 모두 바로 앎과 분별의 덕[知]에 도달했다고 할 수 있다. 이는 결과적으로 모든 사람에게 하나이고 동일한 것이다. 어떤 이는 조금 빠르게, 어떤 이는 조금 더디게, 이들 성취했을 뿐이다. 사람들 중에서 바약 어떤 사람이 좋은 마음을

---

[277] *del.* Couplet
[278] *del., pro eo* idemque *adn.* Couplet

부여받아서 자발적으로 그리고 큰 노력 없이 마치 본성적으로 그러하듯이 실천하든, 이익 때문에 혹은 덕의 보상을 노리고 혹은 어떤 탐욕으로 행하든, 재능이 조금 부족해서 고생하면서 실천한다면, 이를 통해 결과적으로 인(仁)의 덕 혹은 보편 사랑의 덕을 지니게 된다면, 실천에 있어서 어떤 이는 수월하고, 어떤 이는 힘겹고 고생스럽지만, 그럼에도 이들은 모두 실천 자체의 완성과 노력의 완성에 도달했다고 할 수 있다. 여기에서 용기(勇)가 마침내 자신을 드러낸다. 이것 자체는 모두에게 결과적으로 하나이다.

cf. Ruggieri.   Sed quidam nascendo sciunt, quidam discendo sciunt, quidam laborando sciunt, qui cum pervenerint ad scientiam, eorum omnium scientia una et eadem est. Quidam(qui quidem *sic*) suapte natura bona operantur(operatur *sic*), quidam studiose bona operantur(operatur *sic*), quidam adnitendo bona operantur, cum ad id perverint, ut bona nunc operentur, haec virtus una et eadem est. (어떤 이는 태어나면서 알고, 어떤 이는 배워서 알며, 어떤 이는 겪어서 안다. 앎에 도달한 이의 앎은 하나이고 동일한 것이다. 어떤 이는 자신의 본성에 따라 좋음을 실천하고, 어떤 이는 좋아서 좋음을 실천하며, 어떤 이는 노력을 통해서 좋음을 실천한다. 이들이 좋음을 실천해서 도달한 덕은 하나이고 동일한 것이다.)

cf. 或生而知之, 或學而知之, 或困而知之, 及其知之一也.

f.16. p.2. §.1. Confucius, ut ostendat, omnes si modò velint posse sic proficere ut tandem propè absint à dictis virtutibus, prudentiâ, scilicet amore et fortitudine, ait, quamvis rudis sit quispiam, si tamen amet ardeatque discere, nec fatigetur in studio virtutis, iam is appropinquat ad prudentiam. Si quis amore privato sui ipsius adhuc quidem implicitus, tamen nitatur rectè operari, iam is appropinquat ad amorem illum universalem erga omnes. Si quis denique ita est constitutus animo, ut constanter norit verecundari (p. 151) et erubescere cùm turpia et illicita proponuntur, iam is appropinquat ad fortitudinem.

16편 2쪽 1장 이를 설명하기 위해서 공자는, 만약 모든 사람이 이렇게 나아가려는 마음을 먹는다면, 그러니까 마침내 앞에서 말한 분별[智], 사랑[仁]과 용기[勇]의 덕들로부터 출발하려는 마음을 먹는다면, 비록 어떤 이가 서툰 사람이라 할지라도 배우기를 사랑하고 열망하며, 덕을 닦는 일로 지치지 않는다면, 그는 이미 분별에 거의 도달한 사람이라 할 수 있다고 말한다. 만약 어떤 이가 아직은 자신의 것에, 사적인 욕심에 매여 있음에도 올바르게 행하는 실천에 힘을 기울인다면, 그는 이미 모든 이를 향한 보편의 사랑에 이미 도달한 사람이라 할 수 있다. 만약 어떤 이가 마침내 이런 마음을 단단히 지니고 있다면, 즉 추잡하고 어긋난 것들을 접했을 때 언제나 수치를 느끼고 얼굴을 붉힐 줄 안다면, 그는 이미 용기에 도달한 사람이라 할 수 있다.

cf. Ruggieri. Qui laetatur se discere, non longe abest a sapientia, qui vires in dies auget ad operanda bona, non longe abest a pietate, qui dedecus metuit, non longe abest a fortitudne. (배움을 즐거워하는 사람은 지혜에서 멀리 떨어져 있지 않다. 좋음을 실천하

기 위해서 날마다 노력하는 사람은 경건에서 멀리 있지 않다. 수치를 염려하는 사람은 용기에서 멀리 있지 않다.)

cf. 或安而行之, 或利而行之, 或勉强而行之, 及其成功一也.

f.16. p.2. §.2. Si igitur benè nosti haec tria, iam probè nosti id quo rectè excolitur persona propria. Si nosti id quo excolitur [propria]²⁷⁹ persona, iam nosti id quo regas alios homines, iam etiam ex eadem normâ nosti id quo regas orbis regna, cùm eadem sit ratio et lex in omnibus, quae in uno, ex quo fit, ut perfectio suae unius regiae personae sit perfectionis reliquorum fundamentum et norma.

16편 2쪽 2장 만약 이 세 덕성을 잘 알고 있다면, 자기 자신을 올바르게 닦는 법을 이미 제대로 알고 있는 것이다. 만약 자신을 닦는 법을 알고 있다면, 다른 사람을 다스리는 법을 이미 알고 있는 것이다. 더 나아가 같은 규범을 통해서 천하 국가를 다스리는 법을 또한 이미 알고 있는 것이다. 이성과 법률은 모든 사람에게 같은 것이기 때문이다. 이 법칙은 이 하나를 위하는 것이다. 즉 이를 통해서 군주의 자기 완성이 다른 사람의 완성을 위한 바탕이고 규범이 되게 만드는 것이다.

*cf. **Ruggieri**.* Qui his tribus virtutibus ornatus est facultatem habet ad se ipsum bene conformandum, qui facultatem habet ad se ipsum bene confirmandum et habet facultatem ad alios recte conformandos, qui facultatem habet ad alios recte conformandos et facultatem habet ad regnum conponendum, qui facultatem habet ad regnum conponendum, etiam facultatem habet ad orbem universalem conponendum(componendum *sic*). (이 세 덕성을 체득한 이는 그 자신을 훌륭하게 만드는 능력을 획득한다. 자신을 훌륭하게 만들 수 있는 사람은 다른 사람을 올바르게 만들 수 있는 능력을 획득한다. 다른 사람을 올바르게 만들 수 있는 능력을 지닌 사람은 나

---

²⁷⁹ *suppl. Couplet*

라를 평안하게 만들 수 있는 능력을 획득하고, 또한 세상을 평화롭게
만들 수 있는 능력을 획득한다.)

cf. 知斯三者, 則知所以修身. 知所以修身, 則知所以治人. 知所以治
人, 則知所以治天下國家矣.

f.17. p.1. Confucius, secundùm ea quae dicta sunt, regem instituens sic ait: quicunque regunt[280] orbis regna habent[281] has novem regulas, [et praecepta][282] vulgares[283] quidem, sed observatu necessarias[284] videlicet, 1. excolere[285] virtutibus se ipsum, 2. colere sapientes et probos viros, 3. amare parentes, 4. honorare et in pretio habere praestantiores ministros [et praecipuum magistratum gerentes][286], 5. accommodare sese ad voluntatem reliquorum ministroum, seu praefectorum, cum quibus etiam ceu membris princeps et caput unum corpus constituit[287], 6. filiorum instar amare populum ac vulgus promiscuum, congaudendo gaudenti, condolendo dolenti, 7. accersere plurimos omnis generis artifices ad commune regni emolentum, 8. benignè ac comiter excipere è longinquo advenas et [tamquam][288] adventantes hospites, 9. denique amanter ac impensè fovere imperii regulos [et dynastas][289], quo fiat ut concilietur corum erga regem et amor et fides.

17편 1쪽 앞에서 말한 바에 따라서 공자는 군주를 교육하기 위해 이렇게 말한다. 무릇 천하 국가를 다스리는 사람은 아홉 법칙을 가져야 한다. 이것들은 평범하지만 반드시 지켜야 할 법칙이다. 다음과 같다.

---

[280] moderatur *Couplet*

[281] habeat *Couplet*

[282] *suppl. Couplet*

[283] vulgaria *Couplet*

[284] necessaria *Couplet*

[285] 1. excolat ... 2. colat .... 3. observet et amet...4. honoret et in pretio habeat ... 5. accommodet ...6. diligat...7. accersat ... 8. excipiat et protegat 9. fovat et cordi habeat ... *adn. Couplet*

[286] *suppl. Couplet*

[287] cum quibus ... constituit *del., pro eis* minorum quos ut membra sua autumet *adn. Couplet*

[288] *suppl. Couplet*

[289] *suppl. Couplet*

1 덕으로 자신을 수양해야 한다. 2 지혜로운 사람과 올바른 사람을 귀하게 여겨야 한다. 3 부모를 사랑해야 한다. 4 훌륭한 관리를 [중요한 직책을 맡은 이를] 존중해야 한다. 5 관리 혹은 관료의 의지에 따라 자신을 조정할 줄 알아야 한다. 이들은 몸체이고 군주는 머리이다. 이들과 한 몸을 이룬다. 6 자식처럼 인민과 평민을 사랑해야 한다. 좋은 일에 함께 기뻐하고, 나쁜 일에 함께 슬퍼한다. 7 나라의 공동 이익을 위해서 모든 종류의 기술자를 불러 모은다. 8 멀리서 찾아온 사람과 손님으로 방문한 사람을 잘 대접해주고 즐겁게 맞이해야 한다. 9 마지막으로 제국의 법률과 군주에 대한 그들의 사랑과 신의가 쌓일 수 있도록 [소국의 왕을] 사랑과 정성으로 소중히 돌보아야 한다.

cf. Ruggieri. Quicumque reges volunt bene gubernare, et in optimo statu collocare orbem universalem regnum et domum, novem praeceptis utantur. Primum circa te ipsum quam optimam disciplinam suscipito, bonos et doctos viros existimato, parentes observato, haec ad quam optimam sui disciplinam(discipulinam *sic*) pertinet. Deinde maxime magistratus et Colaus(Colau *sic*) honores habeto, omnes relinquos magistratus ut membra existimato, populum et plebem ut filius diligito, haec ad regnum constituendum pertinent. Tertio(3 *sic*) Omne(omnes *sic*) genus mechanicorum artium adhibito, extraneos et advenas tueto(tuetor *sic*). Quarto(quartas *sic*), externi(esterni *sic*) qui legati adveniunt tibi corde sunto, haec ad orbem universalem gubernandum pertinent. (세상과 나라와 가정은 잘 다스리고 최상의 상태로 만들기를 원하는 군주는, 누가 되었든, 아홉 가르침을 이용한다. 먼저 자신을 위해서 최고의 가르침을 받아야 한다. 좋은 사람과 학식이 있는 사람을 알아보아야 한다. 부모에게 효도해야 한다. 이것들은 자신을 위한 최고의 가

르침이다. 다음으로 특히 관료와 학자를 명예롭게 대해야 한다. 다른 관리를 몸처럼 여기야 한다. 인민과 평민을 자식으로 사랑해야 한다. 이것은 나라를 세우는 것이다. 세 번째로 장인의 모든 기술을 가져야 한다. 이방인과 거류민을 보호해야 한다. 네 번째로 사신으로 방문한 이방인을 가슴으로 맞이해야 한다. 이것은 세상을 하나로 다스리기 위한 것이다.)

cf. 凡爲天下國家有九經. 曰修身也, 尊賢也, 親親也, 敬大臣也, 體群臣也, 子庶民也, 來百工也, 柔遠人也, 懷諸侯也.

f.17. p.2. §.1. Si igitur rex novem praedictas regulas observet, plurima equidem toti regno emolumenta consequentur. Nam si excolat virtutibus seipsum, mox lex et regulae illae universales regis exemplo vigebunt. Si colat sapientes, adeòque horum multo usu consilioque utantur, iam non haesitabit perplexus in negotiis suscipiendis et perficiendis. Si [observet et][290] amet parentes, iam et inter reliquos consanguineos, exempli gratia patruos, fratres maiores natu et minores non erunt quaerelae aut simultates, sed concors amor in bonum totius familiae conspirans. Si veneretur et in pretio habeat praecipuos ministros, iam non caligabit, nec erit anxius trepidusque in regni sui administatione, tametsi fortè discrimen aliquod ingruerit, aderunt enim atque opitulabuntur principi suo spectatae (p. 152) virtutis invictique roboris viri, non consilio tantùm, sed manu quoque prompti. Si sese accommodet reliquis ministris, seu praefectis inferioris ordinis[291], iam et hi et qui erunt ordinis superioris praefecti reddent obsequia sua impensiùs, [cumulatiùsque][292] et universi correspondebunt regi cum omni fide et sinceritate. Si filiorum instar amet populum, tunc populus animabitur atque excitabitur vicissim ad redamandum tam beneficium sibi parentem. Si famâ tanti regis accersiti adveniant plurimi cuiusque generis artifices, tunc et divitiarum ad utendum, et rerum ad communes usus necessariarum affatim erit. Si benignè excipit è longinquis regionibus adventantes advenas et hospites[293], mox circumiacentium quatuor terrarum populi ultrò

---

[290] *suppl. Couplet*

[291] sese ... ordinis *del., pro eis* gregales magistratus et ministros(*del. Par. 1687*) sese iis accommodans veluti corporis sui membra autumet *adn. Couplet*

[292] *suppl. Couplet*

ad ipsum se conferent, et gaudebunt subesse tam humano et benigno principi. Si impensè diligat ac foveat regulos, hos vicissim habebit sui amantes sibique devinctos, adeoque auctus ipse tantis opibus, tantâque potentiâ, iam toto orbe formidabilis erit.

17편 2쪽 1장 만약 군주가 앞에서 말한 아홉 법칙을 지킨다면, 나라 전체에 아주 큰 이익이 뒤따를 것이다. 만약 부모를 [지키고] 사랑한 다면, 다른 혈친들 사이에서, 예컨대 숙부들 사이에서, 형과 아우 사이 에서 다툼과 불화가 일어나지 않을 것이다. 대신에 가족 모두가 잘 되 기를 바라는 한마음의 사랑이 바로 생겨날 것이다. 만약 탁월한 관리 를 존중하고 귀하게 여긴다면, 자신의 나라를 통치함에 있어서 눈이 어둡지 않을 것이고 근심도 걱정도 없을 것이다. 행여 어떤 위기가 닥 친다 할지라도 검증된 덕성과 불굴의 힘을 지닌 사람이 함께 하며 도 움을 줄 것이다. 지혜뿐만 아니라 손과 힘으로 도울 준비를 갖춘 사람 이 말이나. 만약 나머지 다른 관료를 존중한다면, 즉, 하급 관리를 받 든다면, 하급 관리는 물론 상위 관료도 자신의 열성을 다해서 충성할 것이다. [더욱 커져] 하나가 되어 군주에게 모든 신의와 진심을 바칠 것이다. 만약 백성을 자식으로 사랑한다면, 그때 백성은 반대로 부모 에게 받은 사랑을 되갚는 마음을 갖고 분발할 것이다. 만약 군주가 훌 륭하다는 명성을 듣고서 온갖 종류의 수많은 기술자가 모여든다면, 풍족한 생활을 위한 재물과 공동체 운영에 꼭 필요한 물품이 넘치게 될 것이다. 만약 먼 지역에서 찾아온 방문자와 손님을 친절하게 대접 한다면, 동서남북 사방에 퍼져 살고 있는 백성이 곧장 자발적으로 군 주에게 찾아올 것이다. 너무도 인간적이고 너무도 인자한 군주에게 자발직으로 순종할 것이나, 만약 신실으로 수구이 왕을 아끼고 품셔

---

[293] et hospites *del. Couplet*

278   라틴어 중용

준다면, 그들은 반대로 군주를 사랑하고 군주에게 순종할 것이다. 마침내 군주는 참으로 많은 재물과 큰 권력으로 곧 온 천하에 위엄을 떨치게 될 것이다.

cf. Ruggieri. Cum te ipsum(ipse *sic*) optima disciplina constitueris, virtutem consequeris. Si bonos et doctos viros magni feceris nulla in re dubitabis, si pariter observaveris propinquos nemo fructum trepidabitur, si maxime magistratum(magis honorem habueris, negotiorum multitudinem non obrueris, si relinquos magistratus tamquam membra existimaveris, docti viri cumulati in omni genere humanitatis satisfacent, si populum et(ex *sic*) plebem tamquam filios dilexeris, subditi te loco patris habebunt, si omne genus mechanicorum artium adhibueris divitia tibi suppetent in sumptu, si extraneos et advenas tueberis, quattuor partium homines se tibi(te sibi *sic*) submittent, si duces et principes cum legatione funguntur tibi corde erunt, orbis universalis(universalus *sic*) te timebit. (그대 자신이 최고의 가르침을 받는다면, 그대는 덕을 얻을 것이다. 만약 좋은 사람과 학식이 높은 사람을 위대하게 여긴다면, 어떤 일에도 의심을 갖지 않을 것이다. 만약 친척을 똑같이 존중한다면, 결실에 대해서 어떤 걱정도 하지 않을 것이다. 만약 특히 관리를 명예롭게 대한다면, 일이 많다고 해도 그것에 짓눌리지 않을 것이다. 만약 다른 관리를 자신의 몸으로 여긴다면, 모든 종류의 학문을 익힌 학식 있는 사람이 좋아할 것이다. 만약 인민과 평민을 자식으로 사랑한다면, 신하는 그대를 아버지로 모실 것이다. 만약 모든 기술을 지닌 장인을 얻는다면, 풍요로운 부유함이 그대에게 있을 것이다. 만약 외국인과 거류민을 보호한다면, 세상 사람들이 그대에게 복종할 것이다. 만약 사절단과 함께 온 지도자와 군주를 따뜻하게 맞이한다

면, 온 세상이 그대를 존경할 것이다.)

cf. 修身則道立, 尊賢則不惑, 親親則諸父昆弟不怨, 敬大臣則不眩, 體
群臣則士之報禮重, 子庶民則百姓勸, 來百工則財用足, 柔遠人則
四方歸之, 懷諸侯則天下畏之.

f.17. p.2. §.2. Confucius enumeratis fructibus, qui ex novem praedictis regulis nascuntur, tradit hîc modum, quo eaedam ad praxim reducantur dicens: si rex à vitiis abstineat, sit purus et immaculatus interiùs, et exteriùs gravi et se digno cultu induatur. Si illicita et quae repugnant rationi non attingat, haec nimirùm ea quibus regia excolitur persona. Si procul repellat à se detractores et procul absit à venereis, si vilipendat opes ac facultates et magnipendat virtutem, haec ea sunt quibus animantur et excitantur ad imitationem sapientes virtutum sectatores. Si in pretio habeat ac veneretur et foveat suorum parentum dignitatem, suo regio censu augeat eorum privatos redditus, eadem [cum illis][294] amans et odio habens [quae illi amant aut oderunt][295], haec ea sunt quibus animantur reliqui ad amandos item parentes ac propinquos. Si praefectorum inferiorum magnum numerum habeat, et qui maioribus subordinati ex officio minora quaeque negotia administrent, hoc est id quo animantur superioris ordinis praefecti, ut illorum operâ industriâque usi munus suum feliciùs exequantur. Si suis rex mi-(p. 153)-nistris fidat et credat, et pro cuiusque meritis ampla conferri iubeat stipendia, haec ea sunt quibus animantur regii ministri ad impensiùs suo principi serviendum. Si tantùm congruis temporibus (non iis scilicet, quibus aut agri colendi sunt aut messis colligenda) occupet populum et moderetur vectigalia, haec ea sunt quibus animatur populus ad amorem promptamque obedientiam. Si quotidiè examinet, et quovis mense per se ipse exploret an operiorum

---

[294] cum illis *del. Couplet*
[295] *suppl. Couplet*

merces et alimenta ex regiis educta horreis respondeant operi, hoc est id quo animantur opifices ad impensiùs laborandum. Si rex debitis officiis prosequatur abeuntes advenas, et benignè ac comiter excipiat adventantes, collaudando aliorum praeclaras dotes, quando his instructi sint, utendo illis ad munia publica, et miserando aliorum, qui fortè tenuiores sunt, imbecillitatem, hoc est id quo benignè tractantur è longinquo advenae ac peregrinni, si usque et usque perpetuare seu conservare studeat regulorum intereuntes iam propè familias substituendo alterum ex eadem familiâ in demortui locum et dignitatem, si insuper studeat erigere et in pristinum statum restituere eorumdem collabentia regna, moderando compescendoque seditiones vel tumultus abortos, et propulsando sistendoque imminentia pericula, item si dum celebranda sunt regulorum comitia, et[296] excipiendae eorumdem legationes, iuxta statuta dumtaxat tempora id faciat (non immutando communem in hoc praxim, ne id[297] sit oneri regulis), si item lautè ac splendidè tractet abeuntes et non cupidè sed regiâ cum moderatione excipiat adventantium munera (quod erat regum priscorum dictamen), haec ea denique sunt quibus amanter foventur clientes imperii huius reguli. (Moris erat, ut quotannis reguli per legatum, 大Ta夫Fu dictum, mitterent munera ad imperatorem, tertio item anno, sed ampliora ditioraque et per legatum superioris quoque ordinis 卿Kim dictum, demùm quinto quolibet anno tenebantur ipsimet reguli in comitiis imperii sistere se imperatori.)

---

[296] ex *Par. cod. 6277: correxi*
[297] *del. Couplet*

17편 2쪽 2장 공자는 앞에서 말한 아홉 법칙으로부터 생겨나는 결실을 열거하고, 이 대목에서는 방법을 설명한다. 이 법칙을 실천으로 이끄는 방법은 다음과 같다. 공자의 말이다. 만약 군주가 악덕을 멀리한다면, 그는 내면적으로 순수하고 순결할 것이다. 외면적으로는 자신에게 걸맞는 권위와 위엄을 드러내 보일 것이다. 만약 군주가 법도에 어긋난 일과 이성에 맞지 않는 일을 행하지 않는다면, 이는 바로 그 자신을 수양하는 방편이 될 것이다. 만약 군주가 모함하는 자와 음욕을 부추기는 자를 가까이하지 않는다면, 만약 군주가 재물과 재력을 가벼이 여기고 덕을 귀하게 받든다면, 이를 통해서 사람에게 덕을 열심히 실천하는 지혜로운 사람을 닮고자 하는 마음을 불러 일으키고 분발하게 만들 것이다. 만약 군주가 부모의 권위를 귀히 여기고 공경하며 소중하게 받들고 군주 자신의 재물로 개인적으로 갚아야 할 은혜를 더 크게 갚는다면, [부모가 사랑하거나 미워하는 것을 마찬가지로] 사랑하고 미워한다면, 이로 말미암아 다른 사람들도 마찬가지로 부모와 친척을 사랑하는 마음을 가지게 될 것이다. 만약 군주가 하급관리의 수를 많이 두어, 그들이 상급관료의 아래에 배치되어 처리해야 할 각종 작은 업무를 수행토록 한다면, 상급관료의 사기는 올라갈 것이고, 하급관리는 노력과 근면함을 바탕으로 자신의 직무를 성공적으로 수행할 것이다. 만약 군주가 관리를 신뢰하고 믿어주면서 그들 각각의 능력에 맞게 충분한 급료를 준다면, 관리들은 군주를 충심을 다해서 섬길 것이다. 만약 군주가 시기에 맞게 (시기란 논밭을 가꾸거나 곡식을 거두는 때를 말하는 것이 아니다) 백성을 움직이고 세금을 조절한다면, 백성은 자발적으로 복종하고 사랑할 것이다. 만약 군주가 매일 살피고, 군주가 매달 일꾼의 삯과 식량이 왕실의 창고에서 맞게 제대로 주어졌는지 살핀다면, 일꾼은 열심히 일하려고 할 것이나. 만약 군주가 멀리서 찾아온 손님을 예법에 맞게 대접하고, 친절하고 다정하게 찾아온 사람을 예우하며, 어떤 사람으로부터 가르침을 얻을 때는 그의 뛰어난 능력을 높게 사고, 그에게 공직을 부여하며, 또한 어떤 사람이 매우 약해져서 곤란한 상황에 처해 있을 때 연민의 마음을 가지면, 이는 곧 멀리서 찾아오는 손님과 이방인에게 호의를 배푸는 것이다. 만약 소국의 군주가 죽게 되면, 군주가 그 가족 가운데에 어떤 이를 죽은 군주의 자리와 지위를 이어받게 하여 그의 가족을 지켜주고 끊임없이 이어지도록 하는 것에 성의를 보인다면, 만약 군주가 더 나아가 무너져가는 그들의 나라를 바로 세워주고 이전의 상태로 되돌려주는 일에 성의를 보인다면, 일어나는 반란과 폭동을 잠재우며 다스려주고 닥쳐오는 위험을 막고 멈추게 해준다면, 마찬가지로 만약 소국의 군주를 소집하고, 그가 보낸 사절단을 받아야 하는데, 이를 법칙에 따라 정해진 시기에 행한다면 (곧 서로 예물을 주고 받음에 있어서 소국의 군주에게 부담이 되지 않도록 한다면), 또한 만약 군주가 떠나는 사람들을 융숭하게 대접하고 욕심이 아니라 군주의 절제를 보이면서 찾아오는 사람들이 가지고 온 예물을 받는다면(이는 상고 시대의 왕이 내린 명령이있다), 이는 마침내 소국의 군수가 자발적으로 제국의 신하로 들어올 수 있도록 만들 것이다. (이런 예법이 있다. 매년 소국의 군주는 대부라 불리는 사절을 파견해서 황제에게 예물을 바치고, 3년째 되는 해에는 경이라 불리는 더 높은 사절을 통해 더 귀하고 더 많은 예물을 보내며, 5년째 되는 해에는 소국의 군주는 제국의 회합에 자신이 직접 참여해서 황제를 알현하는 전통을 고수한다.)

cf. Ruggieri. Intus sincera virtus, extra ornatus et cultus in vestitu et actionibus, nihil fieri sine ratione, tria haec pertinent ad omtimam vitam et morum constitutionem, detractores expellere, obscenas res vitare, divitias contemnare, viros virtute insignes aestimare, haec doctis et optimis viris animos addunt, parentes et propinquos promovere, illos census augere, quod illi amant et oderunt, id amare et odisse, alios ad parentum observantiam invitat, multos magistratus inferiores constituere, ut superiores magistratus illorum operas libere utantur id invitat superiores magistratus ad operam suam regi diligentissime praestandam (prestandum *sic*). Veritas in rege et promissorum censuum amplificatio invitat minores magistratus ad operam exigendam, a subditis et privatis commodis temporibus levia imponere tributa id populi animum sublevare. Mechanicos quotidie invisere, singulis mensibus de unoquoque experimentum capere carnia et epulare, pro cuiusque meritis distributio, haec illis animos addunt. Abeuntes prosequi advenientibus occurrere, bonos laudare, eorum qui nescire miserari, addat et conciliat extraneos et advenas, principus seu ducibus qui neque filios habent neque nepotes successores concedere, qui illis vita functis eorum adeant hereditatem. Item erigere eos qui suam iurisdictionem amiserunt, dissidia orta dirimere, miseros [⋯] ut suo tempore legati veniunt ad regiam et ut aliae civitatis suos quaeque legatos visitant, abeuntis liberalissime donare, advenientibus pauca accipisse, principes viros et duces externos invitant ad amorem. (내적으로 신실한 덕, 외적으로 품위 있는 의복과 예의에 맞는 거동, 어떤 것도 원인 없이 일어나지 않음, 이 세 가지는 최상의 삶과 도덕을 세우기 위한 것이다. 험담꾼을 멀리하는 것, 음란한 것을 피하는 것, 부를 가볍게 여기는 것, 덕으로 뛰어난 사람을 존경하는 것. 이것들은 학식이 있는 사람과 최고의 사람들의 마음을 붙잡는 것들이다. 이것들은 부모과 친척을 존경하고, 그들의 명예를 드높이며, 그들이 사랑하고 미워하는 것을 마찬가지로 사랑하고 미워하게 하며, 다른 사람들로 하여금 자신의 부모에게 효도하게 만든다. 상급관료는 많은 하급관리들

을 업무들에 자유롭게 활용하도록 만든다. 상급관료는 군주를 위해서 지극한 사랑으로 자신들이 수행해야 할 업무들을 행하도록 이끈다. 군주가 가지고 있는 진실함과 약속된 재물의 증대는 하급관리들로 하여금 업무를 수행하도록 이끈다. 평화시에 신하와 평민으로부터 세금을 적게 거두는 것은 백성의 마음을 가볍게 해준다. 장인들을 초청하고, 매달 각각의 것에 대해서 시험하고 고기를 베풀어 잔치를 벌이며, 각각의 공로에 따라서 보상을 내리는 것, 이것들이 사람의 마음을 붙잡는다. 떠나는 이를 배웅하고 오는 이를 마중하며, 좋은 사람을 칭찬하고 어리석은 사람을 불쌍하게 여기는 마음을 갖게 한다. 외국인과 거류민에게 [선물을] 주고 도움을 준다. 후손으로 자식과 손자가 없는 사람을 귀족과 군주에게 맡기는데, 이들은 죽은 이들의 유산을 받는다. 마찬가지로 재판에서 진 사람을 일으켜 세우고, 일어난 분쟁을 잠재우며, 불쌍한 사람을 […] 제 시기에 맞추어 사절단이 왕실에 도착하도록 그리고 다른 나라가 자신의 사절단을 파견할 수 있도록 해야 한다. 떠나는 이들한테 크게 선물하고 오는 이들에게는 석게 받으며 외국에서 오는 군주와 지도자를 사랑으로 맞이한다.)

cf. 齊明盛服, 非禮不動, 所以修身也. 去讒遠色, 賤貨而貴德, 所以勸賢也. 尊其位, 重其祿, 同其好惡, 所以勸親親也. 官盛任使, 所以勸大臣也. 忠信重祿, 所以勸士也. 時使薄斂, 所以勸百姓也. 日省月試 既稟稱事, 所以勸百工也. 送往迎來, 嘉善而矜不能, 所以柔遠人也. 繼絕世, 舉廢國, 治亂持危, 朝聘以時, 厚往而薄來, 以懷諸侯也.

f.18. p.2. §.1.　Concludit Confucius: igitur quicunque regunt orbis regna (p. 154) habent quidem quas [et quomodo]²⁹⁸ servent novem dictas regulas. Caeterùm id, quo debent exercere illas, unum dumtaxat est. Nimirum seria animi soliditas seu veritas sine ullo fuco, quae, si vel in unica ex novem regularum desideretur, iam non erit recta sed fucata et superficialis tantùm virtus.

18편 2쪽 1장　공자의 결론이다. 천하 국가를 다스리는 자는 확실히 앞에서 말한 아홉 법칙을 지닌 사람이다. 그러나 그가 아홉 법칙을 실천함에 있어서 가져야 하는 것은 오직 하나이다. 곧 마음의 진실로 단단함 혹은 어떤 꾸밈도 없는 진실이 바로 그것이다. 만약 아홉 법칙 가운데에서 진실, 이 하나가 빠지면, 이는 올바르지도 않고 가식적이며 단지 무늬만 덕일 뿐이다.

cf. Ruggieri.　Quicumque volunt bene gubernare et in quo optimo statu collocare orbem universum, regnum et domum, his novem praeceptis(preceptis *sic*) utatur. Ad quae servanda est illud unum necessarium fides seu veritas. (세상과 나라와 집을 잘 다스리고 최상의 상태로 이끌고자 하는 사람은 다음의 아홉 가르침을 활용한다. 이것을 지키기 위해서 필요한 것은 오로지 하나이다. 그것은 신의信義 혹은 진실이다.)

cf. 凡爲天下國家有九經, 所以行之者一也.

²⁹⁸ *suppl. Couplet*

f.18. p.2. §.2. Ut autem dictas regulas et virtutes omnes cum dictâ animi soliditate et veritate quis assequatur, haec addit philosophus. Si omnes res et actiones, quae spectant ad praedictas regulas praecogitentur, et praeviè consideratae solidè in animo stabiliantur, hoc ipso in expedito erunt ac solidè subsistent. Quod si eas non solidè praemediteris, hoc ipso corruent, et incassum abibunt. Sic si verba proferenda priùs determinaveris, ac ea tecum ipse iterum iterumque repetens, quid quomodo dicendum sit, planè definiveris, hoc ipso non cespitabis, nec in sermonibus tuis haesitabundus offendes. Si res agendas tecum ipse priùs accuratè perpenderis ac solidè quid, qua ratione agendum sit statueris, eo ipso deinde non angêris nec te affliges ob sinistrum eorundem successum.Si opus ipsum quod aggressurus es priùs ipse cum animo tuo solidè praedeterminaveris, hoc ipso deinde non te pigebit, nec opus coeptum langescet, nec tu ipse (si fortè in medio cursu deficias) levitatis et inconstantiae notaberis. Denique si regula rectae rationis priùs fixa firmaque fuerit, seu si antequam rem perficiendam suscipias, diù eam praemeditatus, obfirmaveris animum dicto illo robore recti et sinceri arbitrii, tum prefectò tanta consurget virtus et efficacitas, ut ne queat exhauriri, adeoque indeficiens tibi eius usus existet.

18편 2쪽 2장 앞에서 말한 법칙과 모든 덕을 앞에서 말한 마음의 단단함과 진실함으로 어떤 사람이 획득할 수 있도록 철학자는 다음의 말을 덧붙인다. 만약 앞에서 말한 법칙과 관련이 있는 모든 일과 행동을 미리 생각한다면, 미리 숙고하여 마음 안에 굳건하게 자리잡아 둔다면, 바로 이 점 덕분에 모든 일과 행동이 쉽게 이루어지고 굳건하게 유지될 것이다. 그러나 만약 미리 단단하게 생각해 놓지 않았다면, 바로 그 점 때문에 모든 일과 행동이 무너지고 공연한 것이 되고 말 것이다. 만약 말을 함에 있어서 미리 정해 놓는다면, 즉 그 말에 대해서 무슨 말을 어떻게 해야 할지 여러 번 생각해서 명확하게 결정해 놓는다면, 주저하지도 않고, 말을 더듬지도 않을 것이다. 만약 일을 행함에 있어서 미리 정확하게 계산하고 확고하게 무엇을 어떻게 해야 할지 정해 놓는다면, 곤란에 빠지지 않을 것이다. 일의 실패로 인해 괴로워하지도 않을 것이다. 만약 착수하려는 일을 미리 마음속으로 확실하게 생각해 놓는다면, 이 덕분에 후회하지도 않을 것이고 시작된 일이 중단되지도 않을 것이다. (행여 이 일이 잘못된다고 할지라도) 경솔하고 일관성이 없다는 비난도 듣지 않을 것이다. 결론적으로 만약 올바른 이성의 법칙이 먼저 확고하게 자리를 잡고 단단해진다면, 즉 일을 시작하기 전에 미리 오랫동안 숙고하고, 올바르고 진실된 판단을 내리기 위해서 앞에서 언급한 저 노력을 통해 마음을 굳건하게 가진다면, 그때는 진실로 결코 소진될 수 없고 그 힘을 사용할 때 결코 부족함이 없는 덕과 그 작용이 힘있게 움직일 것이다.

cf. Ruggieri. Hac veritate res omnes ante munias, et eas hac ratione perficias, quodsi non veritate munieris illis frustraveris, verba item si hoc veritatis sale condieris, negotia(negocia *sic*) non excident, si hac ratione illas constitues non peribunt, item quae agenda sunt si ante hac ratione illa constitues non peribunt. Item quae agenda sunt si ante hac ratione constituantur, remissionem nullam patientur virtutis cum suis hac veritate fructus nunquam finem faciet procedendi. (그대는 이러한 진실로 모든 일을 지켜야 하고, 이 방식으로 모든 일을 완수해야 한다. 그러나 만약 그대가 진실로 지키지 않는다면, 모든 일에서 속게 될 것이다. 마찬가지로 진실

의 소금을 말에 가미한다면, 일에 실패가 없을 것이다. 만약 이 방식으로 일을 수행한다면, 망하지 않을 것이다. 마찬가지로 해야 할 일을 이 방식으로 미리 정해 놓는다면, 그것들은 결코 실패하지 않을 것이다. 마찬가지로 해야 할 일을 이 방식으로 미리 정해 놓는다면, 결코 후회하지 않을 것이다. 자신이 하는 일을 진실로 대하는 덕의 결실은 뻗어감에 있어서 끝이 없을 것이다.)

cf. 凡事豫則立, 不豫則廢. 言前定則不跲, 事前定則不困, 行前定則不疚, 道前定則不窮.

f.18. p.2. §.3. Doctrinam modò dictam declarat philosophus exemplo inferiorum respectu superiorum, sic dicens: si[299] qui constituti sunt in inferiori dignitate non priùs obtineant gratiam apud superiores suos et in suprema dignitate constituisse, populus nequit fieri ab iis rectè ac pacificè regatur, his autem, ut obtineant gratiam apud superiores et supremos magistratus, datur sua quoque [ratio et][300] regula, datam scilicet ipsi fidem amicis suis et aequalibus, etenim si non ex animo servet quis fidem cum amicis, nec poterit obtinere gratiam et fidem apud (p. 155) superiores et supremos magistratus, hi enim non dabunt fidem fallenti, quamvis amicus et familiaris sit qui falsus est. Ut autem quis servet fidem cum amicis, datur et sua regula. Si enim non serio obsecundet quis adeoque fidem quodammodò fallat, parentibus, hoc ipso nec fidem servabit cum amicis, ad obsecundandum autem parentibus datur etiam quaedam regula. Si quispiam nimirum priùs reflectendo ad semet ipsum comperit se non verè atque ex sincero animo, sed fictè dumtaxat et specie tenùs morem iis gerere, planè censendus est non obesecundare parentibus. Ut autem sincerè perficiat seipsum, et illam recti sincerique animi integritatem obtineat, datur item certa regula, quae consistit in discrimine boni à malo, nam nisi quis exploratam habeat atque perspectam rationem boni et mali, nec is unquam sincerè perficiet se ipsum.[301] Suprà (à f.14. p.2. §.2.) agit philosophus de recta

---

[299] id.! Couplet

[300] *suppl. Couplet*

[301] Qui constitus est in inferiori dignitate, si non priùs conciliatum sibi habeat animum superioris sui et in suprema dignitate constituti, nequit fieri ut populus ab eo rectè ac pacificè gubernetur: conciliationis autem animi apud superiores et supremos magistratus, datur sua quoque ratio et regula cui nititur; ut datam scilicet fidem servet amicis suis et

gubernatione ad imitationem priscorum regum Ven-Vam et Vu-Vam. Dein affert quinque illas in hoc rerum universo insitas naturae à coelo regulas, et tres virtutes veluti cardinales, prudentiam, amorem, fortudinem, quibus eae perficiuntur. Tum ad particularia descendens, novem rectè regendo imperio proprias regulas tradit, quas omnes dicit pendere à rectà sui ipsius institutione. Tandem concludit, quòd qui regere vult sese, ac deinde populum, initium facere debet ab intrinsecâ animi soliditate, seu perfectione quadam sublimi et veritate omnem prorsùs fictionem excludente, quae quidem veritas et perfectio[302] aliquando sumitur pro ipsamet naturâ, homini et rebus omnibus, aliâ atque aliâ proportione et efficacitate, à coelo inditâ. Haec itaque veritas et perfectio[303] literâ 誠Chim hîc explicatur. Hanc quatuor literis interpretes exponunt, videlicet 眞Chin實Xe無Vu妄 Vam, hoc est, (ut suprà quoque notavimus[304]), verum, solidum, absque fictione. Nos vero veram, seu solidam perfectionem deinceps vocabimus.

---

aequalibus; etenim si non ex animo servet quis fidem cum amicis, nec poterit obtinere gratiam, benevoluntam et fidem apud superiores et supremos magistratus; hi enim non dabunt fidem fallenti, quamvis amicus et familiaris sit qui falsus est: ut autem quis servet fidem cum amicis, datur et sua regula et ratio quaedam: si enim non seriò obsecundet quis et obsequatur, adeoque fidem quodammodò fallat, parentibus, hoc ipso nec fidem servabit habebitqur cum sociis et amicis. Ad obsecundandum autem parentibus datur etiam quaedam ratio et regula; si quispiam nimirum priùs in se oculos referens non deprehenderit se vere atque ex sincero animo, sed fictè dumtaxat et specie tenùs morem iis gerere, planè censendus est non obesecundare et obsequi parentibus: ut autem sincerè et solide perficiat seipsum, et illam recti sincerique animi integritatem obtineat, datur item certa regula et ratio, quae consistit in discrimine boni à malo, nam niᴏi quiᴏ exploratam habeat atque perspectam rationem boni et mali, nec quiᴏ unquam sincerè perficiet ᴏe ipᴏoum, et ᴏolidus ᴏᴏe in ᴏe non poterit adh. *Couplet*

[302] solidtas *Couplet*
[303] solidtas *Couplet*
[304] ut .... notavimus *del., Couplet*

18편 2쪽 3장 공자는 앞에서 말한 가르침을 상급 사람의 관점에서 하급 사람의 예시로 설명한다. 이렇게 말한다. 만약 어떤 사람이 아래에 있으면서 위에 있는 사람의 호의를 먼저 얻지 않고 아주 높은 자리를 차지한다면, 이들을 통해서 백성을 올바르고 평화롭게 다스리는 것은 불가능할 것이다. 그러나 아래에 있는 사람이 [이성과] 법칙을 따르고, 상급 사람과 최고의 관직에 있는 사람의 호의를 얻게 된다면 그들 자신은 친구와 동료 사이에서 신의를 얻을 것이다. 그러나 만약 어떤 이가 진심으로 친구를 대하지 않아서 신의를 얻지 못하면, 그는 위에 있는 사람과 최고 관리들의 호의와 신의를 얻지 못할 것이다. 비록 속이는 사람이 친구이고 친척이라고 해도, 위에 있는 사람과 최고 관리는 속이는 사람을 신뢰하지 않기 때문이다. 그러나 친구에 대한 신의를 중요하게 여기는 것에도 법칙이 있다. 만약 어떤 이가 부모에 대한 효도를 가볍게 여기고 신의를 저버린다면, 바로 그 이유에서 친구들에 대한 신의도 저버린다. 부모에게 효도를 행하는 데에도 또한 법칙이 있다. 만약 어떤 사람이 미리 진정한 마음과 솔직한 마음으로 자신을 닦지 않고 단지 거짓과 허식으로 모양만 갖추어 부모에게 효도하는 척만 한다면, 그는 분명히 부모에게 효도한다는 소리를 듣지 못할 것이다. 그러나 자기 자신에게 솔직하고 올바르고 진정한 마음을 가지는 것에도 마찬가지로 정해진 법칙이 있다. 이 법칙은 옳음과 그름의 구별에서 성립한다. 만약 어떤 사람이 옳음과 그름에 대한 틀림없고 명확한 분별심을 가지고 있지 못한다면, 그는 그 자신에게 결코 솔직하지 못할 것이다. 철학자는 위에서 상고 시대의 군주들인 문왕과 무왕을 모범으로 삼아서 나라를 올바르게 다스리는 법을 설명하고, 다음으로 하늘이 본성에 심어 준 세상의 다섯 법칙과 기축機軸(문지도리) 역할을 하는 세 덕성인 분별, 사랑, 용기를 설명한다. 다섯 법칙은 세 덕성을 통해서 실현된다. 이어서 그는 개별적인 항목으로 내려가서, 나라를 올바르게 통치하기 위해 적합한 아홉 법칙을 설명한다. 그에 따르면 이 법칙들은 모두 그 자신의 올바른 수신에 달려 있다. 마지막으로 결론을 맺는다. 자신을 다스리고 백성을 다스리고자 한다면, 마음 안의 단단함으로부터 시작해야 한다. 혹은 숭고한 완성과 진실을 통해서 모든 거짓을 버리는 것으로부터 시작한다. 이 진실과 완성은 사실 본성 그 자체를 따르는 것이다. 하늘이 각각의 작용과 비례에 따라 사람과 모든 사물에 부여한 것이 본성이다. 따라서 이 진리와 완성을 중국에서는 성誠이라는 글자로 풀이한다. 주석가들은 이 글자를 네 글자로 풀이한다. 그것은 "진실무망眞實無妄"이다. 이는 (위에서 또한 설명했듯이), 진실되고, 단단하고, 거짓없음을 뜻한다. 따라서 우리도 진실된 혹은 굳건한 완성이라 부를 것이다.

cf. Ruggieri.   Qui gerit inferiorem magistratum, vel eum non dum assecutus est si non habeat animum superioris magistratus sibi conciliatum, populus recte gubernari non postest. Animi conciliatio et amor superioris magistratus rationem nititur, semper fidem sociis servando, nisi sociis fides servet, non habes tibi conciliationem superioris et regis. Fides erga(ergo *sic*) socios nititur ratione licet si parentibus obsequeris, si enim parentibus non obsequeris neque fidem socios praestabis(prestabis *sic*). Parentum obsequium nititur ratine(rationem *sic*) licet si vero et non simulato obsequio illos coles, quod si non eos vero obsequio coles non eris obediens, veritas etiam nititur ratione nempe si malum a bona discerneret scias, quod si nescias rectitudo in te esse non potest. (하급 관직에 머무는 사람이나 아직 그 자리에 오르지 못한 사람은, 만약 그가 상급 관리의 호의를 얻지 못했다면, 백성을 올바르게 다스릴 수 없을 것이다. 호의와 사랑으로 상급 관리의 생각을 얻었지만 동료에게 신의를 지키지 않는다면, 군주와 높은 관리의 호의도 얻지 못

한다. 동료의 신의는 부모에게 효도하는 이성을 통해서 획득된다. 동료에 대한 신의는 언제나 지켜야 한다. 만약 부모에게 효도하지 않는다면 동료에게서 신뢰를 얻지 못할 것이다. 부모에게 효도하는 것은 거짓이 아니라 진실로 동료를 존중하는 마음을 통해서 이뤄진다. 만약 그대가 진실된 효심으로 그들을 공경하는 것이 아니라면, 이는 효도가 아니다. 진실은 이성에 의지한다. 나쁨과 좋음을 구별할 줄 알아야 하지만, 만약 이를 모른다면, 올바름은 그대에게 있을 수 없을 것이다.)

cf. 在下位不獲乎上, 民不可得而治矣. 獲乎上有道, 不信乎朋友, 不獲乎上矣. 信乎朋友有道, 不順乎親, 不信乎朋友矣. 順乎親有道, 反諸身不誠, 不順乎親矣. 誠身有道, 不明乎善, 不誠乎身矣.

f.19. p.1. §.1. Ut hîc et deinceps intelligatur mens philosophi, dico, sic eum agere de sancto et sapientes (quod ad lumen rationis, sed ad perfectionem et veritatem illam nativam attinet), ut quamvis asserat, huic et illi, uti et reliquis hominibus, aequâ portione infusam esse rationalem (p. 156) lucem, sic tamen infusa sit sancto, ut, quia is nunquam à prima illa integratate per obliquas et pravas animi affectiones vel minimùm deflexit, quasi serenissimo semper fruatur coelo, in quo longè latèque nativi solis sui rationale lumen ad usus et actiones suas naturaliter et sine repugnantiâ diffundat. Contra verò sic infusa sit eadem lux et perfectio sapienti, ut, quonaim deinde advenerunt ei sua quaedam impedimenta, vitia et maculae, quae quasi nubila nativi solis lumen interceperunt, opus sit non parvo conatu, studio ac labore, ut ita remotis nubilis[305] primaevae suae serenitati ac splendori restituatur. Atque haec vocatur 人Gin道Tao, id est, hominis via ac ratio, seu sapientum ad primaevam perfectionis originem contendentium regula. Prior verò vocatur 天Tien道Tao, hoc est coeli ratio, seu [prima][306] regula à coelo quamvis[307] omnibus indita, est tamen[308] sanctorum nunquam violata virtus. De utrâque istâ ratione seu regulâ ferèque usque ad finem huius libri agitur, ut patebit legenti. De utrâque item hîc agens Confucius ait: verâ solidâque perfectione dotatum esse coelestis quaedam est ratio omnibus indita, et verò post huius iacturam ad recuperandam denuò hanc veram solidamque perfectionem

---

[305] nebulis *Pw. 1687*

[306] *suppl. Couplet*

[307] aequaliter *Couplet*

[308] estque *Couplet*

contendere, seu per conatum ad eam quam amisit integritatem redire, humana quaedam via et ratio est. Quod spectat ad vera solidaque perfectione dotatum, quis talis profectò à coelo proficiscitur, ipse quidem ex parte sua non sibi vim inferens sine ullo passionum conflictu agit, et tamen [sine negotio][309] attingit [scopum et][310] finem. Non operose discurrit[311] et tamen [rem][312] assequitur, cum magnâ denique tranquillitate ac facilitate[313] attingit virtutem, atque hoc sanctorum est. Quod autem spectat ad eum qui per conatum ad veram solidamque perfectionem contendit, quia ab ipsomet homine pendet, qui cum labore eam assequi conatur, opus est ut serio[314] priùs secum ipse meditetur et examinet singula: quo facto deinde seligit sibi bonum et hoc selecto dein fortiter manu tenet ac conservat; atque ea est sapientium virorum, prae modò dictâ longè inferioris ordinis, via et ratio.

19편 1쪽 1장 이 대목에서 따라서 철학자의 생각을 파악할 수 있도록 나는 말하겠다. 철학자와 현인들도 성인聖人에 대해서 다루었다 (그것은 이성의 빛이다. 이는 본성적으로 타고난 저 진실과 완성과 직결된 것이다.) 비록 그가 여기저기에서, 다른 사람들도 그렇게 했듯이, 공평한 비율로 이성의 빛을 부여받았다는 것을 주장하고 있음에도, 성인에게 주어진 빛은 다음과 같다. 그는 마음의 구부러지고 나쁜 욕심으로 말미암아 최초의 온전함에서 한치도 벗어나지 않는다. 마치

---

309 *suppl. Couplet*

310 *suppl. Couplet*

311 operose discurrit del., pro eis ratiocinatur *adn. Couplet*

312 *suppl. Couplet*

313 absque ullâ commotione rationem sequitur *adn. Couplet*

314 seriè *Couplet*

맑은 하늘을 항상 즐기는 것처럼 그 빛을 누린다. 내면의 태양이 비추는 이성의 빛은 어떤 어긋남도 없이 본성에 따라 행동하고 실천할 수 있도록 넓고 멀리 밝혀준다. 반대로 현인에게도 같은 빛과 완성이 주어져 있다. 어떤 방해물과 악덕과 잘못이 그에게 찾아왔을 때, 그것은 마치 구름이 안에 갇혀 있는 태양의 빛을 가리는 것과 같다. 그 현자는 적지 않은 시도와 공부와 노고를 들여서 구름을 제거하고 원래 주어진 맑음과 밝음을 되찾는다. 이를 인도人道라고 부른다. 이것은 사람의 길이고 사람의 방식이다. 원래 타고난 완성의 기원을 향해 나가려고 노력하는 현인의 법칙이다. 전자는 천도天道라고 부른다. 이것은 하늘의 방식이다. 물론 하늘로부터 모든 사람들에게 부여된 법칙이다. 하지만 성인의 덕은 결코 깨어지지 않는다. 두 방식 혹은 법칙에 대한 논의는 거의 이 책의 끝까지 이어진다. 이는 독자에게 분명하게 드러날 것이다. 두 법칙에 대해서 마찬가지로 공자는 다룬다. 모든 사람은 참되고 단단한 완성에 의해서 하늘로부터 어떤 이성을 부여받았지만, 이것을 잃어버리고 난 뒤에 다시 찾기 위해서 이 참되고 단단한 완성을 위해서 노력하는 것, 즉 잃어버렸던 온전함을 다시 회복하는 것, 이것이 사람의 길이고 방식이다. 진실되고 단단한 완성에 의해서 타고난 것과 관련해서, 하늘로부터 곧장 출발하는 사람은 자신의 내면 안에서 그 어느 부분에서도 욕구와 충돌하지 않고 자신에게 억지로 힘을 쓰며 행하지 않는다. 어떤 수고로움도 들이지 않고 [과녁을 맞추고] 목적에 도달한다. 분주하게 돌아다니지 않아도 [목적을] 성취하고, 마침내 편안하고 손쉽게 덕에 도달한다. 이것이 성인의 길이다. 참되고 단단한 완성에 이르기 위해서 노력하는 사람과 관련해서, 바로 사람에게 달린 것이기 때문에, 노력을 통해서 완성에 이르길 시도하는 사람은 먼저 진지하게 숙고하고 각각을 따져보는 것이 필수적이다. 이를 바탕으로 자신에게 좋은 것을 골라야 한다. 이를 고르고 나면, 힘을 내서 손으로 붙잡고 지켜야 한다. 이것이 현인의 길이다. 이는 앞에서 말한 것보다는 한참 아래에 위치한 길이고 방식이다.

cf. Ruggieri. Qui cum rectitudine nascit? Cum celesti supremoque lumine factus est? At qui non sic rectus nascitur sed rectus faciendus est, sua ipsius opera faciendus est? Qui vero cum rectitudine natus est, nullo negotio scopum attingit, sine ratiocinatione assequitur res ipsas, sine ulla mentis agitatione rationem ducem sequitur, hic plane divinus est vir atque rectus humana fit opera bonum eligit ac fortiter tenet. Is multum addiscat diligentissime, paucus telum(telus *sic*) attentissime consideret, accuratissime distinguat et fortiter operetur. (올바름과 함께 태어난 사람은 누구인가? 하늘과 최고의 빛에 의해서 태어난 이는 누구인가? 그러나 이렇게 올바르지 않게 태어났는데 올바르게 된 사람은 누구인가? 자신의 노력으로 올바르게 된 사람은 누구인가? 올바름과 함께 태어난 자는 진실로 과녁을 맞추기 위해서 어떤 수고도 들이지 않는다. 그는 어떤 계산도 하지 않고 일들을 성취한다. 마음의 어떤 작용도 없이 이성을 지도자로 삼는다. 이 사람은 신적이며 올바른 사람임이 분명하다. 인간의 일들과 관련해서 좋음을 선택하고 용감하게 지킨다. 그는 많은 것을 성실하게 배워야 하고, 소수만이 결말을 매우 면밀하게 살피지만, 엄밀하게 구별해야 하고 용감하게 수행해야 한다.)

cf. 誠者, 天之道也. 誠之者, 人之道也. 誠者, 不勉而中, 不思而得, 從容中道 聖人也, 誠之者, 擇善而固執之者也. 博學之, 審問之, 愼思之, 明辨之, 篤行之.

f.19. p.2. §.1. Ut autem quis sibi queat seligere bonum ac tenaciter deinde retinere, observet quinque regulas oportet. 1. Ut rerum omnium rationes, causas, et congruentias non obiter et carptim (p. 157), sed plenè fusèque[315] perdiscat, qui enim assequi conatur solidam perfectionem multa seriò perdiscat necesse est. 2. Quia verò in iis quae didicit erunt fortè quae necdum ita novit quin dubia quaedam suboriri possint, oportet ut praematurè discutiat quaerenda, examinans singula, et consulens de his viros sapientes et rerum peritos. 3. Quamvis explorata videatur habere omnia, quia tamen pronum est aut excessu aut defectu quopiam peccare, necessarium deinde erit, ut non oscitanter, [sed][316] solicitè attentè ac studiosè secum ipse iterum iterumque meditetur[317] atque expendat singula. 4. Oportet insuper ut non confusè, sed clarè distinguat res inter se, bonum à malo, verum à falso[318]. 5. Quibus denique sic perfectis, necesse est, ut non fictè, sed solidè ac constanter operetur, seu res, de quibus apud animum suum priùs ipse statuerit exequatur.[319]

19편 2쪽 1장 어떤 사람이 선善을 고르고 굳세게 붙잡기 위해서는 다섯 법칙을 지켜야 한다. 1 만물의 원리와 원인과 일치를 띄엄띄엄, 잠깐잠깐이 아니라 충실하고 상세하게 파악하기 위해서는, 즉 단단한 완성에 도달하고자 시도하는 사람은 반드시 많은 것을 제대로 알고 있어야 한다. 2 사실 배운 것 가운데에서 간혹 아직 모르는 것이 있고

---

315 latèque *Couplet*
316 suppl *Couplet*
317 *pro* meditur, ratiocinando *suppl. Couplet*
318 *post* falso, maturè diiudicans *suppl. Couplet*
319 *pro* exequatur, totis viribus, *suppl. Couplet*

또한 당연히 모르는 것이 생겨날 수밖에 없으므로 물어야 할 것을 미리 검토하고 각각을 따지고 현인들과 조예가 깊은 사람들에게 조언을 구하는 것이 마땅하다. 3 이 모든 것을 살펴보았다 할지라도 넘침과 모자람으로 인해 쉽게 잘못을 범할 수 있기 때문에, 반드시 느슨하게 해서는 안 되고 노심초사의 긴장과 열성을 다해서 거듭 생각하여 각각을 헤아려야 한다. 4 게다가 사물들을 혼동하지 말고 명확하게 구별하고 선과 악, 참과 거짓을 분간할 수 있어야 한다. 5 결론적으로 이 것들을 다 이룬 다음에 거짓이 아니라 단단하고 일관적으로 행해야 한다. 즉 자신이 마음 속으로 미리 정해 놓은 일을 완성해야 한다.

f.19. p.2. §.2. Prosequitur Confucius: sunt qui nolunt discere, quia discendo non proficiunt, nec illicò assequi possunt quod volunt, ne tamen idcircò desistant à studio[320]. Sunt qui nolunt interrogare, quia interrogantes ob tarditatem ingenii non statim capiunt responsa, ne tamen ideò interrogare desistant[321]. Sunt qui nolunt meditari[322], quia quod mediantur non facilè assequuntur[323], ne tamen à coepto desistant aut desperent. Sunt qui nolunt argumentari, quia argumentando rem non usquequaque clarè et disctintè percipiunt, ne tamen desistant aut despondeant animos[324]. Sunt qui nolunt operari, quia in operando non solidi et constantes sunt, ne tamen desistant à coepto iam opere[325]. Etenim si alii primâ et unicâ vice feliciter possunt aliquid assequi, tu ipse saltem, si non unicâ vice unove conatu, centesimo sanè aliquid efficies, si alii decimâ vice quidpiam possunt, tu millesimâ saltem vice spera te consecuturum.

19편 2쪽 2장 공자는 계속해서 말한다. 배우기를 원하지 않는 자는, 배움을 통해서 도움을 얻지 못한다. 당장 자신이 원하는 것을 그 자리에서 얻을 수 없을지라도 공부를 멈춰서는 안 된다. 묻기를 원치 않는 자는 물어도 천성의 우둔함 때문에 즉각 그 답을 포착하지 못하더라도, 묻기를 멈추어서는 안 된다. 생각하기를 원치 않는 자는 생각하는

---

[320] ne... idcirco *del., pro eis* at si discant, non tamen, donec sciant, desistant à studio *adn. Couplet*

[321] ne ... interrogare *del., pro eis* at si interrogent, non tamen, nisi intelligant, ab interrogando desistant *suppl. Couplet*

[322] *pro* meditari, ratiocinando *suppl. Couplet*

[323] *pro* assequuntur, at si quidem ratiocinentur, non tamen, donec assequantur *suppl. Couplet*

[324] *post* argumentari et diiudicari ... at si quidem diiudicant, non tamen, donec clarè omnia percipiant, desistant aut desondeant animos *adn. Couplet*

[325] *post* sunt, at si operantur, non tamen desistant ..., donec totâ contentione compleatur *adn. Couplet*

바를 쉽게 성취할 수 없다. 그럼에도 시작한 것을 멈춰서는 안 되고 포기해서는 안 된다. 따지기를 원치 않는 자는 따짐을 통해서 사태를 언제나 명확하고 분명하게 파악할 수 없기 때문이다. 그럼에도 멈추거나 단념해서는 안 된다. 실천하기를 원치 않는 자는, 실천함에 있어서 단단하지도 일관적이지도 않지만 이미 시작한 실천을 중단해서는 안 된다. 만약 어떤 사람이 첫 번째에, 그리고 단 한 번만에 뭔가를 쉽게 성취할 수 있다고 해도, 너는 한 차례의 시도로 뭔가를 성취할 수 없다면, 최소한 백 번을 시도해야 한다. 만약 어떤 이들이 열 번 만에 뭔가를 성취할 수 있다면, 너는 최소한 천 번의 시도를 해야 성취할 것이라는 믿음을 가져야 한다.

cf. Ruggieri. Sunt quidam qui non facile addiscunt, sed si quod semel addiscendum susceperunt, numquam desistunt donec illud didicerunt. Sunt qui nesciunt quaerere, at ii cum quaerunt numquam quaerere desistunt donec illud teneant(teneat *sic*). Sunt qui nesciant speculari, at qui cum semel speculari coeperunt numquam desistunt donec illud penetrarunt. Sunt qui nesciunt distinguere, at vero cum distinguerent ceperunt, numquam desistunt donec omnia distincte perceperunt. Sunt qui nesciunt operari, at cum quod aggrediunt, numquam desistunt donec illud percepitur. Aliqui cum semel aliquod didicerunt, in eo rem ipsam unam intelligunt, ego decies plura, alii in ea re alia decem intellegunt, ego millies intellego. (쉽게 배우지 못하는 사람이 있다. 그러나 한번 배우기를 시도했다면, 그것을 제대로 배울 때까지 중단해서는 결코 안 된다. 묻기를 모르는 사람이 있다. 그러나 묻는다면 답을 얻을 때까지 묻기를 중단해서는 안 된다. 생각할 줄 모르는 사람이 있다. 그러나 일단 생각하기 시작하면 그것을 꿰뚫어 볼 때까지 중

단해서는 안 된다. 분별할 줄 모르는 사람이 있다. 그러나 분별을 시작했다면, 모든 것을 분명하게 식별할 때까지 중단해서는 안 된다. 어떤 사람들은 한 번에 어떤 것을 배우고, 한 번에 바로 그것을 파악한다. 나는 열 번 더 많은 노력을 들인다. 다른 이가 열 번에 파악하는 것을 나는 천 번의 노력을 거쳐서 이해한다.)

cf. 有弗學, 學之弗能 弗措也. 有弗問, 問之弗知弗措也. 有弗思, 思之弗得弗措也. 有弗辨, 辨之弗明弗措也. 有弗行, 行之弗篤弗措也. 人一能之, 己百之, 人十能之, 己千之.

f.20. p.1. Si quis igitur hoc reverà impetrare possit abs te, ut sine intermissione saltem conetur servare, seu agere iuxta dictas quinque regulas, quamvis ipse rudis fuerit et ab arte ac naturâ parûm iuvari se sentiat, tandem tamen evadet clarè intelligens, et quamvis sit modò mollior et imbecillior, tandem aliquando fortis evadet in exercitio virtutum. Hac tenus Confucius.(p. 158) Concludit Cu-Su verba et doctrinam magistri[326] sui dicens: se ipso, id est, sine operosâ contentione vel conatu, verè solidèque perfectum esse simulque rerum omnium intelligentem, dicitur natura, seu nativa virtus[327] et quod à coelo infusam[328]. Rursùs se ipsum praevio conatu et studio illuminare et reddere intelligentem, ac deinde in verâ virtute seu perfectione solidare, dicitur institutio. (Vel, ut alii explicant: ab illa verâ solidaque perfectione claram et perfectam rerum omnium intelligentiam habere, hoc est quod dicitur natura, seu nativa quaedam virtus et perfectio à coelo mortalibus indita, et haec est 天Tien道Tao, seu sanctorum virtus, quae nihil unqam labis et vitii passa [est eo][329] velut in Olympi quodam vertice constituta quaqua versùm ad omnia summâ cum facilitate quasi descendit. At verò ab ea clara et perfecta rerum intelligentiâ, quae scilicet diuturno studio ac labore parta fuit, ascendere ad primaevam illam et veram perfectionem, seu nativam virtutem prout à coelo indita fuit, hoc dicitur institutio, seu disciplina virtutum non infusa, sed acquisita, et haec est 人Gin道 Tao, seu sapientum virtus, non sine labore scilicet eluctantium

---

326 avi *Couplet*

327 connaturalis virtus *Couplet*

328 à coelo infusa *Couplet*

329 *p.c. Intorercetta*

in altum Olympi verticem, in quo primùm à coelo constituti erant.) Ideò quisquis nativa perfectione dotatus est, seu sanctus eo ipso clarè intelligens omnia, seu sapiens, et quisquis labore et conatu rerum claram intelligentiam sibi comparavit, mox etiam poterit facili negotio solidè perfectus esse et in pari gradu cum ipso sancto.

20편 1쪽 만약 어떤 사람이 진실로 이것을 성취하고 지속적으로 지키며, 즉 앞에서 말한 다섯 법칙에 따라 실천하게 된다면, 그 자신이 초심자이므로 학문과 본성의 도움을 조금밖에 받지 못한다는 것을 알고 있음에도, 그는 마침내 분명히 이해하고 앞으로 나갈 것이다. 아무리 연약하고 허약하다 할지라도, 언젠가는 강해져서 덕의 닦음으로 나아갈 것이다. 공자의 말은 여기까지다. 자사는 스승의 말을 이렇게 말하면서 결론 맺는다. 그 자신이 스스로, 즉 어떤 인위적인 집중이나 노력 없이, 참되고 단단하게 완성에 이르는 것과 동시에 만물의 이지를 파악하는 것을 일컬어 성#혹은 타고난 덕이라고 한다. 이는 하늘이 부여한 것이다. 다시 그 자신이 스스로 길을 나아가는 노력과 공부를 통해서 이치를 밝게 비추고 되찾고 이어서 참된 덕 혹은 완성 안에서 굳건하게 머무는 것, 이를 교육#이라고 한다. (혹자는 이렇게 설명한다. 저 참되고 단단한 완성으로부터 만물의 분명하고 완전한 이치를 파악하는 것, 이를 일컬어 성#이라고 한다. 혹은 어떤 타고난 덕이자 완성이다. 이는 하늘이 죽어야 할 인간에게 내려준 것이다. 이를 천도天道, 혹은 성인聖人의 덕이라고 한다. 이는 어떤 흠도 어떤 악도 받아들이지 않는다. 마치 올림포스 산의 정상에서 자리를 굳건하게 지키면서 모든 최고의 것을 향해서 뛰어나게 내려오는 것과 같다. 그러나 진실로 만물의 저 분명하고 완전한 이치는 오랜 공부와 노력을 통해서 얻어지는 것이다. 이는 원래의 저 참된 완전함 혹은 타고난 덕으로, 즉 원래 하늘이 내려준 것으로 올라가는 것을 교육이라고 한다. 덕들의 닦음은 주어지는 것이 아니고 획득해야 하는 것이다. 이를 인도人道, 혹은 현인들의 덕이라고 부른다. 각고의 노력 없이는 올림포스의 정상에 도달할 수 없다. 처음부터 하늘이 이들로 하여금 이곳을 오르도록 결정했다.) 따라서 누구든 태어나면서부터 완전함을 부여받은 사람은, 즉 스스로 모든 것을 분명하게 깨닫는 성인聖人이거나 현인이다. 누구든지 노고와 노력을 통해서 사물에 대한 이치를 얻은 사람은 바로 손쉽게 단단한 완전함에 도달하고 곧장 성인과 어깨를 나란히 하며 나아간다.

*cf. **Ruggieri**.*   Qui hanc rationem tenent, licet sint rudes, periti evadent, licet imbecilles, evadent fortes. (이 이성을 가진 사람은, 비록 그가 서툴다 할지라도 숙련된 사람이 되어 나아간다. 비록 연약하다 할지라도 강한 사람이 되어 나아간다.)

cf. 果能此道矣, 雖愚必明, 雖柔必强.

f.21. p.1.[330] Hîc et deinceps exponit Cu-Su avi sui et magistri doctrinam de solida [quaedam][331] virtute, et quae cum hac coniuncta sit supremâ quadam sanctitate, quam licet interpretes gentiles (aliquibus exceptis) homini attribuant, eam tamen adeò sublimem facit philosphus, ut reverà non nisi supremae veritati ac sanctitati tribui posse videatur. Nam cùm asserit, summèque veram esse, et hanc dumtaxat posse intelligendo exhaurire suammet, omniumque rerum naturam, praescire futura, esse rerum principium et finem, amplissimam, subtilissimam, perpetuam, et absque termino, esse quid [unicum, summè sanctum, summè intelligens, invisibile, etc][332], sine motu movens (p. 159) ac producens, contegens, sustinens et perficens omnia; esse quid unicum summè sanctum, summè intelligens, invisibile, etc. Ut in textu infrà patebit, quid aliud innuere voluit, quàm supremum aliquod numen, perfectissimamque mentem? Huius notitiam si nos Confucio, eiusque discipulis concedimus, quid obsecro novi dicimus, cùm eam ipsam tam multis ethnicorum concesserint, primùm quidem ipsemet apostolus, deinde sancti patres, ad extremum tot ac tanti doctores atque theologi [et ipsis barbaris nationibus ipse eloquentiae princeps ethnicus?][333] Quid? quòd hi dum demonstrare conantur existentiam Dei rationalibus moralibus, non parùm roboris demonstrationi suae petant ex ipso illo gentium omnium et sapientum consensu, qui utique in falsum constanter adeò conspirare nequeant? Uti praeclarè hoc loco

---

[330] *om. Par. 1687*
[331] *p.c. Intorcetta*
[332] *del. Intorcetta*
[333] *suppl. Couplet*

docet Ignatius Der Kennis *Tract. de Deo* disp.1. c.1. §.3. n.7 et fusiùs deducitur à Recupito lib.1. *De Deo* quaest. 20. et ab aliis non parvis.[334]

21편 1쪽 여기에서 자사는 스승이자 할아버지인 공자의 단단한 덕과 이 덕과 결합된 어떤 최고의 성스러움에 대해서 설명한다. 중국의 주석가들은 (몇몇은 제외하고) 이를 사람에게 속하는 것이라고 인정한다. 하지만 이를 숭고한 것으로 만든 사람은 철학자이다. 최고의 진리이자 신성한 자리에 위치시켜 놓았다. 그는 이것이 지극히 진실되다고 주장한다. 이것을 이해하고 자신의 것으로 만들 수 있어야 한다. 이것은 만물의 본성이고, 미래를 내다볼 수 있으며, 만물의 시작이자 끝이고, 가장 풍부하고, 가장 엄밀하며, 영속적이며 끝이 없다. 이것은 [하나이고, 지극히 거룩하며, 지극히 높은 지성이며, 눈에 보이지 않는, 등의] 어떤 것으로, 움직이지 않으면서 움직이게 하며, 만물을 낳고 감싸고 지키며 이루게 한다. 하나이고, 지극히 거룩하며, 지극히 높은 지성이며, 눈에 보이지 않기 때문이다. 아래의 글에서 밝혀지듯이, 공자는 이를 어떤 최고의 신의神靈, 가장 완전한 정신 이외에 다른 어떤 것으로 보고자 했을까? 만약 공자와 그의 제자들이 완전한 정신에 대한 앎을 가졌다는 점을 인정한다면, 과연 우리는 새로운 것을 말할 수 있는가? 수많은 이교도가 이를 알고 있다는 점을 제일 먼저 사실 사도 [바울] 자신이, 이어서 성스러운 교부들과 마침내 수많은 위대한 박사와 신학자가 인정했다면 [그리고 야만의 종족들 사이에서 그 자신도 이교도이었지만 말을 가장 잘한 사람이 인정했다면] 말이다. 도대체 이들이 신이 존재를 이성적인 두덕을 통해서 입증하려고 시도하는 동안에, 그들은 적지 않은 힘을 들여서 자신들의 증명을 위해서 그 종족들 모두가 현인들이 동의하는 생각으로부터 신의 존재를 찾으려

---

[334] uti ... non parvis *del. Couplet*

고 했던 이유는 무엇인가? 이들이 언제나 잘못에 빠져 있으리라는 법은 당연히 없다. 이 주제에 대해서는 이그나티우스 데어 케니스[Ignatius der Kennis, 1598~1656, 예수회 학자]가 『신에 대한 논고[Tractatio De Deo]』 제1부 1장 3절 7번 설명에서 분명하게 입증한다. 더 자세히는 레쿠피투스의 『신에 대하여』 제1권 20 물음 편과, 마찬가지로 중요한 다른 저자들에게서 살필 수 있다.

cf. Ruggieri.   Qui a caelesti divinoque lumine veritatis dotatus est nihil est quod non intellegat, et haec vocatur(vocat *sic*) caelestis disciplina seu natura. Qui humana opera ad res intelligendas pervenit veritatis lumen tam de caelo quaeretur et haec doctrina nominatur. (하늘로부터 진실의 신성한 빛을 부여받은 사람이 이해하지 못하는 것은 아무 것도 없다. 이것을 일컬어 하늘의 가르침 혹은 본성이라고 한다. 사람의 일을 파악하기 위해서 하늘로부터 진실의 빛을 구하는데, 이것을 교육이라고 한다.)

cf. 自誠明, 謂之性. 自明誠, 謂之敎. 誠則明矣, 明則誠矣.

⟨f.21. p.1⟩335 Itaque ait Cu-Su, quamvis quae à coelo homini indita est natura, rationalis quidem sit spectatâ radice suâ et solidum quid, verum, et sine fictione, tamen quia per vitiosos affectionum suarum motus homo iam deflexit ab illa nativae puritatis innocentiâ ac veritate, non clarè eam cognoscit, nec in operando assequi potest quantum naturae conditio et status exigit. Ideò solùm is qui in universo hoc summè perfectus et sanctus est potest in cognoscendo penitùs exhaurire suam ipsius naturam, quandoquidem336 potest exhaurire suam naturam, hoc ipso poterit337 exhaurire et intelligendo et rectè instituendo hominum naturam ac efficere ut redeant ad originalem suam puritatem à qua desciverunt. Quodsi potest ita exhaurire hominum naturam, iam hoc ipso etiam poterit exhaurire aliarum rerum naturas et explere quod exigunt sive illas gubernando, sive conservando, officiendoque ut una quaeque res obtineat statum naturae suae consentaneum. Quod si potest exhaurire rerum naturas, iam etiam poterit veluti coadiuvando concurrere cum coelo et terrâ ad rerum productionem et conservationem. Quodsi potest ita adiuvare coelum et terram in productione et conservatione rerum, igitur cùm coelum sit suprà, ut omnia complexu suo foveat ac (p. 160) tegat, terra sit infrà ut omnia sustentet, et eiusmodi summè sanctus in medio sit coelum inter et terram constitutus, iam etiam potest cum coelo ac terrâ ternarium principium perficere et haec quidem spectant ad 天Tien道Tao, seu ad338 coelestem [inditam]339 rationem ac regulam

---

suppl. Par. 1687

336 qui autem Couplet

337 potest Couplet

338 seu ad del. Couplet

〈21편 1쪽〉 자사는 말한다. 본성은 하늘로부터 사람에게 주어졌으며, 그 뿌리가 이성적이고 단단하며 참되고 꾸밈이 없다. 그럼에도 악덕으로 이끄는 욕망의 움직임으로 말미암아 사람은 타고난 순수함의 깨끗함과 참됨으로부터 벗어난다. 본성을 분명하게 알아보지 못하며 본성의 조건과 질서에 따라 실천하지도 못한다. 따라서 이 우주에서 지극히 완전하고 거룩한 사람만이 본성 자체를 제대로 이해하고 그 자신의 것으로 취할 수 있다. 그 자신의 본성을 취할 수 있을 때, 이를 통해서 성인은 사람의 본성을 파악하고 올바르게 가르치며, 사람들로 하여금 그 자신의 것이었지만 멀리 벗어나 있던 원래의 순수함으로 되돌아가도록 만들 수 있다. 그러나 만약 어떤 이가 사람의 본성을 이렇게 이해할 수 있다면, 이 덕분에 그는 곧 다른 사물의 본성을 파악할 수 있고 그래서 사물들이 요구하는 바를 수행할 수 있을 것이다. 그 본성들을 다스리거나 지키거나 사물 각각이 지니고 있는 그 자신만의 언제나 같은 본성의 상태를 유지할 수 있도록 지켜줌을 통해서 말이다. 그러나 만약 그가 사물의 본성을 파악할 수 있다면, 그는 또한 마치 도우미인 양 하늘과 땅과 함께 사물을 생산하고 보존할 수 있을 것이다. 그러나 만약 그가 사물을 생산하고 보존함에 있어서 이렇게 하늘과 땅을 도울 수 있다면, 그래서 위로는 하늘이 있어서 만물을 품고 감싸고, 아래로는 땅이 있어서 만물을 떠받들어주고 있고, 하늘과 땅의 가운데에 같은 정도의 지극히 거룩한 사람으로서 자리를 잡고 있다면, 그는 곧장 하늘과 땅과 함께 셋이 하나인 원리를 수행할 수 있을 것이다. 이는 사실 천도天道, 혹은 하늘이 내려준 원리와 법칙과 관련된 것이다.

cf. Ruggieri. Veritate dotatus a caelo illico est aptus, qui humana opera intelligit illico fit certus. Qui hac veritate a caelesti lumine

---

339 *suppl. Couplet*

dotatus est, is solus potest suae naturae vim ac facultatem ad perfectionem adducere, poterit et alios nam naturaeque facultatem perficeret. Qui potest alios naturam et facultatem perficere, poterit et vires perficere, illico poterit etiam caelum et terram in rerum procreationem et conservationem adiuvare, qui potest hanc caeli et terrae procreationem adiuvare, poterit et cum caelo et terra comparari. (저 하늘로부터 진실을 부여받은 사람만이 인간의 일을 파악하고 그 안에서 의심의 여지 없이 확고하다. 하늘의 빛에 의해서 이 진실을 부여받은 사람만이 오로지 그 자신이 가지고 있는 본성의 힘과 능력으로 자기완성에 이르고, 다른 사람의 본성과 능력을 완성 으로 이끈다. 왜냐하면 마찬가지로 본성의 능력을 이끌어 완성하는 것이기 때문이다. 다른 사람으로 하여금 본성과 능력을 완성하도록 할 수 있는 사람은 힘을 작용토록 할 수 있고, 이는 바로 하늘과 땅으 로 하여금 만물을 생산하고 보존하도록 돕는 것이다. 이와 같이 하늘 과 땅의 생산을 도울 수 있는 사람은 하늘과 땅에 비교될 수 있다.)

cf. 唯天下至誠, 爲能盡其性. 能盡其性, 則能盡人之性. 能盡人之性, 則能盡物之性. 能盡物之性, 則可以贊天地之化育. 可以贊天地之 化育, 則可以與天地參矣.

f.21. p.2. Ab his primi scilicet ordinis perfectis viris, qui proximi sunt seu secundi primùm quidem hoc agunt, ut intorqueant sive rectificent quod curvum est, et non sine labore et constantiâ nituntur restaurare nativae bonitatis nondum amissae particulam et excitare scintillam primaevae lucis non dum penitùs extinctae. Quod si fecerint et dictam nativae bonitatis particulam restaurarint, tum et poterunt reviviscere quodammodò ac obtinere primum illum solidae perfectionis vigorem, non aliter ferè quàm in arenti arbore et propè iam emortuâ, si fortè vel gemmulae, vel surculi unius viridantis indicio tenues vitae reliquias superesse intelligamus, laborem industriamque mox adhibemus, scilicet adeoque[340] nunc rigando nunc aggerendo pinguiorem glebem, ad haec amputando tandem efficimus, ut arbori toti pristinus vigor ac vita restituatur. Ubi igitur assecuti fuerint solidam perfectionem, mox illa ipsa sese prodet. Ubi sese prodiderit, mox illucescet magis maigsque solis nascentis instar. Ubi illuxerit, mox veluti sol in meridie lucis radios latè diffundet. Ubi ita irradiaverit, eo ipso motum faciet animorum. Vir enim solidâ perfectione praeditus suis virtutum radiis suâque virtutum famâ hominum animos perstringat necesse est. Ubi motum fecerit et commotionem animorum, iam morum mutationem [sine sensu][341] inducet, [nam exemplo suo ad bonum se propensum reddi sentiet, etsi nesciat unde sibi hoc accidat][342]. Ubi morum mutationem induxerit, eo ipso felix universorum conversio consequetur. Solùm [is][343] in hoc universo

---

[340] scilicet adeoque *del. Couplet*

[341] *suppl. Couplet*

[342] *suppl. Couplet*

[343] *suppl. Couplet*

qui summè perfectus et sanctus est, efficere potest hanc conversionem. Huius quoque secundi ordinis viri, cùm tandem pervenerint ad solidam perfectionem, tum etiam suarum virtutum famâ poterunt adeò sublimem animorum conversionem efficere, et hoc modò unà cum coelo et terrâ concurrere ad harmonicum illum (p. 161) orbis universi concentum.

21편 2쪽 제1급의 군자에게 가장 근접한 사람 혹은 제2급의 사람은 우선적으로 이렇게 행한다. 구부러진 것을 바르게 펴고 곧게 만들려고 한다. 그들은 적지 않은 노력을 들여서 언제나 타고난 선함을 다시 찾으려고 노력하고 아직 잃어버리지 않은 부분과 처음에 주어진 빛을 밝혀주는 아직은 완전히 꺼지지 않은 불꽃을 살리고자 애쓴다. 만약 그들이 그렇게 행하고 앞에서 말한 타고난 선함의 부분을 다시 살릴 수 있다면, 또한 그때 그는 어떤 방식으로 처음의 단단한 완전함의 힘을 다시 가지게 될 것이다. 이는 메마른 나무에서, 사실 거의 죽은 나무에서 새싹 하나 혹은 푸르게 올라오는 새순 하나의 증표만으로도 여린 생명이 나머지 것들을 이긴다는 점을 알고 있기에 노력과 정성을 곧장 쏟아붓는 것과 비슷하다. 물을 길어다 부어 줄 것이고 기름진 흙으로 북돋아 줄 것이다. 여기에 끝으로 나무 전체에 처음의 생기와 활기가 돌 수 있도록 가지도 쳐 줄 것이다. 따라서 그들이 단단한 완전함을 이루게 되면, 곧장 그것 자체가 스스로를 드러낼 것이다. 그것이 자신을 드러내면, 곧장 그들은 떠오르는 태양처럼 더욱 빛날 것이다. 그것이 빛을 발하면, 곧장 마치 태양이 정오에 빛살을 사방으로 뿌리듯이 그렇게 빛날 것이다. 이렇게 그것이 빛을 비추면, 그것 자체로 마음의 움직임을 일어나게 할 것이다. 사람이 단단한 완전함을 갖추면 덕에서 나오는 빛살과 덕에서 우러나는 명성으로 사람들의 마음을 묶는 것은 필연적이기 때문이다. 사람의 마음이 움직이고 감동하게 되면, 곧장 문화의 변화를 [부지불식간에] 이끌어내고 [자신의 사례를 통해서 자신이 선으로 기울어지게 됨을 느끼기 때문이다. 비록 어디에서 이것이 자신에게 생겨났는지 알지 못한다 할지라도 그러하다.] 마음을 움직일 수 있을 때에, 바로 이것 덕분에 우주의 운행은 순조롭게 이뤄질 것이다. 오로지 [이 사람만이] 이 우주에서 가장 완전하고 거룩한 사람만이 이 운행을 완수할 수 있다. 물론 제2급에 있는 사람도 단단한 완전함에 마침내 도달할 때에는, 그때 또한 그 자신의 덕으로 얻은 명성으로 마음의 변화를 만들어 낼 수 있으며, 이러한 방식으로 하늘과 땅과 하나가 되어 저 하나된 우주의 조화로운 합창에 함께 참여할 수 있다.

cf. Ruggieri. Item is qui humana opera sapientiam adeptus est [is](is *sic*) cum iudicio adhibito bonum elegerit, tunc veritatis lumen assequetur. Veritatem nactus ipsa virtus erumpere extrinsecus necesse est. Virtute perfecto nomen et famam adsequetur. Famam consecutus(consequtus *sic*), alios exemplo monet. Monens eos alii(alios *sic*) fiunt, cum mutantur hi(hos *sic*) et alii fiunt, id sine sensu et exteriori actione fit. Solus igitur qui hanc veritatem nactus est potest hanc hominum facere mutationem sine sensu aut ulla actione exteriore.(마찬가지로 인간의 일에 대한 지혜를 얻은 자는 판단 능력을 가지게 되어 좋음을 선택하며 진실의 빛을 얻는다. 진실을 얻으면, 덕이 스스로 밖으로 뻗어나오는 것은 필연적이다. 덕을 이루면 명성과 명예가 뒤따른다. 명예를 얻으면 모범이 되어 다른 사람들을 가르친다. 그들을 가르치면, 다른 사람도 그렇게 따른다. 이 사람들이 바뀌면서 다른 사람도 바뀐다. 이것은 의식적으로 하지 않고 내놓고 행하지 않아도 이뤄진다. 진실을 얻은 사람만이 다른 사람의 눈에 드러나지 않게 밖으로도 내놓고

행하지 않아도 이와 같이 사람을 바꿀 수 있다.)

cf. 其次致曲. 曲能有誠, 誠則形, 形則著, 著則明, 明則動, 動則變, 變
則化. 唯天下至誠爲能化.

f.22. p.1. Quoniam homines passim habent animum quadam pravarum affectionum veluti caligine offusum, nequeunt clarè cognoscere rationem omnem, quandoque nec discernere ea quae ante oculos versantur, quanto minùs ea quae ab oculis sunt remotissima, ut sunt futura? At verò (inquit Cu-Su) summè perfecti ac sancti virtus ea est, ut possit praeviè scire futura: cùm regia familia proximè est erigenda, procul dubio passim dantur fausta quaedam prognostica: regiae item familiae cum imminet occasus, indubiè item passim[344] dantur infausta quaedam prognostica, quae et manifestantur in herbâ, 蓍Xi dictâ, et in testudine quam 龜Guei vocant,[345] (supra hanc cremabant aliqui dictam herbam et ex maculis seu coloribus qui tum fortè apparebant, coniicieabnt futura) et praevio motu seu horrore quodam metuque futurorum percellunt, [ut][346] quatuor membra, seu totum corpus humanum, corpus inquam auruspicum istorum, sive eorum qui captant auguria eius modi[347]. At summè perfectus, si quando fortè calamitas aut felicitas proximè instat, non attendens ad eiusmodi signa, in probis procul dubio praenoscit [praesentitque][348] istam, id est felicitatem, in improbis haud dubiè praenoscit illam, id est calamitatem. Ideoque summè perfectus cùm tam subtilis et perspicax sit prorsùs[349] instar spiritus omnia undequaque penetrantis, quorsum [igitur][350] eget huiusmodi auguriis et prognosticis?

---

[344] *del. Couplet*

[345] Guei dictam *Couplet*

[346] suppl. *Couplet*

[347] corpus inquam ... eiusmodi *del. Couplet*

[348] *suppl. Couplet*

[349] est *Couplet*

[350] *suppl. Couplet*

Digressio 4. De Sinensium sortibus, auguriis atque prognosticis (pp. 162~175; *Par. 1687*, pp. 71~74): vide appendicem.

22편 1쪽 사람은 대개 마치 안개에 싸인 것처럼 구부러진 욕망의 어둠에 덮여 있기 때문에, 모든 이치를 분명하게 파악할 수 없다. 눈 앞에 있는 것도 분간할 수 없는 마당에 하물며 멀리 떨어진 것을, 예를 들어 앞으로 올 것을 살피는 일은 얼마나 어려운 일일까? (자사의 말이다) 그러나 진실로 지극한 완전함과 거룩함의 덕은 앞으로 다가올 일을 미리 알 수 있도록 해 준다. 매우 가까이에 나라를 일으켜 세울 때, 앞의 일을 미리 알리는 어떤 상서로운 조짐이 여기저기에서 반드시 나타난다. 마찬가지로 나라를 무너뜨리는 위협이 닥칠 때에도 의심의 여지없이 사방에서 불길함을 미리 알려주는 어떤 조짐이 주어진다. 이것들은 시蓍라고 하는 풀에서 나타나고, 귀龜라 불리는 거북이를 통해서 드러난다. (어떤 이는 앞에서 말한 시라고 하는 풀을 태우고 그때 나타나는 얼룩 혹은 색에서 앞으로 일어날 일을 읽어낸다.) 그리고 앞으로 다가올 일에 대한 동요, 두려움과 어떤 무서움으로 온몸이 부르르 떨리는데, 이렇게 점을 치는 사람의 몸은, 혹은 이와 같은 방식으로 점을 치는 사람은 몸을 부르르 떤다. 그러나 최고의 완전함에 이른 사람은, 만약 재앙이든 번영이든 무슨 일이 닥친다 할지라도, 이와 같은 전조 따위에 관심을 두지 않는다. 그는 옳은 것을 보고서 번영이 올 것을 예측한다. 반대로 그른 것을 통해서 반드시 재앙이 닥칠 것이라는 점을 예견한다. 따라서 최고의 완전함에 이른 사람은 매우 엄밀하고 명철하며 단적으로 어디에서든 모든 것을 꿰뚫어보는 귀신과 같은데, 도대체 이와 같은 점술과 예언 따위가 무슨 필요가 있겠는가?

보론 4. 중국인들의 운수, 점술과 예언술에 대하여(필사본 6277, 162~174 쪽: 『중국인 철학자 공자』 1687년, 71~74쪽)

cf. Ruggieri.   Hanc veritatem adeptus futura potest providere, nam cum regnum domesticumque erigitur et instituitur, omnia bona auguria iudiciaque cernuntur. Cum vero accedit ad interitum contra mala iudicia obiciunt(obiiciunt *sic*). In scia est, piscis genus adest, et testitudine et quattuor(four *sic*) pedum horum animalium motu eadem signa observant. Sed haec vulgaria signa scit et nova qui hanc virtutem adeptus, mala vel bona imminentia nullis praecedentibus auguriis aut iudiciis praesentibusque hanc rectitudinem adeptus et spiritualem(spiritalem *sic*) naturam quaedam consecutus est. Hac virtute seu veritate intus seu(or *sic*) natus vir sapiens in externis suis actionibus virtute ducitur et regitur. (진실을 얻은 사람은 미래를 내다볼 수 있다. 나라와 집이 일으켜지고 세워지면, 모든 일이 점의 판단에 의해서 좋은 것으로 드러난다. 몰락과 관련해서는 반대로 나쁜 판단이 내려진다. 풀과 물고기와 서북에서, 그리고 네발 짐승의 움직임에서 같은 징조를 살핀다. 그러나 그는 이와 같은 대중적인 징조들을 알고 있고, 이 덕을 얻은 사람은 이미 앞에 있었던 점에서는 본 적이 없는 새로운 나쁨 혹은 좋음을 알아낸다. 또한 현재의 일에 대한 판단을 통해서 현재 올바른 것과 신적인 본성의 힘으로 어떤 일을 이룬다. 내면적으로 이 덕 혹은 진실을 부여받고 태어난 현자는 밖으로 실천함에 있어서 덕의 안내를 받고 덕의 지배를 받는다.)

cf. 至誠之道, 可以前知. 國家將興, 必有禎祥. 國家將亡, 必有妖孽. 見乎蓍龜, 動乎四體. 禍福將至, 善, 必先知之. 不善, 必先知之. 故至誠, 如神. 誠者自成也, 而道自道也.

f.22. p.2. §.1.   Eiusmodi[351] vera solidaque perfectio est suimet ipsius perfectio. Id est, se ipsâ perficitur, aut per se ipsam perfecta est, et non per aliquid à se disctinctum et regula est sui ipsius regula, ad quam sic exiguntur et diriguntur res aliae, ut ipsa per aliam non dirigatur.

22편 2쪽 1장   참되고 단단한 완전함은 스스로의 완전함이다. 이는 스스로 이루어진다. 혹은 스스로를 통해서 완전해진다. 다른 것을 통해 그 자체로부터 구별되지 않는다. 법칙은 그 스스로의 법칙이다. 다른 일은 이 법칙에 따라 이뤄지고 이끌어진다. 그 스스로는 다른 것의 지도를 받지 않는다.

---

[351] *del. Couplet*

f.22. p.2. §.2.   Haec vera solidaque ratio, sive perfectio, est rerum omnium finis et principium. Si desit rebus haec vera solidaque ratio, sive perfectio, non erunt res. Pari modo in moralibus actio illa quae veritate caret, non virtus, sed umbra virtutis ac superficies quaedam censenda est. Exempli gratiâ, si filius ex vero et sincero animo non obediat, non est censendus obediens, nec subditus fidelis si regi cum fide et veritate non serviat. Hac de causa (p. 175) sapiens et probus vir veram hanc solidamque perfectionem aestimat maximi.

22편 2쪽 2장   참되고 단단한 이 원리, 혹은 완전함은 만물의 끝이고 시작이다. 만약 사물에 참되고 단단한 이 원리가, 혹은 완전함이 결여되어 있다면, 사물은 존재할 수 없을 것이다. 같은 방식으로 도덕에도 진실성이 결여된 행동은 덕이 아니다. 덕의 그림자, 즉 어떤 가식에 불과한 것으로 여겨진다. 예를 들어 자식이 진실되고 순수한 마음으로 효도하지 않는다면, 그러한 자식은 효도하는 사람이 아니다. 신의와 진실로 군주를 모시지 않는다면, 그 신하는 충성스러운 신하가 아니다. 이런 이유에서 현인과 올바른 사람은 참되고 단단한 이 완전함을 가장 중요한 것으로 여긴다.

cf. Ruggieri.   Veritas ergo et finis et principium est actionum omnium, quod si absit actio nulla sit. (따라서 진실은 모든 실천의 시작이고 끝이다. 진실이 없다면 어떤 실천도 없다.)

cf. 誠者物之終始, 不誠無物.

f.22. p.2. §.3. Verè perfectus non hoc tantùm agit, ut seipso perficiat sese, et deinde hîc sistit, propterea[352] perficit etiam res alias. Perficere se ipsum, amoris est tendentis primùm in sui ipsius perfectionem. Perficere alia, providentiae[353] est. (Amorem universalem etiam perfectissimum, per literam 仁Gin explicant. Providentiam verò, vel prudentiam, per literam 知Chi)[354] et hae quidem nativae virtutes sunt, seu sunt ipsiusmet naturae perfectiones[355]. [At verò][356] unà simul unire et colligare has duas virtutes applicando eas externis seu rebus [aliis][357], et internis, seu sibi [ipsi][358](id est, has duas virtutes, providentiae scilicet et amoris colligare, applicando rebus et sibi, alteram exteriùs perficientem omnia, alteram interiùs perficentem se)[359] rectissimae regulae [et rationis][360] est. Adeoque easdem has[361] virtutes suis temporibus [et cicumstantiis][362] exercere, convenientiae est [et consentanei][363]. Videlicet ut[364] perfectissimus consurgat in hoc universo rerum concentus, et res omnes finem naturae suae consentaneum consequantur.

---

[352] sed praeterea *Couplet*

[353] pru- *Couplet*

[354] amorem universalem ... per literam 知Chi del., pro eis seu providentiae *adn. Couplet*

[355] seu sunt .... perfectiones *del. Couplet*

[356] *suppl. Couplet*

[357] *suppl. Couplet*

[358] *suppl. Couplet*

[359] id est in perficientem se etiam pro ei hoc p..... ... *C .u.*

[360] *p.c Couplet*

[361] *del., pro eo* praeterea *Couplet*

[362] *suppl. Couplet*

[363] *suppl. sed del. Couplet*

[364] ut ita *Couplet*

22편 2쪽 3장 진실로 이상적인 군자는 스스로 자기완성을 이루기 위해서 실천할 뿐만 아니라 다른 일의 완성을 위해서 실천한다. 자기완성을 이루는 것은 가장 먼저 그 자신의 완성을 이루려는 사랑의 마음이다. 다른 것을 완성하려는 마음은 예지에 해당한다. (중국인은 인仁이라는 글자로 가장 완전한 보편의 사랑을 설명한다. 예지 혹은 섭리는 지知라는 글자로 설명된다.) 이것은 실은 본성적으로 타고난 덕이다. 혹은 본성의 자기완성이다. [그러나 진실로] 외부의 사물 혹은 다른 사물에 연결시키고 내부의 것 혹은 자신에게 적용시키는 것, (이는 그러니까 사물과 자신에 적용시켜서 예지와 사랑의 두 덕을 묶는 것은 한편으로 외부의 사물을 완성시키는 것, 다른 한편으로 내면적으로 자기를 완성하는 것을 의미한다), 이 두 덕을 하나로 만들고 묶는 것이 가장 올바른 법칙[이자 원리]이다. 따라서 때와 상황에 맞게 이 덕을 실천하는 것이 일치이고 적도適度이다. 그리하여 지극히 완전함에 도달한 이상적인 군자는 이 세상에서 사물의 합창을 불러일으키고, 모든 사물은 그 사신의 본성에 일치하는 목석을 완성하게 된다.

cf. Ruggieri.   Vir bonus in agendo praestat se hanc veritatem. Boni viri non est se ipsum modo perficere et nihil praeterea(preterea *sic*). Oportet enim eum etiam suas actiones atque alia perficere. Virtus quam seipsum perficit caritas, est. Quae suas actiones et alia perficit, eadem virtus est sed in actione, nam virtus interna licet intus sit. Cum tam in externas erupit actiones eadem est. Cum in actiones erupit externas semper facit quod ad officium pertinent. (군자는 행함에 있어서 이 진실을 실천힌다. 그 자신만을 위해서 햄하고 그 이외에 나른 어녀 섯노 하시 않는 것은 군자의 일이 아니다. 왜냐하면 군자는 자신을 위해 실천함은 물론 다른 것을 위해서도 실천해야 하기 때문이다. 덕이란 사랑이 자

신을 완성하는 것이다. 자신의 실천은 물론 다른 것도 똑같이 행하는 덕은 실천을 통해서 드러난다. 덕은 내면에 자리잡고 있기 때문이다. 밖으로의 실천을 통해서 드러난 덕도 같은 것이다. 밖으로의 실천을 통해서 드러난 덕은 언제나 마땅히 행해야 할 것을 수행하는 것이다.)

cf. 是故君子 誠之爲貴. 誠者, 非自成己而已也, 所以成物也. 成己, 仁也. 成物, 知也. 性之德也, 合外內之道也, 故時措之宜也.

f.23. p.1. §.1.   Propterea igitur qui summè perfectus et sanctus est, nunquam consistit ac cessat sed continenter agit.[365]

23편 1쪽 1장 지극히 완전하고 거룩한 사람은 결코 멈추지도 중단하지도 않고 언제나 변함없이 실천한다.

cf. Ruggieri. Igitur qui ad(ab *sic*) huius veritatis seu sapientiae culmen pervenit, nulla intermissione eius in virtute cursus interrumpitur. (이 덕에 혹은 지혜의 정상에 도달한 사람의 행로에는 어떤 방해도 없고 덕 안에서 어떤 멈춤도 없다.)

cf. 故至誠, 無息.

---

[365] *del., pro eo* et absque interruptione operatur *adn. Couplet*

f.23. p.1. §.2. Si nunquam cessat, ergò [eius virtus intrinsecus]³⁶⁶ semper perdurat. [Quod si]³⁶⁷ semper perdurat, ergò nequit diù latere, sed per effectus et actiones suas ultrò se prodat [et foris appareat]³⁶⁸ necesse est.

23편 1쪽 2장 만약 결코 중단하지 않는다면, [그의 안에 있는 덕은] 언제나 굳건하게 머물 것이다. [그러나 만약] 덕이 언제나 굳건하게 머문다면, 그것은 더 이상 감추지 못할 것이다. 결과와 그의 행동을 통해서 자신을 넘어서 멀리 퍼질 것이고 반드시 밖으로 드러난다.

cf. Ruggieri. Cum numquam eius cursus interrumpatur, fit ipse quodam modo perpetuus, cum fiat hac ratione cursus virtutis perpetuus, extra eum virtus elucet et elucet usque in ultimas oras. (그의 행로에 멈춤이 없기 때문에 그 자신은 어떤 방식으로 항상적이다. 이성의 작용으로 덕의 행로는 항상적이기 때문에 덕은 밖에서 빛을 발하고, 세상 끝까지 빛난다.)

cf. 不息則久, 久則徵, 徵則悠遠.

---

³⁶⁶ *suppl. Couplet*
³⁶⁷ *suppl. Couplet*
³⁶⁸ *suppl. Couplet*

f.23. p.1. §.3. Si foras per effectus se prodit, ergò latè longèque diffundetur proferens[369] incrementa virtutum suarum. Si latè ac longè diffunditur, ergò amplè et profundè adversante nullo dilatabitur magis ma-(p. 176)-gisque amplitudine illâ potentiae[370] et famâ operationum suarum. Si tam amplè ac profundè dilatatur, ergò ornatu tantarum virtutum sublimior omnibus assurget, et cunctis clarus ac conspicuus, universoque orbi solis instar refulgens. Adeòque ad fructuosum rerum omnium concentum sive harmonicam conservationem unà cum coelo et terrà conspiret necesse est.

23편 1쪽 3장 만약 덕이 실천을 통해서 밖으로 드러나면, 덕은 자신의 결실을 증대시키면서 멀리 오래도록 퍼질 것이다. 만약 덕이 널리 길게 퍼진다면, 어떤 반대에도 부딪히지 않으면서 그 작용과 능력의 명성과 권위를 이용해서 너욱 넓고 깊게 퍼질 것이다. 만약 넋이 이처럼 넓고 깊게 퍼진다면, 이런 위대한 덕을 가지게 됨으로써 그는 모든 사람이 우러러 받드는 사람으로 우뚝 설 것이고, 모든 사람에게 분명하고 명확하게 보일 것이며, 온 세상을 비추는 태양처럼 빛날 것이다. 풍성한 결실이 합창하고 하늘과 땅과 함께 조화로운 공존을 도모할 것이다.

cf. Ruggieri. Eius virtute usque in ulitmas oras illustrata statim latitudinem habet et profunditatem, latitudinem et profunditatem habens statim sublimis et clarus evadit. (그의 덕이 세상 끝까지 빛을 빌하면, 그는 곧징 굉대함과 심오함을 얻는다. 팡내함과 심오함을

---

[369] per *Couplet*
[370] virtutis *Couplet*

얻으면, 그는 곧장 숭고함과 찬란함의 빛을 발한다.)

cf. 悠遠則博厚, 博厚則高明.

f.23. p.1. §.4.[371]   Etenim quia per incrementa tot tantarumque virtutum adeò amplus est et illâ amplitudine potentiae operationum suarum adeò profundus est, ideò brachio virtutis suae telluris instar sustentat res omnes, dum tribuit cuique quod congruit, et quia tam sublimis est tàmque conspicuus et clarus, ideò operationum suarum splendore, veluti coelum, collustrat ac protegit res omnes. Quia denique virtus illius adeò ubique latè diffusa, adeò perdurans est, ideò perficit res omnes. Ex quo consequitur, ut cuncta perfectè gaudent consentaneo naturae suae statu.

23편 1쪽 4장   이상적인 군자는 이처럼 위대한 덕의 수많은 결실을 통해서 풍부해진다. 그 실천을 해낼 수 있는 능력의 풍부함을 통해서 그는 심오해진다. 마치 땅이 그러하듯이 각각에 알맞게 베풀어 주면서 그 덕의 품으로 만물을 감싸준다. 또한 이상적인 군자는 매우 숭고하고 매우 명확하며 매우 분명하기 때문에, 그 실천의 광채로 마치 하늘처럼 만물을 고루 비추고 보호한다. 마침내 그의 덕이 사방에 넓게 퍼져 있기 때문에, 오래도록 지속하고 만물을 완성시킨다. 여기에서 다음의 결론이 나온다. 만물은 그 자신의 주어진 본성에 적합한 상태를 완전하게 누린다.

cf. Ruggieri.   Latitudinem et profunditatem habere dicitur ad res tamquam terra sola continendas et sustinendas(sustinenda *sic*), sublimis et clarus dicitur ad res tamquam caelo(caeli *sic*) perficiendas et operiendas, ad ultimas oras eius virtus processisse dicitur ob rerum quas agit perfectionem. (광대힘과 심오힘을 가졌다는 말은 오로지 땅만이 품을 수 있고 떠받들 수 있는 사물을 포함

---

[371] §.2. *Par. 1687*

하는 것과 같다. 숭고함과 찬란함의 빛을 발하는 말은 마치 하늘이 수행하고 작동하는 일들을 아우르는 것과 같다. 세상 끝까지 덕이 펼쳐져 있다는 말은 그가 행하는 실천들의 완성으로 말미암은 것이다.)

cf. 博厚, 所以載物也. 高明, 所以覆物也. 悠久, 所以成物也.

f.23. p.2. §.1. Ob illam suam amplitudinem et profunditatem aequiparatur terrae, ob sublimitatem verò et claritatem aequiparatur coelo, cum quibus ternarium perficit principium. Quod verò attinet ad latitudinem suam durationemque, absque termino est et absque mensura.

23편 2쪽 1장 저 넓이와 깊이는 땅에 비견된다. 저 높이와 저 밝음은 하늘에 비견된다. 이것들을 통해서 셋이면서 하나인 원리를 수행한다. 이는 진실로 그 넓음과 지속에 관련된다. 끝도 없고 헤아릴 수도 없다.

cf. Ruggieri. Dicitur latitudinem et profunditatem habere, ut cum terra cooperat, dicitur sublimis seu clarus ut cum caelo cooperatur, dicitur eius virtus in ulitmas oras pervenisse quia terminis careat quod ardetur. (광대함과 심오함을 가졌다는 것은 땅이 함께 돕는 것을 말한다. 숭고함과 찬란함이 빛을 발하는 것은 하늘이 함께 돕는 것을 말한다. 그의 덕이 세상 끝까지 도달했다는 것은 빛나는 것의 끝이 없기 때문이다.)

cf. 博厚配地, 高明配天, 悠久無疆.

f.23. p.2. §.2. Cum igitur sit talis ac tantus non[372] priùs exhibet sese atque ostentat, ac tum deinde manifestus fit. Non priùs motum[373], ac tum deinde conversionem efficit. Non priùs utitur operoso[374] quodam virium molimine ad faciendum quidpiam, ac tum deinde per-(p. 177)-ficit, [sed nihil facere videtur et restaurentes perficit].[375] Vel, ut aliqui[376] explicant, cùm igitur tanta sit eius virtus, tametsi non ostentet sese, neque spectandum offerat, tamen per effectus suos manifestatur. Adeòque in hoc cum occultâ terrae virtute concordat, non movetur, et tamen movet atque efficit conversiones, seu non videtur movere quidpiam cum exteriori quodam sonitu et clangore, et tamen suavi quadam tranquillitate et absque violentiâ conversiones rerum efficit et animorum. Adeòque cum coelo tacitis motibus et influentiis agente concordat. Denique non fit, et tamen facit, vel, non videtur quidpiam magnopere agere, et tamen semper agit, ac perficit omnia.

23편 2쪽 2장 이처럼 대단하고 위대한 사람은 처음에는 자신을 드러내지 않고 내보이지 않는다. 그러다가 분명하게 드러난다. 처음에는 움직이지 않는다. 그러다가 이윽고 변화를 만든다. 처음에는 뭔가를 이루려고 힘을 써서 억지로 노력하지 않는다. 그러다가 그것을 이룬다. [그러나 어떤 것도 행하지 않는 것으로 보인다. 그러나 새로움을 다시 불러온다.] 혹은 어떤 이들이 설명하듯이, 그의 덕은 저토록 위

---

[372] hac ratione ... cum sit non *Couplet*
[373] hortando movet *Couplet*
[374] del. *Couplet*
[375] *suppl. sed del. Couplet*
[376] alii *Couplet*

대한 것이기 때문에, 그것이 눈에 띄지 않는다 할지라도, 또한 보여주기 위해서 드러내 보이지 않는다 할지라도, 그 작용을 통해서 스스로를 선명하게 드러낸다. 따라서 이 점에서는 땅에 숨어 있는 덕에 부합한다. 움직이지 않지만 움직이게 하고 변화를 만들어낸다. 이 변화는 외부적으로 포착되는 어떤 소리와 울림으로, 뭔가를 움직이는 것으로도 포착되지 않는다. 어떤 부드러운 고요함으로 억지로 어떤 힘도 쓰지 않고 사물의 변화와 마음의 변화를 이루어낸다. 따라서 이는 소리 없이 움직이며 흘러가는 하늘의 움직임에 부합한다. 결론적으로 어떤 것도 이루어지지 않는다. 그럼에도 뭔가를 행한다. 혹은 전체적으로 어떤 것도 행하지 않는 것으로 보인다. 그럼에도 항상 행한다. 모든 것을 이루어지게 만든다.

cf. Ruggieri.   Quaecumque ita sint, vir sapiens etiam si non doceat et taceat, eius tum virtus declaratur. Sine opera huius in aliis mutat, sine mutatione res perficit. (사정이 이와 같으므로, 지혜로운 사람은 비록 밖으로 드러내지 않고 침묵을 지킨다 할지라도, 그의 덕은 결국 빛을 발한다. 다른 사람에 대해서 일부러 작용하지 않아도 바꾸고, 일부러 바꾸지 않아도 일을 이룬다.)

cf. 如此者, 不見而章, 不動而變, 無爲而成.

f.23. p.2. §.3. Suprà docuit Cu-Su, summè veri et sancti virtutem unà cum coelo et terrâ ad omnia pariter conspirare. Hîc verò delabitur ad ostendendum, illam coeli terraeque in effectis producendis efficacitatem ab uno dumtaxat eoque primo principio pendere, quemadmodum et viri sancti perfectio omnis pendet ab unica animi perfectione et solidâ cordis veritate. Sic igitur ait: coeli terraeque ratio, seu virtus productiva et conservativa, quamvis magna, potest tamen unico verbo comprehendi et exhauriri: [veritate scilicet aut soliditate][377] et haec quidam in efficiendis rebus non est quid duplex, sed unicum quid simplex. Adeoque[378] huius eiusdem [modus et ratio][379] in procreandis rebus virtus[380] inscrutabilis est. Ad huius loci clariorem notitiam, placet hîc attexere verba ipsa, quibus doctissimus interpres 張 Cham佪Tum初Co hunc eundem locum explanat: non quidem eiusdem prorsùs cum Colao sententiae; sed quae à veritate tamen nec ipsa aberret. Sic enim ait(A): equidem si non habemus perspectam coeli terraeque rationem, quomodo possumus perspectam habere summam veritatem?: coeli enim terraeque operationes sunt inexhaustae, seu quodamodò infinitae. (p. 178) Si tamen scrutemur et inspiciamus illius qui horum (coeli scilicet ac terrae) propriae originis dominus et auctor est rationem maximè praecisam maximè in compendio, exhauriri equidem poterit et comprehendi unico verbo quo verbo 至Chi誠Chim, scilicet, id est summi veri vel summae veritatis, ut disertissimè ipsemet Cham

---

[377] *suppl. Couplet*
[378] et tamen. *Couplet*
[379] *suppl. Couplet*
[380] *del. Couplet*

Colaus interpres explicat Tò unico verbo. Caeterùm coelum et terra (prosequitur Cham Tum Co) tametsi producant res, ipsa tamen reverà etiam sunt intra hanc principii rationem contenta una res. Id est, continentur etiam ipsa intra numerum et praedicamentum rerum productarum. Hoc enim est quod in textu dicitur 其Ki爲Guei物Ve也Ye, hoc est, ipsa etiam sunt res. Verumtamen unica haec primi principii ratio summè pura ac simplex est, et nequaquam duo, seu composita, ratio; et in hac tandem sistitur. Hoc autem quod diximus 不Pu二Ulh, id est, nequaquam duo, nihil aliud est seu significat, nisi productivum rerem omnium principium esse dumtaxat unum, et esse spiritum; quia scilicet naturaliter et ex propriâ virtute procreat universa. Neque scimus ille ipse(scilicet spiritus procreans universa) undenam prognatus sit. Sed quis hoc poterit cogitationibus suis scrutando(2) coniicere(1)? Haec ille classicus Confucii interpres, Cham Tum Co dictus, in caput vigesimum quintum libri *Chum-Yum*, fol. 37. p. 1 in primis suis editionibus. Nam in ultimis homines ab atheismo suspectis hoc expunxerunt.[381]

23편 2쪽 3장 위에서 자사는 말했다. 지극히 참되고 거룩한 사람의 덕은 하늘과 땅과 하나가 되어 함께 만물을 위해서 서로 돕는다. 여기에서 결실을 맺게 만드는 하늘과 땅의 작용이 오로지 저 하나의 최초의 원리에 의거함을 입증해야 할 필요가 생겨난다. 마치 거룩한 사람의 완전함이 전적으로 마음의 완전함과 마음의 단단한 진실함에 달려 있듯이 말이다. 따라서 그는 이렇게 말한다. 하늘과 땅의 원리 혹은

---

[381] nam ... expunxerunt *del. Couplet*(... ultimâ haec ... expuncta sunt *adn. sed del.*)

생산하고 지켜주는 덕이 비록 크다 할지라도, 한 단어로 이해되고 파악될 수 있다. [즉 진실함으로 혹은 단단함으로] 이는 실로 사물이 이루어지게 함에 있어서 결코 둘인 무엇이 아니라 하나이고 단일한 무엇이다. 이와 같은 [방법과 원리는] 사물을 생산하는 덕은 헤아릴 수 없다. 이 대목에서 분명하게 알 수 있도록 학식이 매우 뛰어난 주석가인 장동초張洞初가 이 대목을 설명할 때 사용한 말을 덧붙이는 것이 좋다. 장각로의 말과는 전적으로 똑같지 않지만 그 뜻하는 바에 있어서는 멀리 떨어져 있지 않다. 그는 이렇게 말한다(A). 실제로 만약 우리가 하늘과 땅의 원리를 명확하게 알지 못한다면, 도대체 어떻게 최고의 진리를 명확하게 파악할 수 있단 말인가? 왜냐하면 하늘과 땅의 작용은 끝이 없고 어떤 방식으로 한계가 없기 때문이다. 그럼에도 만약 우리가 가장 명확하게 정리해서 이것들(하늘과 땅)의 고유한 기원의 주인이자 주재자인 그 분의 원리를 살피고 통찰할 수 있다면, 진실로 지성至誠이라는 어떤 한 단어로 파악할 수 있고 이해할 수 있을 것이다. 주석가 장각로 자신도 가장 명확하게 이 한 단어로 설명했듯이 지성이란 말은 최고의 진실 혹은 최상의 진리를 뜻한다. 그러나 비록 하늘과 땅은 (장동초의 이어지는 설명이다) 만물을 생산하지만 그것들은 실제로 그 자체로는 이 원리의 방식에 포함되어 있는 하나의 사물이다. 즉, 이것 자체는 수數와 생산된 사물의 술어에 포함되어 있다. 이는 곧 기위물야其爲物也이다. 문헌에 이렇게 나오는데 이것이 사물이라는 뜻이다. 그럼에도 불구하고 최초 원리의 이 유일한 방식은 지극히 순수하고 단일하다. 결코 둘이 될 수 없고 결합된 것이 아니다. 마침내 이것에서 멈춘다. 우리는 이를 "불이不二"라고 부른다. 이는 결코 둘이 아니다. 다름이 아니라 만물을 생산하는 원리는 오로지 하나로 귀신 이외에 다른 무엇을 뜻할 수 없다. 왜냐하면 본성적으로 그리고 그 자신의 고유한 덕으로 우주를 만들기 때문이다. 그것 자체(우주를 만드는 귀신)가 어디에서 태어나는지 우리는 알지 못한다. 그러나 자신의 생각으로 살펴 이를 짐작할 수 있었던 이는 도대체 누구인가? 공자를 풀이함에 있어서 제1급에 속하는 장동초라 불리는 주석가가 자신의 첫 번째 출판본의 제37장 1쪽의『중용』의 서두에서 이렇게 말했다. 사람들은 무신론자들이 의심을 제기한 마지막 대목에서 이 부분을 지워버렸다.

(A. Gen Pu Quon Tien Ti Chi Tao Ho Y Kien Chi Chim Cai Tien Ti Chi Fa Yum Vu Kium Ye Ulh Kieu Quon Ki Puen Yuen Chu Cai Chi Tao Chi Yao Chi Yo Co Y Ye Yen Ulh Cin Ye. Tien Ti Sui Sem Ve. Ki Xe Ye Tao Chum Chi Ye Ve Ye, Ki Guei Ve Ye. Guei Cu Chi Xun Pu Ulh Chi Tai Ulh Y. Cu Pu Ulh, Nai Sem Ve Chi Yuen, Ye Ulh Xin Ye: Cu Cu Gen Ulh Hoa Sem Van Ve; Mo Chi Ki Go Guei Ulh Sem Ye: Xo Co Y Y Guei Ce Chi Cie. etc.)^{장동초의 원문 미확인}

cf. Ruggieri. Caelestis et superni luminis ratio uno verbo comprehendi potest, ea est veritas. Ea plures res non sunt sed una tantum, quae(qua *sic*) tum ab ea fiunt ea ipsi metiri non possumus. (하늘과 높은 곳의 빛에서 나오는 이성은 한 단어로 이해될 수 있다. 그것은 진실이다. 그것은 여럿이 될 수 없다. 오직 하나일 뿐이다. 그것으로부터 나온 것들이지만, 이것들을 다만 우리는 헤아리지 못할 뿐이다.)

cf. 天地之道, 可一言而盡也. 其爲物不貳, 則其生物不測.

f.23. p.2. §.4.   Haec itaque coeli et terrae ratio ac virtus, qua possunt tot tamque miros effectus producere, lata item est et profunda, sublimis et clara [longè] latè[que][382] diffusa, atque perdurans[383].

23편 2쪽 4장 하늘과 땅의 원리와 덕은, 이를 통해서 매우 놀라운 작용을 만드는데, 광대하고 심오하다. 숭고하며 명확하다. [길고] 넓게 퍼져 있다. 그리고 매우 굳건하게 자리하고 있다.

cf. Ruggieri.   Caelestis et superni luminis ratio lata profunda sublimis clara in ultimas usque oras perveniens perpetua atque sempiterna est. (하늘과 높은 빛으로부터 나온 이성은 광대하고 심오하고 숭고하며 찬란하며 세상 끝까지 뻗어 있고 항상적이고 영구적이다.)

cf. 天地之道, 博也, 厚也, 高也, 明也, 悠也, 久也.

---

[382] longè, -que *suppl. Couplet*
[383] perpetua *Couplet*

f.23. p.2. §.5. Hanc coeli et terrae amplitudinem atque vim effectivam [quam et in soliditate ac veritate fundat] hîc per partes Cu-Su enumerat. Iam si aspicias (inquit) hoc coelum, non aliud videbitur (si cum totâ eius amplitudine conferatur) quàm haec lucis et fulgoris tantilla partio, sive quantitas. At verò si mente ascendas ad eius altitudinem et splendorem quaqua versùs se diffundentem, videbitur esse quid interminabile. Etenim sol, luna, stellae, et tot signa caelestia in eo, velut suspensa continentur, universae item res ab eo comprehenduntur ac teguntur. Iam si spectas hanc quam pedibus calcas terram, collata haec cum totius corporis mole, videbitur unius dumtaxat pugilli terrei quantitas. At si mente percurreris illius amplitudinem (p. 179) et profunditatem, sustentat illa maximos montes, et inter quinque celeberrimos Sinarum(五U嶽Yo vocant) montem Hoa Yo praecipuum, et tamen tantae molis pondere non gravatur, sinu etiam suo complectitur flumina et maria, et tamen iis non [a terrâ constrictis][384] inundatur. Denique est ea omnium rerum sublunarium firmissimum sustentaculum. Iam si hunc conspicis montem, quid obsecro (si cum rebus quas continet, quaeque oculos latent, conferatur) videbitur nisi quodammodò unius frusti lapidei tantillum [vel quantulum pugno comprehendi potest?][385] At si studiosiùs eum contemplatus devenias ad eius latitudinem, magnitudinemque, videbis illicò mille plantas et arbores ibidem nasci ac germinare, mille volucres et feras ibi commorari, metalla item et lapides pretiosos in eius visceribus

---

[384] *suppl. Couplet*
[385] *suppl. Couplet*

latentes in lucem prodire. Iam si oculos convertas ad harum aquarum congeriem, quid sanè (si conferatur cum toto quaquà patet oceano) nisi unius cochlearis tantilla portio, seu modicum quid tibi videbitur? At si mentis oculis descenderis ad illarum inexhaustam abyssum, comperies profectò grandia cete, crocodilos, serpentes cornigeros, dracones, squamiferos sine numero pisces, et ingentes testudines in iis procreari, innumeras denique opes et divitias ex iis enasci atque emergere. (Quemadmodum igitur ex montium et aquarum magnitudine intelligis coeli ac terrae ea continentis amplitudinem, ita ex coeli ac terrae amplitudine potes intelligere summè sancti summèque perfecti altitudinem et excellentiam virtutis cum coelo pariter et terrâ ad harmonicum orbis concentum concurrentis.[386])

23편 2쪽 5장 자사는 여기에서 하늘과 땅의 광대함과 단단함과 진실함에 토대를 둔 작용의 위력을 부분으로 나눠서 설명한다. 만약 (그의 말이다) 하늘을 올려본다면, 그것은 (만약 하늘 전체의 광대함과 비교한다 해도) 빛과 광채의 작은 부분 혹은 적은 양에 다름없는 것으로 보일 것이다. 그러나 마음으로 하늘의 높이와 사방으로 퍼져나가는 광채를 올려다본다면, 그것은 끝이 없는 무엇으로 보일 것이다. 즉 해와 달과 별들과 마치 매달려 있는 것처럼 하늘에 자리를 잡고 있는 수많은 별자리가, 마찬가지로 우주의 사물들이 하늘의 품에 안겨 있고 보호를 받고 있다. 만약 얼른 네가 발로 밟고 서 있는 땅을 쳐다본

---

386 quemadmodum ... concurrentis *del., pro eis* huius loci sententia eadem est quar suprà f.7. p.2. §.1. Haec enim quatuor coelum, terra, montes et mare, si in aliquâ parte exigua spectentur, non magna sunt, sed si ad eorum summum perveniatur immensum quid videtur, ita virtus viri divini etsi adeò exilis ac subtilis sit in tantam excrescit magnitudinem ut cum his conferri possit et eam dimetiri non possimus *adn. Couplet*

다면, 땅 전체의 덩어리로 비교한다면, 그것은 단지 한 주먹 흙덩어리에 불과한 것으로 보일 것이다. 그러나 만약 네가 마음으로 땅의 넓이와 깊이를 재어본다면, 땅은 가장 큰 산들을 받치고 있고, 중국에서 가장 유명한 다섯 산 가운데에서도 우뚝 솟아 있는 화산華山과 악산岳山을 떠받치고 있다. 그럼에도 이와 같은 거대한 산들을 무겁게 여기지 않는다. 또한 땅은 자신의 품 안에 강과 바다를 품고 있다. 그럼에도 땅은 물에 [땅에 의해서 막혀서] 잠기지 않는다. 마침내 땅은 월하月下 세계에 있는 만물을 받쳐주는 가장 단단한 지지대이다. 만약 얼른 산을 바라본다면, (만약 산이 가지고 있으나 눈에 보이지 않는 것들과 비교한다 할지라도) 산은 한 조각 돌멩이에 불과하다는 것 이외에 [혹은 한 줌도 안 된다는 것 말고] 다른 무슨 말을 할 수 있을까? 그러나 만약 마음의 눈으로 정성을 다해서 산이 넓이와 크기를 재어본다면, 산에는 수많은 식물과 나무가 태어나고 자라고, 수많은 새와 짐승이 살고 있으며, 마찬가지로 금속과 귀한 보석이 산의 내장 안에 숨어서 빛나고 있음을 발견할 것이다. 만약 눈을 놀려 모여 있는 물을 본다면, (설령 사방으로 펼쳐진 저 큰 대양 전체와 비교한다 할지라도) 한 숟가락의 물에 불과하다는 것 말고 다른 무슨 말을 할 수 있을까? 혹은 매우 작은 양에 불과한 것으로 보일 것이다. 그러나 만약 마음의 눈으로 저 끝이 없는 물의 심연을 내려다본다면, 곧장 거대한 몸집의 고래, 악어, 뿔을 가진 뱀, 용, 비늘을 가진 수많은 물고기, 그리고 거대한 거북이가 태어나며, 마침내 헤아릴 수 없이 많은 산물과 귀한 물건이 바다에서 생겨나고 떠오른다는 것을 발견할 것이다. (따라서 산과 물의 크기로부터 이것을 포함하고 있는 하늘과 땅의 광대함을 파악할 수 있다. 그렇게 하늘과 땅의 광대함으로부터 지극히 거룩하고 완전한 이상적인 군사의 위내함과 박월한 넋을 파악할 수 있다. 그 덕은 하늘과 땅과 함께 우주의 조화로운 합창에 참여한다.)

cf. Ruggieri. Quid porro caelum id tantalum quod ergo eo percipimus lucem(luces *sic*) caelum est. At vero eius substantia tanta est ut sol luna planatae et stellae reliquae in eo locum habeant, ipsaque res alias innumerabiles complectatur(complectuntur *sic*). Quid porro terra tantalum terra terra est, eius tamen solitudo et soliditas tanta est ut ea cum montem sustinet illi gravis(gravem *sic*) non sit. Flumina et maria complectitur(complectuntur *sic*) ne diffluant, et innumerabiles res alias sustineat, quid porro mons tantulum modo lapilli, quod pugno comprehendi possit, mons(modus *sic*) est. At magnitudo eius tanta est una cum immense latitudine, ut in eo herba et arbores nascantur, pecudes vagatur gemmae pretiosae proferantur et colligantur. Quid demum aqua tantulum modo aqua quam manu continetur est aqua, at eius immensitas tanta est ut in ea dracones, serpentes, pisces, testudines oriantur, merces etiam et caetera quae lucrum afferent in ea comporentur. (하늘이라는 것은 우리가 거기에서 빛을 보는 그 것이 바로 하늘이다. 그러나 사실 하늘의 실체는 해와 달과 식물과 다른 별이 자리를 잡고 있는 위대한 것이다. 헤아릴 수 없이 많은 다른 것을 품고 있는 것이 바로 하늘이다. 땅이라고 하는 것은 우리가 땅이라 가리키는 것이 땅이다. 땅의 단단함과 견고함은 산을 떠받치고 있지만 땅은 산이 무겁지 않을 정도로 크다. 땅은 강과 바다가 흘러넘치지 않도록 수많은 것을 지켜주기 위하여 그것들을 껴안는다. 산이라고 하는 것은 우리가 손으로 잡을 수 있는 돌과 같은 것이 산이다. 그러나 산은 풀과 나무가 거기에서 자라나고, 짐승이 돌아다니며 진귀한 보석이 넘쳐나오며 모여 있는 곳으로 크고 넓다. 물이라고 하는 것은 우리가 손으로 잡을 수 있는 것이 물이다. 그러나 물은 그 안에서 용과 뱀과 물고기와 거북이가 자라고, 물품과 돈을 벌어주는 다른 것

들이 거기에서 운반될 정도로 드넓다.)

cf. 今夫天, 斯昭昭之多, 及其無窮也, 日 月星辰繫焉, 萬物覆焉. 今夫
地, 一撮土之多, 及其廣厚, 載華岳而不重, 振河海而不洩, 萬物載焉.
今夫山, 一卷石之多, 及其廣大, 草木生之, 禽獸居之, 寶藏興焉. 今
夫水, 一勺之多, 及其不測, 黿鼉蛟龍魚鼈生焉, 貨財殖焉.

f.24. p.1. Concludit Cu-Su citans Odarum librum, ubi sic dicitur: solius coeli virtus proh quàm altè recondita, bona et[387] excellens est! Sine interruptione agit ac nunquam cessat. Quasi diceret (inquit Cu-Su) quia coelum adeò solidè perfectèque et tam constanter semper agit, ideò scilicet est coelum. Nam si vel unum temporis momentum interrumperet[ur][388] influxus, quatuor tempora iam non decurrerent aequali cursi, neque res producerentur, adeòque nec esset coelum dicendum. Quomodo (prosequitur Oda comparans cum coelo regis Ven-Vam puram[389] ac defaecatam virtutem) [quomodo][390] non ubique manifesta [est][391] Ven regis virtutum puritas[392]? Quasi diceret (addit Cu-Su) Ven rex ideò videlicet fu-(p. 180)-it Ven, id est talis ac tantus vir[393], quia virtus in eo fuit eximia, cuius puritas quoque[394] nunquam defecit [aut interrupta est][395] adeoque cum coelo meritò comparanda.

24편 1쪽 자사는 『시경』을 인용하면서 결론 내린다. 이렇게 되어 있다. 오로지 하늘의 덕이 저토록 높은 곳에 깊게 감추어져 있구나. 얼마나 좋고 얼마나 뛰어난 것인가! 중단없이 움직이고 결코 멈추지 않는구나. (자사의 말이다) 하늘은 단단하고 완전하게 언제나 한결같이 움직이기 때문이다. 말 그대로 과연 하늘이라 할 수 있다. 만약 운행이 한시라도 중단된다면, 사계절은 곧장 같은 간격으로 운행되지 못

---

387 quam perpetua *Couplet*
388 *suppl. Couplet*
389 solidam *Couplet*
390 *suppl. Couplet*
391 *suppl. Couplet*
392 puritas et sinceritas *Couplet*
393 heros *Couplet*
394 pura et sincera et per consequens *Couplet*
395 *suppl. Couplet*

할 것이고, 만물은 소생하지 못할 것이다. 그렇다면 하늘이라 할 수 없다. 이처럼 문왕이 지닌 덕의 맑음도 어디에서든 어찌 분명하지 않겠는가? (시는 문왕의 맑고 깨끗한 덕을 하늘과 비교하면서 이어진다.) (자사가 보태는 말이다.) 말 그대로 문왕은 분명히 문文을 지녔다. 문은 매우 뛰어나고 매우 위대한 사람을 뜻한다. 왜냐하면 그의 덕은 탁월하고, 그 덕의 순수함은 결코 더럽혀지지 않았고 [한번도 중단되지 않았으며] 그래서 하늘과 마땅히 비견될 수 있기 때문이다.

cf. Ruggieri. Est in Poematibus, solum caelum altam et occultam rationem habet, ideo ait, caeli est esse caelum, eadem(eandem *sic*) ratione an non illustris est Venguani virtus. Non continens atque perpetua? Quod nullam habet interruptionem, ut prorsus Venguani sit esse Venguanum cuius perpetua virtus nullam habet interruptionem. (『시경』에 이르길, 오로지 하늘만이 높고 숨어 있는 이성을 가진다. 그래서 말하길, 하늘에는 하늘이 있다고 한다. 문왕의 덕도 같은 이성으로 빛나는 것이 아닌가? 지속적이고 항상적이지 않는가? 어떤 중단도 없고, 그래서 그의 항상적인 덕은 어떤 중단도 없으므로, 문왕에는 문왕이 있다고 말할 수 있다.)

cf. 詩云, 維天之命, 於穆不已 蓋曰天之所以爲天也. 於乎不顯, 文王之德之純. 蓋曰文王之所以爲文也.   純亦不已.

f.24. p.2. §.1.   O quàm magna et latè patens sancti viri lex et virtus! Seu recta ratio naturalis[396] quam ille numeris omnibus explet.

24편 2쪽 1장   성인의 법과 덕은 얼마나 크고 넓게 펼쳐져 있는가! 그 성인이 모든 것에 채워 준 이성은 올바르다.

cf. Ruggieri.   Magna est sapientis et sancti viri virtus ac clarissima ut ad innumerables res nutricandas sufficient, tam alta ut caelum usque contingat. (지혜롭고 성스러운 사람의 덕은 수많은 사물을 먹여 살리기에 충분할 정도로 위대하고 찬란하다.)

cf. 大哉, 聖人之道. 洋洋乎, 發育萬物.

---

[396] seu ... naturalis *del. Couplet*

f.24. p.2. §.2. O quàm in immensum diffusa, oceani instar exundans et omnibus rebus sese insinuans! Concurrit ad productionem et conservationem omnium rerum. Adeò eminens et sublimis, ut pertingat etiam ad ipsum coelum.[397]

24편 2쪽 2장 오, 얼마나 무한하게 퍼져 있는가! 마치 대양처럼 넘치며 만물에 자신을 흘러 들어가게 하는구나! 만물의 태어남과 보존을 위해서 노력하는구나!

cf. Ruggieri. [Magna est sapientis et sancti viri virtus ac clarissima ut ad innumerables res nutricandas sufficient,] tam alta ut caelum usque contingat. ([지혜롭고 성스러운 사람의 덕은 수많은 것을 먹여 살리기에 충분할 정도로 위대하고 찬란하며] 하늘에 닿을 정도로 높다.)

cf. 峻極於天.

---

[397] adeoque suâ celsitudine ac sublimitate pertingit etiam ad ipsum coelum *Couplet*

f.24. p.2. §.3.   Et huius quidem legis amplitudo et superabundantia o quàm magna o quàm sublimis! Rituum maiorum et officiorum (libris *Li-Ki* haec continentur[398]) trecenta capita, et rituum minorum officiorumque ter mille capita complectitur eòque ampliùs, omnia inquam magna et parva imperii statuta ubique comprehendit (hîc nolim intelligat lector solùm ritus merè civiles, sed vel maximè virtutes ipsas, quibus animari necesse est officia et ritus.[399])

24편 2쪽 3장   진실로 이 법의 광대함과 풍부함은 얼마나 크고 얼마나 높은가! 조상의 큰 제례와 의식(『예기禮記』라는 책에 포함되어 있다.)에 대한 300장과 작은 제사와 의식에 대한 3000장의 글이 그리고 이보다 더 많은 분량의 문장이, 말하자면 제국의 크고 작은 모든 규칙이 모두 여기에 포함되어 있다. (나는 독자가 이 대목에서 단지 전례를 문화적인 행사로만이 아니라 오히려 가장 중요한 덕 자체로 이해하기를 바란다. 의식과 제례가 살아 있는 것이 되기 위해서는 반드시 이 덕이 있어야 하기 때문이다.

cf. Ruggieri.   Item tanta est ut trecenta de humanitatis officiis capita et singulorum mille modos contineat. (그 덕은 사람이 지켜야 할 예의로 300개의 항목과 개별 항목으로는 각각의 것에 대해서 1000개의 규정을 포함할 정도로 크다.)

cf. 優優大哉. 禮儀三百, 威儀三千.

---

[398] libris....continentur *del., pro eis* civilium *adn. Couplet*
[399] hîc ... ritus *del. Couplet*

f.25. p.1. §.1. Idcircò cùm eiusmodi virtus sit adeò sublimis et obtentu difficilis, expectandum est quoad veniat eiusmodi summè sanctus vir, et tum demùm sperari poterit, ut adeò excellens virtus illo duce ac magistro in actum prodeat atque ab hominibus opere perficiatur. (Quis ille sit, de quo philosophus hîc loquitur, alii (si placet) statuant, ego quidem sicut asseverare non ausim, quòd haec profatus sit impulsu spiritûs illius, quo movente sibillae quondam de Christo vaticinatae sunt, ita et negare sic profatum esse haudquaquam sanè velim. Certè constans inter Sinas fama est, Confucium identidem dicere solitum 西Si方Fam有Yeu聖Xim人 Gin. Hoc est: in occidente est (vel, erit) sanctus. Sinis autem Judaea occidentalis est. Unum hoc interim dico, philosophum de eo, quem expectari scribit, tam sublimia tamque divina et dixisse iam nunc, et porrò dicturum, ut ea nulli prorsùs sanctorum tribui posse videantur, nisi uni illi qui reverà summè sanctus est, et qui harum quoque gentium expectatio tunc erat.[400])

25편 1쪽 1장 이 덕은 숭고하고 붙잡기가 어렵다. 지극히 거룩한 사람이 올 때까지 기다려야 한다. 마침내 그때 탁월한 덕이 저 지도자와 스승으로부터 우러나와 행동으로 옮겨져 사람들로 하여금 실천으로 옮길 수 있게 한다. (그는 도대체 누구인가? 이 사람에 대해서 철학자는 여기에서 말한다. 다른 사람들도 (인정한다면) 그렇게 생각한다. 나도 감히 단언할 수 없다. 이런 말을 공언하기 위해서는 귀신의 힘이 있어야 하기 때문이다. 즉 무녀가 귀신의 힘을 빌려 언젠가 그리스도가 올 것이라고 예언한 것과 같은 힘이 있어야 한다. 물론 공자가 공

---

[400] unum hoc ..... tunc erat *del. Couplet*

개적으로 예언했다고 나는^{인토르체타} 결코 부인하지는 않겠다. 확실히 중국인 사이에는 공자가 '서방유성인西方有聖人'을 말했다는 이야기가 퍼져 있다. 서방에 성인이 있다는, 혹은 있을 것이라는 말이다. 중국인 가운데에는 동방의 유대인도 있다. 그래서 이것 하나만을 말하고자 한다. 철학자는 기다리는 바로 그 성인이^{대기인待其人} 참으로 숭고하고 참으로 신성하다고 말했다. 그는 이렇게 말할 것이다. 즉 성인들 가운데에 지극히 거룩한 저 한 사람 외에 다른 어느 누구도 인정받을 수 없을 것이다. 그때 중국인이 기다렸던 이가 바로 이 사람이었다.)

*cf. **Ruggieri**.* Cum talis vir fueris, idem praestare poteris. (그대는 그런 사람이 될 것이므로 그대도 같은 것을 행할 수 있을 것이다.)

cf. 待其人而後行.

f.25. p.1. §.2.   Ideo dici solet, quòd si non existat summa[401] virtus ac sanctitas, summa quoque lex [et ratio][402] nequaquam coalescet, hoc est, summae legis observatio nequaquam erit omnibus numeris absoluta. (p. 181)

25편 1쪽 2장 이런 말을 하고는 한다. 만약 지극한 덕과 거룩함이 없다면, 지극히 높은 법[과 원리]도 결코 힘을 발휘하지 못할 것이다. 이 말은 모든 사람이 지극히 높은 법에 대해 복종하는 일은 이뤄질 수 없다는 것을 뜻한다.

cf. Ruggieri.   Ideo dicimus, nisi quis ad virtutem perveniat, ad rationem nobis a natura insitam nullam fieri accessionem. (만약 어떤 사람이 덕에 도달하지 못한다면, 그는 본성이 우리에게 부여한 이성을 얻지 못할 것이다.)

cf. 故曰, 苟不至德, 至道不凝焉.

---

[401] nisi maxima sit *Couplet*
[402] *suppl. Couplet*

f.25. p.1. §.3. Hinc igitur virtutis studiosus in primis suspicit ac summoperè colit, et conservare studet virtutem rationalem, seu lumen naturalem quod à coelo accepit, adeoque ad rectae rationis regulam omnia accuratè examinans, seseque instituens implet[403] extenditque mentis suae capacitatem et amplitudinem[404], quae nullo deinde privati amoris vel cupiditatisque vitio contrahatur; adeoque[405] exhaurit [item][406] ac perspicit etiam subtilissima et minutissima quaeque; tam perspicuè discernens singula, ut ne latum quidem unguem à vero aberret. Praeterea perficit et ad apicem perducit nativam eiusdem mentis suae [virtutem ad quamdam][407] sublimitatem et claritatem; et quidem omnia[408] agendo iuxta regulam medii [sempiterni][409] recolit vetera, et studet scire nova. Denique stabilit et assiduè corroborat ante parta, ut augeat ac perficiat quod fas et aequum est. (Vel, ut alii explicant: virtutis studiosus colit virtutum fundamentum, quod est natura ipsa rationalis et lumen rectae rationis; et inde progrediens, seseque instituens, iuxtà illius dictamina procedere nititur: severo examine studioque utens addiscit semper, nihil unquam de hoc ardore studioque proficiendo remittens: atque ita tandem assurgit ac pervenit ad cordis amplitudinem quamdam, ita ut exhauriat etiam minutiora quaeque ac subtiliora: pertingit item ad sublimem quamdam claritatem ac perspicacitatem mentis, et hac duce cuncta

---

403 p..........   C ..

404 ad suam latitudinem et magnitidinem *Couplet*

405 *del. Couplet*

406 *suppl. Couplet*

407 *suppl. Couplet*

408 transp. post agendo *Couplet*

409 *suppl. Couplet*

agit iuxta rectae rationis regulam, securè incedens per regiam illam medii consentanei viam. Assuetus autem et impense gaudens huiusmodi studiis recolit vetera quae didicit, et alia atque alia identidem studet scire de novo; parta conservat, et assiduè accumulat nova, ut iteratis actibus corroboret sibi quod fas et aequum est; ac insuper augeat sibi perfectam iuris, et rituum civilium, ac virtutum quae iis continentur, scientiam simul et praxim. Atque ita summa illa à coelo lex et ratio non poterit cum huiusmodi viri virtute non conformari et in unum coalescere.)

25편 1쪽 3장 이런 이유에서 덕을 열심히 공부하는 사람은 먼저 이성에 바탕을 둔 덕을 우러러 받들고 큰 정성으로 기르고 유지하려고 노력한다. 이는 하늘로부터 부여받은 본성의 빛이다. 따라서 모든 것을 엄밀하고 올바르게 이성의 법칙에 따라 계산해서 자신을 기르며 자신의 크고 넓은 마음을 채우고 밖으로 드러낸다. 이 마음은 결코 사적인 사랑과 욕심에 끌려 다니지 않는다. 어떤 일이든 끝까지 따지고 또한 철저하고 엄밀하게 살핀다. 진실로부터 손톱만큼도 오차가 없을 정도로 모든 것을 세밀하고 매우 분명하게 분별한다. 그는 이를 완수하고 마찬가지로 자신의 마음에 자리잡은 본성의 가장 높은 [어떤 덕으로] 숭고함과 가장 밝은 명확함에 도달한다. 진실로 모든 것을 행함에 있어서 중[용]의 법칙에 따라 옛것을 익히고 새로운 것을 배우려고 노력한다. 마침내 항상적이고 한결같이 이미 타고난 것을 유지하고 기른다. 올바르고 공정한 것을 크게 하고 완성하기 위해서다. (다른 사람들의 설명에 따르면, 덕을 공부하는 사람은 덕의 바탕을 기른다. 그 바탕은 본성 자체로 이성적인 것이고 올바른 이성이 빛이다. 여기에서 출발하여 자신을 교육하며, 저 이성의 명령에 따라서 앞으로 나아가려고 노력한다. 엄격한 따짐과 공부를 통해서 항상 더 배우려고 한다. 이 열정과 노력을 통해서 나아가는 것에서 결코 물러서지 않는다. 마침내 우뚝 솟아올라 마음의 저 광대함에 도달한다. 가장 작은 것까지 세세히 살피고 가장 섬세한 것까지 샅샅이 살핀다. 마찬가지로 마음의 어떤 숭고한 분명함과 자명함에 도달한다. 이를 길잡이 삼아 모든 것을 이성의 올바른 법칙에 따라서 행한다. 아무 걱정 없이 중용의 왕도를 걷는다. 습관을 가진 사람은 기쁜 마음으로 열심히 이 공부를 하며 옛것을 익히며 새로운 것에 대해서 여러 다른 것을 배운다. 타고난 것을 지키고 한결같이 새로운 것을 축적한다. 반복된 실천을 통해서 자신을 위해 올바르고 공정한 것을 강하게 만든다. 법률과 전례, 이것들이 지키는 덕에 대해 완벽한 지식과 동시에 실천을 굳세게 행한다. 그리하여 저 하늘에서 주어진 법률과 이성은 이런 사람의 덕을 통해 모양을 갖추며 하나로 합쳐진다.)

cf. Ruggieri. Quare vir bonus magni facit virtutem cuius a natura semina accepimus. Incipit indagando et discendo, donec ad amplam aliquam cognitionem perveniat. Omnia persequitur subtilia et minima, donec ad maiorem cognitionis claritatem perveniat, et semper in medio consistat, praeterita repetit, nova addiscit, demum semper lucem cognitionis addendo ipsam auget cognitionem. (군자는 덕을 크게 만든다. 우리는 덕의 씨앗을 하늘로부터 부여받았다. 군자는 탐구하고 배우면서 시작하고 어느 정도 충분한 앎에 이를 때까지 나아간다. 매우 정밀하고 세밀한 모든 것을 추적하여 앎이 더욱 분명하게 될 때까지 나아간다. 언제나 중에 머무른다. 옛것을 반복하고 새것을 배우며, 마침내 언제나 앎의 빛을 더하여 앎 자체를 키운다.)

cf. 故君子尊德性而道問學, 致廣大而盡精微, 極高明而道中庸, 溫故而知新, 敦厚以崇禮.

f.25. p.2. §.1. Cùm igitur eiusmodi vir sapiens in hoc totus sit, ut virtutem quam in se excolit reducat ad eam coeli rationem, fit ut quovis loco, tempore, ac statu nihil agat quod rationi non sit consentaneum. Atque haec etiam est causa, cur vir perfectus, seu sapiens consistens in superiori loco ac dignitate non superbiat nec insolescat, consistens in inferiori loco et gradu non sit refractarius [ac rebellis] nec violet leges et iura passim recepta, aut nova quaedam moliendo, aut ea quae non sunt in usu et antiquata pertinaciùs (p. 182) tuendo. Quodsi in regno vigeant virtus et leges, eius sermo sufficit, ut evehatur ad dignitatem, [vel ipse][410] quamvis hanc nequaquam ambiat (vel, ut alii explicant: eius sermo sufficit, ut rex unà cum populo erecto animo et alacri dictas leges serve[n]t ac promovea[n]t[411]. Vel, ut alii exponunt: eius sermo sufficit, ut is, quem ipse proponit, promoveatur.[412]) Si regnum sine virtute ac legibus sit, eius prudens silentium, et privatim cautè sibi uni vacantis assidua vigilantia item[413]sufficit, ut partium neutram offendens imperturbatus sibi vacans relinquatur, et evitet pericula ac calamitates, quibus probi quoque sunt obnoxii in regno perturbato. Exemplum ex Odarum libro adfert de quodam eximiae sapientiae optimate Chum-Xan-Fu dicto, de quo Oda ait: quia rectè intelligens erat, ac rerum eventumque prudens indagator, idcircò potuit illaesam conservare suam personam. Hoc illud est quod hîc suprà diximus addit Cu-Su (vel, ut alii explicant: hic Odae sensus idem ipse est quem

---

[410] *suppl. Couplet*

[411] servent ... promoveant *Intorcetta: corrigendum est.*

[412] vel, ... ut rex ... promoveatur *del., pro eis* vel alius quem proponet *adn. Couplet*

[413] *del, pro eo* et taciturnitas *adn. Couplet*

nos dicemus, videlicet, virum solidè perfectum omni loco et statu sui semper similem esse.)

25편 2쪽 1장 지혜로운 사람은 자신이 기르는 덕을 하늘의 이성에 비추어 보는 일에 힘을 쏟는다. 언제 어디서든 이성에 어긋나는 것은 행하지 않는다. 이상적인 군자 혹은 현자가 높은 자리나 지위에 있으면서도 오만하거나 거만하지 않으며, 낮은 자리나 지위에 있으면서도 가볍게 대들지 않고 [반역을 꾀하지도 않으며] 법을 어기지 않고, 어떤 새로운 일을 도모하거나 잘 사용되지 않고 오래된 것을 굳건하게 지킬 때에도 어디에서든 법을 준수하는 이유도 바로 이것 때문이다. 만약 나라에 덕과 법률이 살아있다면 관직으로 나가기 위해서는 그의 말이면 충분하다. [혹은 그 자신이 직접] 자리를 얻기 위해서 부탁하러 돌아다니지 않아도 된다. (혹은 어떤 이들의 설명에 따르면, 군주와 백성이 하나 되어 활기 넘치고 즐거운 마음으로 공포된 법률을 지키고 널리 퍼지게 하기 위해서도 그의 말이면 충분하다. 혹은 어떤 이들의 설명에 따르면, 자신이 추천한 사람이 발탁될 수 있도록 하기 위해서도 그의 말이면 충분하다. 만약 나라에 덕과 법률이 없다면, 침묵을 지키는 것이 지혜롭다. 마찬가지로 오로지 자신에게만 전념하는 마음을 항상 가지는 것으로도 충분하다. 어느 쪽도 공격하지 않음으로써 평화롭게 자신을 지켜 위험과 재앙을 피할 수 있을 것이다. 혼란스러운 나라에서는 이 재앙으로 말미암아 올바른 사람이 해를 입는다. 그는 『시경』에서 중산보仲山甫라는 지극히 지혜가 높은 어떤 사람의 사례를 든다. 그에 대해서 시는 말한다. 그는 올바르게 이해하고, 지혜롭게 사안과 사건을 처리해서 그 자신의 몸을 온전하게 보존할 수 있었다. 여기에 자사가 말을 덧붙였다. (혹은 다른 사람들의 설명에 의하면, 시가 말하려는 것이 바로 우리가 말하려는 바로 그 사람을 가리킨다. 즉 어디에서든, 어느 자리에서든 굳건하게 완전함을 지키고 언제나 한결같은 사람을 말한다.)

cf. Ruggieri.   Propterea vir ille excelso loco positus non inflatur, in humili vero collocatus non rebellat. Regnum pacatum et cum ratione administratum huius sermones et consilia possunt adiuvare. Regno perturbato aut sine ratione administrato, huius in terra virtus apta est ad patienter turbolentiam rerum sustinendam et pacifice(pacificae *sic*) domum suam repetandam. Est in *Poematibus*, qui scit hoc statim sapiens est, potestque se ipsum incolumem praestare. Haec est hominis ratio. (이런 이유에서 그 사람은 높은 자리에 있으면서도 우쭐대지 않고, 낮은 자리에 있어도 반란을 도모하지 않는다. 이성에 의해서 다스려지는 평화로운 나라는 말과 조언으로 도울 수 있다. 이성에 의해서 다스려지지 않는 혼란스러운 나라에서 그의 덕은 땅에 있는 것이 적합하다. 나라의 혼란을 참고 견디기 위해서 그리고 자신의 집을 평안하게 지키기 위해서나. 『시경』에 이르길, 이를 아는 사람이 바로 현명한 사람이다. 그는 자신을 안전하게 지킬 줄 아는 사람이다.)

cf. 是故居上不驕, 爲下不倍. 國有道, 其言足以興. 國無道, 其默 足以容. 詩曰, 旣明且哲, 以保其身. 其此之謂與.

f.25. p.2. §.2. Hîc Cu-Su paululùm digressus invehitur contra eos, qui cùm sint homines privati, aut violant ritus, et leges iam receptas, aut temerè moliuntur novas instituere. In hanc rem citat Confucium, qui sic ait, si quamvis rudis et exiguae virtutis vir, tamen velit suo unius iudicio uti, eoque niti, quasi valeat magno rerum usu magnâque vi intelligendi, si [item]414 è vili plebe sit quispiam et tamen velit pro libitu sibi arrogare quae non sunt sui iuris et fori, rursùs si natus sit in praesenti saeculo, et sub huius saeculi legibus, et tamen è contrario convertens se ad prisca, mordicùs tueri velit ac sequi priscorum iam antiquatas leges, si sit qui talia agat, ego sanè affirmo fore ut non paucae calamitates obveniant ipsius personae.

25편 2쪽 2장 여기에서 자사는 약간 벗어나서 저 사람들을 공격한다. 그들은 사인私人으로, 전례를 어기거나 이미 통용되는 법률을 위반하거나 경솔하게 새로운 법률을 세우고자 시도하는 사람들이다. 이에 맞서 자사는 공자를 인용한다. 공자의 말이다. 비록 무지하고 덕이 모자람에도 자신의 판단을 따르고 확신하는 사람이 있다. 그는 자신에게 중대한 일을 행할 수 있는 지성의 큰 힘이 있다고 믿는다. 마찬가지로 낮은 신분에 속하는데도 자신의 권한 아래에 놓여 있지 않은 것과 공동의 것에 대해 자기 마음대로 주장하는 오만을 부리는 사람도 있다. 지금 시대의 사람으로 지금 시대의 법률의 지배를 받는데도, 상고 시대로 돌아가려고 하고, 상고 시대의 옛날 법률을 곧이곧대로 지키려는 사람도 있다. 이렇게 행하려는 사람이 있다면, 그런 사람에게는 작지 않은 재앙이 닥칠 것이라고 나는 확신한다.

---

414 *suppl. Couplet*

cf. Ruggieri. Idem. Qui non est sapiens licet sit rex laetatur(letatur *sic*) de suo arbitrato cernere; atque privatus est licet sit sapiens laetatur(letatur *sic*) tantum se uti consilio ad res agendas, item hac aetate natus antiquis legibus advertat, qui nunc servat? Hac de causa homo ille incidet in calamitate. (공자의 말이다. 현명한 사람이 아니어도 군주는 자신의 판단으로 [그런 사람을] 가려내는 것을 좋아한다. 관직에 오르지 않는 사람이라 할지라도 현명한 사람은 일을 수행하기 위해서 자신의 조언을 활용하는 것을 좋아한다. 마찬가지로 지금 시대의 사람은 옛날 법을 뒤집어버렸다. 지금 이것을 지키는 사람은 누구일까? 이런 이유에서 저 사람은 재앙에 떨어질 것이다.)

cf. 子曰, 愚而好自用, 賤而好自專, 生乎今之世, 反古之道. 如此者, 烖及其身者也.

f.25. p.2. §.3. Si non fuerit coeli filius, seu imperator, qui cum virtute coniunctam habeat authoritatem, nemo alius (inquit Cu-Su) instituat ritus et urbanitatis officia, nec inducat novos curiae usus, aut pro libitu suo mutet ea quae ad regiae domus supellectilem, ac reliquum aulae apparatum pertinent, nec item ausit suo unius arbitratu mutare quidquam rei literariae aut reformare veterum librorum monumenta, ne scilicet im-(p. 183)-perii pax, quae stabilitur et conservatur per uniformem usum rituum, litterarum, et consuetudinem, et ea quae per haec fovetur concordia novitatibus eiusmodi perturbetur, atque ita imperium periclitetur. Est prorsùs admiratione dignum quod in hoc Sinarum imperio, quod unum [si non][415] magnitudine suâ [certè][416] et hominum frequentia mediam ferè[417] Europam aequat[418], tanta sit tamen, et ab omni retrò memoriâ semper fuerit in rebus omnibus uniformitas tam constanter et exactè observata, ut non solum linguae, rituumque civilium, qui ad forum, coniugia, et disciplinas scholasticas spectant, item sacrificiorum, vestiumque una eademque [pro cuiusque gradu][419] sit ratio; sed urbium quoque palatiorum, et domorum par omninò forma, sic ut qui unam urbem viderit, omnes huius imperii urbes vidisse censeri possit; quin eò tandem processit priscorum regum cura et uniformitatis studium, ut per idem ferè anni tempus placuerit toto imperio nuptias celebrari; per eosdem ferè dies duci funera et iusta

---

[415] *suppl. Couplet*

[416] *suppl. Couplet*

[417] mediam ferè del., pro eis universalem *adn. Couplet*

[418] longè superat *Couplet*

[419] *suppl. Couplet*

defunctis fieri; atque in eum finem adeò constans ab omni aevo Kalendarii usus, rerumque per anni dies peragendarum distributio quaedam instituta, et quotannis toto imperio promulgata, quamquam hanc temporum ad res eiusmodi peragendas observationem posterioris aetatis superstitio non parùm vitiarit, atque ad fines longè alios, quàm quos prisci illi legum conditores spectabant, perniciosè detorserint. Nimirum postquam idolatria tantam varietatem sectarum atque opinionum, adeòque et rituum, aliarumque rerum, invexit, discessit[420] in iusto quidem genere non parùm de laudabili illa Sinarum inter se mutuò conformitate, quae quidem dum olìm viguit, puto Chinam hanc, non imperii, non provinciae, non urbis, sed unius familiae sub suo patrefamilias speciem quamdam praebuisse. Nolim tamen hîc lector existimet, priscam illam uniformitatem fuisse eiusmodi, quae nullum relinqueret discrimen regem inter et subditos, summos inter infimosque. Erat hîc enim verò discrimen suum, sed eâ scilicet cum proportione et modo, planè ut intelligeres, discrimen ac difformitatem omnem in decus et emolumentum unius reipublicae, ceu corporis unius ornatum ac firmitatem uniformiter referri. Erat aedium tam privatarum quàm publicarum una ferè eademque forma, regiarum tamen amplitudo, nec non celsitudo longè superabat omnes; atriorum item, et porticuum, valvarum, graduumque numero, caeteras omnes regiae vincebant. Verumtamen sic rursùs vincebant, ut non pro cuiusque arbitrio principis, sed eâ dimensione eoque numero, quem leges Imperii, vel certè vetus et inviolata consuetudo praescribebat. Quo(p. 184) fiebat, ut regulorum,

---

[420] de- *Couplet*

aliorumque praefectorum palatia, et amplutudine et atriorum, valvarumque numero magìs minùsve discederent à domo regiâ, prout vel horum dignitas, vel nobilitas istorum regiâ vel stirpe, vel dignitate magìs minùsve removebatur. Rursùs vestium cuiusque forma eadem ubique cernebatur; at color vestium non idem: nam praeter unum regem, et qui regiâ stirpe oriundi erant, nulli fas erat flavi coloris vestes adhibere; qui magistratum gerebant purpurâ temporibus suis utebantur; qui reus iudici sistebatur atratus incedebat[421]: qui mortem parentum, sui principis aliorumve lugebat albi coloris vestibus induebatur. Neque haec, et alia quae mox enarrabo, cuiquam immutare fas erat, nisi uni fortè principi, qui et ipse haud immutabt quidquam nisi maturo planè consilio, consulto in primis coetu illo ac senatu (禮Li部Pu vulgò vocant) ad quem rituum tam sacrorum quàm prophanorum cura spectat. Solebant praeterea regiis insignibus atque vestibus, nec non supellectili domûs regiae dracones appingi quinque unguibus armati: at si alius, quamvis potens atque nobilis, his usus fuisset, reus extemplò et quidem capitis agebatur. Ornabant pileum, seu tiaram potiùs regiam funiculi serici duodecim, singuli duodecim gemmis illustres: regulis autem non nisi novem permittebantur, septem aliis, et sic deinceps. Pileorum quoque non una forma erat, alia quippe eorum qui magistratu fungebantur, literatorum qui privati degebant alia, alia plebeiorum, sed hanc quidem varietatem Tartari nunc sustulerunt, sigillorum autem servavêre Regis itaque sigillum praegrande est, octo circiter digitorum

---

[421] *del.*, *pro eo* et nudo capite *Couplet*

mensuram in quadro obtinet: et hoc quidem tempore, uti magistratus ipsi (de supremis loquor) omnes geminati sunt, et Sinâ[422] Tartaroque [charactere][423] constant, ita sigillum quoque partim Sinicis, partim Tartaris constat literis. Literis inquam, has enim, non autem notas alias vel insignia sigillis suis, nostro Europaeorum more, insculpunt. Porrò sigilla regulorum regio minora sunt, minora sunt item magistratuum, et his quidem ipsâ cum dignitate decrescunt; illis verò eò semper minora sunt quo longius à radice stirpis regiae discedunt. Ad haec, materia sigilli quo rex utitur iaspis est; quo reguli utuntur aurum, nec rarò septem vel octo pondo appendi solet; mandarinis verò, seu magistratibus, qui primi sunt ordinis sigilla permittuntur argentea; qui inferiores sunt cupreis ligneisce contenti[424] (p. 185) esse debent: in colore autem, quo sigilla imprimunt, suum etiam discrimen cernitur.[425] Ad extremum[426], literae [et sigilla][427] et tituli [pilei quoque vestes, aedes ac palatia][428] et insignia, ritus item dum sacris operabantur, fercula dum conviviis vacabant, chori saltantium, canentiumque, pro maiori vel minori cuiusque [gradu ac][429] dignitate, numerum suum et ordinem, et maiestatem superiori aetate[430] sortiebantur. Superiori inquam aetate: nam hac, qua Tartari rerum potiuntur, nonnulla vel immutarunt ipsi, vel

---

422 sinico *adn. sed del. Couplet*

423 *suppl. sed del. Couplet*

424 e cupro aut ligno pretioso conflatis sigillis contenti *Couplet*

425 nolim tamen ..... etiam discrimen cernitur *del. Couplet*

426 Etenim *Couplet*

427 *suppl. Couplet*

428 *suppl. Couplet*

429 *suppl. Couplet*

430 superiori aetate *del. Couplet*

etiam pro suo bellicosae gentis ingenio neglexerunt.[431] Tanta
porrò vigebat olìm observantia proportionatae huius uniformitatis,
ut si quem(A) praescriptos rituum morumque limites excessisset,
non is arrogantiae solùm, sed ambitûs quoque non rarò
damnaretur; et si fortè quae unius propria sunt regis temerè
usurparat, in rebellionis quoque suspicionem et crimen vocaretur.
Vide quae de his passim occurrent in libris *Lun-Yu* et *Li-Ki*[432](A).

(A. Co Yn Xim, Y Fo, Ki Ki, Ki Ki, Y Nhi Chun, Xa. Ex *Li-Ki* lib.3.
fol. 29. Id est:quisquis fecerit turpes cantiones, aut pergrinas vestes, aut
exercuerit inusitatas artes, aut inusitata instrumenta confecerit, ut ita
perturbet decipiatque populum, occidatur)

25편 2쪽 3장 만약 하늘의 아들이 아니면, 즉 덕에 바탕을 둔 권위를
가진 통치자가 아니면, 다른 어느 누구도 (자사의 말이다) 전례와 예
법을 세우지 못한다. 또한 조정朝廷에 어떤 새로운 질서도 만들지 못한
다. 왕실과 궁전에 속하는 여타의 다른 것을 자신의 사심에 따라 바꾸
지 못한다. 또한 감히 자신의 판단만으로 문자와 관련된 어떤 것도 바
꾸지 못하며 옛날 책에 담긴 기록도 함부로 고치지 못한다. 나라의 평
화는 전례와 문자 사용의 통일됨과 일관됨을 통해서 지켜지고 유지된
다. 나라의 화합은 이것을 통해서 길러진다. 함부로 고치지 못하게 하
는 것은 새로운 것에 의해서 혼란스러워지지 않고 나라가 위험에 빠
지지 않도록 하기 위해서다. 전적으로 놀라운 일이다. 중국은 단일한
나라로 그 크기와 사람들의 수가 [확실하게] 거의 유럽의 중심 지역과
위비슷하가 큰 나라인에도 옛날이 기어에 이지해서 어제나 모든 이
에 통일성을 정확하게 지킨다. 그래서 말과 공적인 의례와 혼인과 학

---

[431] superiori inquam .... neglexerunt *del. Couplet*
[432] Hinc prisca lex illa in lib.3. Officiorum f.29. sic habet *Couplet*

교에서 행하는 행사와 같은 일상의 의식뿐만 아니라 제사와 의복의 법도가 언제나 [각각의 지위에 따라] 동일하다. 그러나 도시, 궁전, 집들은 전적으로 같은 모양을 취한다. 도시 하나를 보면 이 나라의 모든 도시를 보았다고 말할 수 있다. 물론 통일을 유지하기 위해 옛날 군주들이 기울인 노력과 정성 덕분이었다. 혼례도 온 나라에 걸쳐서 한 해 중에서 거의 같은 시기에 이루어질 정도이다. 장례와 망자를 위해 제사를 올리는 기간도 동일하다. 이와 같은 목적을 위해서 전 시대에 걸쳐서 일정한 달력을 사용한다. 일 년에 걸쳐서 날마다 해야 할 일에 대한 어떤 분배가 정해져 있고, 매년 온 나라에 공포된다. 후대의 미신이 절기마다 행해야 할 일을 지키는 것을 적지 않게 훼손했고, 상고 시대에 법률을 제정한 사람들이 바라던 것과는 멀리 벗어나 있는 다른 목적을 위해서 매우 위태로울 정도로 왜곡해 버렸다. 당연히 나중에 우상 숭배가 여러 다양한 분파와 견해와 의식과 다른 것을 가지고 들어왔다. 그래서 중국인들이 서로 칭찬하는 통일성은 이 올바른 전통에서 멀어지게 되었다. 이 통일성이 옛날에는 살아 있었다. 나는 이 나라 중국이 나라와 지방과 도시의 모양이 아니라 한 가장 아래에 있는 하나의 가족의 모양을 취했다고 생각한다. 그럼에도 불구하고 독자가 즉 군주와 신하 사이에 어떤 차이가 없고, 상층민과 하층민 사이에 어떤 구분이 없다고 판단하지 않았으면 한다. 여기에는 각각의 고유한 차이가 있다. 그 차이와 다양함은 하나로 통일된 나라의 품격과 이익을 지키는 범위에서 허용되는 비례와 방식을 따른다. 마치 장식과 장비를 통일적으로 달아주어 몸을 하나로 만들어주는 것과 마찬가지이다. 사적인 집뿐만이 아니라 공적인 건물도 그 모양은 거의 같다. 왕실의 넓이와 높이는 다른 모든 것을 크게 능가한다. 마찬가지로 마당과 누각과 대부과 계단의 수에 있어서도 왕실이 다른 모든 것을 능가한다. 그럼에도 불구하고 왕실도 군주의 자의적인 판단이 아니라 나라의 법률이 정해 놓은 수와 규모의 범위를 넘지 못한다. 옛날의 결코 손댈 수 없는 관습이 정해놓은 범위를 넘지 못한다. 그 결과 소왕과 다른 대신의 소궁은 마당의 크기와 대문의 수가 군주의 궁전에 크게 미치지 못한다. 마치 이들의 권위 혹은 이들의 고귀함이 군주의 혈통과 권위에 크게 미치지 못하여 물러서 있듯이 말이다. 각각의 의복의 모양도 마찬가지다. 이는 분명히 어디에서나 그렇다. 의복의 색도 같지 않다. 군주 외에 그 어떤 이도 노란색의 옷을 입지 못한다. 어떤 이들이 설령 왕실 혈통이라 할지라도 그렇다. 관직을 수행하는 관리는 자신의 임기 중에는 자주색의 관복을 착용한다. 재판을 관장하는 관리는 검은 관복을 착용한다. 부모를 여읜 사람과 군주나 다른 사람을 애도하는 사람은 하얀 옷을 입는다. 이것과 곧 언급할 다른 것은 어느 누구도 함부로 고쳐서는 안 된다. 이는 오로지 군주만이 할 수 있다. 군주도 실은 그 어떤 것도 함부로 바꿀 수 없다. 충분한 상의와 자문을 받아야 한다. 우선적으로 (예부라 불리는) 부서의 회의와 심의를 거쳐야 한다. 예부는 성스러운 전례와 예언을 관장하는 부서이다. 그 밖에도 그들은 왕실의 휘장과 의복, 왕실의 물품에 발톱이 다섯인 용을 새겨 넣는다. 이를 어길 경우, 아무리 권세가 있고 높은 신분의 사람이라 할지라도 그 자리에서 체포되어 사형에 처해진다. 비단으로 된 줄 12개가 왕관을, 혹은 더 정확하게는 면류관을 장식한다. 각각의 줄은 구슬 12개로 빛난다. 소왕에게는 구슬이 9개 허용되고, 다른 이에게는 7개의 구슬이 허용된다. 관의 모양 또한 하나가 아니다. 관직을 수행하는 관리의 관은 다르기 때문이다. 관직을 수행하지 않는 유학자의 관도 다르고 서민의 관도 다르다. 하지만 만주족이 이 차이를 없애 버렸다. 인장의 차이는 고수하고 있다. 군주의 인장은 매우 크다. 네모난 모양으로 각기 9치^{한 치는 한 자의 10분의 1 또는 3.03cm 해당함} 길이로 되어 있다. 실은 이 시대에는 모든 관리가 (나는 최고의 관리에 대해서 말하는데) 짝을 이루고 있듯이, 즉 중국 문자와 만주 문자로 구성되어 있듯이 인장도 한편으로는 중국 문자와, 다른 한편으로는 만주 문자와 짝을 이루고 있다. 내가 말하는 것은 문자인데, 이것들을 인장에 새긴다. 하지만 우리 유럽의 방식처럼, 다른 어떤 것 특히 휘장을 인장에 새기지는 않는다. 더 나아가 소왕의 인장은 군주의 인장보다 작다. 물론 관리의 인장은 더 작다. 관리는 그의 권위에 따라 인장도 작아지며, 소왕은 왕실의 혈통으로부터 멀어지면 멀어질수록 인장도 언제나 더 작아진다. 인장의 재료에 대해 덧붙이면, 군주는 벽옥을 쓴다. 소왕은 금을 쓴다. 흔히 7에서 8돈의 금을 쓴다. 관료 혹은 대신에게는, 즉 일급의 지위에 위치한 이에게는 은으로 된 인장을 쓰는 것이 허용된다. 낮은 지위에 있는 사람은 동으로 된 인장이나 나무로 된 도장을 사용한다. 마찬가지로 인장을 찍는 색도 각각의 신분에 따라 구분된다. 마지막으로 이전 시대에는 문자 [그리고 인장], 관직[관과 가옥, 궁정], 휘장, 그들이 모시는 제사, 잔치에서 즐기는 음식, 가무의 수와 순서와 규모는 나이의 많고 적음과 [관직과] 위엄의 높고 낮음에 따라 정해졌다. 내가 이전 시대라 한 이유는 지금은 만주족이 패권을 차지했기 때문이다. 그들은 이것들을 크게 바꿔버렸다. 심지어 호전적인 이 종족의 본성 때문에 이것들을 경멸하기까지 했다. 그런데 이어서 말하자면 예전에는 이와 같은 비례에 의거해서 통일성을 지키려는 전통이 살아있었다. 전례와 풍속이 정해놓은 경계를 뛰어넘는 자는(A) 오만하다는 것뿐만이 아니라 야망이 있다는 이유로 처벌을 받을 정도였다. 만에 하나 나라를 하나로 만드는 본질적인 것을 함부로 건드린다면, 그는 반역의 혐의를 받고 중죄에 처해질 정도였다. 이에 대해서는 『논어』와 『예기』의 여러 자리에 나오는 것들을 참조하라.

(A. 作淫聲異服奇技奇器以疑衆殺. 『예기禮記』 「왕제王制」. 어떤 이든 음란한 노래를 지어 부르거나, 이방의 의복을 착용하거나, 기이한 기술을 남발하거나, 혹은 괴이한 도구를 만들거나, 그것이 인민을 혼란에 빠뜨리고 기만한다면, 그자는 사형에 처한다.)

*cf. **Ruggieri**.* Si rex non fueris, nec ritus praescripseris (prescripseris *sic*) et ceremonias ne novos modos induxeris, nec libros mutaveris, nec enim in urbe curruum(currum *sic*) eadem est forma, libri item idem est, eadem est ratio humanitatis et cultus in rebus omnibus. (만약 그대가 군주가 아니라면, 예법을 정하지 못하고, 새로운 의례를 도입하지도 못하며, 책을 바꾸지도 못할 것이다. 도시의 마차들의 모양도 같지 않고, 책의 모양도 같지 않으며, 모든 일에 걸쳐서 사람됨의 방식과 예법이 같지 않기 때문이다.)

cf. 非天子不議禮, 不制度, 不考文. 今天下車同軌, 書同文, 行同倫.

f.26. p.1. §.1. Moderni huius, sub quo degimus, imperii 周Cheu currus (inquit Cu-Su) eosdem describunt sulcos, quos olìm describebant, quandoquidem similibus constent rotis: libri item eandem servant methodum et ductus literarum qui olìm in usu erant: morum quoque atque officiorum eadem quae olìm ratio est. Idem enim mos est maiores inter et minores, summos inter et imos, et amicos inter. Quo pacto igitur rudis quispiam et privatus ausit non sequi hos maioris momenti ritus et leges huius imperii, cùm hîc et nunc vigeant, et à prisca illâ intergritate parùm discedant?[433] (p. 186)

   Digressio 5. De Sinarum literis (pp. 186~202): vide appendicem.

26편 1쪽 1장 우리가 살고 있는 이 시대의 수레는 (자사의 말이다) 주나라의 궤도를 달린다. 이 궤도는 예전과 같다. 왜냐하면 비슷한 바퀴로 이루어져 있기 때문이다. 마찬가지로 책도 옛날 유학자들이 사용하던 것과 같은 방법과 배열을 따른다. 풍속과 윤리도 예전의 방식과 같다. 나이 든 사람과 어린 사람 사이에 있는 도덕이든, 지위가 높은 사람과 낮은 사람 사이에 있는 도덕이든, 친구들 사이의 도덕이든 모두 같다. 따라서 아무리 잘 모르는 사람이고 관직에 나서지 않는 사람이라 할지라도 어찌 이토록 중요한 나라의 전례와 법률을 감히 따르지 않으려고 하겠는가? 이것들은 지금도 여기에서는 살아 있고, 상고시대의 저 완전함에서 거의 벗어나 있지 않기 때문이다.

   보론 5. 중국의 문자에 대하여 (186~202쪽)

---

[433] §.2 vide 202 *in nota marg. adn. Couplet*

f.26. p.1. §.2. Tametsi quispiam (inquit Cu-Su) habeat eorum (priscorum scilicet regum) dignitatem, si tamen careat eorumdem virtute, ne is tantum sibi tribuat, ut audeat instituere novos ritus et novam musicam, quia virtus est condendarum piarum legum fundamentum. Tametsi etiam quispiam habeat regias illorum virtutes, si tamen careat regiâ eorum dignitate, item nec is arroganter ausit instituere ritus et musicam, hoc enim spectat dumtaxat ad eum qui unà sanctus sit et imperator. Hîc observa quòd prisci binis literis 禮Li樂Yo concentum quemdam concordiamque rituum et musicae significari voluerunt, nec rituum tantùm, sed etiam officiorum quae solent (p. 202) homines inter se mutuò passim exercere. Et verò inest literae 禮Li utraque vis haec et significatio: etenim cùm probè intelligerent ipsi, ritus omnes atque officia si non à vera animi sententiâ verâque virtute, ceu nativâ radice procederent, inutile quid, evanidum et fucatum esse, et haudquaqaum posse diu vigere atque persistere; omni studio atque industriâ hoc scilicet agebant, ut illi ritus et officia suo quaeque virtutum succo imbuta magis magis in imperio quotidie florerent: sed cùm hîc rursùs animadverterent, abhorrere quodammodò à virtute naturam nostram vitiatam, in vitia verò et illicitas voluptates ultrò ferri, quò illam cupidiùs arriperent homines, praesertim regiae stirpis iuventus, et ii quorum tenerior aetas nullis dum vitiis depravata erat, musicam(V) adhibuerunt, ac pulcherrima quaeque virtutum documenta suavitate(A) musicae imbuta candidae iuventutis animis instillare sunt aggressi.

(V. Xun Yue: Yo Tien Hia Chi Cim Te Xe Chi Cie. Ex Annalibus. Id est:

Xun Imperator ait: musica est Imperii decus ac vigor, affectionum quoque animi in bonis vel obtentis vel amissis temperamentum.)

(A. Sien Vam Chi Chi Li Yo Ye, Fi Y Kie Keu Fo Ulh Mo Chi Yo Ye Ciam Y Kiao Min Pin Hao U, Ulh Fan Tao Chi Chim Ye. Id est: prisci reges constituerunt ritus et musicam, non eo fine ut reponderent oris, verntris, aurium, et oculorum appetitibus, sed iis usi sunt ut docerent populum moderari amoris odiique motus, atque ita eum revocarent ad humanae legis rectifudinem. Ex *Li-Ki* lib.7. f.5.)

(A. Cheu Li Chun Quon Ta Su Yo Y Yo Te Kiao Que Cu. Id est: imperante familiâ Cheu, quando etiam huius ritus vigebant, verni temporis mandarinus et magnus praefectus musicae cum musicae virtute instruebat regni filios. Ex libro Su-Xu-Chim in part.7. *Lun-Yu* f.1. usque ad fol.10. Literâ 禮 Li, id est ritus. Rursùs interpres clarius explicans dicta verba sic ait: Y Yo Chim Ki Te, Cu Yue, Yo Te. Que Cu, Que Chi Cu Ti Ye. Id est: quia per musicam perficiebat eorum virtutes; ideo dicitur, musicae virtus; regni filii sunt regum filii et fratres, et quicunque sunt è stirpe regiâ.)[434]

Ad ritus autem, quos comitabatur, vel animabat potiùs dicta musica, spectabat in primis cultus ille qui coelo deferebatur, supremo inquam coeli terraeque spiritui(B) atque imperatori[435], utpote qui et procreator sit viventium omnium et principium ac fundamentum rectae[436] gubernationis: [hinc in lib. *Ye-Kim* disertè dicitur avitos reges instituisse musicam ut eam solenni ritu

---

[434] V-A *del. Couplet*
[435] atque imperatori *del. Couplet*
[436] harmonicae *Couplet*

offerrent supremo coeli imperatori.]⁴³⁷ Spectabat item cultus(C), quo prosequebantur maiores defunctos, uti propagatores stirpis humanae⁴³⁸. Ad extremum is quem deferebant regibus, et populi totius magistris, ut iis quibus à coelo demandata sit cura populi rectè instituendi, et à quibus regnorum felix administratio proximè dependere.

(B. Ye Yue, Sien Vam Y Co Yo Cum Te Yn Cien Chi Xam Ti. Id est: Ye-Kim liber ait: aviti reges instituendo musicam depraedicabant virtutes et solemni ritu offerebant eam supremo coeli imperatori. Ex Lib. *Ye-Kim*.)

(B. Cu Yue: Fi Li Vu Y Cie Sie Tien Ti Xi Yen. Id est: Confucius ait: si desint ritus et officia, iam non est quo ritè servias coeli ac terrae spiritui. Ex Lib. *Li-Ki*: et Kia-Yu par.1. f.19.)⁴³⁹

Officia verò potissimùm erant illa, quae humanae societatis maximè sunt propria, et spectant ad quinque ordines quorum in hisce libris crebra sanè fit mentio, eum videlicet ordinem (X) quem servari par est⁴⁴⁰ regem inter et subditos, quem⁴⁴¹ parentes inter et filios, inter fratres maiores natu et minores; inter maritum et uxorem, ad extremum familiares inter seu amicos, quibus addi quoque potest discrimen et ordo, qui ob disparem (p. 203) conditionem plebeios inter ac nobiles observari solet. Et hic quidem ritus et officia vinculorum planè sunt instar et nexuum,

---

⁴³⁷ *suppl. Couplet*

⁴³⁸ uti ... humanae *del., pro eis* tamquam suos progenitores *adn. Couplet*

⁴³⁹ B-B *del. Couplet*

⁴⁴⁰ quorum ... est *del., pro eis* qui sunt *adn. Couplet*

⁴⁴¹ *del. Couplet*

qui alia atque alia corporis eiusdem membra, tum inter se, tum ipso cum capite perquàm aptè vinciunt uniuntque: unde protinùs existit mutuus omnium inter se et honor et benvolentia, adeòque totius imperii perennis quaedam pax atque felicitas, et politici corporis admirabilis omninò firmitas, decor et venustas.

(X. Fi Li Vu Y Pien Kiun Chin, Xam Hia Cham Yeu Chi Guei Ye. Id est: si non habeatur officiorum ratio, iam non erit quo distinguens regum et clientum, superiorum et inferiorum, seniorum ac iuveniorum inter se personas et gradus, Ex *Li-Ki* lib.9. f.1. et ibidem mox additur.)

(X. Fi Li Vu Y Pie Nan Niu, Fu Cu, Hium Ti Chi Cin Ye. Id est: si non habeatur officiorum ratio, iam non erit quo distinguatur maris[442] et foeminae, vel mariti et uxoris, patris ac filii, et fratrum inter se mutua observantia et amor. Ex *Li-Ki* lib.9. f.1.)[443]

Confucius itaque (uti in libris(D) 禮*Li*紀*Ki* et 家*Kia*語*Yu* par.6. f.15. refertur[444]) ritus istos et officia lumen esse dicebat imperii, atque ubi illa desiderarentur caeca esse confusaque omnia. Sed extant etiam eiusdem libri, quos de officiis conscripsit, et modò citavimus 禮*Li*紀*Ki* dicti, ubi huiusmodi multa in nostram sententiam adfert.[445]

(C. Cu Yue: Vu Li Pi Yeu Chum Ye Yeu Kieu Yu Xe Chi Chum Fi Cho Ho Y Kien. Id est: Confucius ait: si desit officiorum [civilium][446] norma,

---

[442] viri *Couplet*
[443] X-X *del. Couplet*
[444] uti ... refertur *del. Couplet*
[445] sed ... adfert *del. Couplet*

similis erit respublica homini totâ nocte quaerenti quidpiam, in obscurae domûs penetralibus; si enim non adhibeat lumen, quid et quo tandem modò inveniet? Ex libris *Li-Ki* et *Kia-Yu* par.6. f.15.)[447]

Quoniam verò quae in hoc genere servari volebant atque exerceri, non fictè ******[448], sed ex animo, quemadmodùm dicebamus, et ex verâ virtute fieri volebant atque observari, et harmoniâ quadam politicâ et morali externis interna respondere, cùmque numeris ferè musicis ederetur in vulgus haec ipsa doctrina, hinc 禮Li樂Yo, id est sua ritibus sociari musica dicebatur, et esse sua sinceri cordis, à quo ritus et officia procedebant, cum ispsis quae foris se prodebant ritibus officiisque concordia et harmonia[449]. Priscorum igitur musicam instituentium cura omnis et studium, non ad privatum principum oblectationem referebatur (uti antiquus auctor 太Tai史Su公Cum dictus observet[450](E) sed vel maximè ad iuventutis ac populi totius rectam institutionem, eratque tum aliarum virtutum, tum in primis concordiae subditorum inter se suoque cum principe suavis et domestica magistra. Quò illa verò plus authoritatis obtineret ac fidei non ab aliis quàm ab ipsis imperatoribus institui poterat ac vulgari; sed inter hos quoque non cuicunque principum fas erat rem tantam suscipere, sed iis dumtaxat qui eximiam planè virtutem cum imperatoriâ dignitate coniunxisset. Et illa quidem

---

[446] *suppl. Couplet*
[447] D *del. Couplet*
[448] *valde irasus est*
[449] et harmonia *del. Couplet*
[450] pluribus refert *Couplet*

quanto mox in pretio haberetur hinc potest intelligi, quòd ad spectatae (p. 204) virtutis regulos deinde missa magni cuiusdam muneris instar obtineret. Is autem, cui componendae musices et in lucem usumque publicum odendae nec non statis temporibus coram principe et optimatibus imperii decantandae cura demandabatur (大Ta司Su樂Yo, sive magnum magistrum musices vulgò nominabant), haudquaquam humilis aut mediocris etiam conditionis vir erat ad mandarinos primi[451]ordinis, et quidem vitae integrae sapientiaeque non vulgaris viros cura ista pertinebat.

(E. Tai Su Cum Yue: Cu Mim Vam Kiu Yo Che Fi Y Yu Sin Cu Lo, etc. Chim Kiao Che Kiai Xi Yu Yn, Yn Chim Ulh Him Chim, etc. Cu Xim Vam Su Gin Ulh Ven Ya Cum Chi Yn; Mo Xi Guei Y Chi Li, Co Him Cum Kim Chi Yum; Keu Yen Gin Y Chi Tao. Id est: Tai-Su-Cum scriptor ait: prisci temporis illustres reges instituentes musicam, non eo fine instituebant ut oblectarent animum et suae privatae voluptati indulgerent, etc. Olim rectè docentes musicam omnes initium faciebant à formandis vocibus; si voces rectae ac consonae essent, etiam omnis processus musicae rectus ac consonus erat, etc. Atque ideò sancti reges operam dabant ut hominum aures non alios exciperent quàm decorum corporis habitum et cultum; ut in gradientum insuper incessu sua quoque gravitas et reverentia reluceret; ut denique oris verba nonnisi pietatis et iustitiae doctrinam enuntiarent. Hacteùs auctor Tai-Su-Cum.)[452]

Ex tot ergò capitibus cùm tantum ponderis et dignitatis accederet musicae, cùmque illa non tam constaret instrumentis ac

---

[451] superioris *Couplet*
[452] E *del. Couplet*

vocibus quàm sententiis atque documentis mirè appositis ad moderandas cupiditates et pravos (F) animorum motus sedandos, cùmque rursùs in conviviis et scenis festisque publicis assiduus esset illius usus, credi vix potest quantum utilitatis inde toto passim imperio summi pariter infimique perciperent. Tametsi porrò nonnulli priscorum libri etiamnum extent, quibus hi laudatam sui temporis musicam describunt, et hac etiam aetate sanè frequens in conviviis scenisque musici cantûs sit usus, multorum tamen haec vulgò querela est, interiisse iam musicam priscorum. Quod quidem sic opinor intelligi debere, ut ii qui virtutem amant querantur ac plorent non vigere hoc tempore priscum illud virtutis addiscendae docendaeque studium; quod utique priscae musicae pars erat. Praeterquam quod silverint iam diù inter arma leges Sinicae, quando superioribus annis tota bellis toties exarsit patria, sed nunc quoque dum bella cessant, ac Chinae totius potiuntur Tartari nequaquam tamen viget illa priscorum civilis musica, illa inquam tam praeclara institutio iuventutis, illa populi totius fraternae similis concordia, quae priscis maximè temporibus viguisse perhibetur.

(F. Yn Yo Che So Y Tum Tam Hive Me Tum Lieu Cim Xin Ulh Ho Chim Sin Ye. Cu Ven Cum Yn, Su Gin Ven Xu Ulh Quam Ta. Ven Xam Yn, Su Gin Fam Chim Ulh Hao Y. Ven Kio Yn, Su Gin Ce Yn Ulh Ngai Gin. Ven Chi Yn, Su Gin Lo Xen Ulh Hao. Ven Yu Yn, Su Gin Chim Çi Ilh Hao Li Id cm. magister musicae, Tai-Su-Cum dictus uit. symphoniae musica ea est qua commovetur et accenditur sanguis invenis: ipsa paenetrat influens ad ipsos vitales spiritus, adeoque pacatas rectasque reddit animi affectiones. Ideo si audias eam, quae 宮Cum dicitur, symphoniam, haec scilicet efficit ut homines sint animo moderatè hilari, et insuper amplo latoque corde. At verò si audiatur quae 商Xam dicitur symphonia, haec efficit ut homines sint recti ac sinceri et gaudeant iustitiâ. Quodsi audieris 角Kio dictam symphoniam, efficit ea ut miseratio te capiat afflictorum, benignoque silentio tegas aliena vitia, et amplâ charitate complectaris mortales. Si audiatur 徵Chi dicta symphonia, perficit illa in animis audientium ut gaudeant probitate et probissimum quemque sibi coniunctissimum esse velint, nec non gaudeant sua munificè elargiri. Ad extremum si audias eam quae 羽Yu dicitur, symphoniam, haec efficit ut homines suum animi corporisque cultum studiosè procurent, ac delectentur mutuis inter se officiis. Haec quinque symphoniarum genera blandè scilicet animos illiciunt ac pertrahunt ad studium quique virtutum, quae dicuntur: 智Chi義Y仁Gin信Sin禮 Li, hoc est, prudentia, iustitia, communis erga omnes charitas, fides et mutuorum inter se officiorum, quae procedant ab interiori animi cultu, ratio et norma seu urbanitas.)

Sed quoniam de Sinensi musica mentionem iam facimus ct quis inde fructus olìm peteretur exposuimus, non iniucundum lectori fuerit originem quoque illius et quot ipsa tonis vocibusque constet, qua re similis Europeae sit, qua re dissimilis, paucis hoc loco cognoscere.

Digressio 6. De Sinensium Musicâ[453] (pp. 205~208): vide appendicem.

26편 1쪽 2장 비록 어떤 이가 (자사의 말이다) 저들의 (상고 시대 군주들의) 높은 자리를 차지하고 있다 할지라도 그가 그들의 덕을 지니고 있지 않다면, 그는 감히 새로운 전례와 새로운 음악을 만들 정도의 힘을 가지지는 못할 것이다. 왜냐히면 더이 신성하 법규을 제정할 수

---

[453] ex tot ergò ...de Sinensium musicâ *del. Couplet*

있는 바탕이기 때문이다. 그럼에도 만약 어떤 이가 저들이 지닌 군주의 덕을 가지고 있다면, 그러나 그들이 차지한 군주의 높은 자리를 차지하고 있지 못하다면 그도 감히 오만하게 전례와 음악을 만들지 못한다. 왜냐하면 이는 오로지 성스러운 통치자만이 할 수 있는 일이기 때문이다. 이와 관련해서는 상고 시대의 사람들이 예악禮樂이라는 두 문자로 전례와 음악의 일치와 어떤 조화를 표현하기를 원했다는 점을 주목하라. 전례뿐만 아니라 도덕 사이의 일치도 표현했다. 예의는 사람들이 상호 간에 서로를 위해 항상 실천해야 하는 것이다. 예라는 문자에는 이런 뜻과 의미가 숨어 있다. 마음의 진심과 참된 덕에서 우러나온 것이 아니라면, 타고난 뿌리에서 우러나온 것이 아니라면, 모든 전례와 예의는 쓸모없고 금세 사라지며 가식에 불과하다는 것을 그 자신들이 올바로 파악하고 있기 때문에, 그들은 전례들과 덕들로부터 활력을 부여받은 도덕이 나날이 더욱 온 나라에 꽃을 피울 수 있도록 모든 정성과 노력을 기울였다. 여기에서 다시 그들은 더러워진 우리의 본성이 어떻게 덕으로부터 멀어지게 되었고, 악덕으로 유혹하는 욕망들이 자리를 꿰차게 되었는지 주목했다. 그래서 사람들이 특히 왕실의 젊은이들과 아직 어떤 악덕에도 물들지 않은 어린 나이의 사람들이 저 음악을 더욱 열심히 배우도록, 그들은 음악을 가르치고, 음악의 감미로움을 이용해서 가장 아름다운 낱낱의 덕들을 한 방울씩 맑은 젊은이들의 마음에 떨구어 주려고 노력했다.

(V. 舜曰, 樂天下之精得失之節. 『서경書經』에 나오는 말이다. 뜻은 이렇다. 순왕이 말했다. 음악은 나라의 품격이고 활기이다. 좋은 것을 얻었을 때 혹은 잃었을 때 마음에 생겨나는 감정을 조절하는 것이다.

(A. 先王之制禮樂也, 非以極口腹耳目之欲也. 將以敎民平好惡而反人道之正也. 『예기禮記』「악기樂記」. 뜻은 이렇다. 상고 시대의 군주들이 전례와 음악을 제정했다. 입과 배와 귀와 눈의 즐거움을 위해서가 아니라 사람들이

사랑하고 미워하는 감정을 조절하는 법을 가르치기 위해서였다. 그래서
사람을 사람답게 만드는 법의 올바름으로 사람들을 다시 이끌어 오기
위해서였다.)

(A. 周禮春官大司樂, 以樂德敎國子.『주례周禮』. 뜻은 이렇다. 주나라 시대
에, 그때도 이 전례가 살아 있었다. 봄의 음악을 관장하는 관리이자 대신
이 음악의 힘으로 왕국의 아들들을 교육했다.『사서징四書徵』과『논어論語』
제7부 1편에서 10편에 따르면, 예禮라는 글자는 전례이다. 다시 주석가의
설명이다. 설명된 것에 대해서 이렇게 말한다. 以樂成其德, 故曰, 樂德. 國
子<卽> 國之子弟也. 뜻은 이렇다. 왜냐하면 음악을 통해서 그 덕들을 완
성했다. 따라서 음악의 덕이라고 말할 수 있다. 왕국의 아들이란 군주의
아들과 형제이며 왕실의 혈통에 속하는 이들 모두를 가리킨다.)

전례는 앞에서 말한 음악이 동반해서 생기를 불어넣어 준다. 특히
하늘에 바치는 제사에서 그렇다. 이 제사는 말하자면 하늘과 땅의 최
고의 귀신이자 통치자에 올리는 것이다. 모든 생명의 부모이고 모든
올바른 통치의 원리이자 토대이기 때문이다. [이런 까닭에『역경』은
선대 조상이었던 군주들이 음악을 만들었다고 상세하게 전한다. 해마
다 올리는 제례에서 하늘의 최고의 통치자에게 음악을 바치기 위해서
였다.] 마찬가지로 죽은 조상을 모시는 제사가 있다. 혈통을 퍼트린
이들을 모신다. 마지막으로 군주들과 모든 백성을 이끄는 관리들에게
올리는 제사가 있다. 이들에게는 백성을 올바르게 교육해야 할 임무
가 하늘로부터 주어졌다. 그리고 나라를 융성하게 다스리는 일이 이
들에게 달려 있다.

(D, 易曰, 先王以作樂崇德, 殷薦之上帝.『역경易經』「예괘豫卦」. 뜻은 이렇다.
『역경』에 따르면, 선대 조상이신 군주들이 음악을 제정할 때에 넉틀을 내친
했고 하늘의 최고 통치자께 매년 제례를 통해서 음악을 올렸다.)

(B. 子曰, 非禮, 無以節事天地之神. 뜻은 이렇다. 공자가 말하길, 만약 전례와 도덕이 없다면, 네가 하늘과 땅의 귀신을 올바르게 섬기는 것은 더 이상 가능하지 않다.)

예의에 해당하는 것은 다른 무엇보다도 다음과 같다. 이것은 특히 사람들의 통합에 적합한 것으로, 다섯 종류의 질서와 직결된다. 이 나라의 책에 가장 많이 등장하는 언급이 바로 이것이다. 군주와 신하 사이에 지켜야 할 질서가 있고, 부모와 자식 사이에 지켜야 할 질서가 있으며, 형제들 사이에 지켜야 할 질서가 있고, 남편과 아내 사이에 지켜야 할 질서가 있으며, 마지막으로 친지들 사이에 혹은 친구들 사이에 지켜야 질서가 있다. 여기에 서로 동등하지 않은 신분 조건에서 생겨난 서민과 귀족 사이의 구별과 질서가 덧붙여질 수 있다. 실로 이 전례와 예의는 마치 밧줄 혹은 힘줄과 똑같다. 이 힘줄은 한편으로 지체와 지체를, 다른 한편으로 머리와 그 지체들을 적절하게 묶고 하나로 만든다. 여기에서 단적으로 모든 사람들 사이에 서로가 서로를 존중하는 명예와 호의가 생겨난다. 그래서 온 나라에 영원한 평화와 융성을 누린다. 정치적으로 한 몸이 되는 놀라운 단결과 품격과 품위가 생겨난다.

(X. 非禮, 無以節事天地之神明也. 非禮, 無以辨君臣上下長幼之位也. 뜻은 이렇다. 만약 예의 원칙이 마련되지 않는다면, 더 이상 군주와 신하 사이에, 높은 사람과 낮은 사람 사이에, 나이 든 사람과 젊은 사람 사이에 있는 신분과 지위를 구별할 수 없을 것이다. 『예기』 제9권 1편과 바로 이어서 같은 자리에서 추가될 것이다.)

(X. 非禮, 無以別男女·父子·兄弟之親也. 뜻은 이렇다. 예의 원칙이 마련되어 있지 않으면, 더 이상 남자와 여자를 구별할 수 없을 것이다. 즉 남편과 아내를 말이다. 아버지와 아들 사이에, 형제들 사이에 있어야 할 존경과

사랑이 사라지게 될 것이다. 『예기』제9권 1편.)

　공자는 따라서 (『예기』와 『가어』제6부 15편에 따르면) 이런 전례와
예의를 나라의 빛이라고 말하곤 했다. 모든 것들이 혼란스럽고 분간이
어려울 때 저것들이 필요하다고 말하곤 했다. 예의에 대해서 그가 저술
한 책이 남아 있다. 우리가 방금 『예기』라고 부른 책이 그것이다. 이
책에서 그는 이런 종류의 많은 것을 우리에게 제공한다.

　　(B. 子曰, 無禮, 譬猶終夜有求於幽室之中, 非燭何見? 뜻은 이렇다. 공자가 말
　　하길, 만약 [시민들 사이에] 예의 규범이 없다면 나라는 깜깜한 밤에 어두운
　　집의 깊숙한 곳에서 뭔가를 찾는 사람과 같다. 만약 빛을 주지 않는다면, 도
　　대체 무슨 수로 그것을 찾을 수 있단 말인가?『예기』와 『가어』제6부 15편)

　사실 이런 종류의 것에서 지키고 행하고자 원했기에, 우리가 말했
듯이, [****]판독불가 거짓이 아니라 진심과 참된 덕으로 이뤄지고 살피고
자 했기에, 도덕과 정치적인 조화를 통해서 내적인 깃은 외적인 것에
호응하게 하려 했다. 거의 음악이라 할 수 있는 운율로 이뤄진 이 가
르침이 대중에게 출판될 때에 예악禮樂이 결합되었다고 한다. 이는 전
례에 음악이 결합된 것을 말한다. 그리고 전례와 예의는 순수한 마음
에서 시작된다. 밖으로 행하는 전례와 예의에서도 일치와 조화를 이
루게 된다. 상고 시대에 음악을 만든 사람들의 사려와 열정은 전적으
로 군주들의 사적인 즐거움을 겨냥한 것이 아니라 (옛날의 저자인 태
사공太史公, 사마천, 기원전 145?~86?이라 불리는 사람이 관찰했듯이) 젊은이와 모
든 백성을 향한 올바른 교육을 위한 것이었다. 그리고 이는 한편으로
다른 덕과 신하 사이의 화합과 군주와의 화합으로 이끄는 부드럽고
유순한 교사였다. 이로 말미암아 음악은 권위와 신뢰를 더욱 얻게 되
었다. 다른 어떤 사람이 아니라 바로 통치자에 의해서 제정되고 널리

퍼지게 되었다. 그러나 통치자라 할지라도 군주 중에 아무에게나 이런 일을 하는 것이 허용되지는 않았다. 통치자의 권위와 함께 명백히 탁월한 덕을 지닌 이에게만 가능했다. 또한 음악이 어떤 가치를 지닌 것인지 여기에서 파악할 수 있다. 훌륭한 덕을 지닌 소왕들이 받은 음악은 어떤 큰 선물을 받은 것으로 간주되었기 때문이다. 그런데 음악을 짓고 그것을 세상에 드러내어 공적으로 알릴 뿐만 아니라 정해진 기간에 나라의 군주와 대신들 앞에서 노래를 부르는 소임을 부여받은 사람은 (대사악大司樂이라 칭한다. 즉 통상적으로 음악의 큰 선생이) 제1급 관리에 임용되므로 결코 미천하고 낮은 신분에 속한 이가 아니고, 참으로 깨끗한 삶을 살고 지혜로우며, 세속적인 사람들과는 거리가 멀다.

(E. 太史公曰, 古明王擧樂者, 非以娛心自樂… 正教者, 皆始於音, 音正而行正… 故聖王使人耳聞雅頌之音; 目觀威儀之禮, 足行恭敬之容; 口言仁義之道. 뜻은 이렇다. 저자 태사공은 말한다. 상고 시대에 유명한 군주들이 음악을 제정할 때, 그들은 마음을 즐겁게 하기 위해 만들었지, 개인적인 쾌락으로 즐기기 위해서 만들지 않았다. 등등. 일찍이 음악을 올바르게 가르친 사람들은 소리를 내는 법에서 음악의 시작을 삼았다. 만약 소리가 올바르게 화음을 이루면, 음악의 모든 흐름도 올바르게 화음을 이룬다. 등등. 그래서 성스러운 군주들은 사람들의 귀가 다름 아닌 신체에서 적절한 균형과 품위를 우러나오도록, 아울러 걸음걸이에서도 또한 무게와 위엄이 빛을 발하도록, 마침내 입에서도 다름 아닌 경건과 정의의 가르침이 입에서 흘러나오도록 하기 위해서 노력했다. 여기까지가 저자 태사공의 말이다.)

따라서 많은 논의의 장에서 음악의 무게와 권위가 위대함을 논했고, 음악은 악기와 소리를 통해 욕망은 다스리고 사악한 마음의 출렁임을 가라앉히는 데에 놀라운 힘을 발휘하는 가르침과 생각으로 이루어져 있다. 잔치와 행렬과 공적인 축제에 꾸준하게 음악이 쓰이고 있기 때문에 매우 높은 신분의 사람들과 마찬가지로 가장 낮은 신분의 사람들이 온 나라에서 얼마나 큰 유용함을 얻고 있는지 거의 믿기 어려운 정도이다. 아직까지도 남아 있는 상고 시대의 책들이 있다. 지금 사람들은 자신이 살고 있는 시대의 음악을 찬양하기 위해 이 책들을 이용한다. 지금 시대에도 분명히 잔치와 행렬에서 음악이 자주 사용되고 있음에도 불구하고 조상들의 음악은 이미 죽었다는 불평이 널리, 그리고 많이 퍼져 있다. 이는 사실 이렇게 이해해야 마땅하다. 덕을 사랑하는 사람들이 덕을 배우고 가르쳤던 상고 시대의 열정이 지금 시대에는 살아 있지 않음을 한탄하고 애석하게 여긴다. 덕을 사랑하고 배우는 것이야말로 상고 시대 음악의 한 부분이었다. 그뿐만 아니라 전쟁 때문에 중국의 법률이 멈춰 있고, 앞선 몇 년 동안 나라는 온통 숱한 전란에 휩싸였다. 비록 전쟁은 잠잠해졌지만 지금은 만주인들이 중국 전체를 차지하고 있다. 그래서 상고 시대의 음악, 젊은이의 교육에 탁월한 저 음악은, 인민을 하나의 형제로 화합하도록 만드는 음악은, 특히 상고 시대에 크게 유행했던 음악은 시들어 버리고말았다.

(F. 뜻은 이렇다. 음악의 선생인 태사공이라는 사람의 말이다. 음악의 화음에 젊은이의 피가 불타오르고 깨어난다. 그 자체는 살아있는 정신들 사이로 흘러 들어가 꿰뚫는다. 그리하여 마음을 올바르고 평화롭게 만든다. 만약 궁이라고 하는 화음을 듣는다면 이 화음은 사람들의 마음이 절도를 지키도록, 마음이 즐겁고 가슴이 넉넉하며 여유롭게 만든다. 상이라는 화음을 듣게 되면, 이 화음으로 말미암아 사람들은 올바르고 진실하며 정의를 즐거워하게 된다. 각이라는 화음을 듣게 되면, 이 화음으로 말미암아 고통받는 이들에 대한 연민이 듣는 이를 사로잡을 것이고, 다른 사람들의 작못을 호의를 사고 침묵으로 덮어줄 것이다. 죽어야 한 인간에 대해 자비심을 넉넉하게 가질 것이다. 치라는 화음을 듣게 되면, 듣는 사람들의 마음은 올바름을 즐거워하고 누구든지 가장 올바른 사람을 가장 친한 친

구로 사귀고 싶어하며, 자신의 것을 관대하게 베풀길 즐거워한다. 마지막으로 우라고 하는 화음을 듣는다면, 이 화음은 사람들로 하여금 그 마음과 몸을 열심히 닦도록 만든다. 그리고 서로에 대한 예의를 다하는 것을 즐거워한다. 다섯 화음들은 각각 마음을 부드럽게 유혹해서 지의인신예知義仁信禮라는 다섯 덕의 공부로 이끈다. 각각 분별, 정의, 모든 이를 향한 공통의 사랑, 신의 그리고 상호 간의 예의를 가리킨다. 예의는 내면의 덕에서 나오는 양식이고 규범이며 세련됨이다.)

　　중국 음악에 대해서 이미 언급했고 거기에서 어떤 결실을 추구했는지에 대해서 설명했다. 그것의 기원과 그것이 몇 개의 음정과 소리로 구성되어 있고, 유럽의 음악과 어떤 점에서 같고 다른지 이 대목에서 약간의 해설을 통해서 알아보는 것도 독자에게 재미없는 일은 아닐 것이다.

　　보론 6. 중국의 음악에 대하여(205~208쪽)

ƒ. [Si rex non fueris nec ritus praescripseris(prescripseris *sic*) et ceremonias ne novos modos induxeris, nec libros mutaveris, nec enim in urbe curruum(currum *sic*) eadem est forma, libri item idem est, eadem est ratio humanitatis et cultus in rebus omnibus.] *om. Ruggieri.* ([만약 그대가 군주가 아니라면, 예법을 정하지 못하고, 새로운 의례를 도입하지도 못하며, 책을 바꾸지도 못할 것이다. 도시의 마차 모양도 같지 않고, 책 모양도 같지 않으며, 모든 일에 걸쳐서 사람됨의 방식과 예법이 같지 않기 때문이다.])루지에리가 생략함.

cƒ. 雖有其位, 苟無其德, 不敢作禮樂焉. 雖有其德, 苟無其位, 亦不敢作禮樂焉.

f.26. p.1. §.3. Confucius solebat dicere: ego quidem semper amo et cum voluptate refero priscae familiae imperialis Hia ritus, attamen exigui regni Ki (hoc spectabat ad imperium familiae Hia) posteri, quia à maioribus degenerarunt, non sunt horum sufficiens testimonium; seu non sufficiunt, ut eos, tanquam legitimos testes integritatis dictorum rituum ac legum, sic aliis possim proponere ut fidem obtinerent; adeòque quomodo eas ego unus sequi possum? Ego item examinavi et didici familiae imperialis Yn [seu Xam][454] ritus et leges, et quamvis sint etiam nunc in modico regno Sum(hoc spectabat ad imperium familiae Yn) posteri, apud quos quaedam extant monumenta, quibus istae leges continentur, quia tamen sunt multa quae antiquata iam sunt atque obsoleta, nec desunt moderni imperii pia statuta, et priscis aemula, ego cur illa potiùs, quàm haec sequar? Ego denique accuratè studui praesentis familiae imperatoriae Cheu ritibus ac legibus cognoscendis, quae cùm sint rationi et tempori accommodatae, iisque nunc passim omnes utantur, tametsi in quibusdam fortè differant à priscis ritibus familiarum Hia et Yn, ego quidem sequar hos familae Cheu modò imperantis ritus. (Praedictae tres familiae 夏Hia, 商Xam, vel 殷Yn, et 周Cheu: alio nomine dicuntur 三San王Vam. vel 三San代Tai.)[455]

26편 1쪽 3장 공자는 자주 말한다. "나는공자 언제나 사랑하고 즐거운 마음으로 상고 시대의 왕조인 하나라의 전례를 회상한다. 작은 나라인 기杞나라(이 나라는 하나라와 관련이 있다)의 후손이 있음에도, 이

---

[454] *suppl. Couplet*
[455] praedictae ..... 代Tai *del. Couplet*

들은 선조의 전통으로부터 타락했기 때문에 하나라의 것을 증명하는 데에는 충분치 못하다. 또한 내가 다른 사람들에게 그들을 앞에서 말한 전례와 법률을 온전하게 전승함에 있어서 적법한 증인들로 믿을 만하다고 내세우기에는 충분하지 않다. 따라서 어떻게 내가 이것들을 따를 수 있겠는가? 나는 또한 은나라 [혹은 상나라]의 전례와 법률을 배우고 살폈다. 아직까지도 송나라(이 나라는 은나라와 관련이 있다)라는 작은 나라에 그들의 후손이 남아 있고 그들에게 그 법률의 기록이 몇 개 남아 있음에도, 많은 것이 이미 옛날의 것이고 낡은 것이며, 지금의 왕조에서 제정한 경건한 법률이 있고 옛날의 법률에 뒤지지 않는다. 그런데 도대체 내가 지금의 법 대신에 옛날의 법을 따라야 할 이유가 무엇인가? 따라서 나는 지금 다스리는 왕조인 주나라의 전례와 법률을 정확하게 알고자 노력했다. 이것은 이치에 맞고 시대에 적합하다. 그리고 모든 이가 그것을 따르고 있다. 비록 그것이 어떤 경우에는 하나라와 은나라의 옛날 전례와 다를 수 있다 할지라도, 나는 주나라의 전례를 따를 뿐이다." (앞에서 말한 세 왕조는 하나라, 상나라 혹은 은나라 그리고 주나라이다. 다른 이름으로 삼왕대三王代라 불린다.)괄호 안 내용은 쿠플레가 지음.

cf. Ruggieri.   Idem ait. Houi Scia ritus nulla scripta extant monumenta, ego didici Ieni regni ritus, quoad licet extent libri scripti,   praesenti(presenti *sic*) tum tempore non conveniunt, ego didici Ciei ritus et nun in vita consuetudine sequor Cieum. (공자의 말이다. "하나라와 상나라의 예법은 전해지는 기록이 없다. 나는 은나라의 예법을 배웠다, 기록된 책들이 남아 있는 범위에서 보며 그것들은 오늘날에 맞지 않는다. 나는 주나라의 예법을 배웠다. 이는 지금 통용되는 것인데, 나는 이를 따른다.")

cf. 子曰, 吾說夏禮, 杞不足徵也. 吾學殷禮, 有宋存焉. 吾學周禮, 今
用之, 吾從周.

f.26. p.2. §.1. Ad recte gubernandum[456] imperium (inquit Cu-Su) sunt illa tria (praesertim si suus ordo singulis et uniformitas constet[457]) magni momenti, et haec ipsa quidem rariora faciunt seu minuunt peccata (vel, ut alii exponunt: et haec nonne minuunt peccata? vel, ut alii explicant: si haec à rege serventur, et rex et populus rarò delinquent[458], adeòque facilis et pacifica imperii gubernatio consequetur. Haec tria, suprà f.25. p.2. §.3. commemorata, spectant ad ritus civiles, ad aulae regimen, et ad examen librorum ac rem litterariam: nam illa morum ac ritum per totum regnum uniformitas, et par agendi norma in omnibus, plurimùm confert ad mutuam inter se et cum ipso capite concordiam, quae est imperii stabile fundamentum.

26편 2쪽 1장 (자사의 말이다) 나라를 올바르게 통치하는 데에는 세 가지의 큰 가르침이 있다. (특히 만약 그 각각의 순서와 통일성이 있다면,) 이것으로 말미암아 잘못은 드물게 범하게 되고 줄어들 것이다. (어떤 이들이 설명하듯이, 이것이 잘못을 줄이는 것이 아닌가? 혹은 어떤 이들이 설명하듯이, 군주가 이것을 지킨다면 군주와 백성은 잘못을 드물게 범할 것이다. 따라서 나라의 통치는 평안하고 평화롭게 이루어질 것이다. 이 세 가르침은 25장 2쪽 3장에 언급되어 있는데, 나라의 전례, 왕실의 통치, 책과 문자를 검증하는 것이다. 즉 왕국 전체에 걸쳐서 풍속과 전례의 통일성을 말하는 것으로, 행함에 있어서 규범은 누구에게나 동등해야 한다. 이는 서로가 서로에게 그리고 그 자신에게 부합하고 화합을 꾀함에 있어서 가장 큰 기여를 한다. 국가

---

[456] ad recte gubernandum *del., pro eis* si is qui obtinet et administrat *adn. Couplet*

[457] praesertim ... constet *del. Couplet*

[458] et haec ... delinquent *del., pro eis* illius imperi homines ac subditi pauca peccabunt seu raro delinquent *adn. Couplet*

를 안정되게 만드는 기본이 이 화합이다.

cf. Ruggieri. Qui orbem terramque gubernant, si illa tria supra dicta magnificant, populi non facile a rectitudinis via aberrabunt. (세상과 땅을 다스리는 자가, 만약 그가 앞에서 말한 저 세 가지를 중요하게 여긴다면, 백성은 올바름의 길에서 쉽게 벗어나지 않을 것이다.)

cf. 王天下有三重焉, 其寡過矣乎.

f.26. p.2. §.2. Superiorum temporum reges, quamvis probè statuerint leges, hae tamen quia aut diuturnitate temporum aut librorum corruptelâ aut sapientum defectu velut evanuerunt, vel certè si nondum interierint, quia tamen moderni reges, qui eas proponunt populo servandas, ipsimet carent propriâ regum virtute, fit ut careant etiam sufficienti testimonio apud populum, cum [autem]459 illis desit (p. 208) sufficiens hoc testimonium non datur facilè fides, eos porrò quibus non datur fides, populus non sequitur. Viri autem sancti inferiori [loco]460 seu privato constituti quamvis probè intelligant ac colant urbanitatis officia et sint dignâ imperio virtute praedicti, si eadem priscorum pia instituta populo servanda proponant, tamen quia carent regiâ dignitate, fit ut nec ipsi valeant debitâ authoritate apud populum, cùmque igitur desit debita authoritas ac dignitas, his à populo non datur fides, si non datur fides, item populus non approbat nec sequitur eorum doctrinam aut propositas461 consuetudines, adeòque eius dumtaxat, qui idem et sanctus sit imperator, ritus et exemplum populus sequetur.

26편 2쪽 2장 앞선 시대의 군주들이 법률을 올바르게 제정했음에도 이 법률은 오랜 시간 탓에, 혹은 책들의 오염으로, 혹은 현자들의 부재로 인해서 시들어 버린 것 같다. 아직 사라지지 않은 것이 있다 할지라도, 지금의 군주들이 이 법률을 백성에게 지키도록 제시했으나 그들 자신은 군주로써 갖추어야 할 덕을 갖추지 못했다, 그 결과 그들

---

459 *suppl. Couplet*

460 *suppl. Couplet*

461 doctrinam aut propositas *del., pro eis* nova statuta aut *adn. Couplet*

자신은 백성이 신뢰하기에 충분한 증표마저 가지지 못하였다. 군주들이 확실한 증표를 가지지 못하면 신뢰는 결코 쉽게 주어지지 않는다. 더 나아가 백성은 신뢰를 얻지 못한 자들을 결코 따르지 않는다. 그런데 성스러운 사람이라 할지라도 낮고 사적인 신분에 처해 있으면서 예의를 제대로 알면서 닦고, 군주에 어울리는 덕으로 이름이 높고 그들이 상고 시대의 성스러운 것과 같은 법률을 똑같이 백성에게 지키도록 제시한다면, 그럼에도 그에게는 군주의 권위가 주어지지 않았다면, 그 자신도 백성 사이에서 당연히 누릴 권위를 결코 가지지 못할 것이다. 당연히 누릴 권위와 위엄이 없기 때문에 백성에게서 신뢰를 받지 못할 것이다. 만약 신뢰를 얻지 못하면 백성은 당연히 그들의 가르침에 동의하지도 않을 것이고 제안된 생활 방식을 따르지도 않을 것이다. 따라서 백성은 오로지 군주이면서 성스러운 사람이 제안하는 전례와 사례만을 따를 것이다.

cf. Ruggieri. Quae priores reges sapientes statuerunt licet ea bona sint non tum monumentis sunt consignata. Cum non extent non adhibetur fides, si fides non adhibetur, populus illa non substabitur. (비록 기록이 봉인되어 남아 있지 않음에도 현명한 옛날의 군주들이 정해놓은 좋은 것들이 있다. 기록이 남아 있지 않고 신뢰할 수 없다면, 만약 신뢰가 없다면, 백성은 그것을 따르지 않을 것이다.)

cf. 上焉者, 雖善無徵, 無徵不信, 不信, 民弗從. 下焉者, 雖善不尊, 不尊不信, 不信, 民弗從.

f.26. p.2. §.3. Ideò perfecti regis recta gubernandi ratio [radicitùs][462] fundatur in sua ipsius persona, [qua][463] testatam faciendo[464] virtutem suam universo populo, explorat exigitque regimen suum ad normam trium priscorum regum(scilicet 禹Yu, 湯Tam, et 文 Ven, 武Vu) et non aberrat, confert et combinat res à se gestas cum coeli terraeque lege, et huic illae non adversantur, testatam facit adeo ipsis spiritibus quantumvis reconditis virtutem suam, nihil[465] dubitat, imò etiam si post centum saecula expectates sanctos,[466] non ambigit quin eadem virtus [eidem][467]testata sit futura. Vel, ut alii explicant: si examinentur ea quae rex agit ad trium priscorum regum normam, et ab hac non aberraverint, si res suas sic instituat ac gerat, ut hae cum illa coeli terrae rectissimâ et inviolabili lege consentiant, adeòque non pugnent, consequens est, et ex ipsa natura rei natum est fieri, ut attestationem etiam accipiant et approbantur ab ipsismet spirtitibus, et ita, ut nullus detur dubitationi locus, insuper etiam si dentur centum saecula quibus expectetur sanctus, tamen nullus erit haesitationi locus. Vel, ut alii exponunt[468]. Si rex examinet reducatque ad praxim omnia trium regum pia statuta, iam non errabit. Si item erigat instituatque leges iuxta illam coeli ac terrae ordinatissimam regulam, sanè iam nihil aget contra dictamen

---

[462] *suppl. Couplet*

[463] *suppl. Couplet*

[464] *facit Couplet*

[465] lau adih pro tu ct nihil haesitat, nullaque in re *suppl Couplet*

[466] expectatus sanctus advenerit *Couplet*

[467] *suppl. Couplet*

[468] vel ut alii .... vel, ut alii *del., pro eis* Hic solum significare vult divini regis ritus ac leges adeò esse rationi consonas ut nulli rationi coelesti vel divinae adversentur ac nulli sint in posterum mutationi obnoxiae. Etenim *adn. Couplet*

naturae rationalis. Denique si ita omnia rectè[469] agat, ut suae integritatis testimonium vel ab ipsismet coeli spiritibus eandem cum coelo terrâque legem servantibus accipere queat, iam nequaquam dubius (p. 209) aut anxius erit, certum namque est quòd quidquid ita egerit vel statuerit rectum erit. Et si contingat ut per centum et ampliùs saecula expectetur ac desideretur ille sanctus(de quo suprà f.25. p.1. §.1.[470]), tamen, si modo dicto rex agat, nullatenus dubio pede sed constanter pergat[471] in coepta viâ. Nam quocunque tempore adveniat ille sanctus, profectò non eum arguet erroris, quippe illam secutus est legem ac normam, quam ipsemet sanctus haudquaquam[472] dubie testaturus[473] sit. Vel, ut alii declarant: perfecti regis seu eius, qui cum regiâ dignitate coniunctam habet magnam virtutem, agendi modus hic est, ut primum et praecipuum esse ducat virtutibus excolere se ipsum, exemplo deinde suo efficiat, ut quae ipse agit ac statuit approbentur ab universo populo; item se suaque examinet ac moderetur ad trium sanctorum regum normam; et ab hac non aberret, insuper se suaque perficiat ad coeli terraeque normam; et huic nunquam opponatur; denique ita omnia virtutis magna ac parva penetret, ut quodammodò participere aliquid videatur de naturâ spirituum; adeoque nunquam dubius et anxius sit in operando, quin et si dentur centum saecula quibus expectetur sanctus, ipse tamen nunquam ambigat haesitetve.[474]

---

[469] del. Couplet

[470] de quo ... §.1 del Couplet

[471] perget Couplet

[472] haud dubiè Couplet

[473] approbaturus Couplet

[474] vel ut alii declarant: perfecti .... ambigat haesitetve del. Couplet

26편 2쪽 3장 이상적인 군주의 올바른 통치 방식은 그 자신의 사람됨을 바탕으로 삼는다. 그 자신의 덕을 백성에게 증거로 내놓기 위해서 상고 시대에 다스렸던 세 군주(우, 탕, 문왕[475], 무왕)를 규범으로 삼아서 자신의 통치를 탐구하고 실천하며 그에서 벗어나지 않는다. 자신의 통치를 하늘과 땅의 법에 비교하고 결합하는데, 어느 것도 이 법에 어긋나지 않는다. 그리고 자신의 덕을, 비록 감춰져 있어서 눈에 보이지는 않지만, 귀신에게 증표로 내세운다. 어느 것도 주저하지 않는다. 또한 더 나아가 100세대가 지난 후에 성스러운 사람을 기다린다 할지라도, 그 덕은 틀림없이 같은 것으로 증명될 것이다. 어떤 이들은 설명한다. 만약 상고 시대의 세 군주의 규범에 따라 군주가 행한 것을 살핀다면, 이것은 이 규범으로부터 벗어나지 않을 것이다. 만약 자신이 정하고 행한 일이 하늘과 땅의 가장 올곧고 위반할 수 없는 법률에 어긋나지 않는다면, 자연스럽게 사람들은 그 증명을 받아들일 것이고 귀신의 축복을 받는 사물은 그 스스로의 본성에 따라 움직일 것이다. 따라서 그 어떤 대목도 의심스럽지 않을 것이다. 더 나아가 100세대가 지난 후에 성스러운 사람이 나온다 할지라도, 그 어떤 대목도 의혹을 사지 않을 것이다. 혹은 어떤 이들은 설명한다. 만약 군주가 실천함에 있어서 세 군주의 경건한 결정을 살피고 참조한다면, 그는 잘못을 범하지 않을 것이다. 마찬가지로 하늘과 땅의 질서가 가장 바로 잡힌 법칙에 따라 법률을 세우고 제정한다면, 분명코 그는 어떤 것도 이성의 본성이 내리는 명령에 반하지 않고 실천할 것이다. 이윽고 만약 모든 것들을 올바르게 행한다면, 자신의 덕이 완전함의 증거를 하늘과 땅과 함께 법률을 지키는 바로 귀신들로부터 받을 것이다. 결코 주저하지 않고, 걱정하지도 않을 것이다. 무엇을 했하든 혹은 제정하든 그것이 올바르다는 셈은 확고하기 때문이다. 그리고 만약 100세대 혹은 더 많은 세대 뒤에 그 성인(이에 대해서는 위의 25편 1

---

[475] 문왕은 생전에 군주가 아니었고, 사후에 아들 무왕에 의해 왕으로 추대되었다.

쪽 1장)이 나올 것이라고 예상하고 염원한다 할지라도 앞에서 말한 방식으로 군주가 행한다면, 어떤 의혹도 없이 한결같은 발걸음으로 착수한 행로를 나갈 것이다. 그 성인이 언젠가 온다 할지라도, 그 성인이 잘못을 들어서 군주를 비난하지 못할 것이다. 그 군주는 성인 자신이 전혀 의심치 않고 직접 증명해 줄 법률과 규범을 따르고 있기 때문이다. 혹은 어떤 이들은 설명한다. 이상적인 군주 혹은 군주의 권위로 이어지는 위대한 덕을 가진 사람이 행하는 방식은 다음과 같다. 그는 덕들 가운데에서 자신을 닦는 것을 첫째이자 가장 높은 자리에 놓는다. 그 자신을 모범으로 제시하는데, 그 자신이 행하거나 결정한 것을 온 백성으로 하여금 받아들이도록 만든다. 마찬가지로 그 자신과 자신의 일을 살피고 성스러운 세 군주의 규범에 따라서 자신을 이끈다. 또한 그 자신과 자신의 일을 하늘과 땅의 규범에 따라 완수한다. 그 어떤 반대에도 부딪히지 않는다. 일을 행함에 있어서 한 치의 주저함도 한 가닥의 걱정도 없다. 성인이 나오기를 바라는 100세대 이후라 할지라도, 그 자신은 결코 우왕좌왕하지도 주저하지도 않을 것이다.

cf. Ruggieri. Quare ut rex alios optimus(optimi *sic*) gubernet, recte prius se ipsum regere debet, ut vera eius virtus toti populo nota sit, itaque quod statuit similia esse debet iis quae statuerunt tres reges qui(quis *sic*) illum antecesserunt. Porro ea cum divina celestique voluntate conferri debent, nec ab ea discrepare, cum spiritibus patefiant quod si ea ipsi approbent, non dubitandum est, quia sint bona, post saeculum(seculum *sic*) annos vir ille sanctus et admirabilis cum advenisserit, si illa confirmabit, signum erit ea recta esse. (최고의 군주는 다른 사람들을 다스리기 위해서 자기 자신을 먼저 올바르게 다스릴 줄 알아야 한다. 그의 덕이 진실됨을

백성 전체에게 알리기 위해서다. 따라서 그는 자신보다 앞선 시대에 살았던 세 군주들이 정해놓은 것들과 비슷하게 정해야 한다. 나아가 그것들은 신적이고 하늘의 뜻에 호응해야 하고 떨어져서는 안 된다. 귀신이 인정하기에, 그것들은 귀신들에게 분명하다. 결코 의심해서는 안 된다. 좋은 것들이기 때문이다. 100년 뒤에 저 성스럽고 경이로운 사람이 올 때 만약 그가 그것들을 확인한다면, 그것들이 올바름을 보여주는 증표가 될 것이다.)

cf. 故君子之道, 本諸身, 徵諸庶民, 考諸三王而不繆, 建諸天地而不悖, 質諸鬼神而無疑, 百世以俟聖人而不惑.

f.27. p.1. §.1. Quòd rex virtutem suam testatam fore spiritibus non dubitet, hoc inde quidem provenit, quia ipse novit coelum. Quòd post centum etiam saecula expectato sancto eamdem testatam fore non ambigat; in causâ est, quia ipse novit hominem, [seu quod hominis est proprium][476], vel ut alii explicant: quòd accipiat attestationem ab ipsismet spiritibus, et omnem auferat à se dubitationem et perplexitatem in operando, ideo fit, quia noscit ea quae coeli sunt. Quòd centum saeculis quibus expectaretur sanctus, tamen non haesitaret, ideo fieret, quia nosceret ea quae hominis sunt. Vel, ut alii exponunt, ita[477] [adeo videlicet][478] rectè ageret ut integritatis suae testimonium vel ab ipsismet coeli et terrae spiritibus(aut ab ipsomet coeli terraeque [supremo][479] spiritu) accipere valeret, adeòque sic dirigeret omnes suas actiones iuxta spirituum perfectissimè in omnibus operantium regulam, ut ne dubitaret quidem an rectè ageret necne. Hoc autem est perspectum habere coelum, seu coeli rationem quam dicti spiritus omnibus numeris explent. Rursùs ita rectè in omnibus procederet, ut quamvis contingat per centum et amplius saecula expectatum [advenire][480] sanctum, tamen sine ulla haesitatione eodem tenore nunc agat, quo sanctus ipse ageret. Hoc sanè est perspectum (p. 210) habere hominem, seu hominis rectam legem, quam sanctus ille si existeret omnibus numeris expleret. Vel, ut alii declarant; penetrando omnia participare quodamodò naturam spirituum, et

---

[477] vel ut alii...ita del. Couplet
[478] suppl. Couplet
[479] suppl. Couplet
[480] suppl. Couplet

non dubitare, hoc est nosse coelum, seu quod coeli est, centum saeculis quibus expectaretur sanctus, tamen non haesitare; hoc est nosse hominem, seu quod hominis est.[481]

27편 1쪽 1장 군주는 자신의 덕이 귀신에게 증명될 것이라는 점을 의심하지 않기에 그 덕을 곧장 드러낸다. 자신이 하늘을 알고 있기 때문이다. 또한 100세대 이후에 나올 성인에게도 그는 마찬가지로 자신의 덕이 증명될 것이라는 데에 한 치도 망설이지 않을 것이다. 근거는 이렇다. 그 자신이 사람을 알기 때문이다. [혹은 사람에게 고유한 것을 말이다.] 혹은 어떤 이들은 설명한다. 바로 귀신으로부터 증명을 받을 수 있기에, 일을 수행하면서 온갖 당혹과 모든 의혹을 자신으로부터 떨쳐 버린다. 그가 하늘의 일을 알고 있기 때문에 그 일은 이루어진다. 100세대 이후에 성인이 나온다 할지라도, 그는 결코 주저하지 않을 것이므로, 그가 사람의 일을 알고 있기에 그 일도 이루어질 것이다. 어떤 이들은 설명한다. [따라서 아마도] [군주가] 올바르게 행한다면, 그의 덕이 지닌 완전함은 특히 하늘과 땅에 있는 귀신에 의해서 증명될 것이다. (혹은 하늘과 땅의 [최고의] 귀신 자신에 의해서). 따라서 모든 일을 가장 완전하게 작용하게 만드는 귀신의 법칙에 따라 모든 행동을 이끌 것이다. 올바르게 행해졌는지 아닌지에 대해 어떤 의혹도 일지 않을 것이다. 이것이 하늘을 꿰뚫어 본다는 것 혹은 하늘의 이치를 안다는 것이다. 하늘의 이치라 함은 앞에서 말한 귀신이 모든 수數로 채우는 것을 말한다. 그는 모든 일을 올바르게 행할 것이다. 비록 100세대 이후 혹은 그 이상의 세대 이후에 기다리던 성인이 당도한다 할지라도, 어떤 주저도 없이 성인 자신이 지적 행하는 것과 똑같이 지금도 행할 것이다. 이는 사람이 통찰을 가지고 있다는, 혹은 사람의 올바른 법률을 안다는 뜻이다. 이 법률은, 저 성인이 만약 나

---

[481] vel ut alii.... seu quod hominis est *del. Couplet*

타난다면, 그가 모든 수로 채워 놓은 것을 말한다. 어떤 이는 주장한다. 모든 것을 꿰뚫어 봄을 통해서 귀신의 본성에 어떤 방식으로 참여하고 의심하지 않는 것, 이것이 하늘을 아는 것 혹은 하늘의 일을 하는 것이다. 성인이 나오기를 염원하는 100세대 이후라 할지라도, 한 치의 망설임도 없다. 이것이 사람을 안다는 것이고 사람의 일을 안다는 것이다.

cf. Ruggieri.   Nam cum spiritus sibi patefacta comprobaverint, iam ex hoc manifestum erit ea esse conformia supernae voluntati. Cum vero post saeculum sanctus advenerit et eadem confirmaverit, ex hoc intelligit ea esse humanae rationi conformia. (귀신이 알고 있음이 분명하다면, 이로부터 그것은 하늘의 뜻과 같음이 분명할 것이다. 백 년 뒤에 성스러운 사람이 올 것이고 마찬가지로 이를 확인할 수 있다면, 이로부터 그는 이것들이 인간의 이성에 합당함을 알게 된다.)

cf. 質諸鬼神而無疑, 知天也. 百世以俟聖人而不惑, 知人也.

f.27. p.1. §.2. Hac de causâ perfectus rex dum quidpiam aggreditur ac suscipit[482], iam hoc ipso omnibus post saeculis esse potest orbis principium[483] et exemplar, ex quo posteri dirigantur. Si quid agit, iam hoc ipsum omnibus item saeculis esse potest orbis lex. Si quid loquitur, iam id eo ipso omnibus saeculis esse potest orbis norma[484], atque adeò populi, quamvis procul absentes, virtutum eius famâ excitati, iam ad ipsum anhelant et suspensi expectant expetuntque sibi talem principem. Propiores[485] verò sic amant, sic eo gaudent ac fruuntur, ut nullum deinde tam clari[486] principis et tam piae gubernationis vel taedium vel etiam satietas eos capiat.

27편 1쪽 2장 이와 같은 이유에서 무엇을 착수하고 계획하는 동안에 이상적인 군주는 이미 이것 자체로 모든 세대에서 세상의 원리이자 모범이 될 것이다. 이를 통해서 후대인을 이끌 것이다. 만약 뭔가를 행한다면, 이는 이미 이것 자체를 통해서 마찬가지로 후대 모두에게 세상의 법률이 될 것이다. 만약 그가 뭔가를 말한다면, 그것은 이미 그것 자체만으로 모든 세대에서 세상의 규범이 될 것이다. 그래서 백성은, 비록 멀리 떨어져 있지만, 그의 덕에 대한 명성에 감화받고, 곧장 그를 향해서 숨을 가쁘게 내쉬고 안절부절하며 그런 군주를 고대하고 갈구한다. 가까이에 있으면 그런 사람들을 사랑하고 기뻐하고 즐거워한다. 그토록 명쾌하고 경건한 통치는 백성을 어떤 지루함이나 어떤 권태로 사로잡지 않는다.

---

[482] movet *Couplet*
[483] terrarum norma *Couplet*
[484] instructio et regula *Couplet*
[485] praesentes *Couplet*
[486] chari *Intorcetta: an potius* clari?

cf. Ruggieri. Quapropter rex optimus ac sanctus, cum se movet, fit saeculi(seculi *sic*) hominibus iter ratio et exemplum. Quidquid operatur vel facit, fit hominibus lex, cum loquitur, fit regula ac norma. Hunc regem praeteritum(preteritum *sic*) saeculum(seculum *sic*) [non novit] sed amat, futurum vero eundem maxime(maximi *sic*) exoptat. (따라서 가장 뛰어나고 성스러운 군주가 움직이면, 세상 사람들의 길이고 이성이고 모범이 된다. 그가 무엇을 행하든 혹은 만들든, 그것은 사람들에게 빛이 된다. 그가 말을 하게 되면, 그것은 규범과 법칙이 된다. 후대의 세상은 이 군주를 [아는 것이 아니라] 사랑하며 이와 같은 군주를 간절히 기다린다.)

cf. 是故君子動而世爲天下道, 行而世爲天下法, 言而世爲天下則. 遠之則有望, 近之則不厭.

f.27. p.1. §.3. Atque hoc est quod in libro Carminum[487] dicitur: si rex eiusmodi existat illic, non est qui illum aversetur, si existat hîc, non est cui sit taedio, adeòque ubicunque tandem degat, et quocunque tempore, quasi diu noctuque, et in perpetuum depraedicabitur. Rex adeò perfectus (addit Cu-Su) nullus dum fuit qui non hoc modo, et quam citissimè obtinuerit illustre nomen ac famam omnium laudibus celebratam per orbem universum.

27편 1쪽 3장 『시경』에 나오는 말이다. 그런 군주가 그곳에 나온다면, 어떤 이도 그에게 맞설 수 없을 것이다. 만약 이곳에 나온다면, 어느 누구도 싫어하지 않을 것이다. 따라서 마침내 어느 곳에서나 살아 있을 것이고, 밤이든 낮이든, 언제나 영원토록 예찬을 받을 것이다. 이상적인 군주는 (자사가 보태는 말이다) 이와 같은 방식으로 가능한 한 빠르게 유명해지고 모든 사람의 찬사로 온 세상에 자자한 명성을 얻었다.

cf. Ruggieri. Ut enim habent Poemata, illic manens nullos molestia afficit. Hic dum moratur nulli incommodum praebet, nocti, die, ceteroque aeterno(eterno *sic*) tempore laudatur ab omnibus. Rex sapiens, si talis fuerit, statim eius nomen et fama universis populis innotescit. (『시경』에 이르길, 저곳에 머물러도 어떤 이도 괴롭히지 않고, 이곳에 머물러도 어느 누구에게도 피해주지 않으며, 밤이나 낮이나 언제나 항상 모든 사람의 칭송을 받는다. 지혜로운 군주는, 만약 그가 그런 사람이라면, 그의 이름과 명성은 곧장 온 세상 사람에게 알려진다.)

cf. 詩曰, 在彼無惡, 在此無射, 庶幾夙夜, 以永終譽. 君子未有不如此 而蚤有譽於天下者也.

---

[487] Odarum *Couplet*

f.27. p.2. §.1. Cu-Su hîc in laudem Confucii avi sui simul et magistri [plus aequo]^{488} excurrens et commemorans, qua ratione moderatus sit actiones suas, vitamque instituerit [sic ait]^{489}: Confucius (inquit) cognomento Chum-Nhi (quod illi nomen honoris gratiâ tribuebant)^{490} eminùs, seu, quod ad priscorum regum tempora attinebat, honorificè, commemorabat identidem regum Yao et Xun eximias virtutes et rectam gubernandi normam. Cominùs autem, seu, quod attinebat ad praesentem temporum suorum statum, sequebatur ac imitabatur ipse reges Ven-Vam et Vu-Vam fundatores familiae Cheu, cuius extremis ferè temporibus vivebat. Suprà (p. 211), id est, si nos iam de coelo agamus imitabatur ipse tanquam normam sibi propositam coeli tempora; hoc est, imitabatur admirabiles illas coeli vicissitudines ac motus, temporumque concordem discordiam, unde sublunarium rerum tanta vis atque varietas existit, et perpetuâ quadam serie vel nascentium vel intereuntium aequabilis et imperturbatus ordo, huius^{491} quippe ordinis in se exprimens imaginem Confucius, sui ipse semper similis, nec tamen idem omnibus, non cessabat alia aliis, prout exigebat cuiusque conditio, sapienter ac piè impertiri. Infrà, id est, si nunc quoque terram contemplemur, conformabat se aquae et terrae, quippe sicut haec, cùm unica sic moles, temperie tamen, et rerum quas gignit varietate multiplex est ac diversa, boreales aspero gelu ac nive durans, australes verò miti calore fovens, orienti pandens maria,

---

^{488} *suppl. Couplet*
^{489} *suppl. Couplet*
^{490} quem honoris gratia Chumnhi nominat *adn. Couplet*
^{491} huic *Couplet*

occidentem verò nemorosis ditans montibus et vallibus foecundans; sic etiam magister noster cùm versaretur in regnis 魯 Lu, 宋Sum, 齊Ci, 楚Cu olim dictis, mores ac ritus cuiusque regni solerter odoratus, omnes studiosè observabat, et admirabili quadam dexteritate maximè contraria pugnantiaque hominum ingenia tractare sic noverat, ut tamen semper sui similis idemque, sine intermissione benè quidem de omnibus, sed de republica optimè mereretur. Non offendatur hîc lector, quòd Confucius, eiusque virtutes et exacta vitae morumque norma comparentur cum normâ coeli et terrae, cum solis item et aliorum planetarum perenni exactissimoque motu. Etenim cùm intelligerent prisci illi sapientes ac reges naturam ac maiestatem supremi coelorum moderatoris, aliorumque spirituum remotissimam esse ab humanis sensibus, nostroque mortalium generi corporeâ mole depresso prorsùs inacessam, adeòque nullam inde regulam perspicuam nostris oculis peti posse, statim ab ipsis monarchiae suae exordiis statuerunt, non aliam hîc dari posse certiorem regulam suae suorumque institutioni, quàm quae ab ipsius coeli terraeque, nec non elementorum siderumque tam aequabili, vel statu vel motu normâque tam exactâ peteretur. Non ignorabant scilicet existere quoddam numen aeternae mentis atque consilii, sed humanis oculis haudquaquam [tamen][492] conspicuum, à quo ceu parente procreatae res omnes essent, et omnes ceu à rectore gubernarentur, à quo inquam numine profectus esset ille tam perennis et aequabilis rerum ordo, illa societas et symmetria tam miranda, quae

---

[492] p.c. Intorcetta

adeò mortalium oculis animisque assiduè debe-(p. 212)-ret esse proposita, ut ex illâ, veluti regulâ normâque pulcherrimâ, se suaque moderati unum eundemque cum coelo ac terrâ concentum ordinemque perficerent, et ternarium illum numerum(cuius antè meminimus) unanimi concordiâ consummarent. Sic autem sperabant fore, ut ad cognoscendam supremi quoque coeli seu numinis ipsius providentiam ac voluntatem pertingerent, adeoque Sinicus hic sublunaris orbis, seu Sinarum imperium tamdiu optatâ pace ac felicitate frueretur, quamdiu sese rectae rationi, quae relucet in rebus creatis, velut imaginibus quobusdam supremae illius rationis accuratè conformarent. Et hic quidem Confucii scopus erat, quò in suis libri 易Ye經Kim commentationibus potissimùm collimabat. Quominùs etiam mirandum quòd in imperio tam vasto tanto cum studio tantâque constantiâ procurata semper fuerit, semperque viguerit uniformitas illa rituum, praesertim civilium, morum quoque, et officiorum, tanta denique tot praefectorum et magistrorum (qui supra decem millia recensentur, non computatis minorum graduum muneribus[493]) absque mutuâ perturbatione concordia et subordinatio. Quamvis autem mirabilem illam rerum, quae in coelo terrâque visuntur, symmetriam atque ordinem in sua ipsorum institutione et gubernatione populi studiosè aemualarentur, una res tamen vel maximè cordi erat, ut primum scilicet ac supremum honorem supremae, quam dixi providentiae ac maiestati (quam et significabant per voces 上Xam天Tien上Xam帝Ti, hoc est supremi

---

493 qui .... muneribus p.c. Intorcetta

coeli sive supremi imperatoris[494]) ubique et semper per sacrificia, aliosque supremi ordinis ritus, in hunc ipsum finem institutos, castè religosèque deferrent. Atque haec fortassè causa quòd sicut ab una mente et uno eoque supremo capite totam illam rerum machinam administrari intelligebant, ipsi quoque per quinque[495] ferè annorum millia non aliâ regendi formâ sint usi, quàm eâ quae monarchia(A) dicitur. Sic prorsùs ut aristocratiae vel democratiae ne ipsum quidem nomen[496] apud eos extare videatur.

> (A. Cu Yun: Tien Vu Ulh Ge, Tu Vu Ulh Vam, Kia Vu Ulh Chu Cun Vu Ulh Xam. Id est: Confucius ait: coelum non habet duos soles, tellus non habet duos reges, familia non habet duos dominos, maiestas non habet duos supremos. Ex *Li-Ki* lib.9. f.23. Et *Memcius* par.5. f.6. p.1. In fine §.1. citans haec Confucii verba sic ait: Tien Vu Ulh Ge, Min Vu Ulh Vam. Id est: coelum non habet duos soles, populus non habet duos reges.)

Et hinc quoque fit, ut hac aetate nostrâ qui literati sunt (maximè si moralem vitae probitatem cum litteris coniungant), quotiescunque de unitate Dei disputamus, nullo propè negotio in nostram Christianorum sententiam eant, et ii, quos defectu clarioris luminis idolorum superstitio infecit, haud cunctanter inutilem deorum sive daemoniorum turbam abiiciant, domes-(p. 213)-tico scilicet argumento ab monarchia sua petito persuasi ne dicam convicti. Porrò cùm in terris nihil altioris dignitatis haberent quàm imperatorem, huius quoque nomen, quod per vocem 帝Ti significatur, coelorum

---

[494] quam .... imperatoris *p.c. Intorcetta*

[495] quatuor eoque amplius *Couplet*

[496] de aristocriâ vel democratiâ quidquam nihil prorsus *Couplet*

domino tribuerunt, additâ tamen voce ⊥Xam seu supremi, quam deinde vocem[497] posterorum nemo ad haec usque tempora, quamvis haudquam defuerint superbi reges et insolentes et impii, nemo tamen omnium usurpare sustinuit. Non ignorabant scilicet hi quoque eum, à quo reges et regna veniant, unicum esse ac supremum dominatorem, cui quàm verè quàmque ex animo praescriptos honores deferrent, testatur in primis illa tam religiosa cura, qua multo antè quàm solemni ritu sacris operam darent sese comparebant. Certè per dies omnino septem(B) (quemadmodum nonnulli textum, quem hîc citamus, interpretantur) à coniugali consuetudine se continebant, triduum(C) ieiunio dabatur, et huius quidem praecipua vis atque laus in eo statuebatur, ut à vitiis sese abstinerent(D), corporis quoque munditiem per iteratas lotiones procurabant, integra denique tum corporis tum animi renovatio praemittebatur. Ad haec, tanta erat facientium(E) deinde gravitas, tam singularis attentio ac reverentia (quam suis identidem verbis declarant)(F) ut vel hinc satis credibile fiat, cultum omnem ex vera animi sententiâ, minimèque fictâ religione profectum fuisse. Et ut pateat, quàm non inanis sit haec opinio nostra, argumento esse potest, quod ad sacrificandum coelesti imperatori prisci Sinarum imperatores(G) (qui et ipsi archimystae erant) suis ipsimet manibus horti regii partem illam aratro proscinderent, ex qua deinde petebantur oriza, aliaeque fruges ad sacrificium destinatae; item quòd ipsimet apparando conficiendoque vino illi, quo in sacrificiis usuri erant, manum quoque admoverent, quem tam religiosae

---

497 binas voces *Couplet*

agriculturae ritum à regulis(H) quoque ad exemplum regis observatum; at deinde successu temporum tam collapsum restauravit is, qui è familiâ 唐Tam septimus fuit imperator 玄hiven宗Cum dictus, qui imperatore coepit anno post Christum 713, sed nec reginae ipsae dedignabantur olìm bombyces alere ac sericum colligere iis dumtaxat texendis vestibus, quarum in sacrificiis usus erat, quod si aut vasa, quibus fruges offerendae erant, minùs(K) munda viderentur, aut (p. 214) si quidpiam in vestibus, victimisve desideraretur, haudquaquam audebant sacrificare, quòd existimarent huiusmodi sacrificia non susceptum iri(L), quo et fiebat, ut ne privatim(M) quidem sacrificaturi incompositum quidpiam aut indecorum permitterent[498].

(B. Cie Ge Kiai. Per septem dies se continebant.)

(C. San Ge Chai: et per tres dies ieiunabant (inquit Confucius) *Li-Ki* lib.9. f.29.)

(D. Mem Cu Yue: Sui Yeu Ngo Gin, Chai Kiai Mo Yo, Ce Co Y Su Xam Ti. Id est: Memcius ait: tametsi quispiam sit improbus homo, si tamen is deinde ieiunet ac se abstineat à vitiis et flagitiis, item corpus lavet, hoc est, externam quoque corporis puritatem et cultum procurat, tum poterit is sacrificare supremo coeli imperatori. par.4. f.26.)

(E. Ven Vam Siao Sin Ye Ye Chao Su Xam Ti. Id est: Ven-Vam rex solicitè et magnâ Cu veneratione ac vigilanter serviebat supremo coeli imperatori, Ex lib. Odrarum Xi Kim dicto.)

(F. Kin Kin He He Ye Ye Kim Kim. magno cum studio et timore ac

---

[498] admitterent *Couplet*

tremore; magnâ cum reverentiâ ac veneratione.)

(G. Tien Cu Cin Kem Cu Chim Kiu Cham Y Su Xam Ti. Id est: imperator ipsemet arabat terram quae tantum ferret frugem quantum capiebant vasa sacrificii, ex milio item et herbis odoriferis vinum ipse conficiebat, ut his duabus scilicet oblationibus serviret supremo coeli imperatori. Ex *Li-Ki* lib.8. f.64, et lib.9. f.43. Multo disertiùs toto ferè libro tertio *Li-Ki*, et praecipuè f.47. minutim exponuntur ritus tam religiosae agriculturae, qua imperator rogabet supremum coeli imperatorem, ut frugum copia populum ditaret: Tien Cu Nam Y Yuen Ge Ki Co Yu Xam Ti. Id est: Imperator scilicet primâ die (subintellige, lunae primae vernae) petebat solemni ritu fruges à supremo coeli imperatore.)

(H. Li Yue: Chu Heu Kem Cu Y Cum Cu Chim. Fu Gin Can Sao Y Guei Y Fo. Hi Sem Pu Chim, Pu Kie, Y Fo Pu Pi, Pu Can Y Ci. Id est: Liber *Li-Ki* (inquit Memcius) ait: arabant item terram et adiuvabant Imperatorem ut unà simul reverenter offerrent frugum vasa in sacrificiis.)

(I. Matronae regiae alebant bombyces et colligebant sericum ut conficerent vestes sacrificii. (Hac de re vide etiam librum *Li-Ki* par.8. f.64.)

(K. Si victima non erat ex omni parte perfecta, si item fruges et frugum vasa non erant munda; si denique sacrificii non erant aptè confectae, non audebant cum eiusmodi rebus sacrificare. Apud *Memcium* par.3. f.20. §.3. in fine.)

(L. U Che Pi Tam, Xam Ti Ki Hiam. Id est: quinque ista ad victimam requisita (quae paulò antè commemoraverat) si quidem aptè ritèque observarentur, supremus çoeli Imperator utique illud cacrificium susçipiet. Ex *Li-Ki* lib.3. f.75.)

(M. Sie San Tai Mim Vam Pu Can Y Ki Su Sie Su Xam Ti. Id est: priscarum trium familiarum clarissimi reges non audebant nequidem tum, cum ipsi clam et privatim degerent indecentiùs neglegentiùsve servire supremo coeli imperatori. Ex *Li-Ki* lib.9. f.56.)[499]

27편 2쪽 1장 자사는 이 대목에서 자신의 조부이자 스승인 공자를 예찬하기 위해서 [보통보다 더 많이] 나아간다. (자사의 말이다) 공자 가 자신의 행동을 어떤 원칙에 따라 절제하면서 살았는지 기억에서 불러낸다. 중니仲尼라는 별칭(중국인은 명예를 기리기 위해서 별칭을 부여했다)을 지닌 공자는 상고 시대의 군주들이 살았던 시대에 대해 서는 요 임금과 순 임금의 탁월한 덕들과 올바른 통치의 규범을 명예 롭게 여기면서 반복해서 이야기했다. 자신이 살았던 당대의 상황에 대해서 공자는 주나라의 건국자들인 문왕과 무왕을 따르고 닮고자 했 다. 공자는 주나라 말기 무렵에 살았다. 위로, 즉 하늘에 대해서 공자 는 자신에게 부여된 규범으로 여기고 하늘의 시기를 모방했다. 이런 뜻이다. 공자는 저 경이로운 하늘의 변화와 움직임과 시기의 일치와 불일치를 모방했는데, 이로부터 월하月下 세계의 모든 생명과 다양함이 생겨나고 어떤 지속적인 순환을 통해서 나고 죽는 것들의 규칙적이고 변함이 없는 질서가 만들어진다. 공자는 이 질서를 자신 안에서 표현 하려고 했다. 자신에 대해서는 항상 같은 모습을 취했으나, 모든 것에 대해서 같은 모습을 취하지 않았다. 모든 일을 각각의 조건에 따라 각 각의 자리에 놓는 일을 결코 게을리하지 않았다. 아래로는, 즉 땅에 대해서 공자는 땅과 물을 닮으려고 했다. 왜냐하면 땅이 비록 하나의 덩어리이지만 시기에 따라 자신이 낳은 생명의 다양함으로 복합적이 고 기기괴괴[이고, 차가운 눈과 서리가 내리는 겨울은 견디게 하고, 여 름에는 진실로 부드러운 열기로 품어주며, 동쪽으로는 바다를 열고,

---

499 Non offendatur hîc lector ... Ex Li-Ki lib. 9. fol. 56. *del. Couplet*

서쪽은 숲이 우거진 산과 계곡으로 풍요롭고 윤택하게 만들 듯이, 우리의 스승도 그처럼, 이미 앞에서 말한 노나라, 송나라, 제나라와 초나라를 돌아다닐 때, 그 나라의 풍속과 전례를 정교하게 살폈고, 모든 것을 열심히 지켰다. 어떤 놀라운 능숙함을 발휘해서 특히 반대되고 모순되는 인간의 속성을 다루는 법을 알고 있었다. 그럼에도 자기 자신에게는 언제나 같은 모습을 취했고 진실로 모든 이들로부터 좋은 업적을, 나라로부터는 최고의 공적을 세우는 일에 쉼이 없었다. 공자와 그의 덕들과 삶과 도덕의 실천된 규범이 하늘과 땅의 그것과 마찬가지로 태양과 다른 별들의 영원하고 지극히 정확한 움직임에 비교되었다고 해서 이 대목에서 못마땅하게 여기는 독자가 있지 않기를 바란다. 상고 시대의 현자들과 군주들은 하늘을 운행하는 최고 주재자와 다른 귀신들의 본성과 위대함은 인간의 감각으로부터 가장 멀리 떨어진 것이고, 육신이 무게에 눌려 있는 인간 종족에게는 접근이 불가능하며, 우리의 육안으로는 어떤 법칙도 파악할 수 없다는 것을 알고 있었다. 그래서 그들은 왕국의 초기에 하늘과 땅 자체뿐만 아니라 지수화풍이라는 사대四大와 별자리들이 동일하게 움직이고 멈추며, 그토록 정확한 법칙을 살피는 것 이외에 다른 어떤 규칙으로도 자신과 자신들의 가르침에 더 확실함을 제시할 수 없다고 판단했다. 그들도 분명히 영원한 지성과 계획을 주재하는 어떤 신의神意가 있다는 점을 모르지 않았다. 그러나 인간의 눈에는 결코 보이지 않을 뿐이다. 한편으로 어떤 부모에게서 만물이 소생하고, 다른 한편으로 어떤 통치자에 의해서 통솔되며, 말하자면, 어떤 신의에서 저토록 영원하고 동일한 사물의 질서가 나왔으며, 인간의 눈과 마음에 언제나 주어지는 저토록 경이로운 결합과 비례가 어떤 신의에서 비롯되었는지 말이다. 그 덕분에, 말하자면 지극히 아름다운 규칙과 규범 덕분에 그들은 자신과 자신의 것들을 가지런히 해서 하늘과 땅에 부합하는 힙칭과 질서를 완수하고, 한 마음으로 이끄는 일치를 통해서 (앞에서 언급한) 3

의 수를 완성할 수 있었다. 하지만 그들은 최고 하늘 혹은 신의神靈 자체의 섭리와 의지를 파악할 수 있기를 희망했다. 다시 말해 월하에 속하는 이 세계 혹은 중국 제국이, 그들이 창조된 것들에 반영된 저 최고 이성의 어떤 모습들에 비추어진 올바른 이성에 자신을 정확하게 일치시킬 수 있기를 희망했다. 이것이 실로 공자가 특히 『역경』에 대한 자신의 주석에서 겨냥했던 목표였다. 이토록 광대한 제국에서 저 전례와, 특히 시민들의 예절과, 풍속과 도덕의 통일성이 이토록 큰 열성으로 그리고 이토록 꾸준하게 언제나 지켜지고 언제나 활기를 띠고 있다. 수많은 대신과 관리(이들은 만 명을 웃돈다. 하급 관리는 세지 않았다.)가 서로 어떤 다툼도 없이 화합하고 순종한다는 것에 또한 놀라지 않을 수가 없을 것이다. 그런데 비록 그들이 자신들을 교육하고 백성을 통치하면서 하늘과 땅에 보이는 사물의 저 경이로운 비례와 질서를 뛰어 넘으려고 노력했음에도 한 가지는 그들의 마음에 확고했다. 내가 앞에서 말한 섭리와 권위에 확실히 첫째의 그리고 최고의 명예를 (그들은 이를 "상천상제上天上帝"로 표현하는데, 이는 최고의 하늘의 혹은 최고의 통치자를 뜻한다) 어느 곳에서나 언제나 희생제의를 통해서 그리고 이를 기리는 목적으로 정해 놓은 다른 최고 등급의 제사들을 통해서 경건하고 엄숙하게 바치려 했다는 점이 바로 그것이다. 그 이유는 다음에서 설명될 것이다. 즉 그들이 마치 하나의 마음과 최고이고 하나인 머리에서 사물의 저 일치된 체계가 운영된다고 이해했기 때문이다. 그들 자신은 거의 5000년에 걸쳐서 다른 어떤 통치 형식을 채택하지 않고 왕정(A)이라고 하는 통치 형식을 지켜왔다. 전적으로 그들 사이에는 귀족정 혹은 민주정이라는 이름 자체가 있었던 적이 없어 보인다.

(A. 子云, 天無二日, <土>[民]無二王, 王家無二主, 尊無二上. 『예기禮記』 「방기坊記」. 뜻은 이렇다. 공자가 말한다. 하늘은 두 태양을 두지 않는다. 땅도

두 군주를 두지 않는다. 집도 두 주인을 가지지 않는다. 권위도 두 권력자를 가지지 않는다.『예기禮記』9권 23편. 또한『맹자孟子』5부 6편 1쪽 1장 말미에서 맹자는 공자의 이 말을 인용하면서 이렇게 말한다: 천무이일, 민무이왕天無二日, 民無二王. 뜻은 이렇다. 하늘은 두 태양을 두지 않는다. 백성도 두 군주를 두지 않는다.)

이로부터 우리 시대의 유학자(특히 글에 따라 도덕적으로 올바르게 살려는 사람들인 경우에)도 우리가 하느님의 통일성에 대해서 말할 때마다, 그리스도교에 대한 우리의 말에 큰 어려움 없이 동의할 정도이다. 밝은 빛의 부족으로 우상인 미신에 물든 사람들도 어떤 망설임도 없이 신에 대한, 즉 마귀의 헛된 무리를 쫓아내버릴 정도이다. 자신의 왕국에서 찾아낸 자신의 고유한 논리에 설득되었다고 할 수 있다. 물론 굴복했다고 할 수는 없다. 나아가 그들은 땅에는 황제보다 더 높은 지위를 차지한 것이 없기 때문에, 이 이름을, 이는 제帝로 표현되는데, 하늘에 있는 존재들의 주인으로 불렀다. 상上 혹은 최고라는 단어를 부가했다. 상이라는 글자를 후대의 어느 누구도 지금 시대에 이르기까지, 비록 오만하고 무례하고 불경스러운 군주도 없었던 것은 아니지만, 그 어느 누구도 맘대로 끌어다 쓸 수는 없었다. 이들도 분명코 군주들과 왕국들이 유래한 그 분이 유일하고 최고의 주인이라는 점을 모르지는 않았다. 그들도 이 분에게 최고의 진심으로, 최상의 마음을 담아서 앞에서 언급한 명예를 바친다. 저토록 경건한 돌봄이 무엇보다도 첫째 증거이다. 즉 경건한 제의에서 제물을 올리며 제사를 거행하기 전에 자신을 먼저 큰 정성을 들여 준비한다. 7일(B) 동안 전적으로 아내와 잠자리를 갖지 않는다. (적지 않은 사람들이 우리가 여기에서 인용하는 텍스트를 인용하듯이) 3일(C) 동안 금식한다. 실로 이를 중요하게 여기고 칭찬하는 것은 자신을 악행으로부터 멀리 떼어 두고자 함이다(D). 몸과 관련해서는 여러 번 목욕을 통해서 깨

곳이 한다. 몸과 마음이 온전하게 하나가 되어 새로이 거듭나게 된다. 여기에다 제사를 거행하면서(E) 보이는 진지함과 대단한 집중과 경건함은 (그들은 경건함을 같은 단어를 반복해서 설명한다)(F) 대단했다. 그 덕분에 모든 예식이 결코 거짓으로 꾸민 경건에서가 아니라 마음의 참된 진심에서 행해졌다는 점을 믿기에 충분하다. 우리의 주장이 빈말이 아님을 분명히 밝히기 위해서 이런 해명이 가능하다. 즉 상고시대의 중국의 황제들(G)(이들 자신이 제사장이었다)이 하늘에 있는 통치자에게 제사를 바치기 위해서 자신들이 직접 자신들의 손으로 궁정 안에 있는 땅을 쟁기로 일구고, 이곳에서 쌀을 거두어 제사에 쓸 다른 곡식들도 특별히 정해 놓았다. 마찬가지로 그들 자신이 제사에 쓸 술을 손수 빚고 준비하였다. 군주의 모범을 따라 경건하게 농사를 지어 제사를 올리는 것을 소왕들도(H) 지켜왔다. 그러나 시간이 흐르면서 지켜지지 않았고, 당나라의 7대 황제 현종玄宗, 68-761이 다시 복원했다. 현종은 713년에 보위에 올랐다. 한편 왕비들도 오래전부터 제사에 사용할 의복을 짜기 위해 누에를 치고 실을 잣는 일을 결코 가볍게 여기지 않았다. 만약 곡식을 담을 그릇이 조금 지저분하게(K) 보이거나 의복이나 제물에 뭔가 부족하다면, 그들은 감히 제사를 지내지 않았다(L). 이와 같은 제사를 지내서는 안 된다고 생각했기 때문이다. 사적인 제사(M)에서도 정결하지 않은 것이나 어울리지 않는 것은 결코 허용하지 않았다.

(B. 七日戒. 7일 동안 자제한다.)

(C. 三日戒. 3일 동안 금식한다. (공자의 말이다) 『예기禮記』 「방기坊記」.)

(D. 孟子曰, 雖有惡人, 齊戒沐浴, 則可以祀上帝. 뜻은 이렇다. 맹자는 말한다. 어떤 사람이 비뚤어진 사람이라 할지라도 금식하고 악행과 추행을 자제하며, 몸을 씻어 몸의 외면을 깨끗하게 하고서 제의를 거행한다면, 그는 하

늘의 최고 통치자에게도 제사를 바칠 수 있다. (『맹자孟子』 제4부 26편))

(E. 文王小心翼翼昭事上帝. 뜻은 이렇다. 문왕은 정성스럽게 그리고 큰 경외심으로 그리고 조심스럽게 하늘의 최고의 통치자에게 제사를 바치곤 했다. (『시경詩經』에서.))

(F. 謹謹赫赫翼翼兢兢. 큰 정성과 두려움과 떨림으로, 큰 경건과 경외의 마음으로.)

(G. 天子親耕, 粢盛秬鬯, 以事上帝. 『예기禮記』「표기表記」. 뜻은 이렇다. 황제가 직접 밭을 쟁기로 갈았다. 이 땅에서는 제사에서 쓰는 제기들에 담을 수 있는 만큼의 곡식을 기른다. 또한 향이 나는 풀과 조로 자신이 직접 술을 빚는다. 이 두 가지 제물로 하늘의 최고 통치자에게 제사를 드리기 위해서다. 『예기』 제8권 64편과 제9권 43편에서. 『예기』 제3권에 훨씬 자세하게 나온다. 특히 47편에서 상세하게 경건한 농사를 지어 올리는 제사가 설명되어 있다. 이를 통해서 황제는 하늘의 최고 통치자에게 요청할 수 있다. 풍년으로 백성을 배부르게 해달라고 말이다. 天子乃以元日祈穀于上帝. 『예기禮記』「월령月令」. 뜻은 이렇다. 황제는 아마도 첫날에 (이는 음력으로 봄의 첫날로 이해하라) 하늘의 최고 통치자에게 성대한 제사에서 곡식을 간청하곤 했다.)

(H. Li Yue: Chu Heu Kem Cu Y Cum Cu Chim. Fu Gin Can Sao Y Guei Y Fo. Hi Sem Pu Chim, Pu Kie, Y Fo Pu Pi, Pu Can Y Ci. Id est: Liber *Li-Ki*.원문 확인 안 됨 맹자의 말이다. 그는 말한다. 그들은 마찬가지로 땅을 갈았다. 그리고 모두 함께 경건하게 제사에 곡식을 담은 제기들을 올리기 위해 황제를 도왔다.)

(I. 어머니인 왕비는 누에를 지고 싶은 모은나. 제사에 쓸 옷을 짓기 위해서다. (이에 대해서는 마찬가지로 『예기禮記』 제8부 64편을 보시오.))

(K. 만약 제물이 모든 면에서 완벽하지 않다면, 마찬가지로 만약 곡식들과 곡식을 담은 제기가 깨끗하지 않다면, 결론적으로 제사가 합당하게 준비되어 있지 않다면, 그들은 이와 같은 것들로 제사를 감히 올리지 않는다. (『맹자孟子』 제3부 20편 제3부 끝에))

(L. 五者備當, 上帝其饗. 『예기禮記』 月令. 뜻은 이렇다. 만약 진실로 제물에 있어야 할 저 다섯 가지(이에 대해서는 앞에서 언급했다)가 합당하고 예법에 맞게 갖추어졌다면, 하늘의 최고의 통치자도 전적으로 그 제사를 받을 것이다. (『예기禮記』 제3권 75편에서))

(M. 昔三代明王 不敢以其私 褻事上帝. 『예기禮記』 「표기表記」. 뜻은 이렇다. 은밀하고 사적으로 부적절하며 함부로 하늘에 최고의 통치자에게 제사를 올려야 할 경우, 상고 시대의 세 왕조의 가장 유명한 군주들은 결단코 감히 제사를 바치지 않았다. (『예기禮記』 제9권 56편에서))

cf. Ruggieri. Ciunninus Confucius ex antiquis regibus Iuni et Scioni regum famam nomenque propagavit, ex recentibus Meni et Vuni regum leges custodivit, servavitque. Si superiora spectet, conformavit se caelo, si inferiora, terram et aquam elementis. (중니 공자는 옛날의 군주들 가운데에서 요 임금과 순 임금의 명성과 이름을 드높였다. 나중의 군주들 가운데에서는 문왕과 무왕의 법을 보호했고 보존했다. 위를 보면 하늘을 따라서 자신을 만들었고, 아래를 보면 땅과 물을 기본으로 삼았다.)

cf. 仲尼, 祖述堯舜, 憲章文武, 上律天時, 下襲水土.

f.27. p.2. §.2. Hîc Cu-Su prosequitur laudes Confucii non sine hyperbolicae amplificatione, sed ignoscat lector et discipulo et nepoti, vel certè Sinicis interpretibus, quos equidem negare nolim quandoque immodicas aestimatores videri civis et magistri sui, quamquam comparativè loquentibus, ut hîc in primis loquuntur, multa rursùs condonari possunt: quemadmodum (inquit) similis coelo et terrae et haec quidem nihil non continet ac sustentat; illud verò nihil non complexu suo tegit ac ambit, quemadmodum item quatuor tempora successivè et ordine aequato procedunt, quemadmodum soli et lunae alternis vicibus successivè illuminant omnia, ita vir sanctus[500] nihil non complectitur ac fovet largo sinu suae pietatis, et cives et alienigenas constringit amplae charitatis suae brachiis, nihil non fortitudine sua prudentiâque sustentat, et denique splendore sapientiae suae ad omnes atque omnia nullo non loco et tempore pertingit.

27편 2쪽 2장 이 대목에서 자사는 공자에 대한 예찬을 계속한다. 과장이 없지는 않다. 그러나 독자는 자사가 공자의 제자이자 손자이니 그를 이해해 줄 것이다. 특히 다음의 주석가들에 대해서도 마찬가지이다. 그들이 자기 나라 사람이고 자신들의 스승에 대해서 내리는 평가가 과도하다는 점을 나도 부정하지는 않겠다. 비록 비교를 들어서 말하는 사람들에 대해서, 여기에서 처음으로 말하는 것처럼, 큰 관용을 베풀어 준다 해도 말이다. (그의 말이다) 요컨대 그는 하늘과 땅과 비슷하다. 땅이 품어주고 받쳐주지 않은 것이 없다. 하늘이 자신의 품

---

[500] hyperbolo suit (inquit) similis caelo et, terrae et haec quidem prout nihil non complexu suo tegit et ambit : similis suit item quatuor temporibus successive et ordine aequato procedentibus, similis suit soli et lunae alternis vicibus successive illuminantibus omnia : Ita etenim et vir sanctus *adn. Couplet*

으로 덮어주고 감싸주지 않은 것이 없다. 또한 사계절이 지속적으로 일정한 순서에 따라 운행한다. 마치 해와 달이 서로 교대하면서 만물을 비추어 주는 것과 같다. 그렇듯이 성인이 자신의 경건하고 넓은 품안으로 감싸주고 품어주지 못할 것은 없다. 또한 그는 자기네 사람이든 이방의 사람이든 넉넉한 인자함으로 두 팔을 벌려 모두 껴안아 줄 수 있다. 용기와 지혜로 감당하지 못할 것이 없다. 마침내 자신의 지혜가 빛나서 모든 이들과 모든 것에게 퍼지고 미치지 않을 곳이 없고 미치지 않을 때가 없다.

cf. Ruggieri.　Similis enim caelo terraeque fuit; quemadmodum enim terra omnia sustinet et caelum omnia cooperit atque contegit(contegit *sic*), ita in ipso omnia spe(spe *sic*) nitebat atque ipse res favebat. Similis quoque quattuor anni temporibus fuit, quae sine aliquo errore sibi invicem succedunt, similis soli et lunae alternibus vicibus orbem illuminantibus. (그는 하늘과 땅과 같다. 땅이 만물을 받쳐주고 하늘이 모든 것을 덮어주며 지켜주듯이, 그렇게 그는 자신 안에서 희망으로 만물을 번성하게 만들고 사물을 북돋아 준다. 그는 사계절과 같다. 사계절은 어떤 오차도 없이 서로 순서를 바꾸며 이어진다. 그는 서로 순서를 바꾸며 세상을 비추는 해와 달과 같다.)

cf. 辟如天地之無不持載, 無不覆幬. 辟如四時之錯行, 如日月之代明.

f.27. p.2. §.3. Quae à coelo foventur ac teguntur, et à terrâ sustentantur universae res, unà omnes procreantur, et tamen non sibi mutuò nocent aut impedimento sunt, successivi astrorum motus, quibus constituuntur ac dividuntur anni tempestates, sol inquam et luna principes astrorum et magistri temporum aequabiliter, ut videmus, in orbes suos successivè procedunt ac circumaguntur assiduè, et diei noctisque discrimen efficiunt, et tamen non sunt sibi mutuò contraria. Causa igitur, ob quam in tanta tot rerum vicissitudine ac varietate, nulla sit tamen perturbatio et pugna, haec est, quòd in rem quamlibet à coelo veluti derivata sit tenuis quaedam ac limitata virtus pro sua cuiusque rei exigentiâ, quae vis ac virtus, fluenti instar assiduè emanantis perenni alveo rigat universa. Quod autem in hoc universo res tam diversae simul procreentur, et tam uniformiter agant, nec sese mutuò impediant, hoc demùm tribui debet magnae et illimitatae cuidam virtuti, coelo et terrae inditae[501], quae velut omnium fons et radix pro cuiuslibet rei facultate et exigentiâ tam longè latèque omnibus se indesinenter communicat; et ita efficit ac corroborat rerum procreationes, ut nihil un-(p. 215)-quam desideretur. Patet igitur coelum et terram ideo esse magna[502]. Interpres noster hîc vim textui inferre videtur, dum visibili huic coelo virtutem tribuit illimitatam. Attamen interpres alius 張Cham 侗Tum初Co dictus, hunc eundem locum explanans, et nullam vim textui inferens sic ait (A): illae coelum terramque inter, seu volatilis, seu natatilis, seu quadrupedis, seu germinantis, omnis[503]

---

[501] caelo et terrae inditae *del. Couplet*

[502] tantae magnitudinis *Couplet*

magno numero procreantur; et ubi procreatae iam fuerint, aliae evadunt magnae, aliae evadunt parvae[504], quaelibet iuxta veram naturam suam, nec se mutuo impediunt. Sic quatuor anni tempestatum, solis item ac lunae periodi singulae stato gyro perpetuò circumaguntur; et frigus ac aestas, dies item ac nox tam ordinatè procedunt, ut abeunte uno alterum identidem succedat, nec sibi mutuo adversentur. Iam verò quandoquidem ita singula conservantur, ut se mutuo non destruant singula ita operantur moventurque ut sibi invicem non adversentur, haec utique omnia inferioris cuiusdam virtutis participata quaedam sunt ratio, et velut inferioris ac subordinati cuiusdam dominii portio. Igitur omnes res perenni quodam fluxu et serie se manifestant: quatuor anni tempora perenni cursu suas faciunt conversiones: sol et luna perenni cursu incedunt non secùs ac minora fluenta è maiori alveo emanant et pluribus ceu brachiis derivata rivisque divisa perpetuò fluunt, et nunquam exhausta deficiunt. Sed utique inter haec sit alicuius domini ac gubernatoris maxima et suprema quaedam virtus necesse est; quae gubernet in illo priori, quo nulla dum res, nulla dum rerum ratio extitit; ut scilicet regat ordinetque rerum omnium origines, moderetur ac velut manu teneat motuum cursuumque omnium axem seu cardinem; componat item discordiarum in tantâ rerum diversitate principia; et denique dissolvat seu resecet corruptionum quarumcunque enascentia germina. Atque ita consummatâ completâque hac conversionum origine in suprema illa virtute, seu causâ primâ, tum deinde minor

---

503 volatilia ... natalia ... quadrupedia ...germinantia ... omnia *Couplet*

504 procreata...alia... magna...alia...parva *Couplet*

illa seu subordinata causarum secundarum virtus nunquam exhaurietur. Atque hoc scilicet est propter quod coelum ac terra adeò evadant magna, seu tanti fiant[505], omninò inquam est, propter hanc quam suprema virtus exercet gubernationem ac imperium, etc. Ita Cham Tum Co modò citatus, f.46. p.2. in primis suis editionibus, nam in ultimis haec quoque expunxerunt homines ab atheismo suspecti; uti et illa, quae (p. 216) suprà annotavimus f.23. p.2. §.3, impiè etiam expunxerant.[506]

(A. Pi Tien Ti Chi Kien Fi Cien Yum Che Che Chi Ve Kiai Kiun Sem Y Ulh Chim Ta Chim Siao Co Chim Sim Mim Pu Siam Fam Ye. Su Xi Ge Yue Chi Tao Co Yun Him Y Ulh han Chu Cheu Ye Ye Vam Ye Lai Pu Siam Guei Ye. Gen Ki Pim Yo Pu Hai, Pim Him Pu Poi, Kiai Siao Te Chi San Kien Chu Siao Chu Fuen Ce Van Ve Lieu Him, Su Si Lieu Hoa, Ge Yue Lieu Him, Ju Cheun Chi Lieu Chao Chi Guen Pai Che Ulh Yeu Chu Kiun Ye. Gen Chum Yeu Chu Cai Chi Ta Te Yen Tum Yu Vu Ve, Vu Tao Chi Sien Y Chu Ve Chi Yuen Vo Him Chi Ki Yum Poi Chi Tuon Siao Hai Chi Mem Tun Heu Ki Hoa Yuen Ulh Heu Siao Che Pu Kium Ye. Cu Tien Ti Chi So Y Guei Ta Chim Y Cu Ta Te Guei Chi Tum Ye. etc. Interpres Cham Tum Co in *librum Chum-Yum*.)[507]

27편 2쪽 3장 하늘이 기르고 보호하며 땅이 받쳐주는 모든 것이 함께 생겨난다. 그럼에도 서로에게 해를 주지 않는다. 혹은 방해되지 않는다. 사계절을 배분하고 연속적으로 별들을 운행시키는 지도자는 해와 달이고, 시간의 공평한 스승이다. 우리가 보듯이, 해와 달은 지속적으로 자신의 궤도를 돌면서 한결같이 순환하며 낮과 밤의 구별을 만

---

505 seu tanti fiant *del. Couplet*
506 nam in ultimis ... expunxerant *del. Couplet*
507 A. Pi. .... Chum-Yum *del. Couplet*

든다. 그럼에도 불구하고 해와 달은 서로가 서로에게 맞서지 않는다. 만물들 사이에는 그토록 많은 변화와 다양한 차이가 있음에도 어떤 혼란과 다툼이 없는 것도 이 때문이다. 각자의 필요에 따라 정밀하게 각기 다른 경계를 부여받은 어떤 덕이 각각의 사물에게 하늘로부터 뿌리내려 있기 때문이다. 이 힘과 덕은 영원한 강바닥에서 끊임없이 흘러나오는 강물처럼 만물을 적신다. 이 우주에서 그토록 다양한 사물들이 동시에 태어나고 한 모양으로 움직이며 서로에게 장애가 되지 않은 것은 전적으로 어떤 위대하고 한계가 없는 어떤 덕의 힘으로 보는 것이 마땅하다. 이는 하늘과 땅에 뿌리내려진 것이며 모든 것의 샘이고 뿌리이다. 각자의 능력과 필요에 따라 멀고 넓게 모든 것이 끊임없이 서로 소통한다. 이를 통해서 사물이 태어나게 하고 사물에게 힘을 준다. 어떤 것도 결코 더 바랄 것이 없다. 따라서 하늘과 땅의 위대함은 명백하다. 우리의 주석가는 여기에서 한계가 없는 덕을 눈에 보이는 하늘에 부여하면서 문장의 뜻을 이렇게 추론한다. 장동초張侗初라는 다른 주석가는 어떤 뜻도 추가하지 않고 이 대목을 이렇게 설명한다(A). 그의 말이다. 하늘과 땅 사이에 있는 저 날 것, 헤엄치는 것, 네발 달린 것, 새싹을 내는 것, 이 모든 것은 셀 수 없이 많이 태어난다. 일단 태어나면, 어떤 것들은 크게, 어떤 것들은 작게 태어난다. 어떤 것들이든 자신의 참된 본성에 따라 서로가 서로에게 방해되지 않는다. 일 년의 사계절도 이와 같다. 해와 달의 운행도 마찬가지로 영원히 정해진 각자의 원을 따른다. 추위와 더위도, 낮과 밤도 정해진 질서에 따라 정확하게 움직인다. 하나가 사라지면 다른 하나가 반복하면서 뒤를 잇는다. 서로가 서로에게 맞서지 않는다. 진실로 각각의 것들은 이렇게 보존된다. 각각의 것들은 서로가 서로를 파괴하지 않으면서 살붙하며 부시인가 서로가 서로에게 멀고 맞서지 않는다. 이것들이 특히 어떤 낮은 덕을 나누어 가진 모든 것들의 어떤 원리이고, 말하자면 열등하고 순종하는 것들이 통치에 참여하는 몫이다. 따라서 만물은 어떤 영원한 흐름과 연속을 통해서 자신을 드러낸다. 일 년의 사계절도 영원한 운행을 통해서 자신의 순환을 이룬다. 해와 달도 영원한 운행에서 한시도 멈추지 않는다. 마찬가지로 작은 강들도 큰 강에서 흘러나오고 더 많은 가지와 지류에서 갈라져 나와 끊임없이 흘러 한시도 마르지 않는다. 그러나 이것들에게 어떤 지배자와 통치자의 가장 크고 가장 높은 어떤 덕이 있어야 함은 필연적이다. 이 덕은 어떤 사물도 아직 존재하지 않고, 사물의 어떤 원리도 아직 존재하지 않는 이전 시대에 있었던 것이다. 만물의 기원에 대한 질서를 잡으며 조절하고, 비유컨대 손으로 운동과 모든 운행의 축 혹은 문지도리를 잡고 있는 것과 같다. 마찬가지로 그토록 다양한 사물 사이에 있는 경쟁의 원리들도 조정하고, 마침내 어떤 종류의 부패이든 그것들의 새싹을 제거하고 뿌리도 뽑아버린다. 그리고 순환의 기원이 최고의 덕 혹은 최초의 원인 안에서 완결되고 완성되면, 미미하고 종속적인 이차 원인의 덕도 결코 시들지 않는다. 하늘과 땅은 위대하다. 혹은 매우 대단하다. 그래서 전적으로 이것 덕분에 최고의 덕이 통치하고 지배할 수 있다. 앞에서 인용한 장동초는 첫 번째로 출판된 자신의 책 46편 2쪽에서 이렇게 말한다. 무신론자로 의심받는 사람들이 마지막 부분에서 이 부분을 또한 지워버렸다. 위에서 우리가 주석한 내용을 또한 불경스럽게 지워버렸다.

(A. Pi Tien Ti Chi Kien Fi Cien Yum Che Che Chi Ve Kiai Kiun Sem Y Ulh Chim Ta Chim Siao Co Chim Sim Mim Pu Siam Fam Ye. Su Xi Ge Yue Chi Tao Co Yun Him Y Ulh han Chu Cheu Ye Ye Vam Ye Lai Pu Siam Guei Ye. Gen Ki Pim Yo Pu Hai, Pim Him Pu Poi, Kiai Siao Te Chi San Kien Chu Siao Chu Fuen Ce Van Ve Lieu Him, Su Si Lieu Hoa, Ge Yue Lieu Him, Ju Cheun Chi Lieu Chao Chi Cuen Pai Che Ulh Yeu Chu Kiun Ye. Gen Chum Yeu Chu Cai Chi Ta Te Yen Tum Yu Vu Ve, Vu Tao Chi Sien Y Chu Ve Chi Yuen Vo Him Chi Ki Yum Poi Chi

Tuon Siao Hai Chi Mem Tun Heu Ki Hoa Yuen Ulh Heu Siao Che Pu
Kium Ye. Cu Tien Ti Chi So Y Guei Ta Chim Y Cu Ta Te Guei Chi
Tum Ye. etc. Interpres Cham Tum Co in librum *Chum-Yum*.)[508] 원문 미확인

cf. Ruggieri.　　Caelum aequaliter(equaliter *sic*) innumerabiles res
alit atque ita contrarias continet, ut sibi invicem nihil noceant. Si
huius　sancti　ac　sapientis　viri　rationi(ratio　*sic*)　aequabiliter
incedebant atque ita omnia moderabuntur, ut nulla res alteri
adversaret aut noceret, quam similis toti huic rex univsersitati fuit,
sicut enim infinitae paene res indivuduae veluti aqua fluvit ab una
virtute seu causa quae(qui *sic*) fons est et origo eorum, sic ex
huius viri mente innumerabilia bona promanabant. (하늘은 수많은
사물을 공평하게 기른다. 그리고 그 자신에게 서로 어떤 해도 끼치지
않도록 반대의 것을 품어 준다. 만약 만물이 이 성스럽고 현명한 사람
의 이성에 따라서 공평하게 다스려진다면, 군주가 세상 전체와 같은
것처럼 그 어떤 것도 다른 것에 반대하거나 해를 끼치지 않을 것이다.
헤아릴 수 없이 수많은 각각의 사물이 마치 물이 하나의 덕으로부터,
혹은 원인으로부터 흘러나오는 것과 같다. 이는 만물들의 원천이자
기원이다. 이처럼 이 사람의 마음으로부터 헤아릴 수 없이 수많은 좋
은 것이 흘러나온다.)

cf. 萬物, 竝育而不相害. 道, 並行而不相悖. 小德, 川流. 大德, 敦化,
此 天地之所以爲大也.

---

[508] A. Pi. .... Chum-Yum *del. Couplet*

f.28. p.1. §.1. Hîc, et seque Cu-Su iterum iterumque commemorat et commendat summè sancti virtutes. Solùm (inquit) in orbe universo summè sanctus et perfectus est qui queat omnia percipere et clarè intelligere, penetrare ac comprehendere, adeòque sufficiens est, ut ex culmine suae dignitatis[509] descendat ad gubernandum haec inferiora omnia. Si virtutes contemplemur, eius animi magnitudo et amplissima liberalitas, affabilitas, benignitas ac mansuetudo sufficiunt ad habendam capacitatem quae admittat et paterno sinu foveat ac complectatur universos: eius activitas, celsitudo, robur, et invicta constantia in tuenda iustitiâ sufficiunt ut omnia manu teneat conservetque: eius item pura illa simplicitas, serietas[510], prudens [item][511] moderatio et [mentis][512] aequabilitas, eius denique rectitudo et integritas à quavis vel minimâ pravitate aliena, sufficiunt ut apud omnes obtineat honorem et venerationem. Ingentia illa decora et ornamenta atque horum mirabilis quaedam temperies et concordia quae res moderatur in pondere et mensurâ, ad haec minimarum etiam rerum exacta investigatio et dilucida discussio ad subtilissima quaeque et recondita sese extendens, sufficiunt, ut rectè distinguens inter bonum et malum, habeat quo sine periculo erroris omnia discernat [atque diiudicet][513].

28편 1쪽 1장 이 대목에서 자사는 반복해서 자신의 기억을 떠올리며

---

[509] virtutis *Couplet*

[510] seriusque animi candor *Couplet*

[511] *suppl. Couplet*

[512] *suppl. Couplet*

[513] *suppl. Couplet*

성인의 덕을 최고로 추천한다. (그의 말이다) 이 세상에서 유일하고 가장 성스럽고 완전한 이상적인 군자만이 모든 것을 꿰뚫어 보고 명확하게 이해하며 통찰하고 파악할 수 있다. 따라서 그는 자신의 최고 지위에서 내려와 이 낮은 세상을 통치하기에 충분하다. 그의 마음에 있는 위대함과 가장 넓은 관용, 인자함, 호의와 온유함은 저 포용력을 가지기에 충분하다. 이는 우주를 받아들이고 아버지의 품으로 안아주고 감싼다. 그의 실천, 속도, 힘, 패배를 모르는 항상성은 정의를 지키기에 충분하다. 모든 것을 손으로 잡고 지켜준다. 또한 그의 맑은 순수함, 진지함, 분별력이 있는 절제와 [마음의] 평정심, 반듯함과 어떤 나쁨에도 흔들리지 않은 완전함은 모든 사람 사이에서 명예와 존경을 받기에 충분하다. 저 위대한 권위와 담대함은 저 놀라운 균형과 무게와 길이에 의해서 조절되는 조화와, 매우 작은 일에 대한 정확한 계산과 매우 섬세하고 은밀하게 숨어 있는 각각의 것에 대한 관찰을 통해서 명쾌하게 드러나는 사려는 선과 악을 올바르게 구별하고 어떤 실수의 위험도 없이 모든 것을 구분하고 판단하게 하기에 충분하다.

cf. Ruggieri. Qui summi perfectionis fastigium attinet solus ipse (solusipse *sic*) in mundo universo lucis est particeps, intelligentiae, acuminis, sapientiae, omnisque orbis unisersi res moderari satis potest. Magnanimus, mitis, caritatis plenus atque mansuetus potest alios se iurandos effundere, strenuus, fortis, conflans ac firmus aptus est ad retinendam fidem, eamque suo regi praestandam. Gravis, oranatus, rectus usque in mediocritate consistens potest convenientibus aliis deditus, quamquam se ipse novit, habilis est ad ratiocinandum, iudicandum, prudenterque agendum. (가장 높은 완전함의 정상에 오른 사람만이 온 세상을 밝히는 빛과 지성과 명민함과 지혜를 가진 사람이 되며, 온 세상의 모든 일을 잘 다스릴 수 있

다. 마음이 크고 온화하며 사랑으로 가득 차 있는 이 온유한 사람은 다른 사람들이 자진해서 따르겠다는 맹세를 하도록 이끌고, 용맹하고 강건한 사람은 군주에게 신의를 저버리지 않는다. 진중하고, 격조 있으며, 올바르며, 엄밀한 사람은 다른 사람들과 잘 화합하며, 그 자신이 아는 범위에서 추론하고 판단하며 현명하게 행동하는 것에 능숙하다.)

cf. 唯天下至聖, 爲能聰明睿知, 足以有臨也. 寬裕溫柔, 足以有容也. 發强剛毅, 足以有執也. 齊莊中正, 足以有敬也. 文理密察, 足以有別也.

f.28. p.1. §.2. Tanto igitur virtutum comitatu, tantisque ornamentis ac praesidiis instructus, amplus admodùm est atque diffusus, placidus et profundus, atque rerum omnium fons et origo [quaedam][514]: adeoque suis temporibus, cùm scilicet ratio et bonum universi id postulat, sese prodit exeritque; alioqui suâ se involvens virtute, seque uno contentus sibique sufficiens, placidissimae quietis otio perfruitur.

28편 1쪽 2장 이토록 위대한 덕을 몸으로 체득하고 이토록 중요한 덕의 장비와 안전 방책을 훈련을 통해서 몸에 지니고 있는 그는 참으로 풍부하고 광대하며 평온하고 심오하다. 마치 만물의 샘이며 [어떤] 기원과 같다. 보편 이성과 선이 요청할 때에는 시기에 맞추어 자신을 드러내고 밖으로 나온다. 그렇지 않을 경우에 자신을 덕으로 감싼다. 그는 자신에게 만족하고 스스로에게 넉넉하며, 가장 평화로운 고요가 주는 휴식을 지극히 즐긴다.

cf. Ruggieri.   Qui veluti ingens aquae vis e perenni fonte dimanans copiossimae. (그는 영원한 원천으로부터 흘러 넘치는 물의 위대한 힘과 같다.)

cf. 溥博淵泉, 而時出之.

---

[514] *suppl. Couplet*

f.28. p.2. §.1.   Amplus, inquam, est atque diffusus veluti coelum ipsum; et idem placidus ac profundus est, tamque secretus ab oculis nostris veluti aquarum abyssus. Quodsi tantâ sanctitate praeditus ob commune emolumentum quandoque foras se prodat, iam ex universo populo nullus erit qui non eum veneretur, si quid profetur[515], iam è populo nullus erit qui verbis eius, ut ab oraculo profectis, (p. 217) non det fidem, si quid agat ac moliatur, iam è populo nullus erit qui non faveat illius conatibus, qui acta non probet, iisque laetus ac gratulabundus non applaudat.

28편 2쪽 1장   풍부하고 광대하다는 것은 하늘과 같다. 마찬가지로 평온하고 심오하다는 것은 우리의 눈으로 접근할 수 있는 바다의 심연과 같다. 만약 이토록 위대한 성스러움을 타고난 사람이 언제든지 공동의 유익을 위해서 나선다면, 그를 존경하지 않을 사람이 세상에 없을 것이다. 만약 그가 뭔가를 말한다면 마치 신의 말처럼, 그의 말을 신뢰하지 않을 사람은 아무도 없을 것이다. 그가 뭔가 행하거나 시도한다면, 그의 시도를 동의하지 않고 그의 일을 인정하지 않을 사람은 아무도 없을 것이며, 기뻐하고 고마워하면서 박수치지 않을 사람은 아무도 없을 것이다.

cf. Ruggieri.   Amplus ut caelum, profundus ut altus puteus, numquam aspicitur, quam multum ab aspicientibus honoris colligat, quam loquitur fidem habent, quam iucunde facit atque iucunda sint omnibus. (그의 풍부함은 하늘과 같고, 그의 깊이는 깊은 샘과 같다. 그가 얼마나 큰 명예를 얻었는지는 결코 헤아릴 수가

---

515 profatur *Couplet*

없다. 그가 말하는 것은 신뢰를 얻었고, 즐겁게 행한 것은 모든 사람에게 즐거운 일이 되었다.)

cf. 溥博如天, 淵泉如淵. 見而民莫不敬, 言而民莫不信, 行而民莫不說.

f.28. p.2. §.2. Atque hac de causa summè sancti fama et nomen oceani prorsùs instar exundabit ac diffundetur per medium Sinarum regnum, et hinc multo longiùs dimanans pertinget ad barbaros australes et boreales: naves et currus quocunque terrarum pertingunt; humana industria ac vires quocumque penetrant; coelum quidquid tegit; tellus quidquid sustinet; sol et luna quidquid suis radiis collustrant; pruina et ros quocunque locorum decidunt; ad extremum quicunque habent in venis sanguinem, vitamque hanc, et communem aerem respirant, non possunt non venerari ut supremum[516] regem, non possunt non[517] amare ut patrem communem huiusmodi sanctum. Atque ideò suprà dicebam, eum aequiparari coelo. (Vel ut alii explicant: ideo dicebam, eum arctissimam quamdam societatem et unionem habere cum ipso coelo.)[518]

28편 2쪽 2장 이런 이유에서 성인의 지극한 명예과 명성은 대양처럼 넘쳐나고 중국의 한 가운데에 있는 중심을 통해서 퍼져 나간다. 멀리 북방과 남방에 사는 야만인에게까지 도달한다. 배와 마차가 갈 수 있는 땅까지 흘러 들어간다. 사람의 노력과 힘이 미치는 곳에 이른다. 하늘이 무엇을 덮고 있든, 땅이 무엇을 받치고 있든, 해와 달이 자신의 빛살로 무엇을 비추든, 서리와 이슬이 어느 땅에 내리든, 혈관에 피가 통하는 사람이면 그 누구든, 이 땅에 살아 있으며 공동의 공기를 숨쉬는 사람이면 그 누구이든, 그들은 모두 그를 최고의 군주로 존경

---

[516] ibi. Couplet

[517] non possunt non del., et adn. Couplet

[518] vel arctissimam quamdam societatem habere cum ipso coelo. (hoc in loci et aliis similibus manifestè potes #pio vel non intelligi ac visibile sed aliquid quod creari non potest.) adn. Couplet

하지 않을 수가 없을 것이다. 이 성인을 공동의 아버지로 사랑하지 않을 수가 없을 것이다. 따라서 그가 하늘과 동등하다는 말을 위에서 한 것이다.

cf. Ruggieri. Propterea nomine ac fama Sinense regnum complet et quocumque navibus ac curribus aditus patet sive ad meridiem sive ad septentrionem eius fama pervadit, per ea quae terra continentur, caeloque conteguntur permaneat ac permeat, quae solis lunaeque(lunaque *sic*) lumine collucent, quod pruina ac rore profunditur, quod denique spiritu vigent ac sanguine eum venerant ac diligent. Is igitur haud immerito cum caelo comparatur (comparator *sic*). (따라서 그는 중국 왕국을 자신의 이름과 명성으로 가득 채웠다. 배와 마차가 다닐 수 있는 곳은 어디든지, 남으로든 북으로든 그의 명성이 미쳤다. 그것은 땅이 안고 있고 하늘이 덮고 있는 곳이면 어디든지 퍼져 나가 스며들어 갔으며, 해와 달이 비추는 곳이면 어디든지, 서리와 이슬이 내리는 곳이면 어디든지, 마침내 정신으로 존경하고 피로 공경하고 사랑한다. 따라서 그가 하늘에 비교되는 것은 결코 잘못된 것이 아니다.)

cf. 是以聲名洋溢乎中國, 施及蠻貊. 舟車所至, 人力所通, 天之所覆, 地之所載, 日月所照, 霜露所隊, 凡有血氣者, 莫不尊親, 故曰配天.

f.29. p.1. §.1. Solus ille qui in hoc universo summè perfectus et sanctus est, eiusmodi est, ut queat clare distinguere[519], et contexere mundi[520] magnum ordinem [et rationem][521]; qui item possit erigere universi huius magnum fundamentum; qui denique possit perspectas habere quae sunt à coelo et terrâ procreationes et conservationes rerum. Huiusmodi igitur summè sanctus, cùm talis ac tantus sit, quo tandem modo fieri potest, ut sit res ulla in toto universo cui innitatur [aut inhaereat][522] aut à qua dependere, et iuvari priùs debeat, ut deinde operetur?

29편 1쪽 1장 이 세상에서 가장 완전하고 성스러운 오직 이 한 사람만이 분명하게 분별할 수 있고 세계의 위대한 질서와 원리를 만들 수 있다. 마찬가지로 세상의 위대한 토대를 세울 수 있다. 마침내 하늘과 땅에서 태어난 모든 것과 사물의 순환을 명확하게 파악할 수 있다. 따라서 성인이 이토록 위대하고 이토록 대단한 존재라면, 이런 일은 도대체 어떻게 가능할까? 어떤 것이 우주 전체에 있고, 성인은 이토록 위대하고 대단하다. 우주의 어떤 것이든 그에게 의지한다. 어떤 것이든 그것이 작용하기 위해서 그에게 의지해야 하고 도움을 구해야 한다.

cf. Ruggieri. Solus inter omnes homines rex qui ad celsissimum rectitudinis gradum ascendit, magnam illam rerum, quae in hac omni universitate sunt, inire rationem potest et illa quinque efficere et quasi amplissima quaedam orbis universi stirps altius ex humo se tollere. Rerum omnium, sive caelestes sive terrestres, ille

---

[519] ordiri *Couplet*
[520] terrarum orbis *Couplet*
[521] *suppl. Couplet*
[522] *suppl. Couplet*

sit(sint *sic*) procreationem menti ac cogitationem complectus(complecti *sic*), an rei cuius opem atque adiumentum requirat? (모든 사람 중에서 유일하게 이 군주만이 올바름의 가장 높은 단계에 오를 수 있다. 세상 에서 일어나는 중대한 일을 이성으로 처리할 수 있다. 저 다섯 가지를 행할 수 있다. 마치 세상의 줄기인 양 자신을 땅에 높이 세울 수 있다. 땅에 속하든 하늘에 속하든, 만물의 생장을 마음에 품고 생각한다. 이 를 위해서 누구에게 힘과 도움을 구하겠는가?)

cf. 唯天下至誠, 爲能經綸天下之大經, 立天下之大本, 知天地之化育. 夫焉有所倚.

f.29. p.1. §.2.   Summè benevolus et beneficus est eiusmodi sancti amor ac pietas quae sese extendit ad mundi huius magnum ordinem; placida item ac profunda perfectionum eius abyssus qua valet erigere universi huius magnum illud fundamentum: quàm latissimè patet et extenditur eius coelum! Ex quo tot in orbe conversiones rerum perpetuâ quadam et uniformi serie promanant.

29편 1쪽 2장 이처럼 성인의 사랑은 지극히 은혜롭고 지극히 관대하다. 그의 경건함은 자신을 이 세계의 위대한 질서로 펼친다. 그의 완전함에 있는 심연은 평온하고 심오하다. 이곳에 우주의 저 위대한 토대를 세울 수 있을 정도로 위대하다. 그의 하늘은 얼마나 넓고 분명하게 드러나 있고 펼쳐져 있는가! 그로부터 저 수많은 사물의 순환이 어떤 항상적이고 한결같은 연결을 통해서 흘러나온다.

cf. Ruggieri.   Nihil est quod sui(suis *sic*) amoris […] effugiat, profundissimus virtutis est pelagus abisso amplissimusque est […] instar. (어떤 것도 그의 사랑을 […] 벗어나지는 못한다. 덕의 바다는 매우 깊고 바닥 없이 매우 드넓으며 […] 모범이다.)

cf. 肫肫其仁, 淵淵其淵, 浩浩其天.

f.29. p.2. §.1. Cu-su, postquam quae potuit attulit in laudem summè sancti, ut significet imparem se esse tantae perfectioni declarandae, concludit, solum sanctum de sancto pro dignitate loqui posse, quip-(p. 218)-pe qui solus intelligat quid quantumque sit esse sanctum. Sanè (inquit) [nisi][523] quispiam non[524] sit reverà solidus in omni virtute[525], perspicax ac clarè intelligens sanctus inquam et ita sapiens ac prudens[526], ut altè penetret omnes coeli virtutes[527], hunc modò dictum sanctum ecquis tandem alius poterit cognoscere, aut verbis exprimere? Solus igitur summè sanctus exhaurire potest summè sancti virtutem, tam ipse intelligendo, quàm aliis deinde enunciando verbo: nemo sanctum probè novit nisi sanctus.

29편 2쪽 1장 자사는 자신이 할 수 있는 한 최고로 성인을 예찬하고, 그 자신은 그토록 위대한 완전함을 설명하기에는 적당한 사람이 아니라는 점을 보이기 위해서 이렇게 결론 맺었다. 오로지 성인만이 성인에 대해서 말할 자격이 있다. 그만이 홀로 성스러움이 무엇이고 얼마나 위대한지를 안다. (그의 말이다) 어떤 사람이 진실로 모든 덕에서 단단하고 명쾌하고 분명하게 이해하지 못한다면, 성인이며 현자이며 분별이 있는 사람이 아니라면, 높은 하늘의 모든 덕을 꿰뚫어 볼 수 있는 사람이 아니라면, 도대체 어느 누가 앞에서 말한 이 성인을 알아볼 수 있을까? 혹은 말로 표현할 수 있을까? 지극한 성인만이 홀로 지극한 성인의 덕을 길어올 수 있다. 덕을 파악하고 다른 사람에게 말로

---

[523] *suppl. Couplet*

[524] *del. Couplet*

[525] magno et *Couplet*

[526] perspicaci ingenio, sit sanctus, inquam, et eâ coelitus sapientiâ ac prudentiâ praeditus *Couplet*

[527] omnem coeli virtutem *Couplet*

설명할 수 있는 이는 오로지 그 사람뿐이다. 성인이 아니면 어느 누구도 성인을 제대로 안다고 할 수 없다.

cf. Ruggieri. Nisi celeste lumen sancto viro profulserit, quo tantum potest cognoscere. (그것으로만 [성인을] 오로지 알아볼 수 있는 하늘의 빛이 성스러운 사람에게 흘러내리지 않았다면 [성인을 말하는 것은 가능하지 않다.])

cf. 苟不固聰明聖知達天德者, 其孰能知之.

f.29. p.2. §.2. Hactenùs egit Cu-Su de summè sancti perfectione: iam redit ad explicandum viri perfecti et verè solidi virtutem, de qua in initio libri huius, quae utique debet excludere omnem simulationem, hypocrysim, et cupiditatem gloriae exterioris, ut ita paulatim gradum faciat ad viri sancti virtutem. In eam rem Odam citat, quae[528] sic ait: si quis induitus vestem divitem ac variegata m[529] [cui][530] super induat vulgarem penulam, hoc ipso declarat quòd oderit haud dubiè eiusmodi ornatûs ostentationem ac splendorem exteriorem. Ideò (inquit Cu-Su) perfecti viri virtus[531] occulit sese illa quidem[532], sed [ea][533] in dies [magis][534] lucis instar [crescentis][535] augescit, et vel invita se prodit ac manifestat[536], è contrario simulatoris et ficti improbique hominis fucata virtus, speciem nescio quam virtutis ostentat illa quidem, sed reverà nonnisi speciem. Et verò propria haec est inanium eiusmodi hominum industria, hoc studium illorum[537], ut se suaque ostentent offerantque omnium oculis spectanda; sed quia non virtus illa, sed umbra virtutis est, planè sit, ut in dies magis ac magis extenuetur, et tandem ceu fumus evanescat. Perfecti viri virtus, si primum illius saporem consulas, videbitur insipidum quid et insulsum; et tamen, ubi maturâ consideratione, multoque

---

[528] eam rem ... quae del., pro eis carmen citat de matrona pulcherrima cui magnam addebat gratiam pretiosissimas vestes quasi alia superinducta, velle contegere Oda *adn. Couplet*

[529] induatur veste divite ac variegata *Couplet*

[530] *suppl. Couplet*

[531] perfectus vir *Couplet*

[532] sese ... quidem del., pro iis constyrinque suam quidem virtutem *adn. Couplet*

[533] *suppl. Couplet*

[534] *suppl. Couplet*

[535] *suppl. Couplet*

[536] manifestatur *Couplet*

[537] hoc studium illorum *del. Couplet*

magis ipso exercitio et imitatione eam iterum iterumque degustaris, talem esse comperies, ut, quamvis eâ pascaris assiduè, non tamen pariat nauseam et fastidium. Rursùs, videtur illa tenue[538] quid esse et exile et propè contemptibile, et tamen, si mentis oculis quae interiora sunt contempleris, quantum ibi decoris et gratiae quantum venustatis invenies! Humilem rudem ac informen primo aspectu diceres; et tamen, mihi crede[539], in cordis medio perpolita est rectèque com-(p. 219)-posita et iuxta rectam rationem mirabiliter ordinata. Quid multa? vestis attalica est, gemmis et auro collucet[540]; verumtamen sub vili penulâ latet secura: quò occultior hoc pretiosior. Et haec quidem de interna privatâque sui perfectione intellige; cuius cùm tanta sit lux, tanta vis ardoris, ut cohiberi nequeat quin ultrò prorumpat, impendatque sese communi reipublicae bono procurando; ideo (addit Cu-Su) si vir eiusmodi perfectus noverit eorum quae longè absunt proximum principium, seu si noverit dirigere alios ex sui ipsius normâ; item noverit morum motuumque originem, seu noverit commovere aliorum animos ex suo ipsius animi motu; noverit denique subtilium et arcanorum manifestationem, seu noverit, quòd ea quae intùs latent haud dubiè tandem aliquando foras se prodent. Vel, ut alii explicant: si noscat ac praevideat futuorum eventuum principia et causas, seu id unde initium sumunt, exempli gratia, ortus et incrementa, nec non occasus imperiorum dependere magnam partem à rectâ vel pravâ

---

[538] icnilssum *Couplet*
[539] mihi crede *del. Couplet*
[540] collucens *Couplet*

institutione, vitâ, et moribus ipsiusmet imperatoris: sciat item excitandis ad virtutis studium et in eo confirmandis hominibus, quibus tandem principiis et artibus et exemplis id fieri hîc et nunc conveniat: ad extremum sciat moderari subtilis et reconditae virtutis suae manifestationem, sciat inquam manifestatione virtutis prudenter uti, non alieno scilicet tempore, sed quando publica vel privata necessitas id exigit, non ad inanem gloriam nominis sui, sed ad emolumentum et decus reipublicae[541]: tùm sanè poterit hoc modo cum tam praeclarâ rerum notitiâ paulatim gradum facere, ac tandem ad eminentem illustris[542] sancti virtutem pertingere. Vel, ut alii exponunt: si noverit quarumcunque actionum principium esse cor, bonas ex corde bono, malas ex corde malo procedere, si item noverit morum et rituum originem fundatam in illa sanctorum regum symmetriâ rectè commensuratâ cum coeli ratione, qua res omnes diriguntur: si denique noverit subtilium et reconditarum rerum manifestationem, si possit scilicet ex iis quae forìs apparent cognoscere ea quae intùs latent, tùm poterit is etiam hoc modo paulatim pertingere ad virtutem sanctorum.

29편 2쪽 2장 성인의 지극한 완전함에 대해 자사는 여기에서 말을 멈춘다. 이상적인 군자와 진실로 단단한 사람이 지닌 덕에 대한 설명으로 돌아간다. 이것은 이 책의 시작에서 다루었다. 이는 단적으로 모든 사익, 기선, 위적 명예에 대한 욕망을 버리고 한 걸음 한 걸음 성인의 덕으로 나가는 것이다. 이를 위해서 『시경』을 신용한다 시경의 말

---

[541] vel, ut alii explicant ... et decus reipublicae *del. Couplet*
[542] *del. Couplet*

이다. 만약 어떤 사람이 비싸고 화려한 의복 위에 서민의 가난한 옷을 입는다면, 이는 확실히 그가 밖으로 드러난 광채와 화려한 꾸밈을 내보이는 것을 싫어하기 때문이다. (자사의 말이다) 이상적인 군자의 덕은 자신을 감춘다. 그러나 [더욱 자라나는] 빛처럼 날마다 커진다. 바라지 않음에도 자신을 드러내고 분명하게 알린다. 반대로 가식적인 사람과 정직하지 못한 사람의 꾸미고 분칠한 덕은, 잘 모르겠지만, 사실은 외양에 불과한 덕의 모양새만 드러내 보일 뿐이다. 진실로 헛것을 좇는 사람들이 행하는 이런 행태의 본질과 그들의 열정은 자신과 자신의 일을 모든 이의 눈에 과시하기 위해서 제시하고 제공하는 것에 주력하는 것일 뿐이다. 이는 덕이 아니다. 덕의 그림자에 불과하다. 분명 이것은 날로 작아지고 종국에는 연기처럼 사라진다. 이상적인 군자의 덕은, 만약 당신이 처음으로 그 사람의 입맛을 살핀다면, 맛없고 양념이 되지 않은 음식과 같다. 그럼에도 오래 생각해 보면, 많은 노력과 모방을 통해서 그것을 거듭 반복해서 맛본다면, 그 맛이 다음과 같다는 것을 알게 된다. 매일 이것을 먹는나 해도 어떤 싫증과 지루함을 느끼지 않을 것이다. 성인의 덕이 가냘프고 보잘것없는 조롱거리로 보일 것이다. 그럼에도 불구하고, 만약 마음의 눈으로 마음의 덕을 살핀다면, 거기에 있는 담대함과 우아함과 매력이 얼마나 위대하고 대단한지 발견할 것이다. 첫눈에는 투박하고 촌스럽고 볼품없다고 말할 수도 있다. 그럼에도 내 말을 믿어야 할 것이다. 그것은 가슴의 한 가운데에서 지극히 세련되고 올바르게 배치되고 올바른 이성에 따라 질서를 즐기는 것이다. 무슨 말이 더 필요한가? 금실로 짠 옷에 보석과 금이 달렸지만 값싼 천 아래에 안전하게 숨어 있을 뿐이다. 더 숨어 있을수록 더 비싼 것이다. 그의 사적이고 내적인 완전함에 대해서 이것을 알아야 한다. 그 빛은 참으로 대단하다. 현정의 힘도 내딛하나, 자발적으로 나서서 나의 이익을 위해 자신을 바치는 것을 막을 수가 없을 정도로 크다. (자사가 보태는 말이다) 만약 멀리 떨어진 것의 원리가 실은 가장 가까운 것이라는 점을 이상적인 군자가 알고 있다면, 즉 자신의 규범으로부터 다른 사람들을 이끄는 법을 알고 있다면, 그는 도덕과 운동의 힘도 알고 있는 것이다. 자신의 마음으로 다른 사람들의 마음을 움직이는 법을 알고 있는 것이다. 마침내 그는 가장 정밀하고 가장 은밀한 것도 명확하게 알고 있는 것이다. 안에 숨어 있는 것이 의심의 여지없이 언젠가 밖으로 자신을 드러낸다는 것도 알고 있는 것이다. 어떤 이들은 설명한다. 만약 그가 미래의 일들에 대한 시작과 원인을 알고 있고 미리 내다볼 수 있다면, 그것들이 언제 시작하는지, 예를 들면 나라의 건국과 발전, 그리고 몰락이 대부분의 경우 통치자 자신의 교육, 생활, 도덕이 올바른지 아닌지에 달려 있음을 알고 있다면, 마찬가지로 그는 사람들이 덕의 공부에 떨쳐 일어나고 그것에서 확신을 가지게 함에 있어서, 어떤 원리와 학술과 모범을 통해서 그것이 여기 그리고 지금 이루어지기에 적합한지 알고 있다면, 엄밀하고 숨어 있는 자신의 덕이 분명하게 드러내는 것을 절제하는 법을 알고 있다면, 지혜롭게 덕을 드러내며 쓰는 법을 알고 있다면, 다른 때가 아니라 공적이든 사적이든 어떤 필요가 있을 때 사용하는 법을 알고 있다면, 자신의 이름에 대한 헛된 명성이 아니라 나라의 이익과 품격을 위해서 사용하는 법을 알고 있다면, 그때 그는 분명코 이런 방식으로 사물들에 대한 탁월한 지식으로 조금씩 진보할 것이고, 마침내 저 빛나는 성인의 탁월한 덕에 도달할 것이다. 어떤 이들은 설명한다. 만약 그가 어떤 행동이든 그것의 원리가 마음이라는 것을 알고 있다면, 좋은 마음에서 좋은 것이, 나쁜 마음에서 나쁜 것이 나온다는 것을 알고 있다면, 마찬가지로 만약 도덕과 전례의 기원이 하늘과 이성에 부합하는 저 성스러운 군주의 올바른 균형에 기초하고 있다는 점을 알고 있나며, 만물이 이 이성을 따른다는 것을 알고 있다면, 정밀하고 숨어 있는 사물이 드러나는 것을 알고 있다면, 만약 분명히 밖으로 나타나 있는 것을 통해서 안에 숨어 있는 것을 알아낼 수 있다면, 그때에는 그는 이런 방식으로 점진적으로 나아가 성인의 덕에 도달할 수 있을 것이다.

cf. Ruggieri. Carmina dicunt versicolorem ac pretiosam vestem indutus ne vestis oranatus appareat, super induit levidensa. Ita licet virtutis iter vir probus occultet, quotidie tamen magis eluciscit. Contra vero improbi speciosum quidem est iter, sed eius species in dies perit. Boni viri iter simplex est, sed non molestum, insulsum sed non sine lepore ac venustate, planum sed non sine ratione, conscius sibi est bonus virtutis suae et aliena scientia, alienarum autem scientiam virtute sua comprobat, et quoniam virtus est intus, propterea foras prodit, hic igitur est amplissimum virtutis iter ingressus. (『시경』에 이르길, 빛나고 귀한 옷을 입었으나 겉에 싸구려 옷을 입어서 장식이 드러나지 않도록 해야 한다. 이상적인 군자는 이처럼 덕의 길을 숨겨야 한다. 그럼에도 날마다 더욱 빛을 발한다. 반대로 소인의 길은 사실 화려하다. 하지만 그의 모습은 날로 쇠락한다. 이상적인 군자의 길은 단순하며 번거롭지 않다. 투박하지만 맛과 멋이 없는 것은 아니다. 분명하지만 이유가 없는 것은 아니다. 이상적인 군자는 자신의 덕을 스스로 알고 있고 다른 사람의 앎도 안다. 이상적인 군자는 다른 사람들이 알고 있는 것을 자신으로 덕으로 증명한다. 그리고 내면에 있는 것이기 때문에 덕은 밖으로 드러난다. 따라서 이상적인 군자는 덕의 드넓은 길을 여기에서 시작한다.)

cf. 詩曰, 衣錦尙絅, 惡其文之著也. 故君子之道, 闇然而日章. 小人之道, 的然而日亡. 君子之道, 淡而不厭, 簡而文, 溫而理, 知遠之近, 知風之自, 知微之顯, 可與入德矣.

f.30. p.1. Alia *Oda* sic ait : penitùs abdita sit licet, altisque depressa latebris delitescat virtus, aut vitium[543]; tamen vel sic mediis ex tenebris omninò in lucem prodibit. Quapropter (exponit Cu-Su) (p. 220) vir perfectus cordis intima discutiens, ubi penitissimos animi sinus inspexit, si nihil prorsùs deprehendat morbidi seu vitiosi, tum scilicet acquiescit; et cùm non sit quidpiam cuius eum pudeat, fit etiam, ut nec displiceat sibi in corde suo, à quo iam non reprehenditur. Nimirùm vir perfectus[544] ad quod non potest[545] nisi difficillimè pervenire, nonne hoc ipsum solùm est homines passim[546] quod [alii][547] non vident? Vel, ut alii explicant[548]: hoc [quippe][549] interiorum cordis examen, cùm res sit eiusmodi, ut vir perfectus ad eam exhauriendam non possit nisi difficillimè pervenire, nonne haec ipsa dumtaxat est, caeteri hominum quam nunquam observant? Nam caeteri hominum ea solùm magnifaciunt quae sensibus percipiuntur, de interiori mentis ornatu et cordis puritate parùm soliciti. Vel, ut alii exponunt: quamvis sanctus sit quispiam, tamen, sive de virtutis perfectione, sive de imperfectionibus et naturae vitiis agatur, semper est ei aliquid ad cuius notitiam non potest pervenire; an autem putas, quòd alios quoque possit hoc fugere? Erras enim verò: nam minima illa imperfectio, quae fortè latet virum perfectum, alios nequaquam latere potest.[550]

---

[543] uti et vitium *Couplet*

[544] alii | *infecti* interior virtus sive id *Couplet*

[545] possunt passim homines *Couplet*

[546] homines passim *del. Couplet*

[547] *suppl. Couplet*

[548] vel ... explicant *del. Couplet*

[549] *suppl. Couplet*

[550] Vel, ut alii exponun... alios nequaquam latere potest *del. Couplet*

30편 1쪽 다른 시^{시경}는 말한다. 덕 혹은 악덕은 깊숙하게 숨어 있을 것이다. 깊은 은신처에 갇혀 숨어 있다. 그럼에도 어두움의 한 가운데에서 사방으로 빛을 발한다. 이 때문에 (자사의 설명이다) 이상적인 군자는 마음의 깊은 곳을 살핀다. 거기에서 마음의 가장 깊은 곳에 위치한 구석을 살핀다. 만약 병이 들었거나 오염된 것이 없다고 파악한다면 그때 비로소 안심한다. 그리고 부끄러워할 만한 것이 하나도 없을 때, 마음으로 자신을 책망하지 않을 것이다. 그 마음은 더 이상 자책을 하지 않을 것이다. 확실히 이상적인 군자도 여기에 도달하는 것은 매우 어렵다. 보통 사람들이 알아보지 못한 것이 바로 이것이 아닐까? 어떤 사람들은 설명한다. 마음속을 살피는 이 검증은, 이상적인 군자도 이를 얻기 위해서는 각고의 노력을 기울여야 하기에 어렵다. 실은 이 검증이 바로 보통 사람이 결코 보지 못하는 것이다. 보통 사람은 오로지 감각적으로 포착할 수 있는 것만 중요하다고 여긴다. 마음을 닦는 것과 마음의 정화에 대해서는 전혀 신경 쓰지 않는다. 어떤 사람들은 설명한다. 비록 어떤 이가 성인이라 할지라도, 덕의 완성에 대해서든 본성의 불완전함과 악덕에 대해서든, 언제나 그에게도 도달할 수 없는 어떤 앎이 있다. 그렇다면 다른 사람은 이를 피할 수 있다고 생각할 수 있을까? 이는 전적으로 실수하는 것이다. 이상적인 군자의 경우 그를 우연히 덮어줄 수도 있는 저 미세한 불완전함은 다른 사람이 결코 주지 않기 때문이다.

cf. Ruggieri. Carmina dicunt, perfectus vir tametsi se ipse(seipse *sic*) abdit in tenebras, multa tam luce splendescit, executit enim animi sui recessus, nec ullum deprehendit peccatum. Quocirca nihil quod pudeat cogitat. Quis igitur vir eiusmodi? Is enim solus haec vitat quae aliis non patent. (『시경』에 이르길, 이상적인 군자는 비록 어두운 곳에 숨어 있음에도 큰 빛으로 빛난다. 자신의 마음 깊은

곳에서 행하지만, 어떤 잘못도 범하지 않는다. 이런 이유에서 부끄러운 그 어떤 것도 생각하지 않는다. 이런 사람은 도대체 누구인가? 오로지 이 사람만이 다른 사람에게 드러나지 않음에도 그것을 행하지 않는다.)

cf. 詩云, 潛雖伏矣, 亦孔之昭. 故君子 內省不疚, 無惡於志. 君子之所不可及者, 其唯人之所不見乎.

f.30. p.2. §.1.   Alia *Oda* sic ait : vide ac circumspice quomodo te geras cùm solus degis in tua domo : insuper ne quid agas de quo possis erubescere quamvis verseris in abditissimo tuae domûs recessu. Ideò (addit Cu-Su) vir perfectus non aggreditur negotium et tunc primùm attendere sibi incipit; non profert sermonem, et tunc primùm de verborum veracitate cogitat: sed semper et in omnibus est vigilans. Vel, ut alii explicant[551]: vir perfectus, priùs etiam quàm animi motus quispiam exurgat, iam attentè sollicitèque se observat sibique ipse invigilat; priusquàm proferat sermonem, iam planè sibi persuadet et sine ulla dubitatione credit verum esse quod dicere meditatur atque hoc intelligit esse pretium operae suae, hunc vigilantiae et examinis sui fructum, ut in iis quoque rebus ac studiis quae neque oculis percipiuntur neque auribus, circumspectè timidèque se gerat. Vel, ut alii exponunt: vir perfectus, tametsi haud quidquam agat, iam omnes eum reverentur; tametsi non loquatur, iam omnes ei dant fidem, seu dignum aestimant cui credatur[552]. (p. 221)

30편 2쪽 1장   다른 시[시경]는 이렇게 말한다. 네가 홀로 너의 집에 있을 때 네가 어떻게 행하는지 살피고 보아라. 얼굴을 붉힐 만한 일은 하지 말아라. 아무리 네 집안의 가장 깊숙한 곳에 있다고 하더라도 말이다. (자사의 보태는 말이다) 이상적인 군자는 일에 나서지 않고, 먼저 자신에게 집중한다. 어떤 말도 내놓지 않는다. 자신이 하는 말의 진실됨을 생각한다. 모든 일에 언제나 주의한다. 혹은 어떤 이들은 설

---

[551] ut alii explicant *del., pro eis* etenim *adn Couplet*

[552] Vel, ut alii exponunt ... cui credatur *del., pro eis* praestetur fides etiam antequam promittat quidpiam *suppl.,* sed etiam *del. Couplet*

명한다. 이상적인 군자는 마음에 어떤 움직임이 일어나기 전에 먼저 집중해서 조심스럽게 자신을 살피고 자신을 경계한다. 말을 하기 전에 자신을 분명하게 설득한다. 어떤 의혹도 없다고 말할 수 있을 정도로 검증한 논의는 진실하고 명확하다. 그는 자신이 노력하는 것의 가치, 즉 자신에 대한 경계와 검증의 결실이 눈과 귀로는 포착되지 않는 일과 공부를 행함에 있어서 조심스럽고 외경스럽게 자신을 행하기 위함을 알고 있다. 어떤 이들은 설명한다. 이상적인 군자는 어떤 것도 행하지 않음에도, 이미 모든 사람이 그를 존경한다. 어떤 말도 하지 않음에도, 모든 사람이 그의 말을 신뢰한다. 그를 신뢰하는 것을 중요하게 생각한다.

cf. Ruggieri. *Carmina* dicunt, te in intimo et domus tuae angulo delitescentem conspicio. Sibi quoque vir probus peccatum reformidat neque facit hoc quod eum paeniteat, neque enim imprudens expectari dum peccat obrepans occasio aut dum animo commoveatur sed antea praevidet ac se respicit. (『시경』에 이르길, 나는 집안의 깊숙한 구석에 숨어 있는 너를 본다. 이상적인 군자는 자신을 위해서 잘못을 범하는 것을 두려워하고 후회할 일을 하지 않는다. 잘못을 범하는 동안에, 혹은 마음이 움직이는 동안에 그것이 알려지지 않을 것이라고 생각하지 않는다. 미리 두려워하고 자신을 되돌아보기 때문이다.)

cf. 詩云, 相在爾室, 尙不愧於屋漏. 故 君子不動而敬, 不言而信.

f.30. p.2. §.2. Rursùs *Oda* sic ait : mystes ingrediens templum, ut sacrificando coram omni populo [per][553] moveat et invitet spiritus, inusitato cum silentio et singulari animi corporisque compositione accedit, et quamvis populo non indicat silentium, tamen sacrificii tempore vox nulla confabulantium auditur nedum murmur aliquod existit aut contentio circumstantis turbae[554]. Nimirùm perspecta singulis virtus ac probitas eius qui facit[555], itemque gravitas illa et modestia quae in ore habituque totius corporis relucet, index interioris reverentiae et compositionis, tanta est, ut quamvis neminem hortetur ipse, nemini poenas intentet, in officio tamen contineat omnes ac perficiat, ut cum altissimo quodam silentio venerabundi sacris assistant. Eodem modo(inquit Cu-Su) rex perfectus, quamvis non largiatur multa[556], tamen populus nullâ spe praemii, sed uno sui regis exemplo excitatur[557] ad omnem virtutem, et ad praestandum quod sui muneris est[558]. Rursùs[559] quamvis non irascatur, aut poenas minando[560] et supplicia, fit[561] tamen, ut populus illum[562] pertimescat multò magis quàm si falcibus et securibus armatus subditorum [suorum][563] cervicibus immineret.

---

[553] *suppl. Couplet*

[554] populi *Couplet*

[555] sacra peragit *Couplet*

[556] munera *Couplet*

[557] ad cum imitandum permouetur necnon *Couplet*

[558] obsequendum in omnibus quae ... sunt *Couplet*

[559] pro rursùs, mirificè incitatur *suppl. Couplet*

[560] intentando *Couplet*

[561] a malo non deterreat, facit *Couplet*

[562] à regia persona *Couplet*

[563] *suppl. Couplet*

30편 2쪽 2장 다시 『시경』은 이렇게 말한다. 제사를 바쳐서 모든 백성 앞에서 귀신을 움직이고 초대하기 위해서 사당으로 들어가는 사제는 특별한 침묵, 각별한 마음과 몸가짐으로 움직인다. 비록 백성에게 침묵하라는 신호를 보내지 않지만 제사를 지낼 때 어떤 소근거리는 소리도 들리지 않는다. 어떤 웅성거림도 일지 않는다. 둘러선 무리 사이에 어떤 다툼도 없다. 당연히 [제사를 행하는] 사람의 탁월한 덕과 올바름과 근엄함과 몸가짐 전체에서 우러나는 절제는 마음의 경건함과 정숙함의 증표이다. 위대하다. 직접 어떤 이에게 권하지도 벌하지 않았음에도, 제사로 모든 사람을 하나로 만든다. 깊은 침묵으로 존경을 표현하고 제사에 참석하게 만든다. (자사의 말이다) 이런 방식으로 이상적인 군자가 많은 상을 내리지 않아도, 백성은 어떤 보상도 기대하지 않으며 오히려 군주를 모범으로 삼아서 모두 덕을 닦고 자신의 직무를 다하고자 노력한다. 화내지 않아도, 징벌과 처벌로 위협하지 않아도, 신하 가운데에 한 사람이 큰 낫과 도끼를 들고서 [자신들의] 목을 겨누고 위협하는 것보다 백성은 훨씬 더 그를 두려워한다.

cf. Ruggieri. Carmina dicunt, qui pie facit et si faciens sileat, qui sacrificio intersunt dona vertentes ad caelum, nihil est tumultus. Bonus rex non largitione sed exemplo populum ad veritatem excitat, ac sine gladio et securi cives in officio continet. (『시경』에 이르길, 경건하게 행하는 사람이 침묵을 지키며 행하면, 제사를 지내면서 하늘에 제물을 바친다면, 어떤 혼란도 없다. 좋은 군주는 하사품이 아니라 모범으로 백성을 진실로 일으킨다. 칼을 쓰지 않아도 백성이 스스로 따르고 의무를 다한다.)

cf. 詩曰, 奏假無言, 時靡有爭. 是故君子 不賞而民勸, 不怒而民威於
鈇鉞.

f.30. p.2. §.3. Altiùs iterum provehitur Cu-Su in sua regum institutione columnas hîc tandem figens, eamque ponens virtuti, quam regibus vult inesse, metam, ut plus ultra non videatur regum virtus atque felicitas progredi posse. Authoritatem igitur à priscis petens Odam citat, quae sic ait: si tam subtilis sit et à vulgi captu sensibusque tam remota adeòque tam profunda et non apparens, ac veluti solitaria seu unica perfecti regis virtus, ut illius ne vestigium quidem mortalium oculis offeretur[564], (sic loqui et exaggerare rem videtur, ut ostendat, ab omni fuco et ostentatione quàm remotissimam esse debere virtutem; non autem, ut latere velit subditos praeclara sui regis exempla, quando toties hoc ipso in libro hortatus est orbem Sinicum ut ad ea se componeret[565]), quaeque delitescens in intimo cordis recessu nonnnisi per heroicas effectus[566], et publicam mortalium utilitatem [absque ostentatione][567] se prodat; tum sanè centum, hoc est, omnes omnino Sinici[568] mundi dynastae et reguli suspicientes illam regiae virtutis maiestatem tanquam coeleste quid et humano maius, pro suo quisque captu et viribus studiosè [eam][569] aemulari conabuntur[570]. Et haec quoque causa est (inquit idem Cu-Su) cur rex perfectus, utpote conscius huius veritatis, tam solidè colat, id est, tam vigilanter, reverenter, ac sollicitè quovis loco et tempore tueatur ac conservet partam[571] (p. 222) virtutem:

---

[564] offerri videatur *Couplet*

[565] sic loqui .... se componeret *del. Couplet*

[566] actiones *Couplet*

[567] *suppl. Couplet*

[568] Sinenais *Couplet*

[569] eamque *Couplet*

[570] contendent *Couplet*

[571] internam *Couplet*

cuius quidem tam vigilantis reverentiae, et tam sapientis vigilantiae, curaeque hic fructus existet, ut tandem etiam orbis universus, quamvis haudquaquam capiat tantam et tam arcanam virtutem, tamen à tali rege administratus perpetuâ pace perfruatur.

30편 2쪽 3장 자사는 군주에 대한 교육을 논하는 자리에서 더 높이 올라간다. 여기에 마침내 기둥을 세운다. 군주의 마음에 있어야 하는 덕에 다음과 같이 돌아가야 함을 알리는 표석을 세운다. 군주의 덕과 번영은 저 건너편으로 더 나갈 수 없음을 알려주기 위해서다. 자사는 상고 시대의 사람들로부터 권위에 의존하기 위해서 시를 인용한다. 만약 그토록 은밀하여 일반 백성의 이해와 감각으로부터 멀리 떨어져 있고, 그토록 심오해서 결코 드러나지 않는다면, 완전한 군주의 덕이 유일하고 독보적인 것이라면, 그것의 자취는 죽어야 할 인간의 눈으로는 포착할 수 없다. (이렇게 말해서 사태를 과장하는 것은 덕이 어떤 가식과 어떤 보여줌으로부터 가능한 한 멀리 떨어져 있어야 함을 보여주기 위해서다. 신하로 하여금 자신의 군주가 가진 탁월한 모범을 모르고 지나치는 것을 자사는 결코 바라지 않았다. 그래서 이 책의 처음부터 끝까지 중국 세계를 설득하려고 했던 말이 그 모범에 따라서 자신을 갖추어야 한다는 것이었다.) 마음의 가장 깊숙한 곳에 숨어 있는 각각의 것이 영웅적인 공적을 통해서 그리고 죽어야 할 인간의 공동의 유익을 통해서 자신의 모습을 드러낸다면 [보여줌과는 멀리 떨어져 있다면], 분명히 100명은, 즉 중국의 모든 왕자와 소왕은 군주의 권위에 담긴 위대함을 하늘의 것으로 보고 그것을 인간적인 것보다 더 위대한 것으로 여기면서 각기 자신의 이해와 능력에 따라서 [그것과] 따라잡으려고 노력할 것이다. 이것이 또한 (자사의 말이다) 완전한 군주가 이 진실을 알고 있기에 덕을 그렇게 굳건히 닦아야 하는 이유이다. 이것이 이렇게 생겨난 덕을 그토록 경계하면서 언제 어디에서든 경건하고 조심스럽게 지키고 보존하려는 이유이다. 그토록 조심하는 경건함과 그토록 지혜로운 살핌과 돌봄에서 나오는 결실은 온 세상이 마침내, 그토록 위대하고 은밀한 덕을 결코 포착할 수는 없음에도, 이런 위대한 군주의 통치 덕분에 영원한 평화를 누리게 되는 것이다.

cf. Ruggieri.   *Carmina* dicunt, etiam occulta virtus in rege ad dynastas ad imitationem promovendos valet, tale igitur regnante viro, terrarum orbis in optimo rerum omnium statu feliciter conquiescit. (『시경』에 이르길, 군주에게 숨어 있는 덕은 귀족으로 하여금 모방하도록 이끄는데, 이런 군주가 다스리는 동안에는 땅 위의 온 세상이 최고의 번영을 누리면서 행복하게 평화를 누린다.)

cf. 詩曰, 不顯惟德, 百辟其刑之. 是故君子篤恭而天下平.

f.31. §.1. Concludit Cu-Su, confirmatque dicta libri Odarum authoritate, ubi (uti[572] interpretes declarant[573]) introducitur ipse 上Xam帝Ti supremus scilicet coeli imperator loquens. Sic igitur *Oda* ait: Ego (inquit supremus [coeli][574] imperator) complector et amo Ven-Vam regis clarissmam [et purissimam][575] virtutem : et ideo quidem amo, quia illa non magnoperè personabat, ut exteriùs[576] perciperetur et appareret. (Vel ut alii explicant: quia illa non petivit suam magnitudinem à verborum sonitu et exteriori quadam specie ac splendore, sed à soliditate et cultu interiori.) Nimirùm, Confucius inquit, exteriora ista, uti sunt sonitus verborum et splendor [seu figura][577] exterior, opes inquam, et arma, eloquentiae vis, et imperatoriae maiestatis splendor, in ordine ad hoc ut moveatur et convertatur populus, sunt reverà quid posterius [et ramorum instar][578], at verò solida illa cordis veracitas quae verbis factisque se prodat, et aliarum quoque virtutum preasidiis instructus animus, radix ipsa et fundamentum sunt; adeoque id quod prius ac praecipuum censeri hîc debet. Alia *Oda* sic ait: eiusmodi virtus est subtile quiddam et leve instar pili. Attamen(subiicit Cu-Su) pilus quamvis reverà tenue quid ac subtile sit, adhuc tamen datur quidpiam sensibile quod cum eo [ordinem habeat eique][579] comparetur et correspondeat: quapropter ad rem illustrandam magis appositum

---

[572] iuxta *Couplet*

[573] ibi. *Couplet*

[574] *suppl. Couplet*

[575] *suppl. Couplet*

[576] forinsecus *Couplet*

[577] *suppl. Couplet*

[578] *suppl. Couplet*

[579] *suppl. Couplet*

erat[580] carmen aliud quo dicitur: supremi coeli res longè fugit sensus humanos, adeòque nec habet vocis sonum quo audiri, nec odoramenti[581] speciem qua percipi queat. Ex quo (inquit Cu-Su) confici videtur, eiusmodi rem summum quid esse et omnia sensibilia transcendere[582]: [et hoc ultimum dictum rem maximè declarat.][583]

In hoc postremo paragrapho duo sunt quae subobscura videri possint atque explicatu difficiliora. Primum, quid verba illa 明Mim德Te hîc significent. Alterum, quid significent illa 上Xam天Tien之Chi載Cai, quippe tam horum quàm illorum expositiones variae afferuntur. Nos autem duos potissimùm sectabimur. (p. 223) Et quod primum quidem, sequemur hîc illos qui volunt, per binas voces 明Mim德Te vel excellentem quamdam virtutem, et hanc moralem significari; vel rationalem, quae in homine est, portionem ac potentiam: congruit enim expositio haec sanè feliciter cum iis quae dicuntur in libro *Ta-Hio* §.1. ubi 明Mim德Te vocatur portio illa rationalis à coelo homini indita, uti hoc ipso libro *Chum-Yum* f.1. et alibi 天Tien命Mim et f.25. §.3 德Te性Sim. Quod verò ad secundum attinet, duabus vocibus 上Xam天Tien, alii supremi numinis providentiam; alii supremum coelum sive quod nos empyreum, sedem videlicet ac domicilium beatarum mentium significari docent. Neque hinc longè discedunt, dum vocem quoque 載Cai explicant: quam alii quidem

---

580 est *Couplet*

581 odoris *Couplet*

582 et manuductere *del.* pro ois humanis oculis invisibile, et indivisibile adeoque omnia sensibilia transcnedens *adn. Couplet*

583 *suppl. Couplet*

pro re et virtute quadam summâ sed imperceptibili, quae à supremâ providentiâ promanet, accipiunt: alii pro rebus illis quarum superius coelum domus ac firmentum sit. Caeterùm qualescunque demum sint expositiones istae, certa est res una, quòd ex hac libri 中Chum庸Yum postremâ sententiâ duae[584] videntur elici posse veritates ac Sinensibus, quamvis ethnicis, probari; scilicet [divini et supremi numinis existentiam et][585]: immortales esse mortalium animos: et sua deinde[586] praemia cuiusque meritis post hanc vitam respondere. Etenim cùm dicatur 文Ven王Vam rex assistere supremo numini; utique perspicuum fit, ipsius regis animam haudquaquam interisse unà cum corpore: rursùs cùm dicatur, quòd idem numen amplectitur et amat virtutem dicti regis, sua respondere virtuti praemia, non dubiè significatur.[587] Quod si locum hunc cum doctissimo 張Cham 侗Tum初Co interpretati, inter alias eiusdem interpretationes 明Mim 德Te binas voces pro ipsâ regis animâ, alio nomine 德Te性Sim, accipiamus; cuius adeo virtutem terris quondam occultam at coelo vel maximè perspicuam (ut ipsi aiunt) Deus immortalibus praemiis nunc respondat; tum quidem multò etiam feliciùs ambae, quas diximus, veritates eruentur. Quoniam verò maximè

---

584 ternae *Couplet*

585 *suppl. Couplet*

586 *denique Couplet*

587 Etenim cum introducatur ipse supremus coeli imperatur verba proferens ac deinde cum alibi dicatur Ven-Vam pii regis animam assistere ad supremi numinis laevam et dexteram patet et deum ab ipsis creditum et animam haud quaquam interire cum corpore: rursùs cum dicatur, quod idem numen ampectitur et amat virtutem dicti regis, non et quandam virtuti praemia, non dubie significatur. Quod vero de animarum immortalitate censuerunt prisci Sinae hîc superest breviter examinandum: nam quid de supremi Numinis existentia et providentia tum variis huius operis locis quadantenus exposuimus et in singularem et copiosiorem tractatum reservamus *Par. 1687*

rem unam hîc agimus (quod à nobis quoque iam saepè fuit significatum), ut ii qui sacrae huic militiae nomen aliquando daturi sunt, tela et tela quidem Sinica in promptu habeant, quibus cum hac gente priscorum suorum adeò studiosâ feliciter decertent; et sic tandem (p. 224) Sinas vincant ut hi gaudeant quoque se vinci: placuit exemplo Mattaei Riccii (qui sine cuiusquam iniuriâ Sinarum apostolus et magister vocari potest) ex priscis gentis codicibus, ceu pervetustis armamentariis; et ex maximè probatis auctoribus ea depromere argumenta, quibus huic aetati probari certè queat si forte minùs demonstrari, sententias Sinicae antiquitatis (quod quidem attinet ad eas veritates quas assequimur lumine naturali) admodùm consentientes esse cum sententiis nostris.[588]

Digressio 7. Quid senserint prisci Sinae de animorum immortalitate? (pp. 225~242)

Digressio 8. An in Sinarum libris mentio quoque fuit praemii, poenaeve, quae post hanc vitam proborum vel improborum meritis respondeant? (pp. 255~263)

Finis explanationis Libri *Chum-Yum.* (p. 263)

(Quoniam supra[589], philosophi textum tot nostris digressionibus identidem interrupimus, hic infra subnectandam esse censuimus huius libri versionem mere literalem, et eo quidem ordine, quo

---

[588] Quod si locum hunc ... esse cum sententiis nostris *del. Couplet*
[589] in superioribus *Couplet*

pridem in Sinis ac Goae lucem vidit, quo facilius possent missionis Sinicae tyrones ipsius philosophi sententias in promptu habere et cum ipsomet textu conferre. (p. 264).)

31편 1장 자사는 결론을 맺는다. 『시경』의 권위를 빌어 확증한다. (주석가들이 설명하듯이) 여기에 하늘의 최고 통치자인 상제가 바로 소개되어 있다. 시는 이렇게 말한다. 나는 [하늘의 최고 통치자의 말이다] 문왕의 저 명쾌하고 [저 맑은] 덕을 사랑하고 받아들인다. 그 덕이 밖으로 드러나고 포착될 정도로 강력하게 울려 퍼지지 않았기 때문에 나는 그것을 진실로 사랑한다. (혹은 어떤 사람들은 설명한다. 그 덕이 자신의 위대함을 말의 목소리와 어떤 외면적인 모양과 광채가 아니라 마음의 단단함과 닦음에서 구했기 때문이다.) 공자가 말하길, 말소리와 광채와 [혹은 모양]이 외적인 것이듯이 재산, 무기, 말의 힘, 그리고 나라의 위엄에서 나오는 광채와 같은 외적인 것으로 백성을 움직이고 모으는 일은 [나뭇가지처럼] 뒤떨어진 것이다. 그러나 마음의 저 진실성은 참으로 단단하다. 말과 행동으로 자신을 드러낸다. 다른 덕의 수호자로 준비된 마음이 바로 뿌리이고 토대이다. 따라서 이 대목에서 앞에 놓아야 하고 중요한 것으로 여겨야 하는 것은 바로 이것이다. 다른 시^{시경}는 이렇게 말한다. 이처럼 덕은 섬세하고 새털처럼 가볍다. (자사가 의미를 부여한다) 새털이 진실로 가냘프고 섬세한 것임에도, 그것과 [질서를 가지고 있는 것에] 비교될 수 있고 대응될 수 있는 무엇이 주어진다. 이런 이유에서 이를 더 잘 설명해주는 다른 시^{시경}가 있다. 시는 이렇게 말한다. 최고의 하늘은 인간의 감각에서 멀기 떨어져 있다. 귀로 들리는 소리도 없고 포착할 수 있는 향기도 없다. (자사의 말이다) 여기에서 다음의 설문이 기인는 것으로 보인다. 이와 같은 것은 최고의 무엇이고 모든 감각을 초월한다. [이 마지막 언표가 사태의 핵심을 가장 분명하게 설명한다.]

여기 마지막 장에는 분명하지 않고 설명하기 어려운 두 문제가 있다. 첫째는 명덕明德이라는 말이 무슨 뜻인지이다. 둘째는 상천지재上天之載가 무슨 뜻인지이다. 전자와 후자에 대한 설명이 매우 다양하다. 우리는 두 사람의 설명을 따를 것이다. 첫째와 관련해서 우리는 다음을 주장하는 사람들을 따를 것이다. 그 주장은 명덕明德이라는 두 글자가 어떤 탁월한 덕과 도덕을 나타내거나 인간 안에 있는 이성적인 부분과 능력을 표현한다는 것이다. 다행스럽게 이 설명은 『대학大學』이라는 책에 나오는 설명과 부합한다. 거기에는 하늘로부터 주어진 이성적인 부분을 명덕明德이라고 한다. 바로 이 책『중용中庸』1편과 다른 곳에서 천명天命이, 그리고 25편 3장에 덕성德性이 나오듯이 말이다. 둘째와 관련해서 어떤 이들은 최고 신의가 움직이는 섭리를 상천上天이라는 두 글자로 표현한다. 어떤 이들은 최고 하늘 혹은 우리가 "엠퓌레움(empyreum)"이라고 부르는 곳이 불이 있는 매우 높은 하늘을 뜻한다고 설명한다. 이곳은 유복한 정신들이 머무는 자리이고 거처이다. 재載라는 문자를 설명할 때에도 여기에서 멀리 빗어나지 않는다. 어떤 이들은 이것을 어떤 최고의, 그러나 포착되지 않은 것으로 파악한다. 이것은 최고의 섭리에서 흘러나온다. 어떤 이들은 더 높은 하늘을 집으로, 토대로 삼는 것들을 위한 것으로 파악한다. 그러나 설명이 도대체 어떠하든 한 가지는 분명하다. 이 책『중용』마지막 문장으로부터 두 가지 진실을 끌어낼 수 있으며, 이 두 가지 진실은 중국인들에게도, 비록 그들이 이교도들이지만, 입증할 수 있는 것으로 보인다. 하나는 [신성하고 최고인 신의神意의 존재와] 인간의 영혼이 불멸한다는 것이고, 다른 하나는 이 생애 이후에 각각의 공덕에 보상이 주어진다는 것이다. 문왕이 최고의 신의神意를 도왔다고 하는데, 그의 영혼이 그의 몸과 함께 결코 죽지 않았다는 점은 분명하다. 이런 말누 있다. 동일한 신의가 안에서 밀만 규수이 덕을 사랑하고 아꼈다는 것은 의심의 여지없이 그의 덕에 보상이 주어졌다는 것을 뜻한다. 그러나 만약 우리가 학식이 매우 높은 장동초張侗初의 의견을 바탕으로 이 대목을 해석한다면, 그의 다른 해석들 가운데에서 명덕이라는 두 문자를 바로 군주의 영혼으로, 다른 이름으로 덕성으로 해석한다면, 한때 땅에 숨겨졌으나 하늘에는 가장 명백한 그의 덕을, 하느님이 그때 인간들에게 보상으로 내려준 것으로 본다면, 우리가 말한 두 개의 진실은 매우 성공적으로 발견되었다고 할 수 있다. 그런데 우리가 여기에서 특히 중요하게 여기는 관심 사항은 단 하나이다. (이에 대해서는 이미 여러 번 밝혔다) 이곳에서 [십자]군의 이름을 언젠가는 부여받을 사람들이 무기를, 바로 중국의 무기를 손에 쥐고서 무장하기 위함이 바로 그것이다. 이 무기를 들고서 상고 시대 조상에 대해서 열정적인 이 종족과 잘 싸울 수 있도록 하기 위해서다. 그래서 그들은 마침내 중국인을 이길 것이다. 중국인은 자신이 패배했다는 것을 또한 기뻐할 것이다. 따라서 우리는 마테오 리치의 모범에 따라 (그는 중국인들의 사도이자 스승으로 불릴 것이다. 어떤 사람도 이를 부당하다고 여기지는 않을 것이다) 상고 시대의 필사본과 혹은 가장 오래된 기록물과 가장 검증받은 권위로부터 저 증거를 찾아내어 이것을 이용해서, 이 시대에도 통용되는 증거가 약간만 제시되어도, 중국 상고 시대의 생각이 (이는 진실로 자연적인 [이성]의 빛을 통해서 우리가 발견한 진리와 직결되어 있다) 우리 자신의 생각과 참으로 일치한다는 것을 분명하게 밝히기로 결정했다.

보론 7. 상고 시대의 중국인들은 영혼의 불멸함에 대해서 무슨 생각을 했는가?

보론 8. 죽고 난 후에 착하게 살며 믿긴 것에 주어지는 보상과 처벌에 대한 언급이 중국인들의 책에 있는가?

『중용』설명의 끝. (p. 263)

(위에서 우리는 보충하는 설명을 너무 자주 끼워 놓아서 철학자^{공자}의
책을 읽는 것을 방해했다. 그래서, 여기에서는 라틴어 원문 아래에 번역
을 바로 놓았다. 먼저 중국과 인도의 고아에서 출판한 순서대로 놓았다.
중국에서 선교에 나서는 신병들이 철학자의 생각을 보다 쉽게 손에 쥐
고 텍스트를 직접 참조할 수 있을 것이다.)

cf. Ruggieri. Carmina de caeli rege dicunt, ego video regnum
mirifice illustrari, non opus est externo quodam strepitu, non
poenas(penas *sic*) instruendas ad populum gubernandum.
Confucius ait, exterior strepitus ac tormentorum machinae ad
populum a sceleribus deterrendum sunt, arbore ramis similes
qui(que *sic*) prostaturi (prostranturi *sic*) sunt trunco. Carmina
dicunt, virtus haud absimilis est capilli tenuitati, quamquam
capillus habet etiam figuram aliquam, quod certum dicitur,
supremi res caeli, et voce et strepitu et odore caret, optime res
explicat, caeli res virtutem ipsam quae sub sensum non cadit,
significant. *2 libri finis.* (『시경』에 하늘의 군주에 대해서 이르길, 나는
왕국이 경이롭게 설명되고 있음을 안다. 밖으로 어떤 큰 소리도 내지
않는다. 백성을 다스리기 위해서 징벌을 세우지도 않는다. 공자는 말
한다. 밖으로 내는 큰 소리와 징벌하는 장치들은 백성으로 하여금 잘
못으로부터 멀리 떨어지도록 겁먹게 하기 위한 것이다. 이것들은 나
무 줄기에서 잘린 가지와 같은 것이다. 이것들은 버려진 것이다. 『시
경』에 이르길, 덕은 터럭의 미세함과 같다. 더러운 어떤 형상을 가지
고 있다. 터럭이 어떤 형상을 가지고 있지만 덕은 터럭의 미세함과 다
르지 않다. 확실하게 말할 수 있는 것은 덕이 최고 하늘의 것이며, 소

리도 소란도 향기도 없으며, 일들을 가장 잘 설명한다는 점이다. 하늘의 일은 감각으로 포착할 수 없는 덕 자체를 표현한다.)

cf. 詩云, 予懷明德, 不大聲以色. 子曰, 聲色之於以化民, 末也. 詩云, 德輶如毛, 毛猶有倫. 上天之載, 無聲無臭, 至矣.

찾아보기

인명

주요 개념

| 앞표지 그림 |

최초의 초상은 작자 미상으로 1671년에 그려졌다. 표지의 그림은 1885년 루이지 피출로(Luigi Pizzullo)가 모사한 인토르체타의 초상이다. 현재 시칠리아(Sicilia)의 피아자 아르메리나(Piazza Armerina) 시립 미술관에 소장되어 있다.

| 뒤표지 그림 |

필사본 6277을 꾸민 매화 무늬 장식의 일부.

| 역 주 | 프로스페로 인토르체타(Prospero Intorcetta, 1625~1696)

인토르체타는 1625년 8월 28일 시칠리아의 피아자 아르메리나에서 태어났으며, 1696년 10월 3일 중국 항주에서 사망했다. 1642년 12월 31일에 예수회에 입회했고, 1654년 시칠리아의 메시나에서 사제 서품을 받았다. 1657년 쿠플레와 함께 중국으로 출발하여 1659년에 도착했으며, 주로 중국 강서성 구강九江 지역에서 선교 활동을 했다. 인토르체타는 1687년 파리에서 출판된 『중국인 철학자 공자』의 저본인 *Par. Lat. Cod. 6277*의 저자로, 서양의 중국학을 시작한 학자이다.

| 편역주 | 안재원

서울대에서 언어학 학사, 서양고전학 석사(「헤시오도스의 『신통기』에 나타난 호메로스의 수용과 변용 연구」) 학위를 받은 뒤 독일 괴팅엔대학 서양고전문헌학과에서 로마 시대의 수사학자인 「알렉산드로스 누메니우의 『단어-의미 문채론』」으로 철학박사 학위를 받았다. 현재 서울대 인문학연구원 부교수로 재직 중이다.

주요 저·역서로 키케로의 『수사학』(비판정본-주해서, 도서출판 길, 2006), *Hagiographica Coreana II*(비판정본, Pisa: Pacini-editore, 2012), 『로마의 문법학자들』(비판정본-주해서, 한길사, 2013), 『인문의 재발견』(논형, 2014), *Rhetorical Arguments*(공저, OLMS, 2016), *Hagiographica Coreana III*(비판정본, Pisa: Pacini-editore, 2017), *Receptions of Greek and Roman Antiquity in East Asia*(공저, Brill, 2018), *Confucius and Cicero*(편집책임, 공저, De Gruyter, 2019) 등이 있다. 또한 「교황 요한 22세가 보낸 편지에 나오는 Regi Corum은 고려의 충숙왕인가」(『교회사학』 11, 2016), 「Humanitas! 보편이념인가 제국이념인가?」(『서양고대사연구』, 2016), On *Xiguo Jifa*(『西國記法』) of Matteo Ricci(1552~1610)(『서양고전학연구』, 2017), Cicero's Rhetoric vs. Baumgarten's Aesthetics: A small comparison of *decorum* of Cicero with *magnitudo* of Baumgraten(JALS, 2018) 등 다수의 논문을 저술했다.

인토르체타의

라틴어 중용

초판 1쇄 인쇄 2020년 4월 20일
초판 1쇄 발행 2020년 4월 28일

역 주 프로스페로 인토르체타
편역주 안재원
펴낸이 소재두
펴낸곳 논형
등록번호 제2003 - 00019호
등록일자 2003년 3월 5일
주소 서울시 영등포구 당산로 29길 5-1 502호
전화 02-887-3561
팩스 02-887-6690
ISBN 978-89-6357-239-0   94100
가격은 뒷면에 있습니다.

이 도서의 국립중앙도서관 출판예정도서목록(CIP)은 서지정보유통지원시스템 홈페이지(http://seoji.nl.go.kr)와 국가자료공동목록시스템(http://www.nl.go.kr/kolisnet)에서 이용하실 수 있습니다 (CIP제어번호 CIP2020011111차)

이 도서는 2015년 정부(교육부)의 재원으로 한국연구재단의 지원을 받아 수행될 연구임 (NRF 2015S1A6A4A01010653).